新型城镇化与可持续发展

社会性别与农民工可持续发展

SOCIAL GENDER AND SUSTAINABLE
DEVELOPMENT OF
CHINESE RURAL MIGRANT WORKERS

任义科　杜海峰　杜　巍◎著

社会科学文献出版社
SOCIAL SCIENCES ACADEMIC PRESS (CHINA)

　　本书采用农民工发展调查数据，基于社会性别视角系统研究农民工可持续发展问题，揭示其内在影响机制。在分析社会性别意识和社会性别行为基础上，从城市交易费用、就业质量、婚姻质量、代际支持、企业组织融合、城市社区融合、政治参与等多个层面剖析农民工生存与发展现状及其影响因素。通过探索农民工的生计困难和制度诉求，总结现行流动人口社会服务与管理的特点及存在的问题，有助于认识流动人口生计问题的形成和演变规律、改善农民工社会服务和管理质量。本书融合经济学、社会学、组织行为学等多学科理论，贯穿社会性别视角，全景式分析农民工可持续生计问题，为促进弱势群体的生存与发展提供了理论与现实依据。本研究的一系列发现，以及提出旨在推进社会性别平等的包容性发展政策建议，对于促进农民工公共服务与管理政策创新、城乡协调与可持续发展具有一定的参考价值。

| ABSTRACT |

Based on the survey data of the development of migrant workers, this book systematically studies the sustainable development problems faced by migrant workers from the perspective of gender, and reveals the mechanism that affects the development of migrant workers. Based on the analysis of gender awareness and gender behavior, this book analyzes the status quo and influencing factors of migrant workers' survival and development from the aspects of urban transaction costs, employment quality, marriage quality, intergenerational support, enterprise intra-organization integration, urban community integration, political participation, etc. By exploring the livelihood difficulties and system demands of migrant workers, this book summarizes the characteristics and existing problems of the current social service and management of migrant workers, which are conducive to understand the formation and evolution of the livelihood problems of migrant workers, and improve the quality of social service and management of migrant workers. This book integrates economics, sociology, organizational behavior and other multi-disciplinary theories, runs through the gender perspective, analyzes the sustainable livelihood of migrant workers in a panoramic way, and provides theoretical and practical basis for promoting the survival and development of vulnerable groups. The findings of this study, as well as the inclusive development policy implications aiming at promoting gender equality, have certain reference value for promoting the innovation of migrant workers' public service and management policy, urban-rural coordination and sustainable development.

　　性别平等与消除贫困和促进弱势群体的生存与发展紧密相关。在中国，性别平等已作为基本国策写进宪法。目前，中国社会正处于新型城镇化发展阶段，农民工市民化成为城镇化问题的核心。新型城镇化是以人为中心的城镇化，促进性别平等是题中应有之义。然而，在城镇化过程中，如何在推进农民工可持续发展的同时推动性别平等则是核心问题。对这些问题进行探讨，不仅有利于进一步深化新型城镇化发展战略，也有利于促进社会和谐与包容性发展。

　　提高就业质量是我国经济社会转型期面临的一项重大问题，也是实现社会和谐稳定发展的迫切任务。农民工虽然居住在城市，但较难享受与市民同样的社会福利，甚至他们的个人合法权益也较难得到全面保障。受限于较低的人力资本，农民工在选择工作时有一定的局限性。离开传统乡土社会，农民工在城市社会难免要承受巨大的交易费用。在制度层面，尽管国家出台了《中华人民共和国劳动合同法》，但一部法律本身并不能解决与其他法律之间的协调问题，即使与劳动合同法密切相关的劳动合约签订率也并未得到明显改善。"民工荒"的出现彰显了三重失灵：组织失灵、市场失灵和政府失灵。这一现象也间接表明，农民工求职存在较高的交易费用。除此之外，子女在城市上学也会使农民工面临经济承受能力较低问题与多重制度障碍。无论是农民工求职，还是其子女在城市上学，正式制度和非正式制度都是重要的潜在影响因素。已有研究更多关注农民工收入，较少研究通过制度协调降低农民工在城市的交易费用。

　　农民工可持续发展不仅仅体现在求职和就业上，婚姻、家庭以及代际支持也是重要方面。农民工在寻求高收入的同时付出了夫妻交流减少、家庭功能离散的代价,导致的后果是离婚率上升,代际支持下降。流动为农民工可持续发展提供了契机,但同时带来了家庭不稳定、代际亲和力下降的问题,直接影响家庭成员身心健康,反过来又阻碍了农民工的生存与发展。农民工婚姻、家庭与代际支持问题是在流动过程中伴随着性别分工产生的,也与是否融入城市息息相关。因此,本书从夫妻相对资源、城市融合与代际特征角度研究农民工婚姻、家庭以及代际支持问题更具有现实针对性。

农民工城市融合一直是学术界关注的热点,融入城市既是农民工可持续发展的过程,也是结果。城市融合反映在经济、社会、文化和心理多个层面。农民工在城市生活一段时间后,不论是生活方式、衣着打扮、生活习惯,还是观念和思想方面都受城市化影响。广泛的社会参与和交流活动有助于提升他们对城市主流文化的认同。农民工融入城市包含两种类型或过程:城市社区融合和企业组织内融合。无论是城市社区融合还是企业组织内融合,都是指农民工与市民或其他流动群体在观念和行为上相互吸收、相互接纳,逐渐趋同的过程,都涉及经济、社会、文化和心理因素。但是由于工作和生活场域的不同,城市社区融合与企业组织内融合也有很大的不同。与城市社区融合相比,企业组织内融合的范围由社会缩小为企业组织,参与融合的内容由社会、经济、文化、心理转变为组织范围内的经济、文化和心理,融合的标准和结果由对社会大群体的参与、适应和认同转变为对组织的参与、适应和认同,且员工享受同等的福利待遇。城市社区融合与企业组织内融合对农民工可持续发展同等重要。但由于农民工问题的社会性较强,已有研究更多聚焦于前者,对于后者以及两者之间的关系研究相对较少,也缺乏社会性别视角,这为本书提供了研究空间。

城镇化是伴随工业化和农业转移人口向城镇集中的自然历史过程,是人类社会发展的客观趋势,是国家现代化的重要标志。2004 年以来,笔者所在的课题组有关城镇化的研究主要聚焦于农民工问题,包括了三个主题:农民工为什么会流动、农民工在流入地城市的可持续发展,以及农民工流动对流出地的影响。这三个研究主题力图全面反映目前在中国快速发展但仍然不充分的城镇化过程中,农民工的流动所表现出的"农村(流出地)→城市(流入地)→农村(流出地)"的循环特征。课题组前期依托西安交通大学人口与发展研究所，在社会复杂问题以及复杂性科学研究领域，与美国斯坦福大学（Stanford University）、圣塔菲研究所（Santa Fe Institute）、加州大学尔湾分校（University of California，Irvine）等建立了广泛的学术合作关系。经过 10 余年的发展，随着国际合作深入开展、培养出的博士研究生学术水平迅速提高，逐渐形成了以西安交通大学为主体、国外学术机构与国内大学为两翼的合作研究格局。课题组先后承担 30 余项国家级、省部级重大科研项目，形成了与国家、地方各级政府合作的研究网络。代表性项目有：国家社会科学基金重点项目（项目号：12AZD110、19ARK005、21AGL028）、国家社会科学基金重大项目（项目号：13&ZD044、15ZDA048），以及国家"十二五"科技支撑计划项目（项目号：2012BA132B06-04、2012BA132B07-02）。本书主要聚焦第二个研究主题，探索农民工可持续发展的社会性别模式与复杂因果关系。

本书的研究和出版受到国家社会科学基金重大项目（项目号：13&ZD044、15ZDA048）、国家社科基金一般项目（项目号：13BRK016）的联合资助。笔者对参与本研究问卷调查的同学们表示诚挚谢意，特别感谢西安交通大学人口与发展研究所所长李树茁教授，他是课题组的创建者和研究方向的开启者。

由于笔者水平有限，书中不妥之处在所难免，恳请读者批评指正。

任义科　杜海峰　杜　巍
2021 年 10 月

目 录
CONTENTS

CONTENTS

第一章

绪 论

本章介绍本书的研究背景、研究目标、概念界定、研究内容与框架、数据与方法以及章节安排等。

第一节 研究背景

性别平等与消除贫困和促进弱势群体的生存与发展紧密相关。在中国，性别平等已作为基本国策写进宪法。目前，中国社会正处于新型城镇化发展阶段，农民工市民化成为城镇化问题的核心。新型城镇化是以人为中心的城镇化，促进性别平等是题中应有之义。然而，在城镇化过程中，如何在推动农民工可持续发展的同时推动性别平等则是核心问题。对这些问题进行探讨，不仅有利于进一步深化新型城镇化发展战略，也有利于促进社会和谐与包容性发展。

党的十八大以来，中央会议精神要求积极稳妥地推进农民工进城落户，落实同工同酬政策，依法保障农民工劳动权益，建立农民工工资正常支付的长效机制。2021年中央一号文件要求深入实施新生代农民工职业技能提升计划，推动在县域就业的农民工就地市民化，增加住房供给，满足农民工住房的刚性需求。这些措施都是为了农民工在城市"有房住"、"有活干"和"有钱挣"。因此，提高农民工的就业质量与增加就业稳定性既关乎农民工家庭生计的可持续性，也关乎新型城镇化建设的成败（曾江辉、陆佳萍，2015）。然而，农民工在城市可持续发展的过程中面临巨大的困难。一方面，在劳动力市场分割的背景下，农民工就业机会仍然少于城镇职工，求职领域往往集中于低端和边缘产业，就业质量偏低（张肖敏，2006；张庆，2013）；另一方面，户籍制度和教育制度的不完善使得农民工随迁子女无法在城市平等接受教育，出现农民工子女接受学龄前教育"入园难"、"入园贵"（宋月萍、李龙，2012）、接受义务教育边缘化、参加中高考升学机制不畅通等问题，教育融入成为难题（孙文中，2015；李俊霞，2016）。农民工在城市就业和子女入学过程中存在过高的交易费用和过低的就业质量，严重降低了农民工求职效率，妨碍农民工子女受教育公平，阻碍着新型城镇化的高质量发展。

离开传统的熟人社会，加上制度的不完善，农民工在城市社会工作生活难免要支出巨大的交易费用。交易费用是协调人与人之间竞争关系的费用，包括信息费用、谈判费用、签订合同费用、监督管理费用和改变制度安排费用等一切不发生在物质生产过程中的费用（张五常，2002）。尽管国家出台了《中华人民共和国劳动合同法》，但只收到了短暂的效果，随着时间的推移，农民工劳动合约签订率近几年并未得到明显提升（宋林、亓同敏，2014）。"民工荒"的出现彰显了"组织失灵"、"市场失灵"和"政府失灵"。这些状况表明，农民工求职存在较高的交易费用。交易费用也是制度费用。制度（包括市场）的存在，是为了节省交易费用，但制度本身也必然产生新的交易费用（卢现祥、李小平，2008）。某种制度之所以存在，一定是因为它所产生的交易费用低于它所节省的交易费用（Coase，1937；张五常，2014）。对农民工求职而言，正式制度的作用主要通过对相关政策认知来间接体现。相关研究表明，农民工的政策认知程度影响其行为方式进而影响生存策略（潘泽泉、杨莉瑰，2010）。交易费用对行为的约束不仅体现在正式制度上，也体现在非正式制度上。正式制度主要体现为各种政策和法规，而非正式制度主要体现为非正式的人际关系，即社会资本。要解决农民工的可持续发展问题，他们在城市的交易费用值得关注。

外出务工对农民工婚姻产生一定的冲击。从夫妻角度看农民工外出务工，大致可分为三种类型。一是内外分工型，即夫妻一方外出务工或经商，另一方留守在家，承担家庭种养殖、养育子女和照顾老人等职责。二是比翼齐飞型，即夫妻双方同时外出，在同一城市打工、生活。有的子女甚至也跟随着在父母打工城市就学。三是劳燕分飞型，即夫妻双方都外出打工，但是不在同一城市，很少有机会见面和交流（石人炳，2006）。高质量的婚姻是家庭稳定和社会安定的基石。但是相关研究表明，农民工流动对其婚姻产生了很大负面影响，破坏了婚姻稳定性，离婚现象增多。劳动力输出大省（如四川省）的部分农村，离婚率高出城镇，某些乡镇外出农民工离婚率高达 50% 以上（石人炳，2006）。婚姻质量的高低直接影响夫妻的身体健康、生活质量和工作状态。因此，在离婚率持续上升、婚姻问题日益严重的现实背景下，探讨农民工婚姻质量，对促进农民工可持续发展具有重要意义。

据国家统计局抽样调查，截至 2020 年农民工总量达到 28560 万人，比上年减少 517 万人，但所呈现的问题仍然不可忽视（国家统计局，2021）。在人口老龄化和劳动力外流的大背景下，农村养老问题更加凸显，表现为老年人家庭空巢化、独居化加速，未富先老矛盾突出。在农村的大部分老年人的收入水平还不足以为其老年生活提供足够的保障（李树苗等，2003）。在社会与家庭的转型发展过程中，除了家庭养老，也出现了居家养老、社区养老和机构养老多种形式。虽然居家养老和社区养老是未来农村养老可能的发展趋势，但是不应忽视家庭成员对养老的支持作用（陈伟涛，2021）。据测算，2013 年农村留守老人达 5000 万人（魏铭言，2013）。2016 年农村留守儿童有 902 万人，无人监护者达 36 万人（张维，2016）。对农村留守老人或留守儿童而言，农民工外出打工给他们的生活带来重大影响，使其面临健康、孤独等问题。对少数随迁老人或子女而言，陌生的生活环境和文化冲击给他们造成巨大困扰（李超等，2015）。农民工进城所产生的场域变化，不仅表现在居住地方面，而且表现在语言、规范、文化价值和生活方式等方面，要适应这一复杂变化，需要付出巨大努力。无论家庭成员是留守还是随迁，迫于生计压力，农民工都无暇顾及他们。农民工家庭减少了日常联系、情感交流以及代际支持，留守老人或留守儿童问题日趋严重。再加上制度设计相对滞后，城市公共服务与留守人员的社会保障制度无法有效对接，农民工与父母及子女关系变得淡漠，家庭代际关系面临严峻挑战。除此之外，传统孝道淡薄，夫妻家庭角色分工发生变化，这些都使得农民工与父母、子女的代际支持成为新的研究课题。

　　农民工是中小企业员工的重要组成部分，在促进"中国制造"和经济繁荣发展中作用举足轻重。然而，近年来，企业克扣农民工工资和给予不公正待遇现象时有发生，劳资矛盾频发，一度导致"民工荒"（李群等，2015）。在企业组织中，组织公平或公正是组织发展的逻辑起点。虽然组织公平的定义在学界还没有完全达成共识，但其主要内容包括程序公平、分配公平、人际公平和信息公平（马君等，2012）。农民工在企业组织中存在融合难的情况，表现在经济、文化和心理层面，对应通常组织研究中的工作绩效、组织公民行为和组织承诺。这些方面研究对于知识型员工并不罕见，但农民工却较少受到关注。近年来，有少数研究关注农民工组织支持、组织承诺、离职意向等组织行为（徐细雄、淦未宇，2011；李群等，2015），也有学者开始关注农民工的工作绩效，但主要从组织认同、组织嵌入、工作家庭冲突等方面进行研究（陈云川、雷轶，2014；刘雪梅，2012；王帮俊、杨东涛，2014），农民工组织公平感与工作绩效的关系研究很少见到。尤其是在劳资冲突日益频繁的背景下，企业领导方式如何影响农民工组织行为，以及组织公平的复杂影响机理有待揭示。

　　农民工是政治参与的双重"边缘人"，其边缘性表现在他们既不能有效地参与城市社区治理和社区管理活动，也不能有效地参与村民自治（何晓红，2009）。政治参与是表达经济利益和政治利益诉求的有效渠道，其本质是获取维持生计不可或缺的"钱"和"权"（孙秀林，2010）。但是，对于农村政治活动（如村务公开，村民选举），大多数农民工持冷漠态度，处于制度化政治参与缺失状态。在城市社会，农民工的政治参与主要体现在非制度层面（邓秀华，2009）。制度框架内不能解决问题，农民工便选择"用脚投票"，这恰恰反映的是社会信任危机。然而，农民工向往城市生活，愿意在城市居住，要求改善其不平等待遇的呼声和渴望越来越强烈（汪勇，2008）。他们从原来维持生存的经济诉求向着争取并享有平等权利的政治诉求转变，希望改变他们的边缘地位，加上他们职业身份的转变以及生活场域的变迁，使得他们更愿意参与城市的政治生活（陈赵阳，2007；刘建娥，2014a）。农民工思想的变迁以及对城市管理造成的冲击对以往的公共政策提出了挑战。因此，引导农民工有序参与政治，实现社会包容性发展既是政策目标，也是现实需求。

正是城乡经济社会发展的巨大差异，导致农民工社会融合成为城市社会的主要难题。农民工要在城市生存和发展就必须融入城市社会（悦中山等，2012a）。但目前，要实现农民工职业阶层"有提升"、与市民"有交融"，政治参与"有权利"还有很大差距（任义科等，2016a）。尽管我国已经在2020年实现了1亿农业转移人口市民化的目标，但由于城市公共服务体系尚不完善，农民工城市融合仍然面临很大压力，其生计脆弱性既表现为生计资本的相对缺乏，也表现为对不同政策变动和突发社会经济冲击的应变能力差（任义科等，2011），本质上难以有效融入城市社会。要实现农民工的城市融合就是要使不同农民工群体之间、农民工与市民之间，以及城乡文化之间互相协调、互相适应。从公共政策角度看，农民工融入城市是指他们在流入地城市能够获得均等的生存和发展机会，与市民同等地享受公共资源和社会福利，全面参与政治、经济、文化和社会生活，最终实现经济立足、社会接纳、文化交融和心理认同的过程（王谦，2014）。然而，在这一过程中，农民工的城市融合能否促进其平等社会性别意识的形成，还缺乏这方面的深入研究。

农民工实现经济融合，就是与自己所处的职业阶层相比，获得等于或高于该阶层所能获得的收入（悦中山等，2011）。在城市谋求较高的经济收入是农民工可持续发展的基本目标。由于长期的城乡二元经济的不平衡发展农民工的收入与市民相比普遍较低。农民工从经济层面融入城市，就是要提高收入，缩小与市民的差距，包括人力资本投资、就业机会、薪酬标准和工作居住条件。随着经济收入的提高和女性打工人数的增加，男性不再是家庭唯一的经济来源，"女人不比男人差"的论断必然会弱化"男外女内"的传统家庭分工模式（赵继伦、任曦玉，2014）。但从收入结果来看，农民工工资性别差异显著，女性农民工工资约为男性农民工的四分之三，这种差异不是说明男女的工作能力有差异，而是说明劳动力市场存在性别歧视（张琼，2013）。女性农民工把一部分精力从传统的家务劳动中抽离出来，提高经济收入，必然减弱对丈夫的依赖性，从而导致在无酬劳动，如家务劳动方面的相对平等（叶苏、叶文振，2005）。经济地位的提高会相应改变女性农民工的价值观念，并进一步影响其行为和意识（何艳玲，2003；李静雅，2012）。

农民工与流入地市民之间的社会交往密切程度显示其社会融合的高低。农民工的社会融合表现为主动适应城市，追求在城市获得较高层次的发展（朱力，2002）。文化融合是具有不同文化背景的群体相互吸收、相互接纳对方文化特征或要素的过程（悦中山等，2012a），文化融合本身具有双向性。从农民工角度界定文化融合，面临两个基本问题：一是对待家乡文化的态度，是保持还是放弃？二是是否接受城市现代文化？农民工文化融合的过程也是他们对城市文化，包括对城市语言、习俗、价值观念或规范的适应过程。农民工在流入城市之前，受农村传统观念和文化的影响较大。其流入城市后，文化融合的程度越深，对流入地的认同就越强烈（褚荣伟等，2012），对城市现代文化的接受也越多。除了经济融合、社会融合、文化融合之外，心理融合是农民工融入城市的最高层次融合，农民工心理融合过程是在心理和情感上对自己的社会身份和归属感逐渐认同，以及与流入地市民之间社会距离逐渐减少的过程（悦中山等，2012a）。

农民工的城市融合与其所拥有的社会资本密切相关。社会资本分为微观、中观和宏观三个层面，分别体现为个人关系型社会资本、组织型社会资本和制度型社会资本（李爱芹，2010）。个人关系型社会资本有利于农民工获得就业信息与社会支持，从而促进其融入城市，但作用相对较小。组织型社会资本由职业共同体、非政府组织与工会等组织进行培育，既可以促进农民工职业认同，形成职业道德，进而产生组织文化，也有利于其权益维护与政治参与。制度型社会资本发挥作用的前提是把农民工纳入制度体系，如户籍制度、就业制度、社会保障制度、教育制度和选举制度等。比较而言，制度型社会资本对农民工更加重要，因为制度在关系"结构洞"中发挥"桥"的功能，可以有效协调农民工与市民之间的利益关系，避免出现"富者越富、穷者越穷"的"马太效应"（Sanderson，2013）。尽管如此对于农民工可持续发展这样复杂的社会问题，仅仅依靠社会资本这一路径进行研究，无法全面揭示农民工可持续发展的深层次问题，这为本书整合人力资本、社会资本、组织融合和政治参与全面深入这一领域研究提供了空间。

正是由于农民工可持续发展中缺乏社会性别的深入研究，本书基于社会性别视角，分别从就业质量、交易费用、婚姻质量、代际支持、组织融合、政治参与、社会融合等方面，深入揭示农民工生存与发展的内在机制，并通过相关政策分析，结合本研究结果从城市社区和企业组织两个方面，提出旨在推进农民工性别平等的包容性发展政策建议，促进城乡协调以及农民工生计可持续发展。

第二节　研究目标

基于社会性别理论、生计资本理论、交易费用理论、组织行为理论和社会融合理论，构建农民工可持续发展的社会性别分析框架。利用调查数据，研究不同性别农民工群体生存与发展的影响机制，探讨其生计社会经济后果。在对相关政策进行社会性别评估的基础上，提出改善农民工生计状况、实现社会包容性发展的政策建议。

第一，揭示农民工社会性别意识与社会性别行为现状及其影响因素。基于决策型、决策服务型、服务型三种类型测度考察农民工社会性别意识与社会性别行为，在分析社会性别意识与行为现状的基础上分析其影响因素。

第二，揭示农民工经济层面发展现状及其影响因素的性别差异。从农民工城市交易费用（求职和子女上学）、就业质量以及经济融合方面分析农民工经济层面现状、影响因素及其性别差异。

第三，揭示农民工社会层面发展现状及其影响因素的性别差异。从婚姻质量、代际支持和社会融合方面分析农民工社会层面发展现状。基于社会性别视角，分析农民工主观婚姻质量和客观婚姻质量、农民工向上代际支持和向下代际支持，以及农民工社会融合现状及其影响。

第四，揭示农民工文化层面发展现状及其影响因素的性别差异。文化层面发展包括企业内组织公民行为和城市社区的文化融合。基于社会性别视角，分析农民工组织公民行为和文化融合现状及其影响。

第五，揭示农民工心理层面发展现状及其影响因素的性别差异。心理层面包括企业组织内的组织承诺和城市社区的心理融合。基于社会性别视角，分析人力资本、组织公平感对组织承诺的影响，同时考虑工作满意度的中介作用和家长式领导的调节作用；对于城市社区融合，则分析人力资本、社会资本、组织融合与政治参与的影响。

第六，揭示农民工政治层面发展现状及其影响因素的性别差异。基于社会性别视角，分析制度性和非制度性政治参与、流出地和流入地政策认知现状及其影响因素。

第七，在实证研究基础上，结合对党的十八大以来农民工相关政策梳理及社会性别分析，提出旨在促进农民工可持续发展过程中性别平等的政策建议。

第三节　概念界定

本书涉及农民工与农村流动人口、社会性别与女性赋权、交易费用与就业质量、可持续生计与生计资本、城市融合与组织融合、政治参与与政策认知等概念。

一　农民工与农村流动人口

从字面上看，"农民工"和"农村流动人口"是两个概念，且前者包含于后者。农村流动人口的外延更大，如农村姑娘嫁到城市并取得城市户口，从流动角度看，她算作农村流动人口，但不能算作农民工。虽然在现实中存在这种情况，但本书不研究这种流动人口，主要研究户籍是农村，但在外打工一年以上，春节返回家乡的农村流动人口。虽然他们在年龄、文化程度、收入和城市房产拥有方面有很大不同，但户籍在农村，又在城市打工的流动人口都是本书的研究对象。在此语境下，农村流动人口就是农民工，二者没有区别，在不同章节采用不同的表述主要考虑行文的方便。

二　社会性别与女性赋权

社会性别概念产生于西方女权主义运动，是在性别角色和女性主义概念的基础上发展起来的（杨雪燕、李树茁，2006）。社会性别是指在社会文化中形成的对男女差异的理解，以及在社会文化中形成的属于男性和女性的群体特征和行为方式。社会性别角色意识是指对于两性所承担的与其性别角色相适应的责任和享有权利的一种态度。社会性别意识从性别视角观察政治、经济、社会和文化等领域存在的不平等现象，旨在重新调整两性关系，谋求男女两性平等和谐发展（唐华容，2009；赵艳红等，2010）。对社会性别意识的测度，主要采用男性气质–女性气质量表、贝姆的性别角色量表和性别角色行为量表等（杨雪燕、李树茁，2006）。分类角度也不尽相同，从社会性别角色可分为现代–传统、女性主义–性别主义或平等–不平等（Gibbons et al.，1997）；从时间角度可分为传统和现代的。传统的性别意识表现为男尊女卑、男权为上的不平等意识，而现代的性别意识表现为男女平等（唐华容，2009）；以平等权为核心的女权主义和性别角色理论，分别用女权主义建构对妇女的态度和性别角色意识，以及用社会性别理论建构相应态度和性别角色意识（杨雪燕、李树茁，2006）。

女性赋权指女性获得自尊与社会身份，拥有与男性同样的权利，即自尊、选择决策、获得机会与资源、在家庭内外控制自己的生活、影响社会变革方向（United Nations，2001）。女性赋权的另一种定义是，扩大妇女在社会、经济、政治领域内决策与自由行动所需的权利、资源以及能力（Inter-American Development Bank，2010）。女性经济赋权不仅有利于实现女性权利，而且有利于实现经济增长、减少贫困、促进健康、提升教育和福利等目标。

社会性别主要侧重性别意识，女性赋权主要侧重行为。综合两个方面，本书把社会性别分为社会性别意识和社会性别行为，包括家庭权力决策和女性外出务工决策。无论是社会性别意识还是社会性别行为，均操作化为决策型、服务型、决策服务型三种类型。

三　交易费用与就业质量

最先使用"交易"概念的是古希腊哲学家亚里士多德，他把交易定义为"人与人之间的关系"，为交易费用理论的发展奠定了基础（沈满洪、张兵兵，2013）。近代制度经济学家康芒斯将"交易"细分为三种类型，分别为平等主体之间的交易、上下级之间的交易、政府对个人的交易，基本涵盖了人与人之间的经济活动。在此基础上，新制度经济学家科斯在《社会成本问题》中将交易费用的思想具体化，认为交易费用主要包括签约前取得市场交易信息和寻找缔约对象的费用、准备签约时的谈判费用、签约费用以及签约后监督契约双方按要求履行的费用（卢志刚，2012）。

张五常认为，交易费用是指契约双方为达成契约进行的识别、考核与测度以及在讨价还价与使用仲裁机构的过程中所产生的费用，具体包括信息费用、谈判费用、签订合同费用、监督管理费用和改变制度安排的费用（郭红梅，2011）。简而言之，交易费用包括一切不发生在物质生产过程中的费用，也被称作制度费用。基于这一理解，本研究将农民工城市交易费用界定为求职交易费用和子女入学交易费用。前者指农民工找到工作前花费的时间、精力、资金及协商次数，后者指子女在城市入学所前花费的时间、资金及协商次数。

就业质量概念在 1999 年由国际劳工组织提出，分为宏观和微观两个维度。宏观就业质量指区域就业质量水平，如劳动力供求状况、劳动力市场运行状态、公共服务保障体系等，微观就业质量包括工资水平、社会保障、社会地位、个人发展空间等（钱芳等，2013a）。就业质量具有多维性和综合性特点。第一种观点认为，就业质量包括职业与工作安全、健康与福利、职业与技能发展、就业满意度、工作与生活和谐五个方面（李泽媛等，2021）。第二种观点认为，就业质量包括工资水平、职业社会地位、社会保障、发展空间四个方面（彭国胜、陈成文，2009）。对农民工而言，学者认为，就业质量包括工资水平、就业稳定性、劳动权益等（谢勇，2009）。借鉴相关文献，本书从客观和主观两方面测度农民工就业质量。客观就业质量包括劳动合同、购买保险、工资水平和工作稳定性四个方面，主观就业质量从个人绩效、工作满意度和组织公平感三个方面来测量。

四　可持续生计与生计资本

可持续生计思想发端于解决脆弱性背景下农户的收入贫困和能力贫困（汤青，2015）。当生计受到冲击或打击后得到恢复，并保持其生计能力和资本，又不损坏生计的物质基础，这种生计就是可持续性的。根据 Department for International Development（简称"DFID"，英国国际发展部）可持续生计分析框架，以生计资本为核心，形成生计资本→生计策略→生计结果→生计资本的一个反馈机制。对贫困农户而言，生计资本主要包括自然资本、物质资本、人力资本、社会资本和金融资本（Department for International Development，2000）。对农民工而言，他们的可持续生计是贫困农户在地域上从农村向城镇的拓展。影响农民工可持续发展的生计资本主要是人力资本和社会资本。外出务工决策是生计策略，企业组织融合、城市社区融合既是生计结果，也是在城市可持续发展的前提和基础。

人力资本思想的产生可以追溯到亚当·斯密，他把劳动者在社会上所学到的一切有用才能定义为固定资本。20世纪初，欧文·费雪把资本定义为能带来收入的物品或者活动，资本所具有的价值是未来预期收益的折现值。二战后，西奥多·W. 舒尔茨发现劳动者的收入与其智力、技能成正比，从而提出并系统地论述了人力资本理论。与物力资本理论相对，人力资本主要指人们所具备的知识、技能、健康和经验等（江涛，2008）。本书采用这一人力资本概念及其测度。

社会资本的概念最早由皮埃尔·布尔迪厄提出。他认为，社会资本是一种资源，是实际或潜在资源的集合体，是社会网络成员对资源进行的累积，并为群体中每个人提供支持和帮助（牛喜霞，2004；孙秀林，2010）。普特南则从组织的角度进行界定，认为社会组织具有关系网络、规范和信任的特征，可以通过加强合作行为来提高社会的效率（孙秀林，2010）。国内学者认为，社会资本是个体从社会网络和其所处的社会制度中所获得的实存或潜在的资源，并把社会资本划分为关系型社会资本和契约型社会资本，前者体现在个体层面，后者反映在制度层面（刘传江、周玲，2004）。还有学者将社会资本细化为微观、中观和宏观三个层面，即个人关系型社会资本、组织型社会资本和制度型社会资本，认为社会资本是个体从社会网络、社会组织以及社会制度中所获取的资源（李爱芹，2010；曹飞、田朝晖，2011）。本书采用的社会资本有两种分类：一种分类是跨体制社会资本和非跨体制社会资本；另一种分类是关系型社会资本、组织型社会资本和制度型社会资本。

五 城市融合与组织融合

本书中的城市融合是指农民工与市民之间相互配合、相互接纳的过程，包括经济融合、社会融合、文化融合和心理融合四个方面。国外学者提出的融合理论主要包括"同化论"（戈登，1997）和"多元论"（Kallen，1924），前者意在突出流动群体要摈弃原有的生活习惯和文化理念，接受新的价值观念和生活方式；后者则表明不同群体之间文化的相互渗透、吸收，形成多元的生活文化。国内学者所说的社会融合实际上等同于城市融合，因为他们在社会融合概念之下又分出经济、社会、文化和心理四个维度（田凯，1995；任远、邬民乐，2006）。经济融合是指与自己所处的职业阶层相比，农民工获得等于或高于该阶层收入的程度，或更小的收入差距。社会融合是指农民工与市民之间的社会交往程度，交往程度越密切，社会融合越好。文化融合是指农民工与市民或其他流动群体在发生接触以后，相互吸收、相互接纳对方文化特征或要素的过程。心理融合则是指农民工在心理上和情感上对自己的社会身份和归属感认同以及与市民之间社会距离缩小等方面的变化过程。

组织融合是本书提出的一个新概念，不同于城市融合。对农民工而言，城市融合是指他们在城市社区的融合，而组织融合则指农民工在企业组织内的融合。因此，组织融合是指组织中个体或部分成员与其他成员在工作绩效、组织文化和心理相互认同、趋于一致的过程。借鉴城市融合的分类，组织融合可分为组织经济融合、组织文化融合和组织心理融合。组织经济融合是指为组织效益做出贡献从而获得应得经济收益和福利待遇的过程。组织公民行为是一种组织文化（陈国海等，2010），是一种超出组织政策以及工作界定范围的，但与工作相关的行为（Wong et al.，2006）。换句话说，组织公民行为是一种组织视角下的角色外行为（Wang，2011），是并没有直接或明确地被组织的正式奖励系统所认可的行为（Magdalena，2014）。在本书中，将农民工对这种未直接被组织规章制度明确规定要求的，能够促进组织目标实现的一种角色外行为的认同过程定义为组织文化融合。组织承诺代表了员工对组织的一种心理状态和感受（Meyer and Allen，1997；刘小平，2011）。组织承诺描述了组织和员工之间的关系，隐含了员工是否愿意留在组织的决定（Manurung et al.，2015），代表了员工对组织认同的程度，是员工对组织的一种心理依附（仲理峰，2007），也代表了员工对组织的忠诚度（Morrow，1993）。员工组织承诺的高低能较好地体现员工在组织中的心理融合状况。与城市融合或社会融合相比，首先，组织融合的范围由城市或社会缩小为组织；其次，融合内容由社会、经济、文化、心理转变为组织范围内的经济、文化和心理；最后，融合的标准和结果由对社会大群体的参与、适应和认同转变为对组织的参与、适应和认同，且员工享受同等的福利待遇。因此，组织融合是社会融合的基础。在本书中，经济、文化和心理方面的组织融合分别用个人工作绩效、组织公民行为和组织承诺来度量。

六 政治参与与政策认知

政治参与的概念有广义与狭义之分。广义的政治参与是指表明政治态度、政治兴趣、参与政治讨论和辩论等；狭义的政治参与是指影响政治体系的各种活动，如投票、选举、参与社区工作、接触政府工作人员、参加政治会议、围绕某种利益进行的抗议和沟通等（王丽萍、方然，2010）。政治参与既包括态度也包括行为；既包括政府内的参与行为，也包括政府外的参与行为。参与性质有合法的、有非法的，参与主体有个人的、团体的，参与结果可分为有效的、无效的，表现形式有自发的、有组织的或操纵的（胡政、罗维，2009）。也有学者认为，政治参与是指公民影响政府决策的非职业的所有政治活动行为，包含制度性和非制度性的政治参与（陈振明、李东云，2008）。这一定义突出政治参与的非职业特点，即职业范围以内的政治活动不包括在内。制度性政治参与通常具有合法性、规则性和有序性，主要表现为参加投票、选举、城市社区政治活动和管理活动等。非制度性政治参与往往具有非理性和破坏性（刘建娥，2014b；高洪贵，2010）。根据农民工特点，本书所指的农民工政治参与是在法律框架内为维护自身生存与发展所进行的制度性和非制度性政治参与行为。

政策是指政府为解决社会问题而制定的符合或有利于促进社会公正、有利于优化资源配置的规章制度（黄健荣、钟裕民，2015），政策认知是对政策的认识了解程度。20 世纪 80 年代后期以来，随着我国农村剩余劳动力大规模跨区域流动到城市，国家逐步调整农民工政策，其目的在于保障弱势群体利益，促进社会和谐发展。农民工作为政策调整的直接客体，其对政策的认知程度影响其行为选择和长期生存策略（潘泽泉、杨莉瑰，2010）。本书中政策认知是指农民工对党的十八大（2012 年）以来国家政策或者地方政策（包括流出地和流入地）的了解程度，主要包括《中华人民共和国劳动合同法》、户籍对融入城市社会的影响、当地最低工资、企业劳动争议条例、权益受侵犯是否知道向有关政府部门求助、社会保障政策、惠农政策、创业扶持政策等。

七 可持续发展

农民工可持续发展分为生存与发展两个阶段，生存是基础，发展是目的。两个阶段相互交叉，难以分开。从农民工在城市工作、生活的全部内容来说，生存和发展的内容应该包含政治、经济、社会、文化、心理五大方面，涉及政治参与、政策认知、交易费用、就业质量、婚姻质量、代际支持、组织融合（工作绩效、组织公民行为、组织承诺）、经济融合、社会融合、文化融合、心理融合等具体内容。生存与发展之间关系是以政治为统领，贯穿经济→社会→文化→心理的连续谱，如图 1-1 所示。从横向看，越向左越倾向于生存，越向右越倾向于发展；从纵向看，越靠下越倾向于生存，越靠上越倾向于发展。

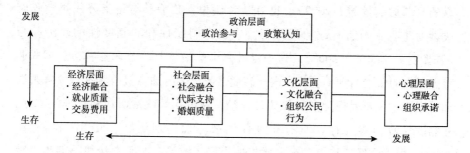

图 1-1   农民工可持续发展关系连续谱

注：经济融合既包括城市社区层面的融合，也包括组织层面的融合（工作绩效）。在文化层面，组织公民行为属组织文化融合，文化融合属城市社区意义上的融合；在心理层面，组织承诺属组织层面的心理融合，而心理融合属城市社区层面的融合。

第四节   研究内容与框架

鉴于目前研究较少关注农民工可持续发展过程中的性别不平等，本书结合经济转型和人口流动的现实背景、流出流入地的特点和农民工特征，构建了社会性别视角下农民工可持续发展的分析框架。本书采用 2014 年农村流动人口发展状况调查数据，对农民工可持续发展的影响机制进行了实证研究，揭示了农民工在企业组织内融合和城市社区融合的内在机理，以及政治、经济、社会、文化和心理等因素对不同性别农民工可持续发展的不同效应，在此基础上，结合农民工相关政策分析，提出促进农民工生计可持续发展、促进性别平等的对策建议。研究框架如图1-2所示。

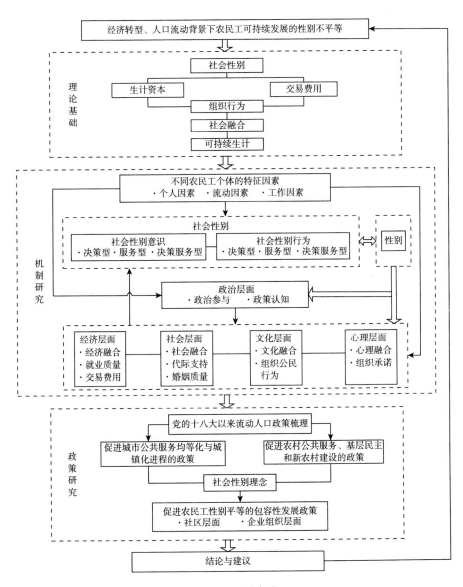

图1-2　研究框架

根据研究背景，结合研究问题和研究目标，提出以下具体研究思路。

第一，对现有文献进行归纳和评述，确定研究的理论基础。以社会性别为视角，结合农民工可持续发展的现实问题，把生计资本、交易费用、组织行为、社会融合理论纳入可持续生计理论，形成基于社会性别视角的农民工可持续发展的分析框架，为后续影响机制的实证研究奠定了理论基础，针对已有研究不足明确了本书的研究方向和路径。

第二，在已有理论基础上，结合经济转型、人口流动的现实背景，以及农民工个体特征，包括个人因素、流动因素和工作因素，综合经济、社会、文化和心理层面因素，提出农民工社会性别，包括社会性别意识和社会性别行为的影响机制模型。首先，结合社会性别理论，对农民工社会性别概念进行界定，按性别角色将社会性别划分为决策型、服务型和决策服务型。其次，结合农民工现实背景，辨析已有理论的适用性和可行性，对社会性别理论研究进行拓展和深化，为后续在社会性别视角下研究农民工可持续发展的影响机制做好铺垫。

第三，农民工可持续发展的影响因素分析。在研究框架指导下提出研究假设，利用2014年农村流动人口发展状况调查数据，通过建立多种统计模型，对已有框架和假设进行实证检验，探讨社会性别视角下的农民工个体特征、政治层面因素对农民工在城市生存与发展中经济、社会、文化和心理方面的作用，识别关键影响因素及影响路径。形成在社会性别视角下个体特征、政治因素影响农民工可持续发展的经济、社会、文化、心理因素，反过来，经济、社会、文化和心理因素，以及个体特征又影响农民工社会性别意识和行为的反馈机制。

第四，结合实证研究结果，在探讨农民工政策需求的基础上，对党的十八大以来流动人口政策梳理并进行社会性别分析，针对存在的不足提出促进农民工性别平等的包容性发展政策建议。

值得注意的是，由于农民工可持续发展问题的复杂性，研究框架中机制研究部分存在双向因果关系。具体表现在，经济层面、社会层面、文化层面和心理层面影响（实线箭头所示）农民工的社会性别意识和行为（本书第三章研究），在搞清社会性别和生理性别之间的一致性之后，然后再分性别（空心线箭头所示）研究农民工政治、经济、文化、心理等方面生存与发展的现状与影响机制。

第五节 数据与方法

本书数据来源于 2014 年农村流动人口发展状况调查。此次调查是在西安交通大学公共政策与管理学院新型城镇化与可持续发展课题组指导下，由山西师范大学经济与管理学院流动人口课题组具体实施。采用分层和配额抽样相结合的方法，首先选取家庭户籍所在地符合研究要求的山西师范大学农村户籍本科生和研究生作为调查员，然后由他们在寒假对春节返乡的农民工进行入户调查。抽样方式保证了抽样的代表性和一定程度的随机性。为保证调查数据质量，对调查员进行严格培训，要求每个调查员所调查的农民工不超过 10 人，并兼顾调查对象人口学特征的差异性，如性别、年龄、婚姻状况、打工地等，尤其是调查对象的性别，确保社会性别视角研究的可行性。调查对象为年满 16 周岁且为农村户籍的城市打工者。调查内容包括农民工基本情况（包括性别、年龄、受教育程度、婚姻状况、户籍所在地、打工地点、工作时间等）、生计资本（包括自然资本、物质资本、人力资本、金融资本、社会资本）、代际支持、社会融合、交易费用、组织行为、政治参与、社会性别和政策认知九个方面。共发放问卷 1300份，通过问卷审核，采用 Epidata 软件进行数据录入、数据清洗，最终获得有效问卷 1152 份，有效率达 88.6%。表 1-1 将本书调查数据与 2014 年全国流动人口动态监测数据进行对比，具有较高的一致性，在一定程度上说明调查数据质量较高。

表 1-1 调查数据与 2014 年全国流动人口监测数据对比

单位：%

样本特征	指标	百分比	2014 年全国流动人口动态监测数据（农村籍）
性别	男性	56.4	58.5
	女性	43.6	41.5

续表

样本特征	指标	百分比	2014年全国流动人口动态监测数据（农村籍）
年龄	25岁及以下	36.2	21.0
	26~35岁	25.3	37.3
	36~45岁	23.0	28.5
	46岁及以上	15.6	13.2
婚姻状况	未婚	37.3	21.3
	曾婚	62.7	78.7
职业阶层	管理层	17.0	8.8
	非管理层	83.0	91.2
流出地	东部	26.0	26.0
	中部	54.5	45.8
	西部	19.5	28.2
流入地	东部	46.2	48.0
	中部	39.8	26.9
	西部	14.1	25.1
流动距离	同省	58.3	49.5
	跨省	41.7	50.5
文化程度	小学及以下	14.9	15.4
	初中	46.0	57.7
	高中	24.3	19.5
	大专及以上	14.7	7.4
打工年限	5年及以下	45.2	43.5
	6~10年	21.3	25.4
	10年以上	33.5	31.1
样本量		1152	165613

资料来源：2014年农村流动人口发展状况调查数据和2014年全国流动人口监测数据。

本书以调查研究为主，通过定量与定性相结合的方法，对调查数据进行实证分析。统计方法包括描述性统计和推断性统计。描述性统计主要描述样本频数、百分比（分类变量）和均值、标准差（数值型变量）。推断性统计包括交叉表分析，包括 LR 检验、t 检验和 F 检验，以及参数估计和假设检验，包括各种回归模型：（二元或多项）Logistic 回归模型、OLS 回归模型、Ordinal 回归模型、结构方程模型、负二项回归模型、零膨胀负二项回归模型等。其中 Logistic 回归模型、OLS 回归模型、Ordinal 回归模型主要用于分析社会性别视角下的农民工就业质量、婚姻质量、代际支持、社会融合的现状和影响因素；结构方程模型主要用于农民工组织融合的现状分析及影响因素分析；负二项回归模型、零膨胀负二项回归模型主要用于分析城市交易费用的各项影响因素。本书采用统计分析软件有 Epidata 软件、SPSS 软件、Stata 软件、AMOS 软件等。

第六节　章节安排

本书共分十五章，其中第三章至第十四章为核心内容。

第一章"绪论"。主要介绍研究背景、研究目标、相关概念界定、研究内容和分析框架以及数据来源与研究方法等。

第二章"基本理论与相关研究综述"。主要介绍社会性别、可持续生计、组织行为、社会融合、婚姻家庭、代际支持等基本理论。在此基础上，分别评述了一般人群可持续发展以及农民工可持续发展研究的最新进展，指出了本书的研究空间。

第三章"农民工社会性别意识与行为"。结合社会性别及妇女赋权相关理论和概念给出了社会性别意识和行为的测度指标，在分析了农民工社会性别意识与行为现状基础上，从农民工个体特征、经济、社会、文化和心理层面分析其影响因素。

第四章"社会性别与农民工城市交易费用"。探讨了农民工求职交易费用和子女入学交易费用的测度指标，并分别分析了两者的现状、影响因素及其性别差异。

第五章"社会性别与农民工就业质量"。借鉴并设计了农民工客观就业质量与主观就业质量的测度指标，分析了客观就业质量和主观就业质量的现状、影响因素及其性别差异。

第六章"社会性别与农民工婚姻质量"。分别度量了农民工客观婚姻质量与主观婚姻质量，并分析了二者的现状、影响因素及其性别差异。

第七章"社会性别与农民工代际支持"。从向上代际支持和向下代际支持两个方面分析了农民工代际支持现状、影响因素及其性别差异。前者分为经济支持、情感支持和日常照料，后者只包括经济支持和情感支持。

第八章"社会性别与农民工组织融合"。对应于社会融合，分别分析了农民工组织经济融合、组织文化融合和组织心理融合的现状、影响因素及其性别差异。

第九章"社会性别与农民工政治参与"。将农民工政治参与分为制度性政治参与和非制度性政治参与，并分析了二者的现状、影响因素及其性别差异。

第十章"社会性别与农民工经济融合"。从收入满意度、职业阶层、房产拥有和亲子随迁四个方面分析了农民工经济融合现状、影响因素及其性别差异。

第十一章"社会性别与农民工社会融合"。分别从受歧视经历、交友意愿、生活满意度和未来发展意愿四个方面分析了农民工社会融合现状、影响因素及其性别差异。

第十二章"社会性别与农民工文化融合"。从城市方言掌握和家乡文化保持两个方面分析了农民工文化融合的现状、影响因素及其性别差异。

第十三章"社会性别与农民工心理融合"。从身份认同、社会距离和城市归属感三个方面分析了农民工心理融合的现状、影响因素及其性别差异。

第十四章"社会性别与农民工政策认知"。分析了农民工政策认知现状、影响因素，梳理了党的十八大以来出台的农民工相关政策，并进行了社会性别分析。

第十五章"结论、建议与展望"。总结本书的研究结论，提出政策建议，探讨了进一步研究方向。

第二章

基本理论与相关研究综述 |

首先，本章介绍社会性别理论、可持续生计理论、组织行为理论、婚姻家庭及代际支持理论和社会融合理论等基本理论，并结合农民工可持续发展阐述这些理论作为本书基础理论的合理性。其次，梳理一般群体的可持续发展的国内外研究成果，并从社会性别视角进行述评。最后，对农民工可持续发展的最新研究成果进行分析，并从社会性别视角进行评述，指出农民工已有研究存在的问题和本书的研究空间。

第一节　基本理论

一　社会性别理论

20 世纪 60 年代以来，性别理论在西方女性研究中成为热点问题。社会性别不同于生理性别，用社会性别（Gender）理念代替传统的生理性别（Sex），力图重塑性别文化认知框架。其中，以波伏娃等为代表的女性主义者通过建构性别平等理论，进而指导相关的社会实践，以期突破两性不平等地位的社会阻碍。简言之，社会性别理论旨在揭示社会文化中形成的对男女两性差异的意识与行为特征（祖嘉合，2001）。社会性别理论的提出，既为政策设计者提供了新的视角，也为性别平等主流化落实到现实层面做出了一定的贡献。

经过几十年的发展，社会性别理论仍在不断整合与完善，不同学科领域的研究者基于社会性别这一独特视角对政治、经济、社会等问题进行了新的思考，并得出了一些富有启发性的结论。①在政治领域，女性主义思潮经历了从质疑根深蒂固的性别文化，到严重批评政治经济生活中压制女性的问题，以及对性别文化进行了更为细微的建构与解释，使西方政治文化思想形成了较为成熟的理论体系，并长期指导政府决策和社会发展。②在经济领域，学者基于社会性别理论，从劳动市场、工作权利、家庭决策等多个视角分析社会性别的作用机制。如在劳动市场方面，Francois（1998）基于社会性别理论，解释了劳动力市场中长期存在的性别歧视现象，主要源于管理者"工作中女性不如男性可靠"的经验认知。Daniela 和Pasqua（2003）认为，女性在劳动力市场中表现出一定的弱相依性，原因是女性仍然负责大量的家庭劳动，维系和照顾家庭生计。在中国，"男主外，女主内"的家庭分工模式以及劳动力市场上存在的性别歧视，导致男女劳动力不能平等地享有就业机会和劳动成果。改革开放初期，向非农就业转移的劳动力以男性为主，女性则滞后于男性（Hare，1999；刘晓昀等，2003）。随着改革的不断深入，劳动力市场也逐渐为女性提供了许多就业机会，很多年轻未婚女性进入非农领域就业（Lohmar et al.，2001），但受性别歧视的影响，女性的工资收入低于男性（Song and Jiggins，2000；李实，2001）。婚后女性工资水平会下降（龚斌磊等，2010），但她们并不会因为工资性劳动时间的增加而减少家务劳动时间（MacPhail and Dong，2007），仍然承担着大部分家务劳动（Chen，2004）。工资性劳动与家务劳动的双重责任，意味着女性的可支配时间减少，在社会活动、个人发展和政治参与方面的时间也相应减少（Doress-Worters，1994）。在晋升机会、家庭消费决策等方面，女性社会权利的获得感要弱于男性。③在社会领域，学者借助社会性别理论揭示了犯罪行为、教育过程、家庭角色形成等方面的内在机理。如 Andersson 等（2009）对教师的教育行为进行研究，发现相较于未了解社会性别理论的教师，了解社会性别理论的教师会更有意识去维持公平教学目标。Blumen 等（2013）研究结果表明，女性对家庭的态度是积极的，并且在家庭环境中，性别分化的阶级意识淡化了，男性和女性都能够从家庭环境中获得较强的归属感。总体而言，上述研究在一定程度上推动着社会性别理论的发展与深化，对探索农民工的可持续发展问题及其政策实践提供了新的解释框架。

二 可持续生计理论

可持续生计（Sustainable Livelihoods）概念最早是在 1987 年世界环境与发展委员会上提出来的，其内容主要强调人们能够应对各种冲击或压力，实现自我恢复，进而维持或提高家庭资本与生计能力。当前，学术界对可持续生计理论的理解主要是基于对"生计"概念的阐释。生计是建立在能力、资本以及社会活动基础之上的谋生方式（Chambers and Conway，1992）。生计在经历了冲击或破坏后，能够恢复过来，并为下一代提供发展的机会，那么这种生计就是可持续性的。依托可持续生计思想，研究者设计出不同视角的可持续生计框架。例如，基于农村可持续发展，重点针对生计资本投入与结果产出的可持续生计框架（Scoones，1998）和旨在解决农村贫困问题的可持续生计框架（Bebbington，1999）。最受关注的是 Department for International Development（简称"DFID"，英国国际发展部）设计的可持续生计分析框架，该框架是建立在 Sen 等贫困理论基础上，系统揭示农户生存-发展的脆弱性表现以及提出相应的解决之策。

相较于国外，国内学者更多的是把可持续生计理论和我国减贫扶贫的政策背景相结合，并依据不同学科的分析视角设计了多种关于农村、农户、农民发展的可持续生计分析框架（汪超，2019）。当然，农民工作为连接农村和城市二元关系的纽带，同样是国家政策重点关注的群体。在社会经济活动中，农民工往往处于弱势地位，其生计资本也相对匮乏，主要集中在人力资本、社会资本、交易费用三个方面。因此，依据可持续生计理论对深化农民工可持续发展问题研究具有重要的指导价值。

（一）人力资本

人力资本是指人们花费在教育、健康、训练和信息获得等方面的支出（Kerbo，1991），是个人所拥有的用于生存与发展的知识、技能和健康等。它不是先天就有的，而是劳动者通过后天的学校学习和职业培训获得的。受教育时间越长，文化程度越高，劳动者拥有的科学知识就越多，劳动技能就越强，劳动生产率自然也会越高。人力资本的测量指标，包括文化程度、培训以及工作经历等（李培林、李炜，2007；Wang et al.，2010）。农民工的人力资本包括先赋资本和后致资本，其中先赋资本包括性别、来源地、年龄等，后致资本则主要指受教育程度、参加工作年限和政治面貌等（彭国胜等，2009）。

农民工对城市发展做出了重要贡献，然而他们的就业质量低、工资收入较低已是不争的事实。早期的研究发现，中国的制度安排，尤其是户籍制度，是造成农民工就业质量低的重要原因（杜鹰、白南生，1997；蔡昉等，2003）。随着社会的逐步转型，户籍制度的限制正在不断减弱，内在的人力资本才是影响非农就业的重要因素。个人所获得的人力资本既有可能增加就业机会，也有可能提高经营能力及运营能力（Schultz，1975，1980）。研究发现，农民工的文凭、技能、工作经验、就业途径等人力资本因素对就业质量发挥着越来越重要的作用（谢正勤、钟甫宁，2006；张永丽、黄祖辉，2008）。也有研究表明，农民工的年龄、文化程度对其收入水平有显著影响，工作年限对职业稳定性有显著影响（刘妍、李岳云，2007）。农民工收入的影响因素研究结果表明，人力资本是提高劳动生产率从而促进工资增长的一个重要因素（Meng，1995），具有较高人力资本的劳动力往往能够获得更好的就业机会和更高的收入（Barro and Sala Miartin，1992）。对美国移民的研究表明，教育水平、工作经验和其他劳动技能等人力资本对提高收入和职业阶层有积极作用（Chiswick，1978；Borjas，1987）。农民工人力资本的提升对他们的收入水平同样具有重要影响（陈卫等，2010）。健康（苑会娜，2009）、教育（任远、陈春林，2010；卢志刚、宋顺峰，2006）、工龄（任远、陈春林，2010）、培训经历或工作经验（罗锋、黄丽，2011；卢志刚、宋顺峰，2006）对农民工收入的提高有显著作用。人力资本越高，就业质量也越高（Meng and Zhang，2001；罗凯，2009），但也有研究持相反观点（王美艳，2005）。

（二）社会资本

社会资本概念由法国社会学家布尔迪厄和美国社会学家 Coleman 提出，后来普特南将其引入政治学。布尔迪厄（1997）将社会资本定义为实际的或潜在的资源集合体，这些资源占有某种持久的、制度化的关系网络。Coleman（1988）将社会资本从微观层面提升至宏观层面，认为社会资本是由多重要素组成的具有不同功能的实体，这些要素存在于人与人的关系结构中。普特南（2001）将公民参与引入社会资本，将信任看作社会资本最关键的因素，认为社会资本可以提升物质资本和人力资本的收益，从而提高整个社会的工作效率。弗朗西斯·福山（1998）将社会规范纳入社会资本，强调社会信任的重要性。社会资本概念不断发展，本质上是指人们所拥有的能获取一定资源的社会网络关系，是个人可动员的社会资源，而不是个人自身的能力。社会资本测量指标主要有网络成员的财富、权利和地位、网络关系、网络规模和密度等。

在中国，社会关系网络在人们就业过程中发挥着独特作用。农民工从乡土社会步入完全陌生的城市社会，原有的乡土社会关系不能发挥作用，他们不得不构建新的社会支持体系。这种社会支持体系不同于政府部门内部的正式人际关系，而是主要通过亲戚、老乡或者新认识的工友自愿组织形成非正式人际关系（冯周卓、陈福喜，2008）。在个人求职过程中，社会资本之所以重要，是因为就业信息和机会不仅通过劳动力市场流动，而且通过社会关系网络进行传递，更重要的是，社会资本有助于解决劳动力市场中的信息不对称问题，促进信息流动，帮助个人获得就业信息（Granovetter，1973）。人们在求职过程中更多借助于社会网络途径，通过"社会资本"寻找新的工作岗位（林南、俞弘强，2003）。社会资本能够降低交易成本并提供更广泛的信息，增加了农民工找到工作的机会（李培林，1996）。以亲缘、地缘为主的社会关系，在帮助农民工获得就业机会方面有非常重要的作用（蔡昉，1997；蒋乃华、卞智勇，2007）。农民工的就业集聚与社会网络中存在帮扶效应有很大关系（王春超，2005）。除此之外，在农民工社会资本运用不足（赵阳、姚丽虹，2009）、社会网络对农民工工资水平影响（章元、陆铭，2009）、弱关系社会资本与农民工职业阶层（李树苗等，2007）、社会资本与农民工职业流动（叶静怡、衣光春，2010；朱明芬，2007）等方面也有相应的研究成果。还有学者认为，社会资本在农民工获取工作过程中所发挥的作用已超过人力资本，对农民工实现就业和提升经济地位至关重要（赵延东、王奋宇，2002；蔡群等，2007）。

（三）交易费用

科斯首次提出交易费用①概念。他认为，人们通过市场的价格机制组织经济活动和进行资源配置的交易活动都需要付出一定的费用，包括交易前获得和处理市场信息、收集产品价格、产品质量、寻找潜在的买者和卖者的费用、交易中谈判和签约的费用以及交易后违反合约的费用，这些费用被称为交易费用。在提出交易费用的概念之后，科斯又提出，企业是组织交易活动的另一种形式。尽管企业本身也存在行政命令传递费用、管理费用、监督缔约者费用等交易费用，但与市场交易费用相比，企业把若干要素的所有者组成一个单位参与市场交易，减少了市场交易者的数量，降低了信息不对称的程度，最终减少交易费用（杨爱民，2008）。

Williamson 通过阐述交易费用的内涵和成因深化和发展了交易费用理论，增强了交易费用理论在现实经济生活中的解释力。他将交易费用分为事前交易费用和事后交易费用两个部分，前者是指拟定合同、根据合同内容进行洽谈、签订合同的费用，以及保障合同内容得以履行所耗的费用；后者则是指从改变条款到由于违约退出契约花费的费用。影响交易费用的主要因素是理性经济人假设、资产专用性和信息和环境的不确定性。一旦契约人采取机会主义行为，不惜损害他人利益违反合同约定，就会导致资源配置效率低下，增加交易费用。资产的专用性越强，其所有者对交易的依赖性就越强，事后受损害的可能性越大，交易费用就越高（Williamson，1985）。信息和环境的不确定性则是指各种无法预见的复杂情况，包括偶然事件、信息冗余或缺乏和行为不确定性等。德尔曼认为，交易费用包括签订契约前相互了解交易意愿、交易双方耗费的人力、物力和财力，签订合约中支付的费用以及签订契约后监督对方执行合约的费用。张五常认为，产权的合约安排是多种多样的，每一次交易都对应一份合约，在市场上进行交易就是使产权在不同合约人之间全部或者部分转让。在交易费用的约束下，合约人为了从分散风险中获得最大收益而选择不同的合约安排

---

① 交易费用也被称作交易成本，但二者含义并不相同，前者比后者内涵更广。因此，本书采用交易费用这一概念。

（张五常，2009）。

由于资源稀缺，当两个或两个以上的人想要获得同一种资源时，就会产生竞争。社会经济制度的建立，尤其是产权界定就是为了限制竞争。只要存在一个人以上的社会，就需要有约束个人行为的规则，即制度（张五常，2002）。因此，制度是为了降低人与人之间经济行为的交易费用而产生的，因而交易费用也被称为协调经济体系中不同主体之间交易活动的费用。人们的社会行为，以及从事经济活动的方式，都取决于各种制度费用的大小和类型（金玉国，2006），农民工也不例外。

三　组织行为理论

组织行为理论研究发端于"科学管理之父"弗里德列克·W.泰罗在管理研究中提出重视人的因素。虽然当时提出这一想法的目的是提高生产效率，但在此之后，企业渐渐开始关注工人的工作状态。而且其他学者也在泰罗研究的基础上，展开了更深入的对于人的行为的探索。组织行为学的发展离不开心理学和管理学等学科的发展。梅奥在霍桑实验中提出的"社会人"假设是这一理论的基础。在 1957 年，道格拉斯·麦克雷格提出的 X-Y 理论不仅总结了以往的人性假设，而且也以 X 理论和 Y 理论区分了"懒惰的和厌恶劳动"和"不是怠惰的，而是根据工作环境做出反应"两种人性假设。在管理学由科学管理阶段、现代管理阶段再到系统管理阶段的发展过程中，研究方法更加科学，研究内容更加系统，为组织行为理论的发展提供了理论依据。

组织行为学逐步成为一种多学科、交叉性的学问。它的概念体系由人的行为和组织系统构成，目的在于发现个体行为的规律和特点，便于组织有效的管理，同时使人的发展和组织的发展紧密联系在一起。组织行为理论在对个体对组织的态度、个体在组织中获得公平感及组织支持对个体行为影响的研究过程中，逐步形成组织承诺理论、组织公平感和组织公民行为等具有代表性的一些分支理论。

组织承诺概念提出后，得到不断发展，相关研究呈现两种范式，一种是演绎式研究，从理论到基础再到结构；另一种是归纳式研究，从不同内涵到多种结构再到统一内涵（樊耘等，2013）。组织承诺是一种心理感受

（刘小平，2011），描述了组织和员工间的关系，在某种程度上反映了员工的离职倾向（Manurung et al.，2015）。

20世纪60年代中期，西方学术界开始对组织公平感理论进行研究（汪新艳，2009）。从Adams提出的分配公平理论，到Thibaut和Walker提出的程序公平理论，再到Bies和Moag提出的互动公平理论，以及Greenberg（1993）将互动公平分解为信息公平和人际公平两个方面，促进了组织公平感理论的发展。分配公平和程序公平一直被认为是组织公平最基本、最关键的两个维度（汪新艳，2009）。研究发现，组织公平感与员工的绩效、满意度、集体意识和自我实现等都有着密切的联系（李晔、龙立荣，2003）。

组织公民行为（Organizational Citizenship Behavior，简称"OCB"）是组织成员对组织的一种自发性回报行为，员工并不期望组织对自己的这种行为给予奖励或补偿，其行为取决于员工对自己与组织交换的公平性的认知（张四龙、李明生，2013）。因此，组织公民行为理论与公平感理论及组织支持理论有很强的相关性。个人—组织匹配对员工行为有很大的塑造作用，影响员工的组织公民行为（李燕萍、涂乙冬，2012）。组织的支持行为通过作用于人的心理感知而表现为组织公民行为（宗文等，2010）。

四 社会融合理论

社会融合是不同群体、组织和文化相互渗透和包容的过程，这个过程涉及宏观、中观和微观三个层面，其中宏观层面是指融合的整体驱动力量和状态，中观层面是指城市对移民的反映，微观层面是指移民融入社会的效率和效果（Park and Burgess，1921）。随着西方城市化进程的加快，新的社会矛盾不断出现，社会融合逐渐成为西方社会政策研究与实践的核心概念，并得到政策制定者与研究者的广泛关注。社会融合是不同群体相互渗透的过程，在这个过程中，某个群体逐渐形成对其他群体的情感、态度和记忆，通过共享（不同群体的）经历和历史，各个群体最终融汇到共同的文化生活中。社会融合的另一定义是对一种或一类社会过程的命名，通过这种或这类社会过程或社会融合，出身于各种少数族裔和具有不同文化背景的人们最终共同生活在一个国家，使文化整合的水平至少能够维持国家的存在（悦中山等，2012b）。2003 年，欧盟把社会融合界定为这样一个过程，确保具有风险和社会排斥的群体能够获得必要的机会和资源，进而使这些群体能够全面参与和享受正常的经济、社会和文化生活，以及应该享受的正常社会福利。社会融合暗含着确保移民获得基本权利的决策机会。此后，研究者更多从系统维度诠释社会融合的定义。社会融合至少包含两层意思：一是在政治、经济、社会、文化生活层面上平等地受到重视和关怀；二是在家庭、朋友和社区中拥有互相尊敬、欣赏和信任的人际关系。社会融合意味着每个社会成员都能意识到他们自己发挥潜能的条件，一个真正的共融社会应该让每个社会成员在物质环境和发展结果上更加平等。因此，社会融合是一个积极的社会进程表现，推动着人类发展并确保机会均等，对各种各样与社会不公正相伴随的制度性政策和实践进行持续改进。

　　虽然社会融合的定义难以统一，但本质上是探究个体从适应新环境到身份同化的过程。社会融合存在同化论和多元论两种流派：同化论认为，群体间融合从弱势一方对强势一方进行；多元论认为，群体间融合通过不同文化的相互包容、调整、适应而逐渐进行（悦中山等，2012b）。有研究认为，城市移民的迁徙规律一般是从贫困区域流入环境更好的社区，并逐渐实现社区同化（Alba and Nee，1997），且只有当城市移民先达到社区同化，才能接受其他社会结构的同化（Massey，1985）。Laegaard（2010）的研究表明，户籍政策与移民的社会融合程度关系微弱，只有当群体间形成可被信任的社会规范时，移民者才能真正地被城市社会所融合。对农村患病老年人而言，社会融合的程度越高，老年人的自我管理水平也会越高（Arcury et al.，2012）。社会融合对生活满意度的积极效应同样适用于无家可归的流浪者、精神病患者等群体（Tsai and Rosenheck，2012）。对农民工而言，社会融合表现在经济、文化和心理等多个方面。农民工融入城市不仅要在城市社区层面达到与市民群体的融合，更重要的是在企业组织内部实现经济、文化和心理融合。农民工社会融合的特殊性为社会融合与企业组织行为研究提供了结合点。

五　婚姻家庭理论

家庭是社会结构的基本单位，而构成家庭的必要条件是拥有合法稳定的婚姻关系。换句话说，家庭是指因婚姻缔结关系而共同生活的人们。随着社会经济文化的发展，现代社会难以存在大规模的宗族家庭，取而代之的核心家庭比例逐年上升，其基本功能也从前者的生育和生产功能演变成后者男女个人之间的合作功能（黄玉顺，2021）。有学者认为，婚姻本质上是丈夫和妻子共同遵守的权利执行和转移的一种合约（张五常，2002），美满的婚姻及和睦的家庭是社会和谐的基础。然而，农村传统文化的弱化与城市主流文化的引导示范效应，常常使农民工婚姻处于矛盾之中，甚至走向破裂（任义科、杨力荣，2014）。

（一）家庭角色理论

按照组织形态，社会角色可以区分为五类：血缘、行缘、政缘、信缘和类缘（齐世泽，2014）。家庭角色属于血缘社会角色。家庭角色是每个成员在家庭中应该享有的权利和应尽的义务。家庭角色具有性别差异，不同性别对应的角色互为角色伴侣，如丈夫和妻子（徐安琪，1996）。社会赋予的家庭成员的角色期待往往影响家庭成员的角色意识和角色行为，从而制约家庭角色规范和家庭角色地位。比如，传统社会赋予妻子的角色期望是操持家务、相夫教子、侍奉公婆、秀外慧中，赋予丈夫的角色期望是男子汉、顶天立地、充当家人的供养者和保护者，从而形成"男主女从"的角色意识与行为。在封建社会中，丈夫角色具有外向性，为家庭所创造的价值能用货币来衡量，因此能够得到承认；而妻子的角色具有内敛性，她们对家庭的贡献难以用货币来衡量，因此她们劳动价值不被市场承认（罗忆源、柴定红，2004）。当今女性家庭权力随经济收入的增加而增加，农村家庭妇女的家庭角色发生了转变，由"男主女从"的家庭角色逐渐转变为"男女平权"甚至"女主男从"。当代女性担任着多种家庭角色诸如妻子、母亲、儿媳等，但儿媳角色较为淡化（张互桂，2008）。反观农民工群体，随着工业化进程的加快，农村大量的剩余劳动力被释放出来，传统农村"男耕女织"的生活模式被打破，取而代之的是"牛郎织女"的生活方式，即丈夫外出务工，妻子留守在家，夫妻双方异地生活（任义科、杨力荣，2014）。这种分工格局的转变给原生家庭带来了巨大冲击，农民工家庭角色的定义被重新洗牌，夫妻之间共同遵守的合约制度也将被打破。

（二）夫妻相对资源理论

相对资源理论强调夫妻间的资源对比，该理论认为，夫妻间资源分布不一致会导致夫妻关系失衡，当夫妻双方对彼此的资源依赖程度相同，即夫妻权力均衡时，发生婚姻冲突和婚姻暴力的风险最低（Coleman and Straus，1986）。学界通常从夫妻相对教育程度、夫妻相对收入水平和夫妻相对职业阶层等方面衡量夫妻相对资源差异。有学者研究女性相对收入与离婚风险发现，女性相对收入与离婚意向呈正相关关系，女性在家庭中的经济贡献较大时，婚姻关系面临很多挑战，女性的离婚意向提高（张会平，2013）。而女性的相对收入与受教育程度差异的交互作用对离婚意向有显著影响，收入、教育程度高于或等于丈夫的女性会要求提高家庭内部权力关系的平等性，从而引发夫妻冲突并导致婚姻质量下降（张会平、曾洁雯，2010）。尽管研究表明，提升女性劳动参与度可能增加女性遭受家庭暴力风险，但是孟加拉国的研究发现，工作与遭受家庭暴力的正相关性仅仅表现在低文化程度和低年龄阶段。女性弱势地位源于较低的议价能力。因此，提高女性基本议价能力可以降低面临初始工作时的家庭暴力风险（Heath，2012）。夫妻相对资源理论为解释农民工婚姻关系提供了新的思路。

六　代际支持理论

代际支持包括向上代际支持和向下代际支持，前者表示子女对父母支持，后者表示父母对子女支持。在家庭内部代际支持中最重要的关系是父母对子女的抚养和子女成年后对年老父母的赡养（孙涛、黄少安，2010）。家庭养老是中国最主要的养老模式，子女的赡养行为对这一养老模式有十分重要的影响（姚远，2007）。关于代际支持有不同的理论。Goode 的权力与讨价还价理论认为，父母对资源的控制决定了他们从子女或家庭其他成员所获得的支持,控制和支持在讨价还价过程中实现。多边支持理论认为,代际交换是以互惠性原则为基础的(Cox and Rank,1992)。Becker 的群体合作理论认为,家庭成员的行为以个人利益最大化为原则,家庭资源由有权威的家庭成员控制并有效分配,从而实现效率的帕累托最优。群体合作理论可以更好地解释中国家庭的代际支持(张文娟、李树苗,2004),但也有研究呈现相反的结论(刘爱玉、杨善华,2000)。可以肯定的是,虽然社会的变迁和经济的发展改变了家庭的权力结构,父母权威的衰弱导致其失去资源分配者的角色,但道德舆论、传统家庭观念和法律对子女依然具有较强的约束力,大部分成年子女仍能够按照社会道德标准赡养父母(孙涛、黄少安,2010)。在以往研究中,家庭养老研究主要集中在以下几个方面:养老的性别研究(袁小波,2011;张烨霞等,2007)、孝道与家庭养老(王大华等,2003;姚远,2007)、家庭养老的物质支持(张烨霞等,2007)、精神慰藉(胡宏伟等,2013)和生活照料(袁小波,2011)等。

抚养模式是目前我国学术界关于家庭代际支持研究中另一个最主要的理论。我国家庭代际关系属于"抚养-赡养型",即上一代人抚养下一代人,下一代人给上一代人养老(费孝通,1983)。在行为上,同一家庭的上一代人对下一代人会比下一代人对上一代人要主动以及付出得多。父母对未成年子女的抚养成本主要体现在生活方面、医疗方面、教育方面和婚姻方面;子女对父母的赡养成本更多体现在生活方面和医疗方面(王跃生,2008)。整体来看,父母抚养子女的花费往往高于子女赡养父母的花费。尤对农民工而言,在户籍制度和教育制度的限制和约束下,农民工子女入学的教育费用的增加,使得他们抚养未成年子女的成本增高。在意识上,抚养—赡养的意识态度并不一致。抚养过程中,父母较为主动地将抚养子女视为必须履行的责任,父母一生任劳任怨绝大部分都是希望为子女的成长创造良好条件,而对于赡养问题,则显得比较被动。与市民相比,农民工为子女提供的无论是物质条件还是精神条件,都差一些。总之,"抚养-赡养"模式理论对于研究我国现代家庭代际关系具有重要意义(段文阁,2006),为研究农民工赡养父母、抚养未成年子女的代际支持影响机制提供了理论基础。

第二节　一般人群可持续发展研究

一　就业

20 世纪 90 年代中期，随着"就业质量"一词的提出，有关就业质量的研究不断增多。在宏观层面，就业质量指的是由国际劳工组织提出的"体面劳动"，既在自由平等、安全和具备人格尊严的条件下进行可持续工作。目前，衡量体面劳动的指标包括就业机会、工作时间、工作稳定性、工作收入、工作与家庭生活、安全工作环境、社会保障等。在中观层面，就业质量主要涵盖资源配置有效性、劳动力市场运行情况等，如劳动力供求状况、公共服务情况（Schultz，1961）。在微观层面，就业质量体现为劳动者的工作效率、薪酬激励、人职匹配程度等（Mayo，1979）。

就业质量的测量指标是研究的重点，已有研究呈现两个特点。第一，注重工作质量，从工作特征、劳动者特征、劳动者与工作匹配程度以及劳动者对工作的主观评价等维度测量就业质量。第二，关注对经济体就业质量的整体性评价（Erhel and Davoine，2008）。高质量就业是劳动者在其认为具有挑战性和满意感的工作综合环境中获得谋生所需收入的能力，收入并不是唯一的衡量标准（Fredrick，2007）。学者从社会保障、权利、社会对话等多种角度进行研究，构建了就业质量的评价指标体系，最终形成了具有代表性的指标（Anker and Chernyshev，2003；Bonnet and Figueiredo，2003）。联合国欧洲经济委员会（United Nations Economic Commission for Europe，2010）认为就业质量包括劳动安全、技能培训、劳动报酬、工作稳定性、工作动机、工作与生活平衡度、社会对话和员工关系七个方面。欧盟的就业质量指标包括就业安全与规范、技能培训、劳动报酬、工作时间与工作生活平衡度、工作稳定性及社会保障、协调谈判机制、员工关系与工作动机等。

关于就业质量的研究成果十分丰富。比如，Lambau（2003）探讨了加拿大劳动者人力资本和社会资本对其就业质量的作用。Houseman（1995）研究了美国经济中工作增加与就业质量之间的关系。Granovetter（1974）

研究发现，通过社会关系网络获取工作，求职者可能获得更高的工资和职业地位以及较高的声望，表明通过社会关系网络求职对工作质量有积极影响，原因是求职网络中有信息和影响力两种资源，是获取帮助的潜在来源。劳动力市场中供给和需求的信息是不完全的，只有借助某些"非市场"的渠道才能实现信息的有效传递，进而使求职者与工作岗位匹配（Granovetter，1973）。还有研究表明，那些通过关系找到工作的员工不太可能辞职，工作更稳定（Devine and Kiefer，1991）。根据社会支持理论，不论是源于工作单位内部的支持（同事和上级）还是工作单位以外的支持（家人、亲属和朋友），对员工的工作稳定性都具有显著的影响（Bussing，1999）。国外学者对就业质量的研究侧重于劳动者的工作特征、劳动者与工作的匹配、工作稳定性、劳动者对就业质量的主观评价等。

二 组织行为

组织行为理论在企业管理、员工态度管理和员工绩效管理中都有很广泛的应用。组织行为学的理论与实践正在蓬勃发展，不仅着眼于对组织行为理论的归纳与总结，而且把组织行为理论真正应用于管理实践中，得出一些贴合现代管理的经验。同时，组织承诺理论、组织公平理论和组织公民行为理论也在许多领域研究中得到广泛应用。

基于社会交换理论，从内部机制和外部影响来探究员工组织承诺的形成机制，发现组织信任在风险认知与情感承诺、规范承诺之间起中介作用，变革型领导行为对下属的风险认知、组织信任、情感承诺、规范承诺都会产生显著影响（刘小平，2011）。从组织支持感和组织承诺的角度，研究发现组织支持感、组织承诺都与知识型员工敬业度显著正相关（卢纪华等，2013）。基于非契约机制视角，对工作满意度、组织承诺与网络组织效率的关系进行实证研究，发现组织承诺对网络组织效率的正向促进作用较弱，组织承诺在工作满意度正向促进网络组织效率的过程中，起部分中介作用（徐碧琳、李涛，2011）。

在组织公平感理论研究中发现，如果员工在组织内部感受到不公平就会消极怠工，产生离职意图，从而影响组织效率（马超等，2014）。组织公平感与员工绩效、集体意识、满意度、自我实现等都有密切的联系。提高组织公平感可以提高员工绩效、改善组织承诺和组织成员的行为，从而降低员工的离职率、缺勤率等，提高员工工作满意度（李晔、龙立荣，2003）。研究也发现，员工的组织公平感，包括分配公平感和程序公平感，都与心理安全感正相关。心理安全感在程序公平感对任务绩效、组织公民行为的影响中起到中介作用，这一结论为组织公平感对员工工作行为的影响提供新的解释视角（张燕等，2015）。

在组织公民行为理论研究中发现，工作嵌入程度低，员工的心理授权对其组织公民行为的影响作用强；工作嵌入程度高，员工的心理授权对其组织公民行为的影响作用弱（杨春江等，2015）。也有研究发现，工作团队领导心理资本对团队成员的组织公民行为有积极影响，团队成员心理资本在领导心理资本与成员组织公民行为之间起到跨层次的中介作用（任皓等，2013）。在个体层面，组织公民行为的负面效应可能包括角色模糊、角色过载、工作压力、组织奖励方面的损失和职业生涯方面的负面影响、工作与家庭间的矛盾。在群体和组织层面，组织公民行为的负面效应包含人际间冲突和愤恨与组织中的低效率，也包括雇员不愿意继续组织公民行为（彭正龙，2013）。

三 婚姻家庭

在西方，婚姻质量的研究始于20世纪20年代末期，70年代后进入研究的高峰期。我国对婚姻质量研究相对较晚，在20世纪90年代初期才开始涉及此领域。30多年来，中国学者从定义、度量和影响因素等方面对婚姻质量做了大量研究，研究目标人群多为城市人口，还有学者对一些特定群体，如特殊职业者（教师、军人）、不良嗜好者和身心缺陷者的婚姻质量进行分析。如通过夫妻结识途径对婚姻满意度的影响发现，自由恋爱的夫妻婚姻满意度高于包办婚姻的夫妻，婚后5~8年和9~14年分别是包办婚姻和自由恋爱婚姻满意度的低谷期（袁亚愚，1991）。对比研究发现，年龄大的、文化程度高的、知识分子和公职人员（干部）夫妻冲突时动手打人的情况较少，女性、年轻的、有离婚念头的比例更大（李银河，1996）。换言之，教育程度和职业层次较高的男性，夫妻情感也更好。

在中国，社会资本对城市居民婚姻质量的影响表现为，社会资本对客观婚姻质量的影响有限，但对主观婚姻质量的影响十分显著，且社会资本对婚姻满意度的影响并非都是积极的（胡荣，2013）。对城市人口婚姻质量影响因素研究发现，与家庭（成员）的关系、是否为钱闹矛盾以及对配偶的理解程度是影响婚姻质量的主要因素（易松国，1997）。夫妻收入差异与婚姻质量之间关系是，夫妻收入差异越大，婚姻质量越低（石林、张金峰，2002）。对北京市女性的婚姻质量研究发现，经济优势对城市女性的婚姻质量有一定的负面影响，教育优势对婚姻质量有一定的调节作用（张会平、曾洁雯，2010）。在婚姻质量、观念和家庭形态三角关系的探讨中发现，性别观念和婚姻价值取向对婚姻质量呈负影响，具体表现为，婚姻主体对婚姻关系的期望越高，其婚姻满意度越低（卢淑华、文国锋，1999）。在家庭形态方面，丈夫分担更多家务，同时给予妻子更多的家庭事务决策权，婚姻满意度更高。在家庭管钱方式对女性婚姻质量影响的研究中发现，城市家庭管钱方式多表现为夫妻共同管理（张会平等，2012）。共同管钱的家庭中女性婚姻幸福感高，婚姻冲突少，离婚意向低；各自管钱的家庭中女性婚姻幸福感低，婚姻冲突多，离婚意向高。对婚姻质量在女性相对收入与离婚意向之间的调节作用检验发现，积极的夫妻互动和婚姻幸福感在女性的相对收入与离婚意向之间起正向调节作用（张会平，2013）。

勾学玲（2008）运用社会交换理论剖析离婚影响因素发现，夫妻之间的经济资源是重要的交换资源，当一方经济收入较少或没有收入时，夫妻间可交换的资源减少，相互吸引力就会减弱。这时，夫妻之间会出现矛盾冲突，相互包容性降低，矛盾更容易升级。进而家庭暴力、婚外情等更可能出现，最终导致离婚。不应将家庭权利看作静态现象，而应看作是一个动态过程，探讨夫妻权利过程对婚姻满意度的影响发现，权利实施过程对婚姻满意度有重要影响；权利基础中教育差因子对婚姻满意度有较小的负向影响；权利结果对婚姻满意度无显著影响（陈婷婷，2010）。夫妻冲突应对方式对婚姻质量的影响显示，冲突的妥协应对方式对婚姻质量有积极作用，冲突的控制应对方式对婚姻质量有消极作用。冲突应对方式除直接影响婚姻质量外，还在依恋类型和婚姻质量之间起中介作用（贾茹、吴任钢，2012）。

四　社会保障

目前，在中国城市已经建立包括社会保险、住房、子女教育等在内的相对完善的社会保障体系，出现了大量新的社会保障项目，超越了过去以就业为基础的社会保险（岳经纶、胡项连，2017）。医疗保险制度为市民建立起一道健康安全网，市民只需要承担部分医疗支出（周钦等，2015）；统一养老保险制度打破了城乡二元体系，并且改变了不平衡的社会保障支出；在住房保障领域，实施了城镇保障性住房政策；出现了社区居家养老服务等多样化的个人社会服务（岳经纶、胡项连，2017）。然而，对城市社会保障制度研究发现，中小城市与大城市间的公共服务存在差距，需要加大中小城市财政投入力度，完善社会保障体系（李斌等，2015）。

社会保障制度完善与否会影响社会的发展。如社会保障对就业有显著影响，郑功成（2008）认为，当前就业和社会保障关系方面存在较多的矛盾，且主要表现为社会保障制度的不完善，影响就业健康发展。社会保障的不完善会影响劳动力资源配置，不利于就业市场的统一和完善（戴瑾，2010）。社会保障影响家庭的代际支持，张盈华和杜跃平（2009）认为，非利他性的父母期望完善的社会保障能够代替子女的养老功能，从而减少成年子女的养老负担，而利他性的父母则倾向于提高子女教育水平，从而愿意为未成年子女提供更多的经济支持。在社会保障与社会融合关系方面，黄匡时（2013）认为，社会融合主要强调，每个人都能享有基本的权利与义务，而社会保障的不完善会阻碍社会融合。

第三节　农民工可持续发展研究

一　就业

由于历史和政策的影响，农民工与市民的经济待遇和社会地位有较大差异，长期遭受不公平待遇。由于文化水平低和缺乏技能培训，农民工从事的职业基本上是城镇原有劳动力从事职业的补充，就业质量偏低（张肖敏，2006）。从行业分布来看，大部分农民工集中在以体力劳动为主、技术含量低的机械制造、建筑施工、住宿餐饮等劳动密集型行业，劳动强度大；从企业性质来看，大多数农民工就业于民营企业和私营企业等非国有企业，就业稳定性差（高文书，2006）。农民工与用工单位签订劳动合同的比例不高，意味着他们的工资待遇、工作时间和社会保障等基本权益得不到有效维护。绝大部分农民工的工资报酬较低，每天工作 9.95 小时，远高于《中华人民共和国劳动法》规定的 8 小时（刘建娥，2010）。劳动时间过长、收入水平偏低既不利于人力资本快速积累，也不利于劳动力再生产，进一步降低了农民工就业质量（张庆，2013）。大部分农民工在非正规部门就业，劳动关系不稳定，就业处于边缘化状态。

早期对于农民工就业质量的研究主要从外部环境入手，认为中国的制度安排尤其是户籍制度是造成农民工就业质量低的重要原因（蔡昉等，2003；杜鹰、白南生，1997）。随着社会的逐步转型，有学者认为户籍制度的限制正在不断减弱，当前对于农民工就业质量的研究主要从人力资本与社会资本角度分析。拥有高人力资本既有可能增加受雇就业机会，也有可能提高工作效率（Schultz，1975，1980）。张永丽和黄祖辉（2008）发现，农民工的技能、文凭、工作经验等人力资本对就业质量发挥着越来越重要的作用。农民工的年龄、文化程度对其收入水平有显著影响，工作年限对职业稳定性有显著影响（刘妍、李岳云，2007）。还有学者认为，农村劳动力的年龄、文化水平、工作技能、职业培训、就业途径等人力资本对其就业质量有显著作用（谢正勤、钟甫宁，2006）。

农民工从乡土社会步入城市社会，难免遭到市民的歧视和排斥，遇到困难时原有的乡土社会关系不能发挥作用，他们不得不构建新的社会支持体系，这种社会支持不同于政府主导下的正规部门内部的人际关系，而是主要通过亲戚、老乡或者新认识的工友自愿组织形成（冯周卓、陈福喜，2008）。在个人求职过程中，社会资本发挥的作用不仅表现为促进信息流动，帮助个人获得就业信息，而且有助于解决劳动力市场中的信息不对称问题（Granovetter，1973）。有研究表明，人们在求职过程中更多借助于社会网络途径，通过自己的"社会资本"寻找新的工作岗位（林南、俞弘强，2003）。社会资本能够降低交易费用并提供更广泛的信息，从而增加农民工找到工作的机会（李培林，1996）。以亲缘、地缘为主的社会关系，在帮助农民工获得就业机会方面有非常重要的作用（蔡昉，1997；蒋乃华、卞智勇，2007）。农民工的就业集聚与信息网络具有帮扶效应有很大关系（王春超，2005）。尽管社会资本对农民工非常重要，但现实中农民工对社会资本的运用存在很大的不足（赵阳、姚丽虹，2009）。当然，也有研究发现，社会网络对农民工工资水平并没有产生实质性影响（章元、陆铭，2009），但社会资本对农民工的职业阶层有一定促进作用（李树茁等，2007）。也有学者发现，农民工社会资本、社会关系的强弱对其工资收入以及职业流动都有影响（叶静怡、衣光春，2010）。拥有低人力资本的农民工倾向于依赖社会网络实现就业和提升职位阶层（朱明芬，2007）。

二 组织行为

组织行为是管理学领域的重要研究内容，该领域研究主要针对知识白领，对农民工组织行为的研究只是近几年才得到学者关注。研究内容主要集中在农民工离职倾向、组织承诺、工作嵌入、心理授权、组织公民行为、工作绩效及其影响因素，也有研究关注农民工组织信任与城市融合对社会信任的影响。

由于农民工职业的流动性，离职倾向研究较多。孙中伟和杨肖锋（2012）在珠三角和长三角地区调查发现，六成以上农民工有离职打算，新生代农民工较老一代农民工离职意愿更高，已婚且与配偶在同一城市者离职意愿较低。农民工离职意愿与他们工作内外连接、适应和代价的程度呈反向关系。农民工之所以有较高的离职意愿和离职率，是因为农民工与企业之间的"脱嵌型雇佣关系"不再受城市社区、社会连接和文化风俗、社会制度及公共服务等因素的制约。钱龙和钱文荣（2015）认为，谋生价值和职业价值的提升可以有效降低农民工的离职意愿。从企业支持角度，吴奇峰和苏群（2018）发现，经济支持、专业技能支持和支持公平度均显著抑制农民工的离职倾向，且代际差异明显。新生代农民工离职不受经济支持的影响，而老一代农民工受经济支持影响较大，受专业技能支持的影响较小。淦未宇等（2015）则发现，组织支持感也有助于降低农民工的离职意愿，除此之外，组织公平感和身份认同感均在组织支持感与离职意愿关系之间起中介作用。

对农民工组织承诺研究发现，新生代农民工组织支持先于组织承诺。这一特点不同于知识型员工组织支持与组织承诺的同步演进，组织支持契合对雇员组织支持感和企业组织支持效率都产生重要影响。农民工组织支持分为家庭网络支持、社会认同支持、组织公平支持和都市融合支持四个方面。组织支持契合通过调整雇员心理授权结构这一中介桥梁影响组织承诺（徐细雄、淦未宇，2011）。也有研究发现，农民工工作价值观对组织承诺有积极作用，这种作用受到供给-期望匹配度的调节，即供给-期望匹配度高时，工作价值观对组织承诺的正向作用更强，反之，正向作用减弱（肖静、陈维政，2014）。还有研究发现，组织公平与社会支持不仅直接影响组织承诺，而且通过心理授权、组织信任这两个变量间接影响组织承诺（范艳萍，2014）。

对农民工工作嵌入研究发现，组织公平感的促进作用随着对农民、工人和组织身份认同的不同而异。换言之，三种身份认同均在组织公平感与工作嵌入的关系中起调节作用，提升工人身份或降低农民身份，均不能改善组织公平感对工作嵌入度的作用，但提高组织身份认同则显著提升农民工工作嵌入度（秦伟平、赵曙明，2014）。另有研究发现，组织公平感和社会支持对青年农民工的生活质量均有积极影响（胡春梅等，2014），而且组织公平感越高、心理授权越高；社会支持越强，心理授权越高（王开庆、王毅杰，2012）。对农民工组织公民行为而言，心理授权有显著正向影响，提高社会网络中领导比重有利于促进心理授权对农民工组织公民行为发挥积极作用（栾驭等，2012）。鉴于组织公民行为的积极作用，企业组织应通过制度创新，营造公平、信任、和谐的组织氛围，加强学习和激励强化，这有助于激发劳动密集型企业农民工组织公民行为，提高员工管理水平（李晓云等，2012）。组织信任显著提升农民工的社会信任，前者包含组织系统信任和员工对管理者信任，后者则包括法制性社会信任和道德性社会信任。信任是嵌入社会结构和制度的一种功能化的社会机制（刘爱玉、刘明利，2012）。农民工工作绩效，无论是任务绩效还是关系绩效，均与其组织在价值观、需求供给和要求能力上的契合程度正相关，组织支持在二者之间起着中介作用（袁悦等，2016）。

三　婚姻家庭

已有研究主要聚焦农民工婚姻满意度、婚姻质量、婚姻稳定性及婚姻暴力等方面。在婚姻满意度方面，王玲杰和叶文振（2008）通过多视角多因素综合解释模型分析发现，婚恋意愿、解决冲突方式、权利模式以及夫妻关系维系是影响农民工婚姻满意度的主要因素。卢海阳和钱文荣（2013）在考察外出务工对农民工婚姻关系影响时发现，男性婚姻满意度高于女性，农民工外出务工经历、工作特征和个人特征等对婚姻关系有显著影响。薛菁（2013）通过分析男女农民工婚姻质量的影响因素发现，年龄、受教育程度、月收入、恋爱时间、加班频率、配偶是否同住与子女数量是主要影响因素，男女农民工婚姻质量影响因素有较大差别。李卫东（2017）基于代际、迁移和性别三种视角研究农民工婚姻稳定性发现，农民工婚姻不稳定性比例较高，且女性高于男性，80后高于70后、60后，单身流动高于夫妻共同流动。流动女性的婚姻质量影响因素有流动经历、婚姻状况、个人条件和物质条件等（曹锐，2010）。留守妇女婚姻稳定性研究发现，丈夫外出打工在经济资源拉大了与留守妻子间的距离，夫妻间交换资源减少，无法从对方那里得到相应的报酬，相互吸引力减弱。简言之，经济交换资源的弱化对留守妇女婚姻稳定性造成了负面影响（李喜荣，2008）。也有研究发现，留守妇女的婚姻质量主要与照顾父母公婆、社会支持和积极应对生活等事件相关，留守妇女的婚姻质量较低并不是自身因素导致的，主要是她们在生活中面临的困难更多（李昌俊等，2014）。城乡婚姻质量对比研究发现，城乡夫妻资源量的差异对其婚姻质量有一定影响，夫妻心理健康水平与双方婚姻资源量相关（张萍等，2008）。在婚姻暴力方面，已有研究揭示了家庭压力、婚姻满意度、夫妻相对资源和夫妻情感对农民工婚姻暴力的影响（李成华、靳小怡，2012；杨婷、靳小怡，2018）。

四　代际支持

农村养老问题是养老事业的关键问题（宋健，2001）。长期以来，国家实施非平衡发展战略使政府和社会尚未承担起对农村老年人养老的任务，农村老年人主要靠子女养老。家庭在为老人提供生活照顾和精神慰藉方面具有不可替代性。子女外出流动是否影响老人养老，以往学者各持己见。有研究发现，已婚女性往往行使对老人的日常照料职责，从而导致她们的流动性较小，男性充当为提供整个家庭经济支持的角色，其外出打工反而会增加收入从而改善家庭经济条件。因此，子女外出打工并不总是对家庭养老有负面影响，有时反而有促进作用（陈彩霞，2000）。也有研究发现，农村人口向城镇的流动迁移导致农村老年父母身边子女数量减少，从而对农村家庭养老模式产生冲击，虽然这些农民工仍能在经济上支持父母，但对父母的生活照料和精神慰藉会削弱（刘庚长，1999）。

对农民工子女而言，最主要的问题仍然是子女在进行社会化过程中缺乏父母或家庭的支持。对子女强有力的支持取决于雄厚的经济基础，但事实并非如此。由于农民工人力资本的缺乏和城市就业的歧视，他们往往只能从事市民不愿干的脏、累、差、重、险等工作，收入待遇低微（李荣彬，2016）。有些农民工自主创业，如以家庭为经营单位做小买卖等，但也只能是勉强维持生活。农民工收入低的现实，决定了相当一部分农民工只能维持生计，无力承受子女随迁就学等方面的压力（梁樱等，2017）。在供养子女接受正规教育方面，学杂费、书籍费等费用，仍然使很多农民工家庭有很大压力（李小杉等，2014）。尤其是随迁子女，没有城市户口无法在公办学校就读，只能选择学费高昂的私立学校，或者私设赞助费的公办学校（秦玉友等，2007）。在医疗方面，与农村和城市同龄孩子相比，农民工子女营养不良、身体健康状况更差，生病的概率更高。农民工大部分收入通常用来维持家庭基本生活，很难拿出多余的钱来为子女支付医疗费用（苏瑞，2013）。除此之外，农民工与未成年子女的感情沟通也不容忽视。尤其是，农民工与其留守子女之间的联系与沟通不畅、缺乏交流，不利于未成年子女的心理健康发展（赵富才，2009）。

关于农民工对未成年子女代际支持，已有研究主要关注经济支持、情感支持。经济支持的影响因素包括隔代抚养、子女教育决策、子女随迁情况、子女健康状况、流动距离、随迁模式等。在隔代抚养中，祖辈也会在孙辈教育花费方面提供帮助。实地调查发现，少数农民工多年未给家里寄过钱，孩子从学费开支到日常花费都得由老人承担（王伟同、陈琳，

2019）。隔代抚养减少了农民工对未成年子女的代际支持。在子女教育决策方面，Lee 和 Park（2010）认为，如果夫妻一方外出务工，家庭决策就由另一方来主导，如果夫妻观念或偏好不同，其中一方外出务工就会导致留守儿童福利水平发生变化。也有研究表明，农民工在子女教育方面，淡化了"男主外，女主内"的决策模式，夫妻共同决策较多，意味着农民工更加重视子女教育（史清华、张改清，2003）。受到城市教育理念的影响，农民工更愿意为子女教育进行投资，城市的基础教育成本相对较高，农民工子女随迁家庭的教育支出也相应更高（杨娟、李凌霄，2017）。对子女教育投资仍然取决于农民工收入状况，也就是说，收入仍是制约农民工对子女教育投资的决定因素。除此之外，子女健康状况与教育投资的获得也有直接关系（Bedi and Marshall，2002）。也有少数学者分析了流动距离和流动模式对未成年子女经济支持的影响，发现与跨省流动的农民工相比，省内流动的农民工子女随迁就学的概率显著增加，且流动距离越近，子女随迁就学的概率越大。与夫妻中仅有一方外出务工相比，夫妻双方外出务工显著增加了子女随迁就学的概率，迁入城市的时间越久，子女随迁就学的概率越大（刘静等，2017）。

五 政治参与

正如在经济、社会和文化等方面的边缘性一样，农民工的政治参与同样表现出边缘性，具体表现为极少参加村委会的投票选举、没有参加过工作单位的职工代表大会。虽然有部分农民工参加过城市选举，但多数农民工没有参加过城市管理（郑传贵，2004）。政治参与包括制度性政治参与和非制度性政治参与。当制度性政治参与长期得不到满足，农民工自身权益得不到有效保障时，非制度性政治参与便是必然选择。农民工非制度政治参与具有动机狭隘、手段极端、过程无序和非组织化等特点，引导农民工政治参与由非制度化向制度化转变成为亟待解决的现实问题（孙中民，2007）。流动所带来的客观上政治参与的难度和缺乏制度环境所造成的主观上政治参与的动力不足，必然导致政治参与缺失，严重影响村民自治效果（何晓红，2009）。随着城镇化进程的不断推进，农民工的政治参与从农村向城市转移，但城市政治参与度低于农村；新生代、建筑业农民工的政治参与不足，精英农民工参与需求凸显；多层次的社会资本和文化资本显著影响农民工政治参与（刘建娥，2014b）。

六 社会融合

农民工社会融合研究的是关于农民工和城市社会的关系。在城市社会，除了农民工以外，主要为具有本地户口的市民，市民的社会经济地位显著优于农民工。因此，基于移民社会融合的定义，农民工社会融合是指农民工与市民之间差异的消减。农民工是从传统农业社会迁移到现代工业社会的特殊群体。与国际移民相比，农民工生活在一个更加同质的社会里，在他们与市民融合的过程中，没有种族、肤色障碍，也几乎不存在宗教信仰障碍，在语言和文化方面所面临的障碍也不如国际移民多。农民工的社会融合的目的是适应城市社会的生活方式，逐步提升自身的社会经济地位，完成从"农业人"到"工业人"，从"农村人"到"城市人"的转变（悦中山等，2012a）。受二元户籍制度、根深蒂固的传统文化及价值观念等因素的影响，农民工的社会融合呈现明显的"中国路径"，他们在城市的底层打拼，成为徘徊在农村和城市之间的"漂泊者"和"边缘人"，呈现"迁入但不融合，融合但不认同"的状态（李荣彬，2016）。在经济融合方面，农民工虽然在收入水平、工作环境等方面较以往有了提高和改善，但和市民相比，仍然存在较大差距。在政治融合方面，农民工处于政治弱势地位，难以进行有效的政治参与。在社会权益融合方面，多数农民工既缺乏劳动权益保护，也不能充分享受和市民同等的社会保障。尤其在子女教育方面，农民工子女也不能享受和市民子女一样的教育权利和待遇，这将进一步影响农民工及其下一代与城市社会的融合。从心理融合方面来看，虽然多数农民工已习惯城市生活，主观上也有融入城市的愿望，渴望在城市安家落户、寻求发展，但因为体制性障碍和市民某种程度的排斥，使其在心理上产生一定的疏离感，缺乏城市归属感，更多存在一种城市过客心理，这也使得农民工缺少主动融入城市社会的"主人翁"意识，从而影响城市融合（刘婷，2012）。

本章小结

　　本章首先系统地评述了相关理论，为本书研究提供了理论基础。以社会性别理论为基础、结合可持续生计理论、组织行为理论、社会融合理论、婚姻家庭理论和代际支持理论，梳理了相关研究成果。总体而言，在社会性别视角下针对农民工可持续发展问题的相关研究成果还不多见。

　　①农民工社会性别研究相对较少，缺乏社会性别意识和行为的测度指标，鲜有关于生计资本和城市融合对农民工社会性别意识和行为影响的研究。已有研究主要基于生理性别视角，采用交叉表分析，对农民工问题进行性别比较研究，缺乏社会性别意识与行为的深入探讨。社会性别既表现在家务分工、生育决策、市场有酬劳动和家庭无酬劳动的社会性别意识方面，也表现在孩子教育、买大件和女性外出打工决策方面的社会性别行为方面。对这些问题的探索和研究，既有利于描述农民工社会性别意识和行为现状，也有利于揭示其影响因素。已有研究存在的不足为本书研究提供了空间。

　　②农民工就业质量已经受到广泛关注，在研究中也引入了性别变量，但社会性别视角体现不足。农民工就业主要表现为工作满意度低、社会保障水平低、男女就业不平等等问题。在影响因素的研究上，不仅表现在生计资本方面，而且表现在交易费用、就业渠道方面，二者同等重要，但已有研究很少涉及交易费用和就业渠道。与此同时，性别也是研究就业质量的一个重要视角。目前，我国性别歧视现象严重，尤其在农民工群体间，女性受到很多不公平待遇，但已有研究更多地集中于整体就业质量进行研究，很少关注两性平等问题。

　　③农民工的组织行为在很长一段时期内都是一个重要的研究课题，但相关研究尚未得到广泛重视，尤其缺乏社会性别意识。笔者在总结已有研究的基础上，发现国内外关于组织行为的影响因素研究主要包括组织公平感、人力资本和其他因素。男性和女性农民工在企业组织中的绩效表现，既与自身人力资本、社会资本相关，也与组织公平、领导方式、工作满意度息息相关，相关文献并未探讨农民工组织行为的影响机制和性别模式。

已有研究虽然涉及农民工组织行为，但没有从组织融合的角度对相关研究进行整合，既缺乏对农民工组织行为研究的拓展，也缺乏对农民工城市融合的深化。

④农民工婚姻质量得到关注，但缺乏系统分析框架，基于社会性别视角研究较少。农民工婚姻问题既是社会问题，也是生计问题。已有研究更多把农民工婚姻问题作为社会问题进行研究，主要从夫妻相互资源方面进行分析，尚未把社会融合、代际特征纳入整体分析框架，且主要侧重于市民婚姻质量和女性婚姻质量的现状和影响因素的描述与分析，缺乏在社会性别视角下，把婚姻质量作为农民工可持续发展的重要内容对客观婚姻质量和主观婚姻质量的系统研究。

⑤农民工代际支持受到重视，但缺乏社会性别视角下综合家庭决策、代际特征与孝道文化的全面分析。以往研究农民工代际支持的文献主要集中在经济支持，情感支持和生活照料等方面，且主要从性别视角比较儿子和女儿对老人的支持差异，以及老人对儿子和女儿的支持差异，很少考虑在流动状态下孝道文化、夫妻家庭决策对老人支持以及子女支持的影响。在当今社会，传统孝道文化与现代夫妻权利究竟哪一种力量更能影响农民工与父母及子女的代际支持，基于社会性别视角对这类问题的研究还不多见。

⑥农民工政治参与虽有一定研究成果，但缺乏社会性别视角下综合社会资本与组织融合的系统分析。农民工政治参与分为制度性政治参与与非制度性政治参与，以定性分析为主，定量研究较少。已有研究既涉及农民工农村政治参与也涉及城市政治参与。政治参与以现状描述为主，以回归分析为辅，政治参与既作为社会融合的前因变量，也作为结果变量。影响因素以生计资本为主，制度性政治参与研究较多，非制度性政治参与研究相对较少。企业组织是农民工赖以生存与发展的主要场域，但鲜有研究关注组织融合对农民工政治参与的影响。

⑦农民工城市融合研究较多，但缺乏结合农民工可持续发展的系统研究和社会性别视角。已有研究把农民工城市融合划分为经济融合、社会融合、文化融合和心理融合，主要研究人力资本、社会资本，以及个人、家庭和流动特征对城市融合的影响，较少涉及农民工组织行为与政治参与，

难以揭示农民工企业组织融合与城市社区融合的关系，以及制度性政治参与和非制度性政治参与对农民工城市融合的影响。

　　总之，对于农民工可持续发展所带来的一系列性别发展不平衡问题，已有研究尚未形成理论基础，缺乏全面系统的分析。对于农民工可持续发展的连续统，已有研究碎片化，缺乏社会性别视角。本研究基于性别视角对农民工可持续发展的影响机制进行研究是对已有研究的补充和深化，以期通过政策创新破解农民工可持续发展困境，促进社会性别平等，实现城乡社会经济可持续发展。

第三章

农民工社会性别意识与行为

性别平等是农民工可持续发展的重要内容之一。在城镇化过程中，生计问题所带来的农民工夫妻分离引发了一系列问题，影响到家庭与社会的和谐稳定。生理优势导致男性农民工在经济和社会领域有较多优势，女性农民工处于弱势地位，进而导致两性的不平等。农民工在就业质量、婚姻质量、代际支持、政治参与、城市融合、企业组织融入等方面都可能存在性别差异。本章主要从生计资本、城市融合两个方面探讨农民工社会性别意识与行为现状及影响因素。

第一节　研究设计

一　研究假设

在我国，传统的社会秩序、权力关系的运行机制规定了男性和女性的主体位置和身份认同。长期以来，社会分工由男性主导，男性处于决策统领地位，这直接影响到女性价值和权利的体现。男性往往掌握关键性、主导性、高酬的工作，女性多从事辅助、低酬工作（邹海霞、黄翠瑶，2015）。男性多主导家庭内外的大事，往往是决策者；而女性则更关注于家庭内部的琐碎小事，是执行者（张赛玉，2016）。男性气质以理性、抽象、统治和支配公共领域为主，而女性气质则主要表现为感性、劣势、依附和从属私人领域（刘丹丹、戴雪红，2015）。随着社会性别理论在我国的发展以及"男女平等"基本国策的实施，女性逐渐获得与男性同等的就业和受教育机会，女性地位不断上升，并获得了一定的话语权。传统家庭分工使女性依附或服务于丈夫，当她们外出务工获得一定的经济收入后，家庭经济关系就会发生变化，相应的社会经济地位也会得到提高，从而在家庭掌握更多的支配权和决策权（池子华，2005）。

1. 生计资本与社会性别意识和行为

在人口流动过程中，生计资本的丰富与贫瘠与社会性别意识与行为密切相关。文化程度越高，接触到的新鲜事物就越多，就越具有现代性的社会性别意识（李静雅，2012；张再生、徐爱好，2014）。教育被认为是权利的来源（Kishor，2000），尤其对女性权利的转变作用更大，因为教育使女性的观念发生了极大的改变，并改善了女性的家庭地位（刘鑫财、李艳，2013）。研究表明，职业培训经历使高层次女性接触学习、培训机会越多，越有利于其社会性别意识的现代化（孟祥斐、徐延辉，2012）。同样，农民工在打工城市居留时间越长，他们对市民的价值观和城市主流文化就越认同（王桂新等，2010）。

赵定东和许洪波（2004）在研究中哈移民关系时发现，移民通过在接收国的社会关系可以加快其进入主流社会的进程，并有助于他们更快地适应当地文化。周敏和林闽钢（2004）对美国华人社区的研究表明，社会资本能够促进移民与当地主流社会的融合。当移民进入流入地后，凭着乡土性的社会资源关系，可以更好地确定他们的生存和发展策略，更好地融入当地的文化（王春光、Beja，J. P.，1999）。虽然这种以基本群体为核心的社会网络能够促使农民工顺利向市民角色转变，但同时会使其保留身上原有的传统观念和思想意识，阻碍其对城市文化的认同（朱力，2002）。农民工在与市民的社会交往中，有利于改变其原有的社会观念，从而开始新的现代化的社会性别观念的重塑（赵继伦、任曦玉，2014）。谭琳和李军峰（2002）认为，社会资本是性别平等的必要条件。女性在城市中的社会资本除了来自婚姻和家庭，还有部分来自工作和社会交往，这就需要女性从家庭中走出来，主动追求性别平等，积极实现自身的社会价值。除此之外，在金融资本方面，小额贷款在改善妇女经济状况的同时，唤醒了她们的自我意识，促进了两性之间的平等（李双金，2010）。因此，基于以上分析，提出如下假设：

H3-1a 人力资本越多，农民工社会性别意识越平等；

H3-1b 社会资本越多，农民工社会性别意识越平等；

H3-1c 金融资本越多，农民工社会性别意识越平等。

鹿立（1997）认为，人力资本在决定群体或阶层社会地位的同时，也会决定妇女的家庭地位。健康、教育程度的性别差异势必会影响男女两性的地位与家庭决策权（李文，2013）。文化程度越高，外来群体与市民的社会交往越多（任远、陶力，2012），对主流文化的认同度就越高。同样，文化程度、职业等在体现女性社会地位的同时，也会影响其在家庭中的地位，进而决定其生育决策的权力（庄渝霞，2007）。女性在个人素质和能力方面的提高不仅有助于其家庭经济地位的提高，而且还有助于女性在家庭决策方面主导权的增加，进而实现夫妻双方权力平等（张敏杰，1999）。社会资本会影响女性在家庭中的生育决策（庄渝霞，2007）。女性对社会资本的动用情况，例如在关于自主权、家庭决策地位和家庭地位方面使用社会资本状况，直接关联到女性群体的家庭地位（徐安琪，1998），女性在社会群体中的文化差异直接影响到她们的生育权与家务分工（龚继红等，2009）。

孟加拉国乡村银行专门为贫困女性提供小额信贷业务，这种小额信贷的服务过程使贫困女性的经济地位得到了有效提高，并改变其原有的家庭决策模式，使性别歧视状况逐渐好转（张勇，2003）。就我国而言，小额信贷虽然因男女性别差异造成不同的社会影响，但从最终结果来看，有利于实现男女平等。此外，小额信贷不仅有助于提高女性的家庭地位，还有助于女性从家庭的私人领域走向社会的公共领域，以此来提高自身的社会价值（王卓等，2008）。女性在获得收入的同时，减少对丈夫的依赖，从而改变夫妻的权力关系（王政，2009）。一些小额信贷会增加女性的权力，即家庭中的支出决策权、财产所有权（Haile et al.，2012）。因此，基于以上分析，提出如下假设：

H3-2a 人力资本越多，农民工社会性别行为越平等；

H3-2b 社会资本越多，农民工社会性别行为越平等；

H3-2c 金融资本越多，农民工社会性别行为越平等。

2. 社会融合与社会性别意识和行为

性别观念在很大程度上受经济政策和经济发展的影响（杨慧，2005）。对农民工而言，社会性别意识和行为随着社会融合的不同而发生变化（任义科、郭玮奇，2017）。在经济融合方面，收入的提高对农民工现代性别观念的培育有明显的促进作用（风笑天、肖洁，2014），平均收入越高，越有可能和市民交往（李树苗等，2008），从而形成较为独立的社会性别意识。女性收入的增加，使其自主权得以增强。城市生活对女性社会参与有积极的作用，更高的工资和更好的就业环境提高了女性在就业市场的"谈判地位"，也提高了女性的家庭地位（Bridges et al.，2011）。社会经济地位直接决定了她们的生活质量，经济融合较好，使得她们产生较强的城市归属感，从而增加了她们对城市文化的认同度（褚荣伟等，2012）。已有研究表明，收入对社会性别意识有一定的影响力（李静雅，2012）。西方学者认为，外出工作的女性可能更容易转变观念（Thornton et al.，1983；赵继伦、任曦玉，2014）。周大鸣（2000）发现，农民工在分配制度、职业分布、消费娱乐、聚居方式和社会心理五个方面都与市民截然不同，显示出市民和农民工在社区中形成的两个不同的系统，即"二元社区"。因此，农民工要成为"城里人"，最主要的因素是经济因素。经济收入比较多的女性，即经济融合较好的女性，她们的社会地位也更高，更可能促进男女平等（叶文振等，2003；Shu and Zhu，2012）。

文化融合是指农民工群体吸收城市的主流文化，摈弃固封已久的传统落后文化的过程。在城市打工的农民工是否会说城市方言，在很大程度上决定了其与市民沟通的能力和机会，在某种程度上还会涉及他们在城市是否被歧视。反过来，这些因素也会影响到他们能否找到一份拥有理想收入的工作（褚荣伟等，2012），进而影响着农民工的城市生活满意度、身份认同和城市归属感。在文化融合过程中，风俗习惯对于社会性别意识的形成具有决定作用。因为传统的"夫唱妇随""男尊女卑""男外女内"的思想依然留在人们心中，并影响着人们的现代生活（杨慧，2005）。而每个外来成员对流入地风俗习惯的适应方式和接受程度是有差异的，在适应和吸收主流文化方面经历着较为复杂的心理活动，其中一部分偏向于被同化或主动接受主流城市文化，另一部分则并不认同这种文化，进而选择继续保持原有的传统文化理念（杨聪敏，2014）。当农民工群体对自己及家乡文化保留较多时，会面临巨大的城乡文化二元对立矛盾，还可能因为在社会交往中带着鲜明的乡土文化特征而受到市民的排斥。在这种环境影响下，为了维持自尊，他们往往会对城市文化产生抗拒心理，造成两种文化的分离和冲突（刘玉照，2004）。

心理融合是指在移民群体在心理和情感上对自己的社会成员身份和归属的认同上发生变化的现象（悦中山等，2012b）。农民工社会融合的过程就是社会距离不断缩小的过程，也是其在文化、收入、身份等方面不断向市民趋同的过程（张文宏、周思伽，2013），广泛的社会参与和交流活动可以提升他们对城市主流文化的认同（风笑天、肖洁，2014）。当他们认为自己与城市的社会距离越来越远，被主流社会排斥时，会产生一种被城市边缘化的感觉，这种感觉会阻碍他们进入主流社会、接收主流文化（王春光，2001；杨菊华等，2014）。心理融合的实现，说明移民逐渐在生活上自觉或不自觉地遵守流入地社会的主流文化和价值观。也就是说，心理融合越好，越有利于农民工接受城市的文化和价值观念，其社会性别意识越现代，社会性别角色和家庭性别角色越平等。已有研究表明，在农民工与市民差异化背景下，当两者缺乏沟通交流时，农民工会在心理上主动拉开与城市的距离，进而远离主流社会与主流文化（李强，1995）。因此，社会融合强烈影响着农民工的生活方式，有利于农民工对主流文化的认同，特别是对社会性别角色的认知。基于以上分析，提出如下假设：

H3-3a 经济融合越好，农民工社会性别意识越平等；

H3-3b 社会融合越好，农民工社会性别意识越平等；

H3-3c 文化融合越好，农民工社会性别意识越平等；

H3-3d 心理融合越好，农民工社会性别意识越平等。

城市务工经历使女性更加独立，拥有更多的家庭决策权，有利于促进家庭活动的性别平等。同时，城市打工带来的经济收入有利于家庭进行新的性别分工，改善夫妻分工模式（沈渝，2010）。已有研究表明，经济的发展会弱化"男主外、女主内"的传统家庭分工模式（庞晓鹏、董晓媛，

2014），当在城市生活的农民工经济能力增强时，家庭已不是严格意义上的"男主外、女主内"分工模式，夫妻间相互依赖性更强，双方也更加平等（叶苏、叶文振，2005）。经济独立可以提高妇女实现性别角色期望的能力，解决她们的实际需要和战略性需求，例如个人资产、存储和社交网络，增加她们的家庭决策能力（Haile et al.，2012）。夫妻双方收入差距越小，家庭分工越平等，社会性别行为也就越平等（Ruppanner，2010）。具有城市文化的家庭权力分配更易趋向于平权模式（李静雅，2013），传统文化保留越多的家庭，越习惯丈夫说了算的家庭决策方式（徐安琪，2004）。文化发展的不平衡导致了夫妻间权力分配的不平等（唐永霞、罗卫国，2016），满意的城市生活和优越的环境以及各种政策制度的保障使城市女性获得较高的家庭地位（徐安琪，1998；Ruppanner，2010）。基于以上分析，提出如下假设：

H3-4a 经济融合越好，农民工社会性别行为越平等；

H3-4b 社会融合越好，农民工社会性别行为越平等；

H3-4c 文化融合越好，农民工社会性别行为越平等；

H3-4d 心理融合越好，农民工社会性别行为越平等。

二 变量设置

依据已有文献和农民工具体情况，将社会性别意识和社会性别行为划分为决策型、决策服务型和服务型。其中，决策服务型代表着在家庭中既是决策者又是服务者。换言之，家庭内外的大小事务均与配偶共同决定，是趋于现代的平等的社会性别意识和社会性别行为。决策型和服务型则代表了我国传统的家庭权力秩序，是趋于传统的不平等的社会性别意识和社会性别行为。表3-1对农民工社会性别意识与社会性别行为进行了交叉分析，数据显示，社会性别行为和社会性别意识之间存在显著差异。但从Lambda系数来看，并不显著，且相关系数仅为0.008。这表明社会性别行为与社会性别意识之间的相关性较小，从社会性别意识与社会性别行为两个方面研究农民工社会性别具有一定的合理性。

表 3-1　社会性别意识与社会性别行为关系交叉

社会性别行为	社会性别意识			合计
	决策型	决策服务型	服务型	
决策型	43 (22.2)	60 (30.9)	91 (46.9)	194
决策服务型	38 (11.8)	92 (28.6)	192 (59.6)	322
服务型	32 (19.8)	37 (22.8)	93 (57.4)	162
合计	113 (16.7)	189 (27.9)	376 (55.5)	678
LR 检验	15.205 **			
相关系数	Pearson R = 0.069 + 　Spearman 相关性 = 0.077 * 　Lambda = 0.008			

注：$^+ p<0.1$，$^* p<0.05$，$^{**} p<0.01$，$^{***} p<0.001$，括号内数字为百分比。

1. 因变量

社会性别意识，具体包括"男主外，女主内"的传统分工、"丈夫应该比妻子多挣钱"的有酬劳动、"如果妻子也在工作，丈夫和妻子应该共同承担家务活"的无酬劳动和"若第一胎是女孩后的子女性别偏好"的生育决策四方面内容。其中，传统分工、有酬劳动和无酬劳动是三分类变量，分别将"决策型"、"决策服务型"和"服务型"赋值为1、2、3，将"服务型"作为参照类。生育决策以有无性别偏好来衡量，有偏好者为决策型社会性别意识，相应地，无偏好者表示只听从配偶的意见，为服务型社会性别意识。总体社会性别意识根据四个题的回答结果进行分类，决策型多于服务型界定为决策型，服务型多于决策型界定为服务型，二者基本相同界定为决策服务型。

社会性别行为包括家庭活动承担、家庭资源分配和家庭权力决策三个方面。其中，家庭活动承担题项是"家中的家务活主要由谁做"，分为"决策型"和"服务型"两类，"服务型"为参照类。家庭资源分配题项是"家庭中的现金支配程度"，分为"决策型"、"决策服务型"和"服务型"三类，"服务型"为参照类。家庭权力决策从"孩子教育谁说了算"、"买大件谁说了算"和"妇女外出打工谁说了算"三个方面进行考量，分为"决策型"、"决策服务型"和"服务型"三类，"服务型"为参照类。总体社会性别行为分类方法同总体社会性别意识。

2. 自变量

自变量主要包括生计资本和社会融合。生计资本包括人力资本、社会资本和金融资本三个方面，代表着农民工自身资本存量的变化；社会融合包括经济融合、社会融合、文化融合和心理融合四个方面。详见表 3-2。

表 3-2　自变量设置

男性			女性		
自变量	均值/频数	标准差/百分比（%）	自变量	均值/频数	标准差/百分比（%）
月收入（元）	3731.30	2576.735	月收入（元）	2809.18	2628.079
文化保持	14.48	2.734	文化保持	14.32	2.830
城市归属感	8.53	2.569	城市归属感	8.91	2.537
社会距离	11.83	2.782	社会距离	11.50	2.868
打工年限	11.47	8.861	打工年限	8.97	7.127
房产拥有　有	105	16.2	房产拥有　有	76	15.2
房产拥有　无	544	83.8	房产拥有　无	424	84.8
职业阶层　管理层	105	16.2	职业阶层　管理层	87	17.5
职业阶层　非管理层	545	83.8	职业阶层　非管理层	411	82.5
方言掌握　会说	267	41.2	方言掌握　会说	225	45.0
方言掌握　仅能听懂	309	47.7	方言掌握　仅能听懂	222	44.4
方言掌握　听不懂	72	11.1	方言掌握　听不懂	53	10.6
农民身份　是	417	64.7	农民身份　是	282	56.2
农民身份　不清楚	103	16.0	农民身份　不清楚	96	19.1
农民身份　不是	125	19.4	农民身份　不是	124	24.7
交友意愿　工作生活都有交往	308	47.5	交友意愿　工作生活都有交往	285	56.9
交友意愿　有交往，但仅限于工作或生活方面	288	44.4	交友意愿　有交往，但仅限于工作或生活方面	175	34.9
交友意愿　没有交往	52	8.0	交友意愿　没有交往	41	8.2

续表

自变量	男性			自变量	女性		
		均值/ 频数	标准差/ 百分比 （%）			均值/ 频数	标准差/ 百分比 （%）
生活 满意度	满意	234	36.2	生活 满意度	满意	179	35.7
	一般	349	53.9		一般	285	56.9
	不满意	64	9.9		不满意	37	7.4
未来发展 意愿	留城	303	46.7	未来发展 意愿	留城	268	53.7
	返乡	346	53.3		返乡	231	46.3
文化程度	高中及以上	237	37.0	文化程度	高中及以上	208	41.8
	初中	317	49.5		初中	207	41.6
	小学及以下	87	13.6		小学及以下	83	16.7
培训经历	是	247	38.0	培训经历	是	219	43.6
	否	403	62.0		否	283	56.4
健康状况	好	398	61.3	健康状况	好	332	66.4
	一般	216	33.3		一般	134	26.8
	差	35	5.4		差	34	6.8
心情不好 向谁倾诉	市民	21	3.3	心情不好 向谁倾诉	市民	19	3.9
	农村熟人和 市民均有	161	25.3		农村熟人和 市民均有	144	29.6
	农村熟人	455	71.4		农村熟人	324	66.5
休闲活动 跟谁一起	市民	35	5.5	休闲活动 跟谁一起	市民	31	6.3
	农村熟人和 市民均有	224	35.0		农村熟人和 市民均有	204	41.6
	农村熟人	381	59.5		农村熟人	255	52.0
家中存款	有	488	75.5	家中存款	有	373	74.9
	无	158	24.5		无	125	25.1
近两年 贷款	是	155	24.1	近两年 贷款	是	119	23.9
	否	489	75.9		否	378	76.1

注：社会距离、文化保持和城市归属感量表的内部一致性信度系数分别为 0.891、0.833 和 0.912，符合分析要求。

　　人力资本包括文化程度、培训经历、健康状况和打工年限四个方面。打工年限是指农民工在城市打工时间的长短。文化程度分为："高中及以上＝1"、"初中＝2"和"小学及以下＝3"，以"小学及以下"为参照类。培训经历由题项"在打工期间，您是否参加过培训"获得，分为"是＝1"和"否＝2"两类，以"否"为参照类。健康状况由题项"您觉得您目前健康状况如何"获得，分为"好＝1"、"一般＝2"和"差＝3"三类，以"差"为参照类。社会资本由"您在心情不好时会向哪些人倾诉"和"休闲活动中会跟谁在一起"两个题项获得，为三分类变量："市民＝1"、"农村熟人和市民均有＝2"、"农村熟人＝3"，以"农村熟人"为参照类。金融资本从题项"目前，您家在银行或者农村信用社是否有存款"和"近两年，您家是否从银行或者农村信用社贷过款"中获得，前者为二分类变量，"有＝1"、"无＝2"，以"无"为参照类，后者二分类变量，"是＝1"、"否＝2"，以"否"为参照类。

　　经济融合从题项"近半年来，您打工的平均月收入是多少"、"目前，您在城市是否有房产"和"您目前的职业是什么"中获得，月收入为连续变量。房产拥有分为"有＝1"和"无＝2"，以"无"为参照类。职业阶层分为"管理层＝1""非管理层＝2"，以"非管理层"为参照类。文化融合通过题项"您会说目前打工城市的方言吗"，分为"会说＝1"、"仅能听懂＝2"和"听不懂＝3"三类，以"听不懂"为参照类。除此之外，还包括文化保持，即"遵守家乡的风俗习惯（比如婚、丧、嫁、娶的风俗）对您来说是重要的""按照家乡习惯办事对您来说是很重要的""您的孩子应该学会说家乡话""保持家乡的生活方式（如饮食习惯）对您来说是重要的"。答案选项从"非常同意＝1"到"非常不同意＝5"。在分析时，把4个题项得分加总作为文化保持的最终得分，最高得分为20分，均值越高，说明农民工对于家乡文化的认同度越高。心理融合从社会距离、城市归属感和农民身份三方面考察，社会距离是采用对 Bogardus 改编后的社会距离量表来进行测量，量表包括5个题项，即"您愿意与市民共同居住在一个街区（社区）""您愿意市民做您的同事""您愿意市民做您的邻居""您愿意市民做您的朋友""您愿意市民做您（或您子女）的配偶"。答案选项也是从"非常同意＝1"到"非常不同意＝5"。在分析时把5个题项得分加总作为社会距离的最终得分，数值越小，说明农民工与市民之间的社会距离越小，越容易接受所在打工地城市的文化和价值观念，反之越大。城市归属感同上。农民身份由题项"您认为自己还是不是农民"获得，分为"是=1"、"不清楚=2"和"不是=3"三类，以"不是"为参照类。社会融合从题项"您以后准备在哪里长期发展或者定居"获得，分为"留城=1""返乡=2"，以"返乡"为参照类；将"您与市民交往如何"分为"工作生活都有交往=1""有交往，但仅限于工作或生活方面=2""没有交往=3"，以"没有交往"为参照类；将题项"您对目前的城市生活满意吗"分为"满意=1""一般=2""不满意=3"，以"不满意"为参照类。

3. 控制变量

控制变量主要包括个人特征、工作特征和流动特征。变量的描述性信息见表3-3。个人特征包括年龄、婚姻状况、居住环境等。其中，年龄为连续变量，婚姻状况分为"在婚=1"和"不在婚=2"两类，在婚包括初婚、再婚；不在婚包括从未结过婚、离婚和丧偶，以"不在婚"为参照类。居住环境通过题项"您现在住的地方是"分为"市民聚居区=1""农民工聚居区=2""农民工与市民混居区=3"，以"农民工与市民混居区"为参照类。工作特征包括工作行业和日工作时间两个方面。行业类型分为"制造/采矿业=1"、"建筑业=2"和"服务业=3"三类，以"服务业"为参照类。日工作时间则是指农民工每天工作的小时数，为连续变量。流动特征包括流入地、流出地和流动距离。流入地是指农民工目前所在的打工地点，流出地则是指农民工的户籍所在地，均为三分类变量："东部=1""中部=2""西部=3"，以"西部"为参照类。流动距离指的是农民工户籍所在省份和目前打工省份的距离，分为"同省=1""跨省=2"，以"跨省"为参照类。

表 3-3 控制变量设置

男性			女性		
控制变量	频数/均值	百分比(%)/标准差	控制变量	频数/均值	百分比(%)/标准差
年龄（周岁）	34.71	11.041	年龄（周岁）	32.66	10.285
日工作时间（小时）	9.39	1.765	日工作时间（小时）	9.01	1.767

续表

控制变量（男性）		频数/均值	百分比（%）/标准差	控制变量（女性）		频数/均值	百分比（%）/标准差
居住环境	市民聚居区	188	29.0	居住环境	市民聚居区	170	34.1
	农民工聚居区	242	37.3		农民工聚居区	159	31.9
	农民工与市民混居区	219	33.7		农民工与市民混居区	170	34.1
婚姻状况	在婚	400	62.1	婚姻状况	在婚	280	56.7
	不在婚	244	37.9		不在婚	214	43.3
流动距离	同省	364	56.0	流动距离	同省	283	56.4
	跨省	286	44.0		跨省	219	43.6
行业类型	制造/采矿业	207	32.4	行业类型	制造/采矿业	123	24.8
	建筑业	145	22.7		建筑业	35	7.1
	服务业	287	44.9		服务业	337	68.1
流出地	东部	173	26.8	流出地	东部	124	25.0
	中部	279	43.3		中部	231	46.6
	西部	193	29.9		西部	141	28.4
流入地	东部	286	46.1	流入地	东部	226	46.3
	中部	223	35.9		中部	187	38.3
	西部	112	18.0		西部	75	15.4

三 模型选择

因变量类型不同，选取的回归模型也不相同。由于因变量"社会性别意识"中的"传统分工"、"有酬劳动"和"无酬劳动"以及"社会性别行为"中的"家庭资源分配"和"家庭权力决策"均是三分类无序变量，为检验生计资本和社会融合对农民工社会性别意识和社会性别行为的作用假设，采用多分类 Logistic 回归模型进行分析，模型公式为：

$$\log it(Y) = \ln\left(\frac{p_i}{p_2}\right) = \alpha_i + \sum_{k=1}^{n} \beta_k X_{ik} + \mu_i \tag{3-1}$$

其中，p_2 为因变量对照组发生的概率，p_i（$i=0$，1）分别代表决策型、决策服务型；X_k 为影响农民工社会性别意识的自变量和控制变量；β 是回归系数，表示在其他自变量取值保持不变的情况下，该变量取值增加一个单位（或不同类型变化）引起的概率之比自然对数值的变化量，α 是常数项，μ 为随机误差项。

当因变量是二分类变量时，一般采用二元 Logistic 回归模型，该模型如下：

$$Y = \ln\left(\frac{p}{1-p}\right) = \beta_0 + \sum_{j=1}^{n} \beta_j X_{ij} + \varepsilon \tag{3-2}$$

其中，Y 是因变量，X_i 为自变量和控制变量，β 为回归系数，表示在其自变量取值不变的情况下，该自变量取值增加一个单位引起的因变量概率之比自然对数值的变化量，β_0 为常数项，ε 为随机误差项。该模型适用于社会性别意识中的"生育决策"以及社会性别行为中的"家庭活动承担"。

第二节 社会性别意识

一 社会性别意识现状

1. 单指标社会性别意识

农民工社会性别意识包括传统分工、有酬劳动、无酬劳动和生育决策四个方面。前三个问题答案均为"非常同意"到"非常不同意"五类，分析时合并为三类："同意、中立和不同意"。当男性农民工同意传统分工时，认为他在家庭角色中具有决策型的社会性别意识；当女性对传统分工持同意态度时，则为服务型社会性别意识。有酬劳动亦是如此。在无酬劳动方面，若男性农民工同意"如果妻子也在工作，丈夫和妻子应该共同承担家务活"的观点，则认为他是服务型社会性别意识，若女性农民工同意该观点，则认为她具有决策型社会性别意识。在生育决策方面，将"不管怎样，直到有一个儿子为止"划分为有偏好，"再要一个，不管男女"和"停止生育"选项划分为无偏好，有偏好为决策型社会性别意识，相应地，无偏好表示只听从配偶的意见，为服务型社会性别意识。具体统计结果见表 3-4。

表 3-4 单指标社会性别意识现状描述

男性				女性			
变量	分类	频数	百分比（%）	变量	分类	频数	百分比（%）
传统分工：男主外，女主内	决策型	274	42.2	传统分工：男主外，女主内	决策型	215	42.8
	决策服务型	230	35.4		决策服务型	161	32.1
	服务型	145	22.3		服务型	126	25.1
有酬劳动：丈夫应该比妻子多挣钱	决策型	418	64.4	有酬劳动：丈夫应该比妻子挣钱	决策型	110	22.0
	决策服务型	139	21.4		决策服务型	155	30.9
	服务型	92	14.2		服务型	236	47.1
无酬劳动：如果妻子也在工作，丈夫和妻子应该共同承担家务活	决策型	57	8.8	无酬劳动：如果妻子也在工作，丈夫和妻子应该共同承担家务活	决策型	400	79.8
	决策服务型	168	25.8		决策服务型	84	16.8
	服务型	425	65.4		服务型	17	3.4
生育决策：不管怎样，直到有一个儿子为止	决策型	269	41.8	生育决策：不管怎样，直到有一个儿子为止	决策型	441	88.9
	服务型	375	58.2		服务型	55	11.1

表 3-4 数据显示，在传统分工中，社会性别意识为决策型、决策服务型和服务型的男性农民工占比分别为 42.2%、35.4% 和 22.3%，说明男性农民工在传统分工中偏向于决策型。而相应的女性农民工占比分别为 42.8%、32.1% 和 25.1%，同样也是决策型居多。这可能是因为绝大多数男性农民工仍比较认同传统的家庭分工，而女性农民工的外出务工使她们逐渐打破以往的"主内顺从"想法，不太认可"男主外，女主内"的观点，表明女权主义在农民工思想中有一定的影响。

在有酬劳动"丈夫应该比妻子多挣钱"方面，社会性别意识为决策型、决策服务型和服务型的男性占比分别为 64.4%、21.4% 和 14.2%。决策型几乎占到三分之二，由此看来，在有酬劳动中，男性农民工偏好做决策。而女性农民工相应占比分别为 22.0%、30.9% 和 47.1%。这充分表明，在有酬劳动方面，女性农民工多是服务型，认同"丈夫应该比妻子多挣钱"的观点，但女性农民工决策服务型占比（30.9%）高于男性占比（21.4%）。

在无酬劳动"如果妻子也在工作，丈夫和妻子应该共同承担家务活"方面，社会性别意识为决策型、决策服务型和服务型的男性农民工占比分别为8.8%、25.8%和65.4%。说明同意双方共同做家务的男性农民工居多。女性农民工相应类型的占比分别为79.8%、16.8%和3.4%，说明女性农民工更偏向于决策型的社会性别意识，即认同"如果妻子也在工作，丈夫和妻子应该共同承担家务活"。

在生育决策方面，决策型和服务型社会性别意识的男性农民工占比分别为41.8%和58.2%；而女性相应比例分别为88.9%和11.1%。说明在子女性别方面，男性农民工没有明显的性别偏好，而女性农民工则存在较强的男孩偏好。

2. 综合社会性别意识

表3-5将农民工综合社会性别意识按生理性别进行比较分析。数据显示，在社会性别意识中，决策型、决策服务型和服务型占比分别为14.8%、30.6%和54.5%。整体而言，农民工社会性别意识趋向于服务型。其中，在决策型和决策服务型社会性别意识中，男性农民工占比远高于女性农民工；在服务型社会性别意识中，女性农民工占比更高。这说明，男性农民工社会性别意识偏向于决策型，而女性农民工社会性别意识偏向于服务型。性别差异显著。

表3-5　生理性别视角下综合社会性别意识现状

项目		男性		女性		总计	
		频数	百分比（%）	频数	百分比（%）	频数	百分比（%）
社会性别意识	决策型	144	22.2	27	5.4	171	14.8
	决策服务型	232	35.7	121	24.1	353	30.6
	服务型	274	42.2	354	70.5	628	54.5
LR 检验		114.544***					

注：*** $p<0.001$。

二 社会性别意识影响因素

1. 传统夫妻分工

生计资本和城市融合会对不同性别农民工传统夫妻分工社会性别意识产生不同的影响，见表3-6。

表3-6 生计资本和城市融合对传统夫妻分工社会性别意识影响的回归结果

变量	男性		女性	
	决策型/服务型	决策服务型/服务型	决策型/服务型	决策服务型/服务型
人力资本				
高中及以上	-1.088*（0.495）	-0.748（0.499）	0.039（0.486）	0.285（0.488）
初中	-0.560（0.456）	-0.663（0.464）	-0.080（0.430）	-0.107（0.423）
打工年限	0.033（0.075）	-0.009（0.021）	-0.013（0.028）	-0.013（0.026）
有培训经历	-0.315（0.275）	-0.277（0.281）	-1.287***（0.326）	0.640+（0.341）
健康状况好	-0.951（0.605）	0.300（0.668）	-0.044（0.651）	-1.135+（0.618）
健康状况一般	-0.450（0.610）	0.495（0.669）	-0.113（0.685）	-0.590（0.649）
社会资本				
向市民倾诉	0.662（0.755）	0.088（0.787）	-0.102（0.974）	0.705（0.945）
向农村熟人和市民均倾诉	-0.249（0.363）	-0.292（0.369）	-0.125（0.423）	-0.624（0.444）
休闲活动跟市民一起	-0.612（0.563）	-0.375（0.570）	-0.002（0.676）	0.415（0.723）
休闲活动一起者农村熟人和市民都有	0.280（0.349）	0.090（0.359）	0.598（0.396）	-1.022*（0.414）
金融资本				
有存款	0.563*（0.287）	0.642*（0.296）	-0.492（0.344）	0.321（0.370）
近两年有贷款	0.277（0.285）	-0.478（0.309）	-0.509（0.338）	-0.416（0.358）
经济融合				
月收入（log）	0.573（0.676）	-0.366（0.701）	0.939（0.758）	0.013（0.790）
管理层	1.166**（0.410）	1.095**（0.414）	-0.119（0.410）	-0.056（0.425）
有房产	-0.473（0.378）	-0.027（0.363）	0.507（0.462）	-0.219（0.497）
社会融合				
留在城市发展	-0.253（0.269）	-0.242（0.275）	0.343（0.317）	0.628+（0.333）

续表

变量	男性		女性	
	决策型/服务型	决策服务型/服务型	决策型/服务型	决策服务型/服务型
与市民生活和工作均交往	-0.743（0.534）	-0.069（0.555）	0.743（0.608）	0.497（0.581）
与市民生活或工作有交往	0.196（0.495）	0.341（0.522）	0.473（0.585）	-0.011（0.562）
对目前生活满意	0.026（0.508）	0.394（0.552）	-0.162（0.612）	0.023（0.665）
认为目前生活一般	0.311（0.446）	0.702（0.489）	0.123（0.569）	0.444（0.627）
文化融合				
会说打工地方言	0.139（0.462）	-0.792$^+$（0.465）	-0.690（0.571）	-0.758（0.593）
仅能听懂打工地方言	0.352（0.432）	-0.193（0.434）	-1.050$^+$（0.544）	-0.919（0.564）
文化保持	0.014（0.047）	-0.041（0.048）	0.049（0.057）	0.104$^+$（0.062）
心理融合				
认为自己是农民身份	0.050（0.358）	-0.006（0.362）	-0.402（0.399）	-0.931*（0.411）
不清楚是否为农民身份	0.080（0.426）	0.497（0.427）	-0.672（0.499）	-0.269（0.503）
城市归属感	-0.011（0.057）	0.042（0.059）	0.054（0.068）	-0.035（0.071）
社会距离	-0.098$^+$（0.051）	0.047（0.052）	0.178**（0.059）	0.158*（0.062）
控制变量	控制	控制	控制	控制
-2LL	1046.756***		771.276***	
Nagelkerke R^2	0.243		0.328	
样本量	552		427	

注：1. 因变量为传统夫妻分工：男主外，女主内。2. $^+p<0.1$，$^*p<0.05$，$^{**}p<0.01$，$^{***}p<0.001$。3. 括号内数字为标准误。

生计资本的影响表现在三个方面。①在人力资本方面，文化程度越高的男性农民工，社会性别意识越偏向于决策型。相较于没有参加过培训的女性农民工来说，有培训经历的女性农民工更不可能形成决策服务型社会性别意识。健康状况好的女性农民工的社会性别意识更偏向于决策服务型。②在社会资本方面，相较于休闲活动只和农村熟人在一起的女性农民工群体，当她们在城市将社交范围扩展到与农村熟人和市民都有交往时，其社会性别意识偏向于决策服务型。③在金融资本方面，相较于家里没有存款的男性农民工来说，有存款的男性农民工的社会性别意识更偏向于服务型；金融资本对女性农民工社会性别意识没有显著影响。

城市融合对传统夫妻分工社会性别意识的影响表现在四个方面。①在经济融合方面，身居管理层的男性农民工的社会性别意识更偏向于服务型，而经济融合对女性农民工则没有显著影响。②在社会融合方面，对女性农民工而言，相较于返乡发展，选择留在城市发展的女性农民工社会性别意识更偏向于服务型。③在文化融合方面，相较于听不懂打工地方言的男性农民工，对当地方言掌握越好的男性农民工社会性别意识越偏向于决策服务型；而相较于完全听不懂打工地方言的女性农民工来说，对当地方言能听懂但不会说的女性农民工的社会性别意识偏向于决策型。家乡文化保留越少，女性农民工的社会性别意识越偏向于服务型。④在心理融合方面，社会距离越大，即越不受城市主流价值观影响，男性农民工社会性别意识越偏向于决策型；女性农民工与之相反，社会距离越大，其社会性别意识越趋向于服务型。此外，相较于认为自己不是农民身份者，认为自己仍是农民身份的女性农民工的社会性别意识更偏向于决策服务型，即心理融合更趋向于平等的社会性别意识。

2. 有酬劳动

表 3-7 揭示了生计资本和城市融合对有酬劳动社会性别意识的影响。

表 3-7　生计资本和城市融合对有酬劳动社会性别意识影响的回归结果

变量	男性		女性	
	决策型/服务型	决策服务型/服务型	决策型/服务型	决策服务型/服务型
人力资本				
高中及以上	-1.043^{+} (0.563)	-1.236^{+} (0.635)	1.266^{*} (0.570)	0.326 (0.432)
初中	-0.309 (0.531)	-0.438 (0.587)	0.890^{+} (0.519)	-0.015 (0.388)
打工年限	0.078^{**} (0.026)	0.003 (0.028)	0.007 (0.027)	-0.017 (0.024)
有培训经历	-0.437 (0.324)	-0.364 (0.372)	0.943^{**} (0.312)	0.521^{+} (0.281)
健康状况好	-2.326^{*} (1.163)	-0.853 (1.212)	0.488 (0.656)	-0.238 (0.500)
健康状况一般	-2.400^{*} (1.153)	-1.274 (1.205)	0.131 (0.690)	-0.664 (0.531)

续表

变量	男性		女性	
	决策型/服务型	决策服务型/服务型	决策型/服务型	决策服务型/服务型
社会资本				
向市民倾诉	-0.022 (0.862)	0.160 (0.956)	-0.833 (0.957)	-0.301 (0.805)
向农村熟人和市民均倾诉	-0.221 (0.419)	0.397 (0.474)	-0.361 (0.386)	-0.417 (0.363)
休闲活动跟市民一起	-1.542 ** (0.600)	-0.993 (0.675)	1.231 (0.773)	1.012 (0.637)
休闲活动一起者农村熟人和市民都有	-0.015 (0.406)	-0.189 (0.471)	0.458 (0.354)	0.350 (0.338)
金融资本				
有存款	0.934 ** (0.323)	0.697 + (0.367)	-0.092 (0.338)	0.274 (0.312)
近两年有贷款	0.462 (0.357)	0.387 (0.408)	-0.419 (0.359)	0.312 (0.297)
经济融合				
月收入（log）	1.850 * (0.840)	-0.944 (0.936)	0.319 (0.769)	0.699 (0.674)
管理层	0.773 (0.497)	0.599 (0.537)	0.120 (0.400)	0.264 (0.361)
有房产	0.329 (0.499)	0.871 (0.536)	-0.335 (0.418)	-0.096 (0.407)
社会融合				
留在城市发展	0.276 (0.317)	0.642 + (0.361)	0.475 (0.323)	0.187 (0.281)
与市民生活和工作均交往	0.182 (0.605)	0.537 (0.699)	1.173 (0.735)	0.402 (0.524)
与市民生活或工作有交往	0.830 (0.564)	0.616 (0.655)	1.220 + (0.734)	0.352 (0.512)
对目前生活满意	-0.675 (0.657)	0.241 (0.791)	-0.508 (0.631)	1.016 (0.656)
认为目前生活一般	-0.161 (0.595)	0.702 (0.720)	-0.268 (0.589)	1.422 * (0.619)
文化融合				
会说打工地方言	-0.335 (0.534)	-0.637 (0.600)	-1.360 ** (0.501)	0.080 (0.487)
仅能听懂打工地方言	-0.035 (0.501)	-0.261 (0.562)	-1.272 ** (0.478)	0.021 (0.465)
文化保持	0.043 (0.055)	0.024 (0.063)	0.007 (0.056)	-0.053 (0.052)
心理融合				
认为自己是农民身份	-0.568 (0.438)	-0.955 + (0.491)	0.395 (0.390)	-1.148 *** (0.343)

变量	男性		女性	
	决策型/服务型	决策服务型/服务型	决策型/服务型	决策服务型/服务型
不清楚是否为农民身份	0.657 (0.583)	0.948 (0.622)	-0.168 (0.462)	-0.977 * (0.410)
城市归属感	-0.105 (0.067)	-0.137⁺(0.076)	0.031 (0.067)	-0.096 (0.062)
社会距离	-0.110⁺(0.061)	0.023 (0.069)	0.033 (0.056)	0.074 (0.053)
控制变量	控制	控制	控制	控制
-2LL	812. 410 ***		775. 549 **	
Nagelkerke R²	0.316		0.268	
样本量	552		427	

注: 1. 因变量为有酬劳动: 丈夫比妻子多挣钱。2. ⁺p<0.1, * p<0.05, ** p<0.01, *** p<0.001。3. 括号内数字为标准误。

数据显示,生计资本中,人力资本、社会资本和金融资本均对有酬劳动社会性别意识有显著影响,且性别差异明显。在人力资本方面,男性农民工文化程度越高,社会性别意识越倾向于决策型和决策服务型,但对女性农民工而言,文化程度越高,社会性别意识越倾向于服务型。打工年限越长,男性农民工越倾向于服务型社会性别意识;与没有参加过培训者相比,有培训经历的女性农民工社会性别意识更倾向于服务型。健康状况越好,男性农民工越可能形成决策型社会性别意识。在社会资本方面,相较于休闲活动只和农村熟人在一起的男性农民工,休闲活动跟市民在一起的男性农民工社会性别意识更倾向于决策型;社会资本对女性农民工有酬劳动社会性别意识没有显著影响。在金融资本方面,家里有存款者与无存款者相比,男性农民工社会性别意识更倾向于服务型;金融资本对女性农民工社会性别意识没有显著影响。

城市融合中经济融合、社会融合、文化融合和心理融合对农民工有酬劳动社会性别意识均有显著影响。在经济融合方面,月收入越高,男性农民工社会性别意识越倾向于服务型,但月收入对女性农民工社会性别意识没有显著影响。在社会融合方面,相较于返乡发展者,选择留在城市发展的男性农民工社会性别意识更倾向于服务型;相较于与市民在生活或者在工作上无交往者，与市民在生活或者在工作上有交往的女性农民工更倾向于形成服务型社会性别意识；与对目前生活感到不满意者相比，对目前生活感到一般的女性农民工的社会性别意识更倾向于服务型。在文化融合方面，对打工地方言掌握越好，女性农民工越不认同"丈夫比妻子多挣钱"观念，即倾向于决策型的社会性别观念；而文化融合对男性农民工没有显著影响。在心理融合方面，与认为自己不是农民身份者相比，不管是男性还是女性农民工，认为自己仍是农民身份的农民工社会性别意识更倾向于决策服务型，即融合越不好，越倾向于平等的社会性别意识。男性农民工对打工城市归属感越强，社会性别意识越倾向于决策服务型；社会距离越大，男性农民工越可能形成决策型社会性别意识。

3. 无酬劳动

表 3-8 提供了生计资本和城市融合对农民工无酬劳动社会性别意识影响的回归结果。

表 3-8 生计资本和城市融合对无酬劳动社会性别意识影响的回归结果

变量	男性		女性	
	决策型/服务型	决策服务型/服务型	决策型/服务型	决策服务型/服务型
人力资本				
高中及以上	0.561 (0.683)	-0.640[+](0.384)	2.429[+](1.393)	2.167 (1.444)
初中	0.745 (0.602)	-0.457 (0.339)	1.729 (1.277)	1.749 (1.316)
打工年限	0.039 (0.029)	-0.018 (0.018)	0.053 (0.076)	0.067 (0.077)
有培训经历	0.160 (0.394)	-0.119 (0.248)	-0.760 (0.848)	-0.451 (0.886)
健康状况好	0.293 (0.900)	0.053 (0.508)	1.244 (1.518)	2.163 (1.648)
健康状况一般	0.773 (0.894)	-0.070 (0.506)	-1.195 (1.590)	-0.204 (1.713)
社会资本				
向市民倾诉	-1.554 (1.307)	-0.383 (0.731)	-1.072 (2.150)	-0.723 (2.247)
向农村熟人和市民均倾诉	0.224 (0.524)	0.386 (0.326)	0.903 (0.974)	0.926 (1.039)
休闲活动跟市民一起	-1.122 (1.117)	-0.183 (0.538)	-3.260[+](1.840)	-2.612 (1.924)

续表

变量	男性		女性	
	决策型/服务型	决策服务型/服务型	决策型/服务型	决策服务型/服务型
休闲活动一起者农村熟人和市民都有	0.206（0.474）	-0.049（0.310）	-1.382（0.935）	-1.351（0.993）
金融资本				
有存款	-0.379（0.392）	0.272（0.268）	-0.958（1.002）	-0.449（1.054）
近两年有贷款	0.793*（0.389）	-0.003（0.260）	2.537+（1.320）	2.112（1.348）
经济融合				
月收入（log）	-1.201（0.907）	0.455（0.601）	-0.804（2.353）	-1.051（2.446）
管理层	-0.982（0.601）	0.171（0.322）	-0.246（1.121）	0.345（1.162）
有房产	0.746（0.545）	0.634+（0.331）	1.291（1.679）	1.100（1.736）
社会融合				
留在城市发展	-0.674+（0.396）	-0.227（0.237）	1.259（0.856）	1.355（0.900）
与市民生活和工作均交往	-1.651*（0.749）	0.734（0.497）	-1.282（1.622）	-0.513（1.698）
与市民生活或工作有交往	-0.503（0.608）	0.504（0.457）	-0.290（1.600）	1.057（1.671）
对目前生活满意	1.208+（0.715）	-0.239（0.460）	-0.816（1.930）	-0.133（2.042）
认为目前生活一般	0.212（0.649）	0.379（0.389）	-0.119（1.796）	0.383（1.898）
文化融合				
会说打工地方言	0.984（0.688）	0.067（0.410）	2.479*（1.000）	1.081（1.066）
仅能听懂打工地方言	0.398（0.640）	0.122（0.380）	3.909***（1.195）	3.278**（1.229）
文化保持	0.000（0.068）	0.134**（0.042）	0.209（0.148）	0.063（0.156）
心理融合				
认为自己是农民身份	-0.495（0.534）	0.092（0.322）	3.516**（1.287）	2.872*（1.328）
不清楚是否为农民身份	0.393（0.589）	0.790*（0.367）	0.138（0.958）	0.386（1.026）
城市归属感	-0.028（0.081）	-0.079（0.054）	0.412*（0.184）	0.299（0.194）
社会距离	-0.012（0.072）	0.000（0.044）	-0.063（0.166）	0.056（0.173）

变量	男性		女性	
	决策型/服务型	决策服务型/服务型	决策型/服务型	决策服务型/服务型
控制变量	控制	控制	控制	控制
−2LL	814.719 ***		388.134 ***	
Nagelkerke R²	0.247		0.370	
样本量	553		433	

注：1. 因变量为无酬劳动：妻子工作时双方做家务。2. $^+p<0.1$, $^*p<0.05$, $^{**}p<0.01$, $^{***}p<0.001$。
3. 括号内数字为标准误。

生计资本的影响表现为，在人力资本方面，与小学及以下文化程度者相比，高中及以上文化程度的男性农民工社会性别意识倾向于决策服务型，即性别平等。但高中及以上文化程度的女性农民工社会性别意识更倾向于服务型，即性别不平等。在社会资本方面，休闲活动选择跟市民一起的女性农民工社会性别意识更倾向于决策型。在金融资本方面，相较于近两年没有贷款经历者，有过贷款经历的男性和女性农民工社会性别意识更倾向于服务型。

城市融合的影响表现为，在经济融合方面，与在打工城市没有房产者相比，已购买城市房产的男性农民工社会性别意识更倾向于服务型；经济融合对女性农民工社会性别意识没有显著影响。在社会融合方面，与返乡发展者相比，选择留城发展的男性农民工社会性别意识更倾向于决策型；相较于与市民无交往者，与市民在生活和工作上均有交往的男性农民工更可能形成决策型的社会性别意识；对目前生活越满意的男性农民工，其社会性别意识越倾向于服务型。在文化融合方面，对家乡文化保持越好，男性农民工社会性别意识越倾向于服务型；对打工地方言掌握得越好，女性农民工越具有服务型社会性别意识。在心理融合方面，与不认同自己农民身份者相比，不清楚自己是否还是农民身份的男性农民工社会性别意识更倾向于服务型，而认为自己仍是农民身份的女性农民工社会性别意识也倾向于服务型；城市归属感越强，女性农民工的社会性别意识越倾向于服务型。

4. 生育决策

表 3-9 提供了生计资本和城市融合对生育决策社会性别意识影响的回归结果。数据显示，影响因素存在明显的性别差异。

表 3-9　生计资本和城市融合对生育决策社会性别意识影响的回归结果

变量	男性	女性
人力资本		
高中及以上	−0.151（0.347）	0.258（0.384）
初中	−0.381（0.312）	0.626[+]（0.344）
打工年限	−0.015（0.016）	−0.006（0.021）
有培训经历	−0.288（0.216）	0.333（0.245）
健康状况好	0.331（0.442）	0.530（0.463）
健康状况一般	0.241（0.443）	0.665（0.488）
社会资本		
向市民倾诉	−1.285[*]（0.594）	−0.068（0.666）
向农村熟人和市民均倾诉	−0.208（0.287）	−0.241（0.314）
休闲活动跟市民一起	0.239（0.465）	0.768（0.562）
休闲活动一起者农村熟人和市民都有	0.639[*]（0.271）	0.232（0.292）
金融资本		
有存款	−0.245（0.233）	−0.203（0.268）
近两年有贷款	−0.358（0.226）	−0.370（0.270）
经济融合		
月收入（log）	−1.343[*]（0.545）	−1.558[*]（0.626）
管理层	−0.300（0.286）	0.159（0.313）
有房产	0.360（0.305）	0.448（0.350）
社会融合		
留在城市发展	0.015（0.208）	0.046（0.249）
与市民生活和工作均交往	0.001（0.420）	0.345（0.466）
与市民生活或工作有交往	−0.118（0.382）	0.488（0.459）
对目前生活满意	−0.118（0.394）	0.477（0.527）
认为目前生活一般	0.358（0.340）	0.631（0.490）

续表

变量	男性	女性
文化融合		
会说打工地方言	0.018（0.354）	−0.525（0.419）
仅能听懂打工地方言	0.079（0.329）	−0.477（0.400）
文化保持	−0.021（0.037）	0.132 **（0.046）
心理融合		
认为自己是农民身份	0.811 **（0.276）	0.148（0.295）
不清楚是否为农民身份	0.750 *（0.327）	−0.296（0.357）
城市归属感	0.064（0.045）	0.008（0.053）
社会距离	−0.018（0.039）	0.147 ***（0.046）
控制变量	控制	控制
−2LL	677.917 **	515.812 ***
Nagelkerke R^2	0.145	0.214
样本量	550	426

注：1. 生育决策：一胎为女孩后的子女性别选择偏好。2. $^+ p < 0.1$，$^* p < 0.05$，$^{**} p < 0.01$，$^{***} p < 0.001$。3. 括号内数字为标准误。

生计资本的影响表现为，在人力资本方面，与小学及以下文化程度者相比，初中文化程度的女性农民工社会性别意识更倾向于服务型。在社会资本方面，在心情不好时，相较于只与农村熟人倾诉，向市民倾诉的男性农民工更倾向于具有决策型社会性别意识；休闲活动一起者农村熟人和市民都有的男性农民工，更可能形成服务型社会性别意识。

城市融合的影响表现为，在经济融合方面，不管是男性还是女性农民工，收入越高，农民工的社会性别意识越倾向于决策型。社会融合对农民工生育决策社会性别意识没有显著影响。在文化融合方面，对家乡文化保持得越好，女性农民工社会性别意识越可能是服务型。在心理融合方面，相较于认为自己不是农民身份者，认同自己农民身份和不清楚是否为农民身份的男性农民工社会性别意识更倾向于服务型。社会距离越大，女性农民工越可能形成服务型社会性别意识。

5. 综合社会性别意识

表3-10提供了生计资本和城市融合对综合社会性别意识影响的回归

结果。数据显示，两类因素对农民工综合社会性别意识的影响同样具有明显的性别差异。

表 3-10　生计资本和城市融合对综合社会性别意识影响的回归结果

变量	男性		女性	
	决策型/服务型	决策服务型/服务型	决策型/服务型	决策服务型/服务型
人力资本				
高中及以上	-0.966*(0.455)	-1.128**(0.394)	-0.961(0.942)	0.387(0.497)
初中	-0.482(0.400)	-0.912*(0.359)	0.016(0.794)	0.036(0.460)
打工年限	0.053**(0.021)	0.006(0.018)	-0.050(0.051)	0.005(0.026)
有培训经历	0.073(0.281)	-0.085(0.239)	0.811(0.613)	0.851**(0.293)
健康状况好	-1.159+(0.619)	-1.358*(0.537)	0.806(1.281)	0.341(0.567)
健康状况一般	-0.931(0.622)	-1.131*(0.535)	1.205(1.370)	-0.213(0.612)
社会资本				
向市民倾诉	1.527*(0.744)	0.592(0.662)	-19.457(0.000)	-0.380(0.788)
向农村熟人和市民均倾诉	0.436(0.387)	0.317(0.296)	-1.679*(0.734)	0.021(0.367)
休闲活动跟市民一起	-1.611*(0.759)	-0.284(0.485)	1.936(1.538)	0.650(0.656)
休闲活动一起者农村熟人和市民都有	-0.440(0.348)	-0.308(0.297)	1.413*(0.657)	0.210(0.342)
金融资本				
有存款	0.806*(0.323)	0.203(0.249)	0.245(0.673)	0.088(0.337)
近两年有贷款	0.649*(0.285)	-0.042(0.263)	-1.033(0.754)	-0.462(0.336)
经济融合				
月收入（log）	0.932(0.682)	1.100+(0.585)	1.806(1.354)	1.222+(0.706)
管理层	0.734*(0.373)	0.603+(0.317)	1.068(0.746)	0.375(0.358)
有房产	0.006(0.388)	-0.055(0.324)	-1.502(1.202)	-0.186(0.391)
社会融合				
留在城市发展	-0.345(0.276)	-0.296(0.231)	0.336(0.609)	0.289(0.296)
与市民生活和工作均交往	-0.799(0.537)	-0.403(0.469)	20.624***(0.662)	0.085(0.594)
与市民生活或工作有交往	-0.010(0.484)	0.092(0.433)	20.637(0.000)	0.303(0.583)
对目前生活满意	0.047(0.528)	-0.329(0.459)	-0.544(1.316)	-0.818(0.600)
认为目前生活一般	-0.163(0.462)	-0.218(0.402)	-0.658(1.315)	-0.359(0.547)

续表

变量	男性		女性	
	决策型/服务型	决策服务型/服务型	决策型/服务型	决策服务型/服务型
文化融合				
会说打工地方言	0.410 (0.451)	0.175 (0.414)	−2.132 * (0.922)	−1.370 ** (0.472)
仅能听懂打工地方言	0.127 (0.412)	0.230 (0.386)	−1.593 + (0.845)	−1.445 *** (0.449)
文化保持	−0.005 (0.048)	0.005 (0.041)	−0.001 (0.111)	−0.064 (0.053)
心理融合				
认为自己是农民身份	0.185 (0.386)	−0.383 (0.303)	−1.197 + (0.675)	−0.083 (0.355)
不清楚是否为农民身份	0.537 (0.444)	0.147 (0.360)	−1.668 + (0.982)	−0.103 (0.414)
城市归属感	−0.042 (0.059)	−0.039 (0.050)	−0.083 (0.133)	0.043 (0.063)
社会距离	−0.127 * (0.052)	−0.030 (0.043)	−0.056 (0.118)	0.113 * (0.053)
控制变量	控制	控制	控制	控制
−2LL	1050.072 ***		507.454 **	
Nagelkerke R²	0.239		0.317	
样本量	553		427	

注：1. $^{+}p<0.1$，$^{*}p<0.05$，$^{**}p<0.01$，$^{***}p<0.001$。2. 括号内数字为标准误。

生计资本的影响表现为，在人力资本方面，文化程度越高、打工年限越长的男性农民工越可能形成决策型或决策服务型社会性别意识；与没有参加过培训者相比，具有培训经历的女性农民工更可能形成服务型社会性别意识；健康状况越好，男性农民工越不具有服务型的社会性别意识。在社会资本方面，在心情不好时，与向农村熟人倾诉者相比，向市民倾诉的男性农民工社会性别意识更倾向于服务型；而心情不好时，同时向市民和农村熟人倾诉的女性农民工社会性别意识更倾向于决策型。在休闲活动中，与只跟农村熟人在一起活动者相比，与市民和农村熟人一起活动的女性农民工更倾向于服务型社会性别意识。在金融资本方面，近两年有贷款经历、家里有存款的男性农民工社会性别意识更可能倾向于服务型。

城市融合的影响表现为，在经济融合方面，无论男女，月收入越高，农民工社会性别意识越倾向于服务型；与非管理层相比，处于管理层的男性农民工社会性别意识更倾向于服务型。在社会融合方面，相较于与市民在生活和工作上无交往者，在生活和工作与市民均交往的女性农民工社会性别意识倾向于服务型，但社会融合对男性农民工社会性别意识没有显著影响。在文化融合方面，对打工地方言掌握得越好，女性农民工社会性别意识越不可能是服务型，但文化融合对男性农民工社会性别意识无显著影响。在心理融合方面，与不认为自己是农民者相比，认为或者不太清楚自己是否是农民身份的女性农民工更可能倾向于决策型。社会距离越大，男性农民工越倾向于决策型社会性别意识，而女性农民工越倾向于服务型社会性别意识。

第三节　社会性别行为

一　社会性别行为现状

1. 单指标社会性别行为

农民工社会性别行为包括三个方面：家庭权力决策、家庭活动承担和家庭资源分配。家庭权力决策由题项"孩子教育谁说了算""买大件谁说了算""妇女外出打工谁说了算"来测量。家庭活动承担由题项"您家里的家务活（如做饭、洗衣服、打扫卫生等）主要由谁做"来测量。家庭资源分配由题项"与您配偶相比，家庭中的现金您能自由支配的程度"来测量。在家庭权力决策方面，回答是自己拿主意的受访者，被认为是决策型社会性别行为；回答是配偶拿主意的受访者，则被认为是服务型社会性别行为；而回答共同商量或者是老人拿主意的受访者，则被认为是具有决策服务型社会性别行为。在家庭资源分配方面，现金大部分由自己支配的受访者为决策型社会性别行为；大部分由配偶支配的受访者为服务型社会性别行为；自己与配偶支配程度差不多的受访者为决策服务型社会性别行为。在家庭活动承担方面，当男性农民工回答家务主要由妻子做时，认为他的社会性别行为是决策型的；当他回答大部分是由自己做时，认为他的社会性别行为是服务型的；当他回答由夫妻各做一半时，认为他的社会性别行为是决策服务型的。当女性农民工回答主要由丈夫做时，认为她的社会性别行为是决策型的；当她回答由妻子做家务时，认为她具有服务型的社会性别行为；当她回答由夫妻各做一半时，认为她的社会性别行为是决策服务型的。社会性别行为描述性结果见表 3-11。

表 3-11 单指标社会性别行为现状

男性				女性			
变量	分类	频数	百分比（%）	变量	分类	频数	百分比（%）
家庭权力决策				家庭权力决策			
孩子教育谁说了算	决策型	49	12.4	孩子教育谁说了算	决策型	41	14.9
	决策服务型	302	76.6		决策服务型	21	7.6
	服务型	43	10.9		服务型	214	77.5
买大件谁说了算	决策型	58	14.6	买大件谁说了算	决策型	18	6.5
	决策服务型	312	78.8		决策服务型	33	12.0
	服务型	26	6.6		服务型	225	81.5
妇女外出打工谁说了算	决策型	37	9.3	妇女外出打工谁说了算	决策型	56	20.3
	决策服务型	287	72.5		决策服务型	26	9.4
	服务型	72	18.2		服务型	194	70.3
家庭活动承担：家务分工	决策型	323	81.8	家庭活动承担：家务分工	决策型	7	2.5
	决策服务型	69	17.5		决策服务型	77	27.8
	服务型	3	0.8		服务型	193	69.7
家庭资源分配：现金支配	决策型	155	39.1	家庭资源分配：现金支配	决策型	74	26.7
	决策服务型	191	48.2		决策服务型	160	57.8
	服务型	50	12.6		服务型	43	15.5

家庭权力决策中，在孩子教育谁说了算方面，男性农民工社会性别行为主要为决策服务型，占比 76.6%；而女性农民工则主要为服务型，占比 77.5%。在买大件谁说了算方面，男性农民工同样倾向于决策服务型社会性别行为，占比 78.8%；而女性农民工也同样表现为服务型，占比 81.5%。在妇女外出打工谁说了算方面，男性农民工仍然倾向于决策服务型社会性别行为，占比 72.5%；而女性农民工也同样为服务型社会性别行为，占比 70.3%。由此可见，在家庭权力决策方面，农民工社会性别行为性别差异明显，男性农民工社会性别行为更平等，而女性农民工认同传统

的不平等的服务型社会性别行为。

在家庭活动承担方面，男性农民工社会性别行为主要为决策型，占比81.8%，而女性农民工服务型社会性别行为占主流，占比69.7%，决策服务型的社会性别行为，约占1/3，表明女性农民工是家务劳动的主要承担者，且有社会性别行为平等化趋势。

在家庭资源分配方面，男性农民工社会性别行为主要表现为决策服务型，与决策型接近，两者占比分别为48.2%和39.1%。而女性农民工主要表现为决策服务型，占比57.8%。相比之下，女性社会性别行为更为平等。

2. 综合社会性别行为

表3-12提供了农民工综合社会性别行为现状及性别差异。数据显示，总体上，农民工社会性别行为倾向于决策服务型，即平等型，占比为47.5%。分性别来看，男性农民工决策服务型、决策型占比较高，分别为45.5%、41.0%，而女性决策服务型、服务型占比较高，分别为50.4%、38.8%。男性决策型倾向较强，而女性服务型倾向较强，二者呈现显著的性别差异。

表 3-12　综合社会性别行为现状及性别差异

变量		男性		女性		总计	
		频数	百分比（%）	频数	百分比（%）	频数	百分比（%）
社会性别行为	决策型	164	41.0	30	10.8	194	28.6
	决策服务型	182	45.5	140	50.4	322	47.5
	服务型	54	13.5	108	38.8	162	23.9
LR 检验		103.610***					

注：*** $p < 0.001$。

二　社会性别行为的影响因素

1. 家庭活动承担

表3-13提供了生计资本和城市融合对家庭活动承担社会性别行为影响的回归结果。数据显示，生计资本和城市融合的影响具有明显的性别差异。

表 3-13　生计资本和城市融合对家庭活动承担社会性别行为影响的回归结果

变量	男性	女性
人力资本		
高中及以上	$1.160^+(0.630)$	$-0.903^+(0.519)$
初中	$1.075^+(0.571)$	$-0.459(0.429)$
打工年限	$-0.039(0.025)$	$0.008(0.025)$
有培训经历	$0.470(0.374)$	$-0.543(0.355)$
健康状况好	$-0.109(0.827)$	$-1.746^+(0.910)$
健康状况一般	$0.469(0.824)$	$-1.713^+(0.948)$
社会资本		
向市民倾诉	$-0.034(0.923)$	$-0.226(0.885)$
向农村熟人和市民均倾诉	$-0.062(0.462)$	$-0.097(0.450)$
休闲活动跟市民一起	$0.099(0.861)$	$0.746(0.829)$
休闲活动一起者农村熟人和市民都有	$0.272(0.425)$	$-0.500(0.423)$
金融资本		
有存款	$-0.929^*(0.395)$	$0.171(0.388)$
近两年有贷款	$-0.071(0.394)$	$-0.468(0377)$
经济融合		
月收入（log）	$-2.060^*(0.970)$	$-0.060(0.799)$
管理层	$0.837^+(0.463)$	$-0.017(0.425)$
有房产	$-0.774(0.524)$	$0.113(0.465)$
社会融合		
留在城市发展	$-0.558(0.380)$	$0.358(0.363)$
与市民生活和工作均交往	$0.636(0.723)$	$1.058^+(0.564)$
与市民生活或工作有交往	$-0.461(0.694)$	$0.507(0.545)$
对目前生活满意	$0.256(0.777)$	$-1.058(0.824)$
认为目前生活一般	$-0.011(0.703)$	$-1.116(0.802)$
文化融合		
会说打工地方言	$-1.135^+(0.584)$	$-0.400(0.612)$
仅能听懂打工地方言	$-1.416^*(0.563)$	$0.215(0.587)$
文化保持	$0.045(0.063)$	$0.046(0.067)$

续表

变量	男性	女性
心理融合		
认为自己是农民身份	0.340 (0.520)	0.124 (0.464)
不清楚是否为农民身份	0.098 (0.632)	0.388 (0.572)
城市归属感	0.149 * (0.076)	−0.055 (0.076)
社会距离	0.037 (0.071)	−0.014 (0.065)
控制变量	控制	控制
−2LL	267.462 ***	272.377
Nagelkerke R^2	0.299	0.214
样本量	343	253

注：1. 因变量为家庭活动承担，家务活通常谁做。2. $+p<0.1$，$*p<0.05$，$**p<0.01$，$***p<0.001$。3. 括号内数字为标准误。

生计资本的影响表现为，在人力资本方面，文化程度越高，男性农民工越可能是服务型社会性别行为，即大部分家务劳动由丈夫承担；而女性农民工越可能形成决策型的社会性别行为，即由丈夫承担家务；健康状况越好，女性农民工越可能具有决策型社会性别行为。社会资本对家庭活动承担社会性别行为没有显著影响。在金融资本方面，存款越多，男性农民工越可能具有决策型社会性别行为，即主要由妻子承担家务。

城市融合的影响表现为，在经济融合方面，月收入越高，男性农民工越可能具有决策型社会性别行为；与非管理层相比，身居管理层的男性农民工更可能形成服务型社会性别行为。在社会融合方面，与市民在工作和生活上无交往者相比，在两方面都有交往促使女性农民工形成服务型社会性别行为。在文化融合方面，与听不懂打工地方言者相比，能听懂和会说打工地方言有利于男性农民工形成决策型社会性别行为。在心理融合方面，城市归属感越强，男性农民工越可能形成服务型社会性别行为。

2. 家庭资源分配

表3-14提供了生计资本和城市融合对家庭资源分配社会性别行为影响的回归结果。数据显示，两者的影响具有明显的性别差异。

表 3-14 生计资本和城市融合对家庭资源分配社会性别行为影响的回归结果

变量	男性		女性	
	决策型/服务型	决策服务型/服务型	决策型/服务型	决策服务型/服务型
人力资本				
高中及以上	0.115（0.747）	0.444（0.747）	3.347***（0.891）	1.309+（0.753）
初中	0.185（0.588）	0.528（0.587）	1.166+（0.670）	0.784（0.565）
打工年限	-0.005（0.030）	-0.013（0.030）	0.007（0.040）	-0.035（0.036）
有培训经历	-0.450（0.489）	-0.313（0.484）	-0.743（0.608）	-0.203（0.523）
健康状况好	-1.467（1.384）	-1.150（1.375）	3.327***（1.038）	2.285**（0.852）
健康状况一般	-2.279+（1.344）	-2.508+（1.339）	3.175**（1.102）	2.787**（0.904）
社会资本				
向市民倾诉	19.173***（0.942）	20.438（0.000）	-2.166（1.340）	-1.893（1.178）
向农村熟人和市民均倾诉	0.667（0.797）	0.794（0.783）	1.515+（0.900）	1.039（0.814）
休闲活动跟市民一起	-0.751（1.493）	1.136（1.335）	-0.686（1.236）	-0.950（1.029）
休闲活动一起者农村熟人和市民都有	-0.263（0.633）	0.183（0.630）	0.542（0.762）	0.792（0.684）
金融资本				
有存款	1.151*（0.547）	1.313*（0.536）	-1.297+（0.668）	-0.534（0.604）
近两年有贷款	0.883+（0.529）	0.113（0.540）	-0.823（0.640）	-0.715（0.553）
经济融合				
月收入（log）	-0.833（1.158）	-2.379*（1.203）	0.448（1.257）	-0.738（1.089）
管理层	1.895**（0.738）	1.180（0.748）	-0.921（0.753）	-0.957（0.669）
有房产	-2.153***（0.616）	-2.528***（0.618）	0.956（0.792）	-0.490（0.735）
社会融合				
留在城市发展	0.085（0.465）	0.562（0.461）	0.146（0.589）	0.124（0.492）
与市民生活和工作均交往	-0.826（0.975）	-0.716（1.003）	0.019（0.932）	-0.233（0.756）
与市民生活或工作有交往	-1.671*（0.844）	-1.608+（0.863）	0.930（0.897）	-0.331（0.734）
对目前生活满意	0.000（0.938）	0.070（0.979）	-3.584**（1.314）	-0.684（1.222）
认为目前生活一般	0.373（0.791）	0.357（0.838）	-3.143*（1.229）	-0.537（1.163）
文化融合				
会说打工地方言	1.903*（0.806）	2.280**（0.820）	-1.640（1.006）	0.706（0.848）
仅能听懂打工地方言	1.676*（0.721）	2.128**（0.745）	-1.554+（0.901）	-0.036（0.761）

续表

变量	男性		女性	
	决策型/服务型	决策服务型/服务型	决策型/服务型	决策服务型/服务型
文化保持	0.057（0.080）	0.108（0.081）	−0.157（0.112）	−0.198*（0.098）
心理融合				
认为自己是农民身份	0.405（0.698）	0.164（0.684）	−0.637（0.781）	−0.759（0.707）
不清楚是否为农民身份	1.077（0.954）	0.102（0.979）	−0.695（0.978）	−0.874（0.891）
城市归属感	−0.034（0.102）	−0.024（0.102）	0.082（0.125）	0.027（0.113）
社会距离	−0.086（0.092）	−0.085（0.094）	0.102（0.101）	0.065（0.088）
控制变量	控制	控制	控制	控制
−2LL	545.196***		371.884**	
Nagelkerke R^2	0.379		0.424	
样本量	347		253	

注：1. 因变量为现金支配程度。2. $^+p<0.1$，$^*p<0.05$，$^{**}p<0.01$，$^{***}p<0.001$。3. 括号内数字为标准误。

生计资本的影响表现为，在人力资本方面，文化程度越高、健康状况越好，女性农民工社会性别行为越可能是服务型；而对男性而言，健康状况一般的男性农民工更可能具有决策型和决策服务型社会性别行为。在社会资本方面，在心情不好时，相较于跟农村熟人倾诉，向市民倾诉的男性农民工更可能具有服务型社会性别行为，而同时向农村熟人和市民倾诉的女性农民工更可能具有服务型社会性别行为。在金融资本方面，不管是有存款还是最近两年有贷款的男性农民工都更可能具有服务型社会性别行为，而有存款的女性农民工更可能具有决策型社会性别行为。

城市融合的影响表现为，在经济融合方面，月收入越高，男性农民工越可能具有决策服务型社会性别行为；与非管理层相比，位居管理层的男性农民工更可能具有服务型社会性别行为；在打工城市购买房产比没有购买房产的男性农民工更不可能形成服务型社会性别行为。但经济融合对女性农民工社会性别行为没有显著影响。在社会融合方面，和市民在生活或工作中有交往的男性农民工不太可能具有服务型社会性别行为。对女性农民工而言，城市生活满意度越高，她们的社会性别行为越趋向于决策型。在文化融合方面，对打工地方言的掌握有助于男性农民工形成服务型社会性别行为，但与听不懂打工地方言者相比，能听懂打工地方言的女性农民工的社会性别行为呈现决策型的趋势。家乡文化保持得越好，女性农民工的社会性别行为越趋向于决策服务型，换言之，家乡文化保留越少，越不利于形成平等的社会性别行为。心理融合对两性农民工社会性别行为均无显著影响。

3. 家庭权力决策

（1）孩子教育

生计资本和城市融合对"孩子教育"决策社会性别行为影响的回归结果见表 3-15。

表 3-15　生计资本和城市融合对"孩子教育"决策社会性别行为影响的回归结果

变量	男性		女性	
	决策型/服务型	决策服务型/服务型	决策型/服务型	决策服务型/服务型
人力资本				
高中及以上	−0.063（0.898）	−0.659（0.739）	3.921*（1.710）	3.559*（1.570）
初中	−0.380（0.768）	−0.214（0.624）	0.557（1.044）	0.615（0.884）
打工年限	−0.013（0.038）	−0.010（0.031）	0.120（0.084）	0.101（0.079）
有培训经历	0.606（0.641）	0.310（0.511）	0.388（1.065）	−0.912（1.699）
健康状况好	−1.178（1.351）	−0.227（1.201）	1.392（1.856）	1.914（1.699）
健康状况一般	−1.214（1.304）	−0.849（1.159）	2.686（1.925）	1.685（1.779）
社会资本				
向市民倾诉	—	—	1.415（2.571）	2.444（2.206）
向农村熟人和市民均倾诉	—	—	2.733+（1.452）	2.748*（1.327）
休闲活动跟市民一起	20.026***（0.921）	19.340（0.000）	−5.653*（2.480）	−5.404*（2.127）
休闲活动一起者农村熟人和市民都有	0.205（0.661）	0.055（0.475）	−3.990**（1.481）	−3.369*（1.386）
金融资本				
有存款	1.129+（0.680）	0.661（0.517）	−2.240+（1.266）	−1.764（1.166）
近两年有贷款	−0.604（0.688）	0.102（0.496）	0.916（1.021）	0.369（0.897）

续表

变量	男性		女性	
	决策型/服务型	决策服务型/服务型	决策型/服务型	决策服务型/服务型
经济融合				
月收入（log）	−0.265（1.335）	−0.863（1.070）	−0.819（2.610）	−0.696（2.408）
管理层	−0.198（0.808）	0.000（0.616）	−0.665（1.526）	−0.048（1.406）
有房产	−0.590（0.788）	−0.779（0.589）	−2.758+（1.471）	−3.018*（1.369）
社会融合				
留在城市发展	0.524（0.606）	0.370（0.479）	3.698*（1.456）	2.701*（1.365）
与市民生活和工作均交往	−1.255（1.165）	0.072（0.888）	1.429（1.660）	−0.103（1.378）
与市民生活或工作有交往	−0.669（0.989）	−0.532（0.781）	0.771（1.630）	−0.276（1.339）
对目前生活满意	1.548（1.203）	1.868*（0.915）	−18.026***（1.494）	−16.890***（1.056）
认为目前生活一般	0.692（0.976）	1.553*（0.719）	−16.612***（0.982）	−16.017（0.000）
文化融合				
会说打工地方言	2.933**（1.141）	1.096（0.755）	−3.325+（1.866）	−1.271（1.649）
仅能听懂打工地方言	2.032+（1.062）	0.855（0.683）	−3.209+（1.655）	−1.293（1.428）
文化保持	0.003（0.111）	−0.076（0.085）	−0.496*（0.234）	−0.493*（0.213）
心理融合				
认为自己是农民身份	1.297（1.041）	−0.171（0.655）	2.623（1.604）	2.366（1.436）
不清楚是否为农民身份	1.091（1.346）	0.968（0.928）	3.340（2.059）	2.590（1.900）
城市归属感	−0.218+（0.122）	−0.155（0.100）	−0.190（0.221）	−0.005（0.193）
社会距离	0.149（0.112）	0.079（0.092）	−0.241（0.219）	−0.317（0.202）
控制变量	控制	控制	控制	控制
−2LL	386.943		220.235*	
Nagelkerke R²	0.294		0.477	
样本量	345		252	

注：1. 因变量为孩子教育谁说了算。2. +p<0.1，*p<0.05，**p<0.01，***p<0.001。3. 括号内数字为标准误。

生计资本的影响表现为，在人力资本方面，文化程度越高，女性农民工社会性别行为越倾向于服务型。在社会资本方面，在心情不好时，与只跟农村熟人倾诉相比，倾诉对象农村熟人和市民都有的女性农民工更可能趋向于服务型社会性别行为；相较于休闲活动与农村熟人在一起相比，休闲活动选择同市民一起参与有利于男性农民工形成服务型社会性别行为，但女性农民工相反，更不可能形成服务型社会性别行为。在金融资本方面，与无存款者相比，有存款的男性农民工更倾向于服务型社会性别行为，而女性农民工正相反，有存款更倾向于决策型社会性别行为。

城市融合的影响表现为，在经济融合方面，在打工地城市拥有房产的女性农民工比没有房产的女性农民工更不可能形成服务型社会性别行为。在社会融合方面，相较于返乡者，选择留在城市发展的女性农民工更可能形成服务型社会性别行为；对男性农民工而言，对目前生活越满意，社会性别行为越趋向于服务型；女性农民工正相反，对城市生活越满意，越趋向于决策型。在文化融合方面，对男性农民工而言，掌握打工地方言有利于他们形成服务型社会性别行为；而对打工城市方言掌握越好的女性农民工越可能形成决策型社会性别行为；除此之外，家乡文化保持得越好，女性农民工越不可能形成服务型社会性别行为。心理融合只对男性农民工社会性别行为产生显著影响，即城市归属感越强，越可能促使他们形成决策型社会性别行为。

（2）买大件

表 3-16 提供了生计资本和城市融合对"买大件"决策社会性别行为影响的回归结果。数据显示，除了在社会融合中留城发展意愿对两性农民工影响相同之外，其他变量的影响均有明显的性别差异。

表 3-16　生计资本和城市融合对"买大件"决策社会性别行为影响的回归结果

变量	男性		女性	
	决策型/服务型	决策服务型/服务型	决策型/服务型	决策服务型/服务型
人力资本				
高中及以上	0.249（1.093）	0.407（0.979）	2.237（1.573）	1.131（1.024）
初中	−0.885（0.914）	−0.622（0.825）	0.245（1.320）	0.582（0.912）

续表

变量	男性		女性	
	决策型/服务型	决策服务型/服务型	决策型/服务型	决策服务型/服务型
打工年限	−0.049（0.047）	−0.019（0.042）	0.102（0.074）	0.056（0.059）
有培训经历	1.993*（1.012）	1.513（0.959）	−1.690（1.243）	−2.065*（0.887）
健康状况好	0.729（1.513）	0.807（1.346）	0.483（1.853）	2.156（1.356）
健康状况一般	−0.368（1.436）	−0.544（1.274）	2.902（1.910）	3.574*（1.447）
社会资本				
向市民倾诉	18.980***（1.025）	18.145（0.000）	−1.609（2.702）	1.144（1.803）
向农村熟人和市民均倾诉	−0.084（1.037）	0.186（0.913）	1.782（1.417）	1.274（1.017）
休闲活动跟市民一起	1.142（1.701）	0.263（1.570）	−1.691（2.372）	−3.865*（1.625）
休闲活动一起者农村熟人和市民都有	0.639（0.880）	0.927（0.782）	−3.528**（1.372）	−1.575+（0.942）
金融资本				
有存款	0.598（0.783）	1.193+（0.706）	−4.000**（1.534）	−3.087**（1.194）
近两年有贷款	−0.848（0.816）	0.100（0.704）	0.505（1.287）	0.991（0.840）
经济融合				
月收入（log）	−1.901（1.720）	−1.926（1.568）	3.422（2.744）	3.216（2.070）
管理层	−0.547（0.964）	−0.776（0.852）	−3.099*（1.450）	−1.787+（1.022）
有房产	0.183（1.029）	−0.870（0.939）	1.671（1.450）	0.321（0.947）
社会融合				
留在城市发展	1.833*（0.841）	1.940*（0.774）	3.892**（1.501）	2.498*（1.024）
与市民生活和工作均交往	−0.230（1.306）	0.721（1.185）	—	—
与市民生活或工作有交往	−0.761（1.169）	−0.080（1.063）	—	—
对目前生活满意	−0.005（1.359）	0.341（1.191）	17.468***（1.155）	1.259（1.567）
认为目前生活一般	1.190（1.107）	1.574+（0.953）	17.848（0.000）	1.131（1.024）
文化融合				
会说打工地方言	0.876（1.282）	0.450（1.160）	−1.689（2.182）	0.728（1.346）
仅能听懂打工地方言	0.855（1.210）	0.476（1.110）	−1.270（2.036）	0.920（1.168）
文化保持	−0.104（0.139）	−0.057（0.124）	−0.138（0.259）	−0.477**（0.174）
心理融合				
认为自己是农民身份	−16.484***（1.236）	−18.520***（0.957）	−0.176（1.440）	−0.261（1.035）

续表

变量	男性		女性	
	决策型/服务型	决策服务型/服务型	决策型/服务型	决策服务型/服务型
不清楚是否为农民身份	-17.866 *** (0.932)	-18.727 (0.000)	-0.964 (1.717)	-1.255 (1.291)
城市归属感	-0.081 (0.149)	-0.119 (0.133)	0.156 (0.233)	-0.036 (0.157)
社会距离	0.142 (0.148)	0.200 (0.135)	0.236 (0.218)	0.019 (0.148)
控制变量	控制	控制	控制	控制
-2LL	346.384 *		162.273 ***	
Nagelkerke R^2	0.341		0.569	
样本量	347		256	

注：1. 因变量为买大件谁说了算。2. $^+p<0.1$, $^*p<0.05$, $^{**}p<0.01$, $^{***}p<0.001$。3. 括号内数字为标准误。

生计资本的影响表现为，在人力资本方面，"买大件"决策时，有培训经历比没有培训经历的男性农民工更倾向于服务型，而女性农民工更倾向于决策服务型；与健康状况差的女性农民工相比，健康状况一般的女性农民工社会性别行为更可能倾向于服务型。在社会资本方面，在心情不好时，向市民倾诉的男性农民工社会性别行为更倾向于服务型；休闲活动跟农村熟人在一起的女性农民工社会性别行为更倾向于服务型。在金融资本方面，有存款的男性农民工社会性别行为更倾向于服务型，没有存款会使女性农民工的社会性别行为趋向于服务型。

城市融合的影响表现为，在经济融合方面，相较于非管理层，身居管理层的女性农民工更不可能形成服务型社会性别行为。在社会融合方面，选择留在城市发展的两性农民工社会性别行为更倾向于服务型；与城市生活满意度差者相比，生活满意度一般的男性农民工更可能倾向于服务型。在文化融合方面，家乡文化保持得越好，女性农民工越倾向于决策服务型社会性别行为。在心理融合方面，只有身份认同影响男性农民工社会性别行为，即与不认同自己是农民身份者相比，认同或不清楚自己是否为农民身份的男性农民工更倾向于决策型或决策服务型社会性别行为。

（3）妇女外出打工

表 3-17 提供了生计资本和城市融合对"妇女外出打工"决策社会性

别行为影响的回归结果。数据显示，生计资本和城市融合的影响有明显的
性别差异。

表 3-17　生计资本和城市融合对"妇女外出打工"
决策社会性别行为影响的回归结果

变量	男性		女性	
	决策型/服务型	决策服务型/服务型	决策型/服务型	决策服务型/服务型
人力资本				
高中及以上	-0.168（0.860）	0.143（0.589）	-0.939（1.201）	-0.035（1.049）
初中	-0.775（0.707）	-0.645（0.459）	-0.707（0.972）	-0.259（0.879）
打工年限	-0.005（0.038）	-0.034**（0.025）	-0.073（0.062）	-0.076（0.058）
有培训经历	0.793（0.593）	0.238（0.388）	-1.109（0.846）	-0.884（0.739）
健康状况好	2.547+（1.386）	1.384*（0.676）	0.609（1.686）	0.727（1.565）
健康状况一般	1.893（1.340）	1.019（0.639）	2.472（1.692）	2.198（1.567）
社会资本				
向市民倾诉	20.844***（1.334）	20.260（0.000）	-0.670（1.830）	-0.040（1.673）
向农村熟人和市民均倾诉	-0.081（0.817）	-0.567（0.515）	-1.218（1.010）	-0.498（0.870）
休闲活动跟市民一起	1.347（1.637）	1.221（1.230）	—	—
休闲活动一起者农村熟人和市民都有	-0.702（0.794）	-0.151（0.466）	—	—
金融资本				
有存款	0.247（0.657）	-0.013（0.410）	-0.605（0.875）	-0.506（0.795）
近两年有贷款	-0.858（0.766）	0.530（0.406）	-0.660（0.843）	-0.327（0.723）
经济融合				
月收入（log）	1.337（1.477）	1.889*（0.965）	0.822（1.952）	1.650（1.767）
管理层	-0.452（0.989）	0.915+（0.552）	-1.430（1.050）	-0.554（0.891）
有房产	0.812（0.796）	0.082（0.488）	0.706（0.996）	-0.018（0.861）
社会融合				
留在城市发展	-0.687（0.595）	0.123（0.362）	2.631**（0.932）	2.838**（0.833）
与市民生活和工作均交往	-1.372（1.090）	1.583*（0.694）	-3.018+（1.662）	-2.657+（1.580）
与市民生活或工作有交往	-0.085（0.829）	1.027+（0.598）	-2.326（1.584）	-1.264（1.477）
对目前生活满意	-0.249（1.033）	0.492（0.724）	3.190+（1.890）	1.344（1.707）

续表

变量	男性		女性	
	决策型/服务型	决策服务型/服务型	决策型/服务型	决策服务型/服务型
认为目前生活一般	-0.997（0.862）	0.931（0.633）	2.360（1.883）	1.708（1.713）
文化融合				
会说打工地方言	1.375（0.992）	0.184（0.637）	-18.866***（1.066）	-18.388***（0.769）
仅能听懂打工地方言	0.258（0.920）	-0.328（0.592）	-19.796***（0.759）	-18.913（0.000）
文化保持	-0.025（0.104）	-0.015（0.064）	-0.131（0.154）	-0.198（0.136）
心理融合				
认为自己是农民身份	-0.048（0.946）	0.108（0.537）	-1.418（1.134）	-1.691+（0.937）
不清楚是否为农民身份	0.447（1.171）	0.941（0.718）	4.584*（1.979）	2.080（1.839）
城市归属感	-0.210+（0.122）	-0.188*（0.082）	-0.460**（0.175）	-0.364*（0.157）
社会距离	0.053（0.103）	0.027（0.072）	0.112（0.163）	0.058（0.144）
控制变量	控制	控制	控制	控制
-2LL	421.672**		275.514***	
Nagelkerke R^2	0.353		0.479	
样本量	347		252	

注：1. 因变量为妇女外出打工谁说了算。2. $+p<0.1$，$*p<0.05$，$**p<0.01$，$***p<0.001$。3. 括号内数字为标准误。

生计资本的影响表现为，在人力资本方面，对男性农民工而言，打工年限越长，社会性别行为越倾向于决策服务型；健康状况越好，越倾向于形成服务型社会性别行为；人力资本对女性农民工社会性别行为没有显著影响。在社会资本方面，在心情不好时，相比于仅与农村熟人倾诉，向市民倾诉的男性农民工社会性别行为更倾向于服务型。金融资本对社会性别行为无显著影响。

城市融合的影响表现为，在经济融合方面，月收入越高，男性农民工社会性别行为越倾向于服务型；同样，相较于非管理层，管理层的男性农民工社会性别行为更倾向于服务型。在社会融合方面，选择留在城市发展的女性农民工社会性别行为更趋向于服务型；与市民在生活上和工作上交往越多，越能促使男性农民工形成服务型社会性别行为；但女性农民工与市民在工作和生活中都有交往，更不可能形成服务型社会性别行为；同时，城市生活满意度越高，女性农民工社会性别行为越倾向于服务型社会性别行为。在文化融合方面，对打工地方言听不懂的女性农民工更可能形成服务型社会性别行为。在心理融合方面，城市归属感越强，不管是男性农民工还是女性农民工，越不可能形成服务型社会性别行为；对女性农民工而言，认同自己为农民身份者更可能形成决策服务型社会性别行为，但不清楚自己是否为农民身份者，却可能倾向于服务型社会性别行为。

4. 综合社会性别行为

表 3-18 提供了生计资本和城市融合对综合社会性别行为影响的回归结果。数据显示，除了文化融合和心理融合没有显著影响外，生计资本和经济融合、社会融合均有显著影响，性别差异明显。

表 3-18　生计资本和城市融合对综合社会性别行为影响的回归结果

变量	男性		女性	
	决策型/服务型	决策服务型/服务型	决策型/服务型	决策服务型/服务型
人力资本				
高中及以上	−0.270（0.672）	0.682（0.667）	1.731$^+$（1.008）	0.916$^+$（0.538）
初中	−0.614（0.526）	−0.036（0.532）	−0.686（0.858）	0.375（0.416）
打工年限	−0.010（0.028）	−0.014（0.027）	0.068（0.046）	−0.032（0.026）
有培训经历	0.125（0.447）	−0.067（0.445）	0.010（0.693）	−0.473（0.372）
健康状况好	0.062（0.834）	0.477（0.849）	0.545（1.479）	−0.559（0.668）
健康状况一般	−0.485（0.820）	−0.136（0.831）	2.141（1.450）	0.180（0.713）
社会资本				
向市民倾诉	0.931（1.352）	0.563（1.371）	−0.268（1.454）	0.719（1.009）
向农村熟人和市民均倾诉	−0.564（0.612）	−0.383（0.594）	−0.730（0.990）	0.069（0.493）
休闲活动跟市民一起	0.143（1.262）	0.771（1.207）	0.192（1.401）	−0.666（0.820）
休闲活动一起者农村熟人和市民都有	−0.602（0.543）	−0.115（0.538）	0.341（0.820）	1.102*（0.474）
金融资本				
有存款	0.732（0.471）	0.563（0.462）	−1.432$^+$（0.738）	−0.078（0.398）

续表

变量	男性		女性	
	决策型/服务型	决策服务型/服务型	决策型/服务型	决策服务型/服务型
近两年有贷款	-0.140 (0.440)	-0.380 (0.443)	0.354 (0.788)	-0.764 * (0.389)
经济融合				
月收入 (log)	1.299 (1.059)	1.033 (1.068)	-0.894 (1.484)	-0.356 (0.790)
管理层	1.777 ** (0.692)	1.617 * (0.695)	-0.735 (0.833)	-0.418 (0.448)
有房产	-0.480 (0.559)	-1.324 * (0.563)	0.193 (0.785)	-0.086 (0.479)
社会融合				
留在城市发展	0.256 (0.435)	0.502 (0.429)	0.353 (0.779)	-0.242 (0.364)
与市民生活和工作均交往	1.316 + (0.794)	1.827 * (0.808)	0.968 (1.399)	-0.314 (0.437)
与市民生活或工作有交往	0.535 (0.646)	0.730 (0.661)	0.905 (1.390)	-0.096 (0.543)
对目前生活满意	-0.482 (0.800)	-0.194 (0.829)	-1.585 (1.283)	1.367 (0.854)
认为目前生活一般	0.483 (0.687)	0.919 (0.718)	-1.677 (1.244)	1.923 * (0.824)
文化融合				
会说打工地方言	0.849 (0.693)	0.497 (0.685)	-0.454 (1.499)	0.433 (0.661)
仅能听懂打工地方言	0.841 (0.638)	0.658 (0.638)	-0.629 (1.422)	0.049 (0.622)
文化保持	-0.002 (0.071)	0.013 (0.071)	0.065 (0.143)	-0.109 (0.071)
心理融合				
认为自己是农民身份	-0.036 (0.704)	-0.864 (0.675)	-0.520 (0.865)	-0.325 (0.466)
不清楚是否为农民身份	0.490 (0.850)	-0.892 (0.839)	-0.363 (1.034)	-0.729 (0.590)
城市归属感	-0.135 (0.089)	-0.088 (0.089)	0.008 (0.145)	-0.012 (0.079)
社会距离	0.090 (0.082)	0.131 (0.083)	0.134 (0.131)	0.020 (0.067)
控制变量	控制	控制	控制	控制
-2LL	607.855		367.692 *	
Nagelkerke R^2	0.252		0.392	
样本量	346		248	

注: 1. $^+p<0.1$, $^*p<0.05$, $^{**}p<0.01$, $^{***}p<0.001$。 2. 括号内数字为标准误。

生计资本的影响表现为，在人力资本方面，对女性农民工而言，高中及以上文化程度者比小学及以下文化程度者更可能形成服务型社会性别行为。在社会资本方面，休闲活动时，相较于只跟农村熟人在一起，与农村熟人和市民都有交往的女性农民工更可能趋向于服务型社会性别行为。在金融资本方面，有存款的女性农民工的社会性别行为趋向于决策型社会性别行为；近两年有过贷款经历的女性农民工更趋向于决策服务型社会性别行为。

城市融合的影响表现为，在经济融合方面，对男性农民工而言，与非管理层者相比，身居管理层者更可能形成服务型社会性别行为；相较于在打工城市没有购房者，在打工城市有房产者趋向于决策服务型社会性别行为。经济融合对女性农民工社会性别行为无显著影响。在社会融合方面，相较于与市民在生活和工作上没有交往者，与市民在生活和工作上都有交往的男性农民工更可能趋向于服务型社会性别行为。城市生活满意度一般的女性农民工更趋向于服务型社会性别行为。

本章小结

本章分别从传统夫妻分工、有酬劳动、无酬劳动和生育决策四个方面以及从家务分工、家庭资源分配、家庭权力决策（包括孩子教育谁说了算、买大件谁说了算和妻子外出打工谁说了算）把农民工社会性别意识和社会性别行为测度指标确定为决策型、决策服务型和服务型三种类型。现状分析表明，男性农民工更偏重于决策型，女性农民工更偏重于服务型。农民工不同社会性别意识所表现的社会性别行为有显著差异，但社会性别意识与社会性别行为相关性较低。二者的影响因素有所不同，性别差异明显。

1. 社会性别意识

①在传统夫妻分工方面，文化融合好，如掌握城市方言，有利于男性农民工形成平等的社会性别意识；社会资本存量多，如休闲活动与农村熟人和市民都交往，以及心理融合差，如认为自己是农民身份，都有利于女性农民工形成平等的社会性别意识。而人力资本中文化程度高、金融资本

中有存款、经济融合中处于管理层，心理融合中社会距离大，均不利于男性农民工形成平等的社会性别意识。人力资本中有培训经历、健康状况好，社会融合中留城发展，文化融合中能听懂城市方言、家乡文化保持少，心理融合中社会距离大，不利于女性农民工平等社会性别意识的形成。②在有酬劳动方面，人力资本中文化程度高，心理融合中认为自己是农民身份、城市归属感强对男性农民工平等社会性别意识的形成有正向促进作用。只有心理融合中认为自己是农民身份有利于女性农民工形成平等的社会性别意识。社会资本、金融资本、经济融合、社会融合和文化融合均不利两性农民工形成平等的社会性别意识。③在无酬劳动方面，只有人力资本中文化程度高有利于促进男性农民工平等社会性别意识的形成。但金融资本中有贷款、城市融合中有城市房产、社会融合中对城市生活满意、文化融合中家乡文化保持好、心理融合中不清楚自己是否是农民工身份的男性农民工更倾向于服务型社会性别意识。而社会资本中休闲活动跟市民在一起的女性农民工更倾向于决策型社会性别意识。④在生育决策方面，社会资本中休闲活动一起者农村熟人和市民都有、心理融合差的男性农民工倾向于服务型社会性别意识，而经济融合中收入高的女性农民工更可能形成决策型社会性别意识，打破了"男性决策、女性服从"的传统社会性别意识。

2. 社会性别行为

①在家庭活动承担方面，男性主要表现为决策型社会性别行为，女性农民工多呈现服务型社会性别行为。生计资本存量的增多和城市融合度的提高促使男性农民工形成服务型社会性别行为，进而多承担一些家务。同时，提升文化程度和健康状况有利于女性农民工形成决策型社会性别行为，即主要由丈夫做家务。②在家庭资源分配方面，男女农民工均以决策服务型社会性别行为为主。社会资本、金融资本越多，经济融合和文化融合越好，越有利于男性农民工形成服务型社会性别行为；同时金融资本越多，社会融合、文化融合越好，越有利于女性农民工形成决策型社会性别行为。女性农民工受城市文化和生活环境的熏陶，在家庭资源分配上逐渐掌握了话语权，改变了丈夫一人说了算的局面，在一定程度上突破了传统性别行为的约束。③在家庭权力决策方面，男性农民工以决策服务型为

主，女性农民工以服务型为主。生计资本和城市融合较少直接促进两性农民工形成平等社会性别行为，即决策服务型社会性别行为。但较多因素，如人力资本、社会融合，有利于促进男性农民工形成服务型社会性别行为，而较少因素，如文化融合有利于女性农民工形成决策型社会性别行为。

　　总之，农民工社会性别意识和社会性别行为影响因素各有不同，但是二者的共同规律是：无论是社会性别意识还是社会性别行为，男性农民工更倾向于决策型，女性农民工更倾向于服务型。这一发现为后续研究中用生理性别代替社会性别提供了理论基础。

第四章

社会性别与农民工城市交易费用

"就业难"和"子女入学难"是农民工在城市可持续发展的主要障碍。本章主要针对农民工城市就业难和子女入学难,从政策认知和社会资本两个方面分析农民工的城市交易费用[①]的影响因素,为促进社会包容性发展提供理论依据和现实基础。

第一节　研究设计

一　研究假设

1. 求职交易费用

(1) 政策认知与求职交易费用

科斯定理表明,衡量制度是否有效的重要指标即交易费用的高低(葛杨、林乐芬,2010)。不同的制度安排导致不同的交易费用,在谈到改革开放前中国经济时张五常指出,如果制度不改,交易费用就不会下降;好的制度可以抑制交易费用的增长。因此,交易费用作为比较制度效率高低的重要指标,交易费用最小化应作为制度安排的准则。制度决定了政策的

---

① 科斯在 1937 年《企业的性质》一文中首次提出交易费用的概念,用以揭示企业产生的原因和确定企业边界。之后威廉姆森将交易费用细分为事前交易费用和事后交易费用,并分析了产生交易费用的原因。两位学者都用交易费用概念分析企业或市场及其二者之间的联系。张五常则认为,无论是市场还是企业本质上都是一种合约,不同之处在于交易费用大小。把交易费用界定为一人经济中不可能存在的费用,即制度费用。显然,张五常将交易费用这一概念扩展到社会和制度层面。本书研究的农民工求职和子女就学问题正是在社会转型和制度变迁中出现的问题,因此本书是在这个意义上提出的农民工城市交易费用。

方向，国家制定政策应该有利于降低交易费用。

为了改善农民工在城市"求职难"的处境，我国出台了一系列相关政策，2008 年颁布的《中华人民共和国劳动合同法》明确规定了合同双方的权利和义务，减弱了农民工劳动关系的不稳定性（常凯、邱婕，2011）。长期以来，城乡二元分隔体制导致农民工遭受就业歧视，比如在就业机会、培训、升迁和安全保障方面与市民有一定差距，为了解决这些问题，国家不断深化户籍制度改革以及与其配套的其他制度措施（黄锟，2011）。针对城乡居民"同工不同酬"以及农民工工资收入低，难以维持其自身或家庭的生存及发展的情况，劳动和社会保障部于 2003 年颁布《最低工资规定》以保障劳动者取得合法的劳动报酬，并保障其个人及家庭成员的基本生活质量。除此之外，随着经济社会的转型，我国出现大量的劳资纠纷，于是国家颁布了《中华人民共和国劳动争议调解仲裁法》以最大限度促进劳方和资方劳动关系的稳定，防止对抗和冲突。农民工在求职过程中难免会出现工资被克扣拖欠、生存环境恶劣、无安全保障等权益受侵犯的情况。当权益受到侵犯需要维权时，农民工欠缺法律知识，要么错过诉讼时效，要么因为维权程序复杂、耗时长、成本高而容易出现极端情况（白玉杰，2014）。为解决这些问题，政府深化行政体制改革，简化维权程序，提高行政效率，并采取开设热线电话、设立信访部门等措施。这些政策旨在降低农民工在城市求职的交易费用，而农民工政策认知能力是实现这一效果的前提，基于上述分析提出如下假设：

H4-1a 越了解劳动合同法，农民工求职交易费用越少；

H4-1b 户籍制度制约越小，农民工求职交易费用越少；

H4-1c 越了解最低工资标准，农民工求职交易费用越少；

H4-1d 越了解企业劳动争议条例，农民工求职交易费用越少；

H4-1e 权益受侵犯知道向政府部门求助，农民工求职交易费用越少。

（2）社会资本与求职交易费用

社会资本是指社会关系网络中隐性或显性的资源集合（罗竖元、李萍，2011)。通过获取社会网络中的资源能够有效降低交易费用（梅锦萍，2010)，而这些资源与网络关系强度密切相关。Granovetter（1973）在对美国社会劳动力流动的研究中，把网络关系划分为强关系和弱关系，他认为交往频率低，关系不密切的弱关系能够提供更多非重复性的信息，信息量越大，越有利于求职者找到工作，促进其职业流动，而强关系具有封闭性反而不利于求职，因此提出"弱关系的力量"。边燕杰等（2012）则认为，在中国计划经济时代强关系中关系密切的人情资源才能实质性地帮助求职者。然而，随着我国市场经济的发展，弱关系力量逐渐增强，以人情资源为代表的强关系效应不断减弱。

通过弱关系形成的社会关系网络，有利于获得信息资源，降低获取信息的成本，从而减少交易费用（陈劲松等，2013)。对农民工而言，进城务工虽然改变了他们的职业和生活方式，但并没有从根本上改变以血缘、地缘为纽带的乡土社会资本。他们往往从同质性社会资本中获取社会支持。"人以群分"是社会交往的基本规律。根据社会资源理论，社会地位和阶层相近的人容易形成强关系，而不同阶层者拥有的资源相似性低，非重复性信息往往从弱关系那里获得。处于较低社会阶层的人为获取向上流动的机会，通常会建立弱关系来获取丰富的社会资源。同质性社会资本对农民工融入城市生活有阻碍作用，新建立的异质性社会资本有利于其突破自身阶层的限制，积累丰富的社会资源向更高阶层流动。在现行的社会结构中包括体制内和体制外两种资源，研究表明，无论是在体制内还是体制外，拥有不同体质社会资本的人更容易获得高收入回报（边燕杰、王文彬，2012)。农民工作为非体制内人员，如果通过弱关系与体制外人员建立社会关系则有利于获取更丰富的资源，降低在城市求职的交易费用（刘璐宁，2013)。基于以上分析提出如下假设：

H4-2a 找工作向公职人员求助，农民工求职交易费用更少；

H4-2b 维权向公职人员求助，农民工求职交易费用更少；

H4-2c 心情不好向公职人员倾诉，农民工求职交易费用更少；

H4-2d 休闲活动跟公职人员一起，农民工求职交易费用更少。

2. 子女入学交易费用

（1）政策认知与子女入学交易费用

随着城镇化进程的加快，农民工作为城镇化进程中的主体，其流动形态也发生了变化。从单独流动到夫妻流动，再到"家庭化迁移"的趋势不断增强，农民工子女入学问题也随之凸显。一方面，大多数城市学校对农民工子女收费实行"双轨制"，收取课本费、学杂费以及其他"隐形"费用，提高了农民工子女的入学门槛；另一方面，受非经济因素的影响，农民工子女入学要办理多重烦琐手续，这就要求农民工花费更多的精力和财力选择合适的学校才有可能让子女入学（贾晓静、张学仁，2008）。

农民工子女入学的高交易费用限制了其平等接受教育的权利，为了改善农民工子女入学难的状况，2001年之后，我国颁布了一系列相关政策。为解决农民工子女无法在城市接受平等教育的问题，国家出台了"两为主"的政策，反映了政府解决农民工随迁子女在城市接受义务教育问题的决心（肖庆华，2013）。2003年，国家进一步要求流入地政府通过多种渠道安排农民工子女入学，并在安排的各个环节做到农民工子女与城市子女平等对待，限制向农民工子女收取相关学杂费。2006年，政府重申了随迁子女在城市接受平等教育的重要意义，并修订了《中华人民共和国义务教育法》，决定由国务院和地方人民政府优化配置教育资源，合理分配资金、人才，促进不同类型学校均衡发展。2007年，为避免与现行法律政策相矛盾的制度影响农民工子女就学情况，通过协商教育部与公安部的意见，废除了《国家教育委员会、公安部关于印发〈流动儿童少年就学暂行办法〉的通知》，从而对依法保障农民工子女的受教育权起到了重要作用（杨颖秀，2007）。2012年，出台了有关农民工子女异地升学考试的政策，保障了农民工随迁子女在城市就学和升学的受教育权。2016年，中央一号文件在农民工子女教育方面提出区域教育发展规划逐步把常住人口全部纳入，同时各地政府建立专项奖励资金，扩大公办学校容量，并鼓励扶持合格的民办学校接受农民工随迁子女。

这些政策、法规出台的目的是降低农民工子女入学交易费用，为解决农民工子女在流入地就学问题提供重要的权利保障依据。因此，农民工对政策了解得越多，越有利于维护其子女入学接受平等教育的权利。基于以上分析，提出如下假设：

H4-3 对户籍制度的影响认知越好，农民工子女入学交易费用越低。

（2）社会资本与农民工子女入学交易费用

布尔迪厄将社会资本理论引入家庭研究，认为不同家庭拥有的不同经济资本、社会资本、文化资本均会影响下一代接受教育和学业成就（沈艳，2013）。有研究表明，家庭的社会资本对学生成绩具有重要的作用，也是影响随迁子女教育机会的重要因素。虽然户籍制度和教育制度在很大程度上限制了随迁子女接受教育，但是家庭的社会资本可以在某种程度上发挥作用，增加子女接受平等教育和异地升学教育选择的机会（谢永飞、杨菊华，2016）。社会网络关系越丰富的流动人口为子女选择好学校的可能性越大（雷万鹏，2013）。拥有社会资本越丰富的家庭，利用社会资源为子女接受教育提供帮助和服务的能力就越强（张意忠，2016），越有利于子女接受更好的教育。

无论是在获取教育信息还是获得教育机会方面，丰富的社会资本都能够有效降低子女就学过程中的交易费用，这些交易费用包括子女入学所花费的时间和资金。处于社会较高阶层的父母拥有良好的社会资源，通过其职业便利和较强的社会网络关系减少子女入学花费时间，降低财力的投入为子女选择更好的学校（张杨、施培菊，2015）。对于社会阶层较低的农民工而言，他们的社会资本是以"血缘、地缘"等熟人为主的同质化网络关系，拥有的社会资本相对贫乏，削弱了为随迁子女选择学校的能力，从而导致子女接受不公平教育（党晨阳、王强，2013）。而当农民工建立新型社会关系网络时，通过与高阶层或其他市民群体建立联系获取社会支持，增加随迁子女选择在城市受教育的机会，降低子女入学交易费用，据此提出如下假设：

H4-4 拥有跨体制社会资本越多，农民工子女入学交易费用越少。

二　变量设置

1. 因变量

（1）求职交易费用

求职交易费用是指农民工在找到工作前在时间、金钱和资源上的耗费。通过找工作花费时间、找工作花费资金、签订合同所用时间、签订合同协商次数四个维度来度量，分别对应问卷题项"您找到当前的工作花了多少天""花费资金多少元""从有签合同意向到正式签订合同用时多少天""共协商多少次"。四个变量均为连续变量。在回归模型中，因变量"找工作花费时间"剔除缺失值后男性和女性农民工有效样本量分别为510和400，"找工作花费资金"剔除缺失值后有效样本量分别为509（男性）和398（女性）。因变量"签订合同所用时间"和"签订合同协商次数"由于符合计数模型的特点且0较多（一部分属于确实签订劳动合同没有耗用时间的"真实0值"，一部分属于没有签订合同但存在劳动关系的"过多0值"），适用"零膨胀负二项回归"模型。最终得到"签订合同所用时间"和"签订合同协商次数"有效样本量分别为511（男性）和414（女性）、520（男性）和418（女性）。

（2）子女入学交易费用

子女入学交易费用通过农民工子女从确定学校到正式入学前咨询学校的次数和送礼花费的资金两个维度来测量，分别对应于问卷题项"您从确定学校到子女入学咨询学校的次数为多少次""送礼花了多少元"。两个变量均为连续变量。问卷中没有孩子或孩子没在城市上学者不答，因此收集到"子女入学咨询学校次数"的有效问卷中男性样本量为139，女性样本量为105，"子女入学送礼花费资金"男性样本量为139，女性样本量为103，因剔除缺失值，最终纳入因变量为"子女入学咨询学次次数""子女入学送礼花费资金"的回归模型的样本数分别为：男性127和女性99、男性127和女性97。

2. 自变量

（1）因变量为求职交易费用

自变量主要是政策认知和社会资本。2003年之后，为改善农民工工作条件，保障和维护其利益的政策陆续出台，其中最早出台的是关于农民工就业与劳动保障方面的政策。2004 年国家施行《最低工资规定》，及时调整最低工资标准，依法保障农民工的最低劳动报酬权益。与此相对应，2005 年出现了地方性的政策条例如《企业劳动争议条例》、2006 年《国务院关于解决农民工问题的若干意见》要求进一步严格执行劳动合同制度，并逐步地、有条件地解决长期居住在城市的农民工的户籍问题，深圳市还建立了"96888""12333"的热线电话投诉受理和劳动保障网络投诉受理渠道保障农民工的合法权益。因此政策认知的测量指标用"是否了解劳动合同法""是否了解当地最低工资标准""是否了解企业劳动争议条例""认为户籍对融入城市社会的影响""权益受侵犯是否知道向有关政府部门求助"五个方面。其中，前三个为三分类变量，将"非常了解""一般了解""不了解"分别赋值为 1、2、3，以"不了解"为参照类；认为户籍对融入城市社会的影响将"没影响"赋值为 1，"不清楚"赋值为 2，"影响很大"赋值为 3，以"影响很大"为参照类；最后一个变量为二分类变量，将"知道""不知道"分别赋值为 1、2，以"不知道"为参照类。

社会资本在本章中主要体现为农民工从社会中所得到的、来自他人的帮助，即社会支持，这种社会支持分为以公职人员为代表的正式社会支持和以非公职人员为代表的非正式社会支持，同时获得社会支持的类型分为实际支持、情感支持和社会交往支持，因此社会资本的测量指标为找工作向谁求助、维权向谁求助、心情不好向谁倾诉、休闲活动跟谁一起。如果是找"公职人员"求助则赋值为 1，找"非公职人员"求助赋值为 2，把"非公职人员"作为参照类。

（2）因变量为子女入学交易费用

子女入学自变量也是政策认知和社会资本。农民工子女想要在城市公办学校就读，就必须比城市的孩子缴纳更多的赞助费、借读费、学杂费以及出具各种证明来办理烦琐的手续。而民办私立学校一般只有少数家庭收入高的农民工负担得起，农民工子弟学校办学条件差、学校管理薄弱、教学质量低（李可安，2015），说明随迁农民工子女在城市接受平等教育的过程中遭遇重重困难。而问题的根本原因是城乡二元户籍制度所引发的教育资源配置的不均衡。因此政策认知的测量指标采用"认为户籍对融入城市社会的影响"，将"没影响"赋值为1,"不清楚"赋值为2,"影响很大"赋值为3,以"影响很大"为参照类。

社会资本的含义与上小节因变量为求职交易费用时相同,仍然体现为农民工所获得的以公职人员为代表的正式社会支持和以非公职人员为代表的非正式社会支持。在子女入学方面的帮助属于实际支持的范畴,问卷题项为"在子女入学过程中遇到困难会向谁求助",答案选项为"公职人员"和"非公职人员",分别赋值为1、2,以"非公职人员"为参照类。

3. 控制变量

交易费用受人的因素和环境因素等诸多因素的影响,将个体、工作、流动等特征作为控制变量进行回归分析。本研究基于性别视角,将数据分为男性和女性两个样本。个体特征中,年龄是连续变量,文化程度为三分类变量:"高中及以上 = 1"、"初中 = 2"、"小学及以下 = 3",以"小学及以下"为参照类。工作特征中,行业分为三类:"制造/采矿业 = 1","建筑业 = 2","服务业 = 3",以"服务业"为参照类。职业阶层为二分类变量:"管理层 = 1","非管理层 = 2",以"非管理层"为参照类。是否参加培训为二分类变量:"是 = 1","否 = 2",以"否"为参照类。月收入为连续变量。流动特征中,流入地、流出地均为三分类变量,将"东部""中部""西部"分别赋值为"1、2、3",并以"西部"为参照类。需要说明的是,为便于比较两个模型,变量保持统一,个别模型没有放入全部变量,是为了防止拟合负二项模型时出现迭代效应。变量描述性信息见表4-1。

表4-1 变量描述性信息

变量	定义	男性		女性	
		均值	标准差	均值	标准差
因变量					
找工作花费时间（天）	连续变量	13.251	18.000	11.575	16.049
找工作花费资金（元）	连续变量	650.340	1130.244	587.372	1228.572
签订合同所用时间（天）	连续变量	10.784	16.166	8.941	14.876
签订合同协商次数（次）	连续变量	1.710	1.909	1.479	1.217

续表

变量	定义	男性		女性	
		均值	标准差	均值	标准差
子女入学咨询学校次数（次）	连续变量	2.813	2.830	3.286	4.139
子女入学送礼花费资金（元）	连续变量	1216.712	2873.720	1676.090	4642.410
自变量					
政策认知					
是否了解劳动合同法	不了解＝3，一般了解＝2，非常了解＝1	2.053	0.348	2.082	0.371
认为户籍对融入城市社会的影响	影响很大＝3，不清楚＝2，没影响＝1	2.247	0.611	2.224	0.658
是否了解当地最低工资标准	不了解＝3，一般了解＝2，非常了解＝1	2.208	0.565	2.219	0.572
是否了解企业劳动争议条例	不了解＝3，一般了解＝2，非常了解＝1	2.420	0.556	2.482	0.557
权益受侵犯是否知道向有关政府部门求助	不知道＝2，知道＝1	1.122	0.327	1.134	0.341
社会资本					
找工作向谁求助	非公职人员＝2，公职人员＝1	1.614	0.487	1.587	0.493
维权向谁求助	非公职人员＝2，公职人员＝1	1.307	0.462	1.313	0.464
心情不好向谁倾诉	非公职人员＝2，公职人员＝1	1.893	0.309	1.871	0.336
休闲活动跟谁一起	非公职人员＝2，公职人员＝1	1.891	0.312	1.863	0.344
子女入学向谁求助	非公职人员＝2，公职人员＝1	1.436	0.496	1.386	0.487
控制变量					
年龄	连续变量	34.707	11.041	32.659	10.285
文化程度	小学及以下＝3，初中＝2，高中及以上＝1	1.766	0.672	1.749	0.723

续表

变量	定义	男性		女性	
		均值	标准差	均值	标准差
流出地	西部 = 3，中部 = 2，东部 = 1	1.887	0.725	1.847	0.688
流入地	西部 = 3，中部 = 2，东部 = 1	1.665	0.728	1.633	0.695
行业类型	服务业 = 3，建筑业 = 2，制造/采矿业 = 1	2.125	0.871	2.432	0.862
职业阶层	非管理层 = 2，管理层 = 1	1.838	0.368	1.825	0.380
参加培训	否 = 2，是 = 1	1.620	0.486	1.564	0.496
月收入（log）	连续变量	3.523	0.195	3.383	0.225

三 模型选择

1. 负二项回归模型

找工作花费时间变量为数值不大的非负整数。在男性样本中，最小值为 0，最大值为 90。在女性样本中，最小值为 0，最大值为 98，符合计数数据特点。其分布为泊松分布，该分布的显著特征是，均值等于方差。当方差明显大于均值时，则数据"过度分散"，需要采用负二项分布进行更优拟合，该模型如下：

$$p(Y = y) = \frac{\Gamma(y + \tau)}{y! \ \Gamma(\tau)} \left(\frac{\tau}{\lambda + \tau}\right)^{\tau} \left(\frac{\lambda}{\lambda + \tau}\right)^{y} \qquad (4-1)$$

其中，$y = 0, 1, \cdots$；λ，$\tau > 0$。由于找工作花费时间的方差明显大于均值，同时通过 1-tailed test of alpha = 0 得出 Alpha 值显著（见表 4-2），因此采用负二项回归模型。在式（4-1）中，Y 是因变量也叫响应变量，$\ln\left[\frac{P(Y_k \leq m)}{P(Y_k > m)}\right] = \beta_0 - \sum_{j=1}^{n} \beta_j x_{ij}$，$\text{E}(Y) = \lambda$，$VAR(Y) = \lambda + \frac{\lambda^2}{\tau}$，$\tau$ 为模糊参数，表示过度离散系数。当 τ 为任意非零常数时，$VAR(Y) > \text{E}(Y)$，能

有效改善过度离散现象。当 $\tau \to \infty$ 时，负二项分布模型收敛于泊松分布模型，故泊松模型是负二项式模型的一个特例。

表 4-2 找工作花费时间负二项回归模型统计推断

找工作花费时间（天）	均值	方差	Alpha（p）
男性	13.251	324.012	0.000
女性	11.575	257.562	0.000

2. 对数线性回归模型

农民工找工作花费资金为连续数值，通常采用多元线性回归模型分析。为避免解释自变量每变化一个单位引起因变量绝对值的变化，对因变量采用对数线性回归模型进行分析，则其解释意义变为：自变量每变化一个单位所引起因变量比率的变化，而不是绝对数值的增减。

$$\ln Y_i = \alpha + \sum_j \beta_j X_{ij} + \varepsilon_i \qquad (4-2)$$

其中，Y_i 代表找工作花费资金，X_i 代表政策认知、社会资本以及控制变量，α 是方程中的常数项，β 是自变量的回归系数，ε_i 是随机误差项。

3. 零膨胀负二项回归模型

"签订劳动合同所用时间"和"签订合同协商次数"这两类变量符合计数模型特征，0 值数量超过总数量的一半，因此考虑拟合零膨胀模型。零膨胀模型的思想包括两个过程：一是解释 0 值产生的原因，0 值包括真实发生的 0 值和由于某种原因产生的过多的 0 值；二是对应影响事件发生次数多寡的因素。因此，该模型从 0 开始分段，一部分为是否为 0 值的 logit 模型，另一部分为计算事件发生的概率模型，即泊松或负二项计数模型。

泊松分布也被称为等离散，要求均值等于方差。当数据存在过离散现象时，即方差大于均值，则采用负二项分布拟合（张明倩，2006）。根据这种解释，比较两个因变量均值、方差的大小，以及 1-tailed test of alpha = 0 得出 Alpha 值的显著性（见表 4-3），数据表明，这两个模型均适合采用负二项回归模型。

表 4-3　签合同所用时间和协商次数均值、方差及 Alpha 值的显著性

因变量		均值	方差	Alpha 值的显著性
签订合同所用 时间（天）	男性	4.003	123.930	0.000
	女性	3.580	107.557	0.000
签订合同协商 次数（次）	男性	0.633	2.028	0.000
	女性	0.594	1.120	0.001

　　分性别签订合同所用时间和签订合同协商次数的频数分布如图 4-1 和图 4-2。在签订劳动合同用时中 0 值所占的百分比分别为 63.21%（男性），60.39%（女性），协商次数中 0 值所占的百分比分别为 67.17%（男性），64.96%（女性）。0 值明显多于其他值，存在零膨胀情况。因此，考虑采用零膨胀回归模型。此外，通过 countfit 检验得出负二项回归和零膨胀负二项回归较为理想，分别见表 4-4 和表 4-5。

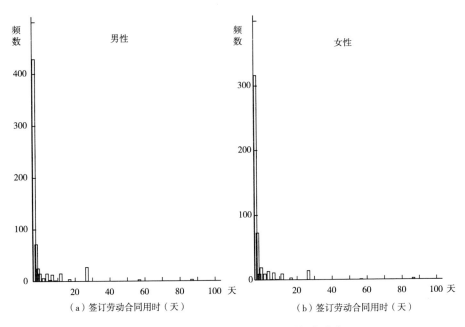

图 4-1　分性别签订劳动合同用时频数分布

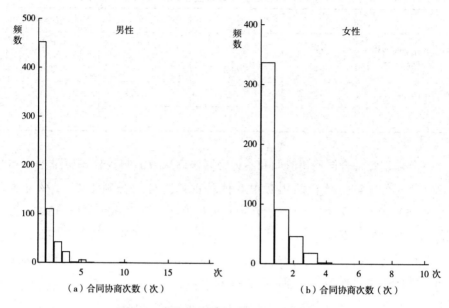

图4-2　分性别签订合同协商次数频数分布

表4-4　签订合同所用时间的 countfit 检验

（男性）计数模型	BIC	AIC	（女性）计数模型	BIC	AIC
PRM	2271.987	10.467	PRM	1958.471	10.562
ZIP	275.722	6.378	ZIP	464.978	6.770
NBRM	-1300.302	3.468	NBRM	-905.943	3.633
ZINB	-1216.542	3.449	ZINB	-844.984	3.596

注：PRM 表示泊松回归模型，ZIP 表示零膨胀泊松模型，NBRM 表示负二项回归模型，ZINB 表示零膨胀负二项模型。

表4-5　签订合同协商次数的 countfit 检验

（男性）计数模型	BIC	AIC	（女性）计数模型	BIC	AIC
PRM	-1978.928	2.293	PRM	-1615.878	2.006
ZIP	-2025.843	2.088	ZIP	-1557.441	1.987
NBRM	-2091.315	2.068	NBRM	-1620.366	1.985
ZINB	-2042.464	2.048	ZINB	-1551.430	1.984

注：PRM 表示泊松回归模型，ZIP 表示零膨胀泊松模型，NBRM 表示负二项回归模型，ZINB 表示零膨胀负二项模型。

　　进一步通过 Vuong 值检验比较 NBRM 模型或 ZINB 模型的优劣。检验结果分别为：签合同所用时间：$Z = 3.60$，$p = 0.0002$（男性），$Z = 3.94$，$p = 0.000$（女性）；签合同协商次数：$Z = 3.70$，$p = 0.0001$（男性），$Z = 3.32$，$p = 0.0005$（女性）。表明均可用零膨胀负二项模型拟合。通过作图，比较泊松回归、零膨胀泊松回归、负二项回归、零膨胀负二项回归的实际值与预测值之间的差异，验证了前面的结论，见图 4-3。

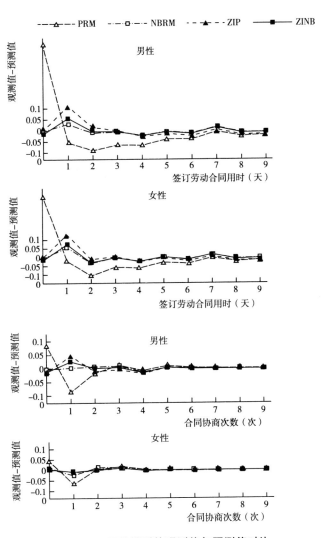

图 4-3　四种模型的观测值与预测值对比

子女入学咨询学校次数为数值不大的非负整数，在男性样本中，最小值为0，最大值为22；在女性样本中，最小值为0，最大值为22，符合计数数据特点。当泊松分布方差明显大于均值时，数据"过度分散"需要采用负二项分布进行拟合，该模型同式（4-1）。子女入学咨询次数的方差明显大于均值，同时通过1-tailed test of alpha = 0得出Alpha值显著（见表4-6），因此采用负二项回归模型。

表 4-6　分性别农民工子女入学咨询学校次数的负二项回归模型统计推断

子女入学咨询学校次数（次）	均值	方差	Alpha（p）
男性	2.813	8.008	0.000
女性	3.286	17.129	0.000

农民工子女入学送礼花费资金为连续变量，通常采用多元线性回归模型分析，同样为避免解释自变量每变化一个单位所引起因变量绝对值的变化，对因变量采用对数线性回归模型来进行分析。

第二节　求职交易费用

一　求职交易费用现状

通过找工作花费时间、找工作花费资金、签订劳动合同用时、合同协商次数衡量农民工求职交易费用。农民工求职交易费用现状及性别差异见表4-7。

表 4-7　农民工求职交易费用现状及性别差异

求职交易费用	男性		女性	
	均值	标准差	均值	标准差
找工作花费时间（天）	13.250	18.000	11.580	16.049
样本量	601		464	
t 检验	1.779[+]			

续表

求职交易费用	男性		女性	
	均值	标准差	均值	标准差
找工作花费资金（元）	1980.880	7884.543	1284.200	5256.286
样本量	596		460	
t检验	1.718+			
签订合同所用时间（天）	10.780	16.166	8.940	14.876
样本量	222		187	
t检验	1.191			
签订合同协商次数（次）	1.710	1.909	1.480	1.217
样本量	221		188	
t检验	1.484			

注：+p<0.1。

数据显示，农民工找工作花费时间、找工作花费资金有显著的性别差异。具体表现为在找工作花费时间方面，男性略多于女性。可能原因是，男性对工作环境、工资福利、职业规划等要求更高，需要花费更多时间才能找到适合自己的工作，而女性在劳动力市场中处于弱势地位，对工作要求相对较低。在找工作花费资金方面，男性也多于女性。原因是，男性为了获取更好的工作，一方面在衣食住行方面花费更多的资金，另一方面通过花费人情费用得到竞争激烈的工作。性别对签订合同所用时间、签订合同协商次数均无显著影响。

二 求职交易费用的影响因素

1. 找工作花费时间

找工作花费时间分别针对男性、女性样本进行回归。模型1检验政策认知对找工作花费时间的影响，模型2检验社会资本对找工作花费时间的影响，模型3则是在纳入控制变量后检验政策认知、社会资本对找工作花费时间的影响。具体回归结果见表4-8。

表 4-8　政策认知、社会资本对找工作花费时间影响的负二项回归结果

变量	EXP（B）（男性）			EXP（B）（女性）		
	模型 1	模型 2	模型 3	模型 1	模型 2	模型 3
政策认知						
一般了解劳动合同法	1.059 (0.188)		0.977 (0.181)	0.988 (0.187)		0.917 (0.184)
非常了解劳动合同法	1.850[+] (0.591)		1.497 (0.498)	1.059 (0.431)		1.065 (0.449)
不清楚户籍影响	0.853 (0.095)		0.918 (0.110)	0.805[+] (0.104)		0.866 (0.122)
认为户籍没有影响	1.365[+] (0.251)		1.238 (0.245)	1.070 (0.208)		1.271 (0.258)
一般了解最低工资标准	0.851 (0.105)		0.910 (0.120)	1.176 (0.165)		1.126 (0.162)
非常了解最低工资标准	1.354 (0.319)		1.382 (0.359)	1.225 (0.326)		1.520 (0.441)
一般了解企业劳动争议条例	0.973 (0.113)		0.920 (0.114)	1.016 (0.133)		0.992 (0.134)
非常了解企业劳动争议条例	0.576 (0.201)		0.648 (0.249)	1.314 (0.504)		1.365 (0.563)
权益侵犯知道求助	1.015 (0.162)		0.880 (0.145)	0.865 (0.154)		0.748 (0.140)
社会资本						
找工作向公职人员求助		1.224[+] (0.135)	1.254[+] (0.155)		1.206 (0.154)	1.037 (0.144)
维权向公职人员求助		1.143 (0.128)	1.414** (0.170)		0.960 (0.126)	1.126 (0.160)
心情不好向公职人员倾诉		0.988 (0.189)	0.761 (0.148)		0.750 (0.157)	0.760 (0.183)
休闲活动跟公职人员一起		1.276 (0.250)	1.479[+] (0.295)		1.469+ (0.307)	1.029 (0.252)
控制变量						
年龄			1.006 (0.006)			1.010 (0.007)
初中			0.885 (0.142)			1.080 (0.197)
高中及以上			0.957 (0.171)			1.459[+] (0.295)
流出地中部			1.395[+] (0.243)			1.061 (0.231)

续表

变量	EXP（B）（男性）			EXP（B）（女性）		
	模型 1	模型 2	模型 3	模型 1	模型 2	模型 3
流出地东部			1.813** (0.358)			1.109 (0.255)
流入地中部			0.696+ (0.139)			1.316 (0.356)
流入地东部			0.599* (0.120)			1.669* (0.432)
建筑业			0.926 (0.130)			1.056 (0.258)
制造/采矿业			0.877 (0.111)			0.713* (0.107)
管理层			2.079*** (0.306)			1.831*** (0.296)
参加培训			0.984 (0.116)			1.218 (0.155)
月收入（log）			0.886 (0.213)			0.953 (0.282)
Log-likelihood	-2050.1503	-2070.4782	-1785.3668	-1542.1436	-1537.4570	-1341.8410
样本量	575	579	510	447	445	400

注：1. $+p < 0.1$，$*p < 0.05$，$**p < 0.01$，$***p < 0.001$。2. 括号内数字为标准误。

结果显示，政策认知对男女农民工找工作花费时间均有显著影响（模型 1），对男性农民工而言，非常了解劳动合同法找工作花费时间长发生的概率约为不了解劳动合同法的 1.850 倍，可能是因为对劳动合同法越了解，越倾向于花费更多的时间选择保障自身合法权益的工作，认为户籍对融入城市社会没有影响找工作花费时间长的发生概率约为认为户籍对融入城市影响很大的 1.365 倍。对女性农民工而言，不清楚户籍对融入城市社会的影响与认为户籍对融入城市社会的影响很大相比，会显著降低找工作花费时间长的概率，可能是因为在找工作时不会考虑户籍造成的工资、福利、保险等差异，更容易找到工作。造成男女农民工找工作花费时间影响因素差异的原因可能是，男女两性在长期的"男主外，女主内"家庭分工的影响下，男性承担着家庭生计的主要责任，对工作条件要求更高，找工作花费的时间比女性更长。

在模型 2 中，社会资本对男女农民工找工作花费时间均有显著影响，男女农民工拥有跨体制社会资本，即向公职人员求助与向非公职人员求助相比找工作花费的时间更长。对男性农民工而言，找工作向公职人员求助花费时间长的概率是向非公职人员求助的 1.224 倍，对女性农民工而言，休闲活动跟公职人员一起找工作花费时间长的概率约为非公职人员的 1.469 倍，这与假设 H4-2a 和 H4-2d 结果相反，即无论是来自公职人员对男性的实际支持还是对女性的社交支持，农民工拥有跨体制社会资本反而增加求职交易费用，这可能是因为公职人员介绍的工作一般都是公共部门或事业单位，大都具有国家编制，即使是作为临时工作人员，人岗匹配情况也是供过于求，需要花费更多时间才能找到工作。

模型 3 结果显示，对男性农民工而言，政策认知对找工作花费时间不再有显著影响，而社会资本变量中显著性的影响因素增多，找工作向公职人员求助对找工作花费时间的影响显著性没有发生变化，且回归系数略增大，维权向公职人员求助找工作花费时间长的概率约为向非公职人员求助的 1.414 倍，休闲跟公职人员在一起找工作花费时间长的概率约为跟非公职人员在一起的 1.479 倍，表明社会资本的净效应仍显著，且影响程度略变大。在控制变量中，男性农民工户籍越靠近东部，找工作花费的时间越长，来源于中部找工作花费时间长的概率约为来源于西部的 1.395 倍，而来源于东部则约为来源于西部的 1.813 倍。原因可能是东部经济发展水平高，男性农民工对工资、工作环境、劳动保障等要求高，会花费更多的时间选择更好的工作。而男性农民工打工地在中部、东部找工作花费时间长的概率之比分别约为西部的 0.696 倍和 0.599 倍，越靠近东部经济发展速度越快，工作机会更多，接收信息的渠道广、平台多，容易在较短的时间内找到工作。管理层找工作花费时间长的发生率约为非管理层的 2.079 倍，可能是因为处于管理层的农民工自身拥有较高的业务能力、领导能力，拥有更丰富的社会资本，对工作的前景、环境、薪酬福利等选择面更广。对女性农民工而言，和男性农民工相同的是，政策认知不再有显著影响；不同的是，社会资本对找工作花费时间不再有显著影响。在控制变量中，女性农民工受教育程度为高中及以上找工作花费时间长的发生率约为小学及以下的 1.459 倍，原因是受教育程度越高，对工作要求越高，搜寻成本就越大。女性农民工打工地在东部找工作花费时间长的概率约为打工地在西部的 1.669 倍，与对男性农民工的影响正好相反。原因是农民工找工作大都集中于低端边缘产业，对体力、工作时间要求高，而女性农民工体力相对于男性更差，且照顾孩子和家庭也要花费时间。在行业类型中，从事制造/采矿业的女性农民工找工作花费时间长的概率约为服务业的 0.713 倍，即制造/采矿业找工作花费的时间更短，这主要是由制造/采矿业的"苦、累、脏"的典型特点决定的，市民不会选择这类行业，因此劳动力市场供不应求，农民工能很快在这一行业中找到工作。

2. 找工作花费资金

政策认知、社会资本对找工作花费资金的回归结果见表 4-9。结果显示，二者的影响具有明显的性别差异。

表 4-9　政策认知、社会资本对找工作花费资金影响的对数 OLS 回归结果

变量	B 值（男性）			B 值（女性）		
	模型 1	模型 2	模型 3	模型 1	模型 2	模型 3
政策认知						
一般了解劳动合同法	-0.186 (0.216)		-0.128 (0.225)	-0.320 (0.218)		-0.332 (0.233)
非常了解劳动合同法	-0.138 (0.403)		-0.288 (0.413)	-0.817[+] (0.474)		-0.858[+] (0.502)
不清楚户籍影响	-0.163 (0.131)		-0.081 (0.141)	-0.322[*] (0.146)		-0.397[*] (0.156)
认为户籍没有影响	0.196 (0.221)		0.237 (0.240)	-0.209 (0.215)		-0.147 (0.224)
一般了解最低工资标准	0.054 (0.150)		-0.001 (0.158)	0.238 (0.163)		0.195 (0.173)
非常了解最低工资标准	0.073 (0.284)		-0.033 (0.306)	-0.097 (0.308)		-0.091 (0.341)
一般了解企业劳动争议条例	0.141 (0.140)		0.086 (0.150)	0.535[***] (0.151)		0.349[*] (0.159)
非常了解企业劳动争议条例	0.610 (0.441)		0.618 (0.465)	0.379 (0.453)		0.0419 (0.472)
权益侵犯知道求助	0.395[*] (0.188)		0.424[*] (0.199)	-0.063 (0.199)		-0.137 (0.206)

续表

变量	B 值（男性）			B 值（女性）		
	模型 1	模型 2	模型 3	模型 1	模型 2	模型 3
社会资本						
找工作向公职人员求助		0.379 **	0.365 *		0.381 *	0.220
		(0.131)	(0.144)		(0.151)	(0.157)
维权向公职人员求助		0.146	0.096		0.127	0.062
		(0.133)	(0.142)		(0.150)	(0.158)
心情不好向公职人员倾诉		-0.125	-0.158		-0.175	-0.168
		(0.243)	(0.249)		(0.249)	(0.267)
休闲活动跟公职人员一起		0.0592	-0.076		0.039	-0.050
		(0.243)	(0.252)		(0.252)	(0.263)
控制变量						
年龄			0.003			0.007
			(0.006)			(0.008)
初中			-0.345 +			-0.050
			(0.196)			(0.218)
高中及以上			-0.036			0.306
			(0.218)			(0.240)
流出地中部			-0.473 *			-0.902 ***
			(0.220)			(0.245)
流出地东部			-0.395			-0.568 *
			(0.241)			(0.267)
流入地中部			-0.052			0.466
			(0.253)			(0.294)
流入地东部			-0.065			0.464
			(0.248)			(0.293)
建筑业			-0.081			-0.053
			(0.166)			(0.279)
制造/采矿业			0.135			-0.003
			(0.153)			(0.172)
管理层			0.798 ***			0.349 +
			(0.181)			(0.190)
参加培训			-0.166			-0.034
			(0.139)			(0.149)
月收入（log）			-0.011			1.039 **
			(0.337)			(0.347)
常数项	1.640 ***	1.644 ***	1.827	1.765 ***	1.430 ***	-1.765
	(0.267)	(0.111)	(1.245)	(0.264)	(0.125)	(1.305)

续表

变量	B 值（男性）			B 值（女性）		
	模型 1	模型 2	模型 3	模型 1	模型 2	模型 3
F 值	1.80$^+$	3.05*	2.61***	3.17***	2.35$^+$	2.92***
R^2	0.028	0.021	0.119	0.062	0.021	0.164
样本量	571	574	507	444	441	398

注：1. $^+p<0.1$, $^*p<0.05$, $^{**}p<0.01$, $^{***}p<0.001$。2. 括号内数字为标准误。

回归结果显示，政策认知对男女农民工找工作花费资金均有显著影响（模型1），对男性农民工而言，当权益受侵犯时，知道向政府部门求助比完全不知道找工作花费的资金更多，这是因为对政策中哪些权益受保护不了解。因此，当其权益受侵犯时，会花费一些费用向政府部门求助维护自己的权益。对女性农民工而言，非常了解劳动合同法比不了解劳动合同法找工作花费资金少，这可能是因为对劳动合同法的了解使得女性农民工更懂得自己所拥有的权利，减少被中介公司、企业利用的可能性。不清楚户籍影响的女性农民工比认为户籍对融入城市社会影响很大者找工作花费的资金更少。可能原因是，认为户籍对融入城市社会没影响的女性农民工在找工作和生活中不会考虑由户籍制度而造成的收入和福利差距，以及受选择行业时的机会不平等、子女接受教育的不平等、医疗不平等等影响。因此，不会花费资金来弥补这些不平等。一般了解企业劳动争议条例的女性农民工比不了解企业劳动争议条例者找工作花费的资金更多。

模型2表明，社会资本对男女农民工找工作花费资金均有正向显著影响，找工作向公职人员求助比向非公职人员求助找工作花费的资金更多。因为农民工受社会阶层的限制，与公职人员的关系以弱关系为主，需要花费更多的资金来维持这种社会关系，在找工作过程中花费更多的费用。心情不好向公职人员倾诉与找工作花费资金呈负相关，但影响并不显著。

模型3在模型1和模型2的基础上，加入控制变量后发现，对男性农民工而言，政策认知变量的显著性没有发生变化，回归系数变大，表明政策认知变量的净效应仍显著且影响程度加深。社会资本变量中，男性农民工找工作向公职人员求助对找工作花费的资金影响仍然显著。在控制变量中，受教育程度为初中比小学及以下找工作花费资金更少，原因是初中文化程度比小学及以下者更容易掌握一些工作技能，适应工作环境的能力更强，也不需要通过花费关系费来找工作。来源于中部比来源于西部的男性农民工找工作花费资金更少，管理层比非管理层找工作花费资金更多。因为职业的阶层地位越高，劳动力市场中对于该职业的岗位要求越多，同时上层位置作为一种稀缺资源，求职者往往需要通过激烈的竞争来获取，通过花费资金获取更多的信息以及更重要的人脉关系使自己在竞争中处于优势地位。对女性农民工而言，政策认知变量对找工作花费资金的净影响仍然显著，其中非常了解劳动合同法、不清楚户籍影响的显著性没有发生变化，一般了解争议条例的显著性变弱。

3. 签订劳动合同用时

签订劳动合同用时对政策认知和社会资本的回归结果见表 4-10。结果显示，两类因素对签订劳动合同用时均有显著影响，且性别差异明显。

表 4-10　政策认知、社会资本对签订劳动合同用时影响的 ZINB 回归结果

变量	Exp（B）（男性）			Exp（B）（女性）		
	模型 1	模型 2	模型 3	模型 1	模型 2	模型 3
政策认知						
一般了解劳动合同法	13. 280 *** (5. 907)		11. 090 *** (6. 125)	1. 105 (0. 702)		0. 378 + (0. 212)
非常了解劳动合同法	23. 190 *** (6. 192)		14. 660 *** (6. 002)	2. 573 (2. 572)		0. 358 (0. 285)
不清楚户籍影响	0. 295 *** (0. 079)		0. 703 (0. 219)	0. 542 * (0. 140)		0. 462 ** (0. 129)
认为户籍没有影响	0. 173 *** (0. 068)		0. 475 + (0. 204)	0. 852 (0. 355)		0. 593 (0. 244)
一般了解最低工资标准	1. 035 (0. 350)		2. 229 * (0. 819)	2. 022 * (0. 611)		1. 599 (0. 528)
非常了解最低工资标准	1. 142 (0. 602)		1. 858 (1. 214)	2. 075 (1. 196)		1. 174 (0. 619)
一般了解企业劳动争议条例	1. 064 (0. 315)		0. 789 (0. 234)	2. 073 * (0. 603)		1. 190 (0. 390)

续表

变量	Exp（B）（男性）			Exp（B）（女性）		
	模型 1	模型 2	模型 3	模型 1	模型 2	模型 3
非常了解企业劳动争议条例	0.756 （0.500）		1.295 （0.942）	0.528 （0.478）		0.463 （0.406）
社会资本						
找工作向公职人员求助		2.536*** （0.664）	2.146* （0.705）		1.153 （0.362）	0.833 （0.228）
维权向公职人员求助		2.978*** （0.833）	1.778+ （0.603）		1.357 （0.431）	1.282 （0.388）
心情不好向公职人员倾诉		2.011 （1.200）	1.156 （0.655）		1.263 （0.570）	2.218* （0.829）
休闲活动跟公职人员一起		0.514 （0.325）	0.739 （0.496）		1.706 （0.764）	0.604 （0.219）
控制变量						
初中			0.531 （0.250）			1.591 （0.659）
高中及以上			0.270* （0.140）			4.732*** （1.872）
建筑业			0.790 （0.311）			2.261 （1.225）
制造/采矿业			0.946 （0.348）			0.653 （0.182）
管理层			1.578 （0.669）			0.522+ （0.178）
参加培训			0.936 （0.285）			3.074*** （0.751）
月收入（log）			0.820 （0.586）			0.266* （0.167）
膨胀因子						
一般了解企业劳动争议条例	0.295* （0.173）		0.465+ （0.196）	9.34e-09 （0.000）		0.250* （0.155）

续表

变量	Exp（B）（男性）			Exp（B）（女性）		
	模型1	模型2	模型3	模型1	模型2	模型3
非常了解企业劳动争议条例	1.19e-09 (0.00001)		0.155 (0.311)	7.18e-10 (0.000)		1.586 (2.652)
权益侵犯知道求助			2.603 (1.651)			1.694 (1.678)
找工作向公职人员求助		0.000004 (0.003)	0.558 (0.275)		0.601 (0.629)	0.890 (0.475)
维权向公职人员求助		2.371 (3.528)	0.691 (0.300)		2.456 (3.319)	2.496 (1.613)
心情不好向公职人员倾诉		0.0003 (0.002)	0.288 (0.349)		2.328 (2.894)	4.248 (3.852)
休闲活动跟公职人员一起			2.416 (2.935)		2.78e-09 (0.000)	0.0293* (0.042)
初中			0.807 (0.420)			1.372 (1.165)
控制变量						
高中及以上			0.373 (0.261)			2.327 (1.893)
建筑业			0.617 (0.289)			1.903 (1.471)
制造/采矿业			0.159** (0.090)			0.0499* (0.070)
管理层			0.927 (0.479)			0.542 (0.410)
参加培训			0.326* (0.151)			0.334* (0.170)
月收入（log）			1.993 (1.853)			0.099+ (0.132)
Log-likelihood	-1015.812	-1003.431	-900.445	-804.189	-805.174	-710.957
样本量	573	576	511	448	446	414

注：1. $^{+}p < 0.1$，$^{*}p < 0.05$，$^{**}p < 0.01$，$^{***}p < 0.001$。2. 括号内数字为标准误。

模型1结果显示，政策认知对男女农民工签订劳动合同用时均有显著影响。对男性农民工而言，越了解劳动合同法，签订劳动合同用时越长。

一般了解劳动合同法、非常了解劳动合同法签订劳动合同用时长的概率分别是不了解劳动合同法的 13.280 倍、23.190 倍，可能是因为对劳动合同法越了解，对自身利益的考虑就越多，工作的选择性也越多。不清楚户籍影响与认为户籍没有影响会降低签订劳动合同用时长的概率。对女性农民工而言，不清楚户籍影响签订劳动合同用时长的概率之比低于认为户籍影响很大的 45.8%（0.458 = 1−0.542），一般了解最低工资比不了解最低工资签订劳动合同用时长的概率更大，一般了解争议条例签订劳动合同用时长的概率是不了解的 2.073 倍，即对政策法规的一般了解会增加签订劳动合同用时长的可能性。

模型 2 结果显示，社会资本对男性农民工签订劳动合同用时有显著正向影响，而对女性农民工则没有影响。对男性农民工而言，越向公职人员求助，签订劳动合同用时长的可能性越大。数据显示，男性农民工找工作、维权向公职人员求助签订劳动合同用时长的概率分别是向非公职人员求助的 2.536 倍、2.978 倍。原因是，通过公职人员找到工作或者维护权利需要一些法定程序，如上级部门的批准。社会资本对女性农民工签订劳动合同用时无显著影响。

模型 3 结果显示，多数政策认知、社会资本变量对男女农民工签订劳动合同用时的净效应仍然显著。对男性农民工而言，政策认知因素中，对劳动合同法了解的显著性没有发生变化，只是回归系数变小；认为户籍对融入城市社会没有影响签订合同用时长的概率之比低于认为户籍对融入城市社会影响很大的 52.5%（0.525 = 1−0.475），一般了解最低工资签订合同用时长的概率是不了解最低工资的 2.229 倍。社会资本影响的显著性变弱。男性农民工找工作、维权向公职人员求助签订劳动合同用时长的概率分别是向非公职人员求助的 2.146 倍、1.778 倍。在控制变量中，男性农民工受教育程度是高中及以上者签订劳动合同用时长比小学及以下者低 73.0%（0.730 = 1−0.270）。对女性农民工而言，在政策认知因素中，与男性农民工不同的是，一般了解劳动合同法会降低签订劳动合同用时长的可能性，不清楚户籍影响的回归系数仍然显著。在社会资本中，女性农民工心情不好向公职人员倾诉签订劳动合同用时长的发生率是向非公职人员倾诉的 2.218 倍。在控制变量中，受教育程度是高中及以上对女性农民工签订劳动合同用时长的影响与男性恰好相反，高中及以上者签订劳动合同用时长的概率是小学及以下者的 4.732 倍（男性为 0.270 倍）；管理层签订劳动合同用时长的概率低于非管理层 47.8%（0.478＝1－0.522）；参加培训增加签订劳动合同用时长的可能性；月收入越高签订劳动合同用时长的概率越小。

4. 签订合同协商次数

政策认知、社会资本对签订劳动合同协商次数影响的回归结果见表 4-11。结果显示，两类因素对农民工签订合同协商次数影响因素不尽相同，性别差异明显。

表 4-11　政策认知、社会资本对签订合同协商次数影响的 ZINB 回归结果

变量	Exp（B）（男性）			Exp（B）（女性）		
	模型 1	模型 2	模型 3	模型 1	模型 2	模型 3
政策认知						
一般了解劳动合同法	6.195 *** (3.073)		5.158 ** (2.583)	2.251 * (0.814)		1.555 (0.708)
非常了解劳动合同法	10.780 *** (3.270)		8.424 *** (4.871)	6.252 *** (3.414)		4.191 ** (2.319)
不清楚户籍影响	0.520 ** (0.106)		0.812 (0.154)	0.907 (0.151)		1.190 (0.207)
认为户籍没有影响	0.333 *** (0.101)		0.562 + (0.173)	0.809 (0.206)		0.623 + (0.158)
一般了解最低工资标准	1.163 (0.321)		0.956 (0.247)	1.645 (0.623)		1.525 (0.428)
非常了解最低工资标准	1.898 + (0.734)		1.713 (0.610)	1.450 (0.682)		2.072 * (0.756)
一般了解企业劳动争议条例	0.755 (0.180)		1.113 (0.235)	2.063 *** (0.382)		1.487 + (0.322)
非常了解企业劳动争议条例	1.014 (0.425)		1.001 (0.407)	0.835 (0.436)		0.430 + (0.208)
社会资本						
找工作向公职人员求助		0.954 (0.213)	0.571 ** (0.115)		0.865 (0.199)	1.419 + (0.272)
维权向公职人员求助		0.803 (0.180)	1.022 (0.248)		1.186 (0.281)	1.000 (0.198)

续表

变量	Exp（B）（男性）			Exp（B）（女性）		
	模型 1	模型 2	模型 3	模型 1	模型 2	模型 3
心情不好向公职人员倾诉		1.518⁺ (0.369)	1.521 (0.517)		1.282 (0.331)	0.813 (0.197)
休闲活动跟公职人员一起			0.851 (0.304)		1.108 (0.308)	1.137 (0.275)
控制变量						
流入地中部			0.697 (0.199)			0.821 (0.240)
流入地东部			0.363*** (0.108)			1.080 (0.313)
膨胀因子						
一般了解最低工资	0.636 (0.394)		0.452 (0.274)	1.973 (7.155)		0.811 (0.720)
非常了解最低工资	0.355 (0.400)		0.221 (0.243)	3.92e-13 (0.000)		3.008 (3.637)
一般了解争议条例	0.129** (0.098)		0.722 (0.355)			0.184* (0.144)
非常了解争议条例	0.107 (0.158)		0.000 (0.002)			0.000 (0.001)
找工作向公职人员求助		3.61e-08 (0.000)	0.089* (0.088)		0.688 (0.394)	3.283⁺ (2.317)
维权向公职人员求助		0.477 (0.294)	0.744 (0.411)		1.471 (0.850)	2.437 (2.162)
心情不好向公职人员倾诉		0.433 (0.726)	0.828 (0.756)		1.403 (1.158)	0.671 (1.322)
打工地中部			0.384 (0.252)			0.108⁺ (0.125)
打工地东部			0.075* (0.079)			0.282 (0.245)
Log-likelihood	−580.602	−603.054	−511.434	−450.390	−459.740	−380.080
样本量	572	575	520	449	447	418

注：1. ⁺p< 0.1，*p<0.05，**p<0.01，***p<0.001。2. 括号内数字为标准误。3. 为了拟合模型，防止出现迭代效应，将政策认知因素中的"权益受侵犯知道向政府部门求助"变量去掉，控制变量中只放入"打工地"变量。

模型 1 结果显示，政策认知因素对男女农民工签订合同协商次数均有显著影响。对男性农民工而言，越了解劳动合同法，合同协商次数多的可能性越大。其一般了解劳动合同法、非常了解劳动合同法签订合同协商次数多的概率分别是不了解劳动合同法的 6.195 倍和 10.780 倍。男性农民工不清楚户籍对融入城市社会的影响和认为户籍对融入城市社会没有影响签订合同协商多的发生率之比分别低于认为户籍对融入城市社会影响很大的48.0%（0.480 = 1 - 0.520）、66.7%（0.667 = 1 - 0.333）；非常了解最低工资签订合同协商次数多的发生率之比是不了解最低工资的 1.898 倍。对女性农民工而言，同样是越了解劳动合同法，签订合同协商次数多的可能性越大。女性农民工一般了解劳动合同法、非常了解劳动合同法签订合同协商次数多的概率分别是不了解劳动合同法的 2.251 倍、6.252 倍；一般了解企业劳动争议条例签订合同协商次数多的发生率之比是不了解的 2.063倍，可能是由于农民工越了解相关法律法规，就越懂得维护权益，签订合同时会越谨慎，增加协商次数，使自己的风险最小化。

模型 2 结果显示，社会资本对男性农民工签订合同协商次数有正向影响，对女性农民工则没有影响。对男性农民工而言，心情不好向公职人员倾诉签订合同协商次数多的发生率是向非公职人员倾诉的 1.518 倍，可能是因为公职人员对法律权益了解得更多，当求职者向公职人员倾诉自己的烦恼时，公职人员会根据自己掌握的更多信息来帮助求职者，为实现自身利益的最大化增加合同协商次数。

模型 3 结果显示，部分政策认知、社会资本变量的净效应显著。对男性农民工而言，在政策认知因素中，越了解劳动合同法，签订合同协商次数多的概率越大；一般了解劳动合同法、非常了解劳动合同法签订合同协商次数多的发生率之比分别是不了解劳动合同法的 5.158 倍、8.424 倍；认为户籍没有影响签订合同协商次数的发生率之比是认为户籍影响很大的0.562 倍；一般了解最低工资对合同协商次数无显著影响。社会资本因素中，男性农民工向公职人员在找工作方面求助会降低签订合同协商次数的可能性，可能是因为公职人员介绍的工作更具有权威性，公信力更强；而心情不好向公职人员倾诉则对签订合同协商次数影响不再显著。在控制变量中，男性农民工打工地在东部签订合同协商次数的发生率之比低于打工地在西部 63.7%（0.637 = 1 − 0.363），可能是因为东部地区经济发展快，法规条例相对西部地区更具体完善，签订合同时不用对有争议的问题进行反复协商。对女性农民工而言，在政策认知因素中，非常了解劳动合同法签订合同协商次数多的可能性增大；认为户籍没影响签订合同协商次数的发生率比认为户籍影响很大低 37.7%（0.377 = 1 − 0.623）；非常了解最低工资签订合同协商次数的发生率之比是不了解最低工资的 2.072 倍；一般了解争议条例比不了解争议条例增大签订合同协商次数的可能性，而非常了解争议条例比不了解争议条例降低签订合同协商次数的可能性，可能是因为一般了解对争议条例的有些内容不确定，而非常了解则十分确定争议条例的内容，不需要通过协商解决。在社会资本因素中，与男性农民工不同的是，女性农民工找工作向公职人员求助签订合同协商次数多的发生率之比是向非公职人员求助的 1.419 倍（男性为 0.571 倍）。控制变量中，打工地无显著影响。

在膨胀因子部分，只有个别政策认知和社会资本变量影响显著。对男性农民工而言，政策认知变量均无显著影响，而对女性农民工而言，一般了争议条例的净影响（模型 3）是减少签订合同协商次数。社会资本中，找工作向公职人员求助对两性农民工均有显著净影响，不同的是，降低了男性农民工签订合同协商次数，而提高了女性农民工签订合同协商次数。控制变量中，打工地对两性农民工的影响方向相同，不同的是，在东部地区打工降低了男性农民工签订合同协商次数，而在中部地区打工降低了女性农民工签订合同协商次数。

第三节　子女入学交易费用

一　子女入学交易费用现状

有限的教育资源难以满足巨大的教育需求，农民工子女入学更为艰难。为了让子女获得更好的教育，农民工需要花费更多的时间、金钱和精力。因此，通过从咨询学校次数和送礼花费资金来衡量农民工子女入学交易费用。由第三章可知，农民工在子女决策方面存在显著的性别差异，因此，在描述农民工子女交易费用时也进行了性别比较，见表4-12。

表4-12　农民工子女入学交易费用现状

子女入学交易费用	男性				女性			
	均值（标准差）				均值（标准差）			
	自己	配偶	夫妻共同	老人	自己	配偶	夫妻共同	老人
子女入学咨询（次）	2.32 (2.340)	1.63 (1.360)	3.15 (3.121)	3.00 (0.000)	4.18 (5.142)	1.54 (1.450)	3.44 (4.272)	3.00 (0.000)
F检验	1.127				3.266*			
	2.81 (2.830)				3.29 (4.139)			
t检验	−1.006							
样本量	136				98			
入学送礼花费（元）	683.33 (1534.00)	1126.67 (2160.80)	1271.71 (3123.30)	0.00 (0.000)	604.86 (1101.98)	2992.31 (7000.06)	1742.47 (4967.90)	0.00 (0.000)
F检验	1.414				3.118*			
	1216.71 (2873.722)				1676.07 (4642.409)			
t检验	−0.886							
样本量	135				97			

注：*p<0.1。

数据显示，在子女入学问题上，对于男性农民工，无论是自己、配偶、夫妻共同商量还是老人决策，相应的子女入学交易费用无显著差异；对于女性农民工，决策主体的不同导致子女入学产生的交易费用存在显著差异。在咨询学校次数方面，女性农民工决策时咨询次数最多，均值为4.18次，丈夫决策时咨询次数最少，均值为1.54次。在送礼花费资金方面，女性农民工决策时送礼花费较少，均值为604.86元，而丈夫决策送礼花费最多，均值为2992.31元。但t检验结果显示，无论是子女入学次数还是送礼花费，男女农民工之间无显著差异。

二　子女入学交易费用的影响因素

1. 子女入学咨询学校次数

政策认知、社会资本对子女入学咨询学校次数影响的回归结果见表

4-13。结果显示，两类影响因素存在明显的性别差异。

表 4-13　政策认知、社会资本对子女入学咨询学校次数影响的回归结果

变量	Exp（B）（男性）			Exp（B）（女性）		
	模型 1	模型 2	模型 3	模型 1	模型 2	模型 3
政策认知						
不清楚户籍影响	0.786 (0.123)		1.005 (0.173)	1.294 (0.303)		1.283 (0.312)
认为户籍没有影响	0.675* (0.178)		0.904* (0.255)	0.769 (0.268)		0.888 (0.329)
社会资本						
向公职人员求助		1.249 (0.193)	1.133 (0.180)		1.068 (0.240)	1.330 (0.337)
控制变量						
年龄			0.971* (0.011)			1.009 (0.018)
初中			1.238 (0.269)			0.666 (0.186)
高中及以上			1.451 (0.369)			0.870 (0.273)
流入地中部			0.842 (0.209)			0.843 (0.330)
流入地东部			0.983 (0.246)			1.285* (0.522)
管理层			1.320* (0.232)			1.622* (0.490)
月收入（log）			0.570 (0.217)			0.640 (0.266)
Log-likelihood	−294.473	−287.610	−263.603	−242.969	−240.143	−227.985
样本量	139	136	127	105	103	99

注：1. $^{+}p<0.1$，$^{*}p<0.05$，$^{**}p<0.01$，$^{***}p<0.001$。2. 括号内数字为标准误。

模型1显示，政策认知对农民工子女入学咨询次数的影响存在性别差异。就男性农民工而言，认为户籍对融入城市社会没有影响的农民工子女入学咨询学校次数多的发生率比认为户籍对融入城市社会影响很大的农民工子女入学咨询次数低32.5%。原因是，男性农民工认为户籍影响很大时，就会考虑与之相关的诸多门槛限制，诸如监护证明、暂住证明、依据"就近入学"原则所需要的房产证明以及劳动合同年限、学籍证明等。这些限制条件增加了农民工咨询学校次数，反之，则不会考虑这些问题。对女性农民工而言，政策认知无显著影响。

模型2显示，社会资本对农民工子女入学咨询次数无显著影响。无论是男性农民工还是女性农民工，子女入学难向公职人员求助都没有减少其子女入学咨询学校的次数。可能原因是，公职人员（教育系统除外）只对自己所在的工作环境熟悉，无法为农民工子女入学提供实质性帮助。

同时纳入政策认知、社会资本和控制变量后，模型3显示，对男性农民工而言，政策认知的影响仍然显著，只是回归系数变大。社会资本同样没有显著影响，这一结果在一定程度上反映了农民工社会资本的局限性。在控制变量中，男性农民工年龄越大，子女入学咨询次数多的可能性越小。一方面，年龄越大对孩子接受教育的紧迫性感受越弱，越不太重视孩子的教育；另一方面，随着父母年龄的增长，孩子的独立性也在不断增强，子女本身也可能会咨询学校相关要求。处于管理层的男性农民工子女入学咨询学校次数多的发生率是非管理层子女的1.320倍，可能是因为管理层的农民工更能体会到知识对子女成长的重要性，更有能力为孩子提供更好的学习平台和学习环境。对女性农民工而言，政策认知、社会资本都无显著影响。在控制变量中，打工地在东部的女性农民工子女入学咨询次数多的发生率是打工地在西部的1.285倍。原因是东部地区经济发展快、教育资源更优越，有限的资源与较大的人口吸引力之间存在矛盾，增加了子女入学咨询次数。职业阶层对女性农民工的影响与男性农民工相同，即管理层农民工子女入学咨询次数显著多于非管理层农民工。

2. 子女入学送礼花费资金

政策认知、社会资本对子女入学送礼花费资金影响的回归结果见表4-14。结果显示，政策认知对送礼花费资金有显著影响，性别差异明显，而社会资本无显著影响。

表 4-14 政策认知、社会资本对子女入学送礼花费资金影响的回归结果

变量	B 值（男性）			B 值（女性）		
	模型 1	模型 2	模型 3	模型 1	模型 2	模型 3
政策认知						
不清楚户籍影响	-0.749**		-0.189	0.062		-0.197
	(0.284)		(0.294)	(0.345)		(0.355)
认为户籍没有影响	-0.063		1.025*	-1.083*		-1.347*
	(0.458)		(0.482)	(0.489)		(0.520)
社会资本						
向公职人员求助		0.264	0.280		0.273	0.352
		(0.275)	(0.272)		(0.333)	(0.352)
控制变量						
年龄			-0.086***			-0.050*
			(0.020)			(0.024)
初中			0.005			-0.083
			(0.340)			(0.385)
高中及以上			0.011			-0.111
			(0.420)			(0.481)
流入地中部			-0.089			0.052
			(0.418)			(0.596)
流入地东部			0.213			-0.059
			(0.428)			(0.604)
管理层			-0.221			0.382
			(0.319)			(0.430)
月收入（log）			1.018			1.138+
			(0.656)			(0.601)
常数项	1.635***	1.079***	1.125	1.315***	1.015***	-0.507
	(0.210)	(0.208)	(2.648)	(0.265)	(0.261)	(2.563)
F 值	3.81*	0.92	3.27***	3.19*	0.67	2.22*
R²	0.053	0.007	0.220	0.060	0.007	0.205
样本量	139	136	127	103	101	97

注：1. $^+p < 0.1$，$^*p < 0.05$，$^{**}p < 0.01$，$^{***}p < 0.001$。2. 括号内数字为标准误。

模型 1 显示，政策认知对子女入学送礼花费资金有显著影响。就男性

农民工而言，不清楚户籍影响与认为户籍对融入城市社会影响很大相比减少子女入学送礼花费资金。对女性农民工而言，认为户籍没有影响比认为户籍对融入城市社会影响很大减少子女入学送礼花费资金，可能原因是，无论是不清楚户籍对融入城市社会影响还是认为没有影响，农民工在子女入学时都不会考虑因户籍制度造成的障碍，进而也不会花费资金去弥补户籍导致的教学硬件、师资力量、管理水平等差异。

模型 2 显示，农民工拥有跨体制社会资本并没有对子女入学送礼花费资金产生显著影响，无论是男性农民工还是女性农民工，子女入学难向公职人员求助对子女入学送礼花费资金的回归系数都是正向影响，但不显著。说明拥有公职人员关系并没有对子女入学难的问题起到弱化作用。一方面，可能是公职人员没有这方面的资源信息，即社会资本的资源含量不足；另一方面，农民工跟公职人员之间以弱关系为主，这种关系同样需要通过联系而得以维续。

模型 3 显示，对男性农民工而言，政策认知影响的显著性发生了变化：认为户籍没有影响比认为户籍对融入城市社会影响很大的子女入学送礼花费的资金更多（由原来不显著变为显著）。可能是因为在教育资源有限而需求不断扩张的矛盾下，认为户籍没有影响比认为户籍影响很大的竞争更激烈，为了让子女进入更好的学校接受更优质的教育，通过花费更多的资金为孩子赢得"入场券"。在社会资本方面，男性农民工向公职人员求助对子女入学送礼花费资金依然无显著影响。在控制变量中，男性农民工年龄越大，子女入学送礼花费资金越少。对女性农民工而言，政策认知对子女入学送礼花费资金的显著性没有发生变化，即认为户籍没影响比认为户籍对融入城市影响很大的子女入学送礼花费资金少。在社会资本方面，女性农民工向公职人员求助对子女入学送礼花费资金仍然无显著影响。在控制变量中，与男性农民工相同的是，女性农民工年龄越大，子女入学送礼花费资金越少。与男性农民工不同的是，月收入越多，子女入学送礼花费资金越多，可能是因为月收入越多越有能力花费更多的资金为子女选择更好的学校。

本章小结

本章在社会性别视角下分析了农民工求职交易费用和子女入学交易费用现状及影响因素。研究结果如下。

1. 农民工求职交易费用

现状分析表明，男性农民工找工作花费时间和花费资金显著多于女性，但在签订合同所用时间和签订合同协商次数无性别差异。

影响因素分析表明，对男性农民工而言，在政策认知方面，越了解劳动合同法，签订劳动合同用时越长，合同协商次数越多。一般了解当地最低工资标准，签订劳动合同用时更长。权益受侵犯知道向政府部门求助比不知道向政府部门求助找工作耗用的资金更多。认为户籍对融入城市社会没有影响，签订劳动合同用时和协商次数更少。在社会资本方面，找工作向公职人员求助比向非公职人员求助增加了找工作花费的时间、资金、签订劳动合同用时，但是会减少签订合同协商次数。维权向公职人员求助，增加找工作耗用的时间、签订劳动合同用时。休闲活动跟公职人员一起则增加找工作耗用的时间。

对女性农民工而言，在政策认知方面，不清楚户籍制度对融入城市影响减少找工作花费资金和签订劳动合同用时，认为户籍对融入城市社会没有影响会减少合同协商次数。女性农民工非常了解劳动合同法，找工作花费资金更少，但签订合同协商次数更多。一般了解劳动合同法，签订劳动合同用时更少；一般了解企业劳动争议条例，找工作花费资金更多，签订合同协商次数也更多。非常了解最低工资标准，签订合同协商次数更多。在社会资本方面，对求职交易费用的影响表现为，找工作向公职人员求助，签订合同协商次数更多。心情不好向公职人员倾诉比向非公职人员倾诉签订劳动合同用时更多。

2. 子女入学交易费用

现状分析表明，无论是男性农民工还是女性农民工，其子女入学咨询次数和入学送礼花费均无性别差异。但是，对女性农民工而言，不同决策主体对应的咨询次数和送礼花费有显著差异，女性农民工决策时，子女入学咨询次数最多，入学送礼花费较少；丈夫决策时咨询次数最少，入学送礼花费最多。

影响因素分析表明，对男性农民工而言，在政策认知方面，认为户籍对融入城市社会没有影响比认为影响很大的农民工子女入学咨询学校次数更少，但是子女入学送礼花费资金更多。在社会资本方面，子女入学向公职人员求助对农民工子女入学咨询次数和送礼花费资金无显著影响。对女性农民工而言，认为户籍制度对融入城市社会没有影响比认为影响很大的农民工子女入学花费的资金更少。在社会资本方面，向公职人员求助依然对子女入学咨询次数和送礼花费资金没有影响。

第五章

社会性别与农民工就业质量

就业质量的高低是农民工在城市可持续发展的重要衡量指标。就业质量可分为客观就业质量和主观就业质量。本章主要从人力资本、社会资本和交易费用三个方面分析农民工就业质量的影响因素，为促进农民工提高就业质量提供现实依据。

第一节　研究设计

一　研究假设

1. 客观就业质量

（1）人力资本与客观就业质量

人力资本是一种可以用来投资并获得收益的资源，农民工人力资本的积累与其就业质量有着直接的关系。有学者认为，随着市场化进程的加快，人力资本在农民工获取工作中所起的作用正在逐渐增强（王毅杰、童星，2003），甚至对农民工工资有决定性的作用。调查结果显示，文化程度对农民工成为管理人员、专业技术人员和公司职员的影响最为显著（姚先国、俞玲，2006）。健康状况对收入也有显著影响，健康状况越好，月收入提高的幅度越大（侯风云，2004）。总的来说，农民工人力资本越高，在劳动力市场找到的工作岗位就越好（李培林、田丰，2012）。从人力资本具体指标来看，相关研究发现，文化程度、打工年限、健康状况和培训经历都与农民工就业质量存在密切的关系。第一，文化程度越高，农民工转变自我身份的意识就越强烈，获得的月收入和社会保障就越多（郭辉，2009）。第二，农民工在城市的打工年限是人力资本的一个重要因素，与农民工就业质量呈正相关关系。在城市的打工时间长、积累的工作经验多、与市民建立更多的社会关系、更好地掌握城市方言，这些都能有效促进农民工就业质量的提高。第三，农民工职业技能水平的提高将有利于提高其就业质量。参加职业培训获得高水平技能的农民工进入较高职业阶层就业的概率更大。通过参加培训，农民工的价值观更容易与市民一致，人际交往范围得到扩展，更有利于就业（曹飞，2011）。第四，健康状况对农民工就业质量的影响是正向的，健康状况良好的农民工避免了昂贵的医疗成本，就业范围更广。基于以上分析，提出以下假设：

H5-1a 文化程度越高，农民工客观就业质量越高；

H5-1b 打工年限越长，农民工客观就业质量越高；

H5-1c 拥有培训经历，农民工客观就业质量越高；

H5-1d 健康状况越好，农民工客观就业质量越高。

（2）社会资本与客观就业质量

农民工拥有的社会资本越多，他们对社会资源的获取能力也会越强。这种能力的获取是通过社会支持来实现的。根据范德普尔对社会支持的分类，农民工的社会资本可分为实际支持、情感支持和社交支持。对比研究发现，在农民工经济地位获得中社会资本的作用超过了人力资本（王毅杰、童星，2003）。因此，社会资本是农民工就业质量的重要影响因素，而社会资本含量的多少取决于社会网络的类型与质量。农民工主要依靠社会网络融入城市进而获取高质量工作，但他们的社会网络具有规模小、趋同性强、异质性低、网络资源含量低等特点（王毅杰、童星，2004），阻碍农民工与市民的交往和接触，进而影响其就业质量。农民工在工作过程中与市民逐渐形成基于业缘关系的社会关系网络，在一定程度上可以弥补乡土网络的不足。社会资本有助于解决劳动力市场中的信息不对称问题，促进信息流动，帮助求职者获得就业信息和机会。有研究表明，拥有跨越体制社会关系的求职者，其家庭年收入、月工资收入都高于没有跨越体制关系的求职者。可能的解释是，跨越体制的关系中资源含量更丰富、提供的选择机会更多、信息价值更大（边燕杰、王文彬，2012）。对新生代农民工数量而言，社会资本在其就业中更是发挥了相当重要的作用。新生代农民工社会资本的价值是在其社会交往中实现的，只有改善他们社会资本匮乏和质量低下的状况，建立非本土性的次级社会关系网络，实现社会资本的积累，才能促使他们获得更大的回报，从而更快地找到高质量的工作（栾文敬等，2012）。在此基础上，提出以下假设：

H5-2a 找工作向公职人员求助，农民工客观就业质量更高；

H5-2b 维权向公职人员求助，农民工客观就业质量更高；

H5-2c 心情不好向公职人员倾诉，农民工客观就业质量更高；

H5-2d 休闲活动跟公职人员一起，农民工客观就业质量更高。

（3）交易费用与客观就业质量

彭国胜指出，人力资本和社会资本是农民工就业质量的两大潜在影响因素（彭国胜，2008）。这意味着农民工就业过程的关键因素是人力资本和社会资本。农民工搜寻工作的过程中会产生交易费用，通过对人力资本和社会资本的不断积累能够在很大程度上改变交易费用，而交易费用的高低又很明显地决定就业质量的高低。农民工搜寻工作的交易费用越高，表明他们愿意以更高的代价来换取这份工作，间接说明工作质量较高。农民工根据已有的资本存量来考虑交易费用，进而选择是否就业。如果交易费用过高，农民工承担不起，也只好选择放弃。由此可见，在选择工作上，农民工会根据交易费用来决定取舍。也就是说，交易费用会影响农民工的就业质量。基于此，提出以下假设：

H5-3a 找工作花时间越多，农民工客观就业质量越高；

H5-3b 找工作花资金越多，农民工客观就业质量越高；

H5-3c 签订合同用时越久，农民工客观就业质量越高；

H5-3d 合同协商次数越多，农民工客观就业质量越高。

2. 主观就业质量

（1）人力资本与主观就业质量

农民工的就业状况直接影响着他们生活质量的高低，学术界越来越多地关注农民工就业质量指标，研究较多的是客观就业质量。随着社会的不断进步，人们开始注重自身心理感受，于是主观就业质量也进入了学者的视野。很多农民工并不喜欢自己的工作，他们认为在工作中根本没有得到应有的尊重，之所以继续工作只是为了生存下去。对珠江三角洲农民工就业质量的研究结果表明，农民工的合法权益得不到有效保障，劳动权益常常遭受侵犯，各项福利的覆盖面也并不广。尽管如此，自身人力资本高的农民工可以享受的待遇会更好一些，他们认为组织是公平的，工作满意度也更高（庞子渊，2013）。实地调查发现，农民工的就业质量普遍偏低，这是农民工面临的一大困境，人力资本对其职业声望有显著影响，人力资本高的农民工职位更高，对工作更满意（彭国胜，2008）。江西地区农民工就业状况调查显示，受教育年限直接或者间接影响着农民工的就业，尤其对农民工人际关系的满意度有较为显著的正向影响，对工作收入的满意度有显著的负向影响。因此，提高农民工的文化程度，从心理上对农民工进行疏导，有助于农民工健康工作（钱芳等，2013b）。农民工常常遭受歧视和各种不公平待遇，进而导致农民工出现心理问题。要减少就业歧视现象的发生，就必须从根本上提升农民工的就业能力，加强职业技能培训，提升其人力资本。基于以上分析，提出以下假设：

> H5-4a 文化程度越高，农民工主观就业质量越高；
>
> H5-4b 打工年限越长，农民工主观就业质量越高；
>
> H5-4c 拥有培训经历，农民工主观就业质量越高；
>
> H5-4d 健康状况越好，农民工主观就业质量越高。

（2）社会资本与主观就业质量

农民工从农村流入城市，离开原来的社会环境，必须建立一个新的社会网络，在这段时期内，社会资本存量下降，会直接影响到农民工的就业质量。有关社会资本与农民工就业质量的研究很多，原有的关系网络和新建的关系网络对农民工的就业都有显著影响，弱关系对他们的职业发展机会和收入水平以及工作满意度有显著影响。应该努力拓展农民工的社会资本，维持并拓宽其社会关系网络，消除孤独感，同时促使他们获取更多的就业资源，寻找更满意的工作。强关系型社会资本和弱关系型社会资本对农民工就业的影响是有差异的，大多数农民工通过强关系实现就业，其工作满意度较高。中介组织为农民工提供更多的求职信息，既有利于农民工拓宽社会资本，也有利于缩减其与市民的就业质量差异，从而提高主观就业质量（钱芳等，2013a）。但是，在务工过程中，农民工除了面临薪酬偏低、劳动强度大、工资被拖欠等问题外，其自身的弱势特征也极大地制约着其享有劳动权益。林善浪等（2012）利用福建省农民工的调查数据，通过实证分析发现，农民工在城市构建新的社会关系网络，提高了自身的社会归属感，在某种程度上也实现了自我保护。对新生代农民工就业质量的调查发现，提升劳动关系和谐度有利于提高农民工就业质量，保证其劳动收入水平，增强其工作满意度并尽快实现社会融合（石丹淅等，2014）。基于以上分析，提出如下假设：

H5-5a 找工作向公职人员求助，农民工主观就业质量更高；
H5-5b 维权向公职人员求助，农民工主观就业质量更高；
H5-5c 心情不好向公职人员倾诉，农民工主观就业质量更高；
H5-5d 休闲活动跟公职人员一起，农民工主观就业质量更高。

（3）交易费用与主观就业质量

由于信息、交通以及制度因素，农民工想要寻找一份比较好的工作必须要承担一定的交易费用。交易费用本质上也是一种成本，包括显性成本和隐性成本两个方面。简单而言，显性成本就是农民工在流动过程中发生货币交易的行为，即交通费用、求职费用以及管理费用等；隐性成本则包括风险成本和心理成本（郭旭、叶普万，2009）。一般而言，付出更高的交易费用可以使农民工获得更高的工资，从而为农民工带来更多的心理满足感。按照理性人假设，农民工在流动过程中并不是盲目的，他们通过寻求各种社会资源得出最佳方案，从而实现风险规避和务工收益最大化（宣杰等，2009）。因此，同客观就业质量一样，高的交易费用有可能给农民工带来高质量的工作。据此，提出如下假设：

H5-6a 找工作花时间越多，农民工主观就业质量越高；

H5-6b 找工作花资金越多，农民工主观就业质量越高；

H5-6c 签订合同用时越久，农民工主观就业质量越高；

H5-6d 合同协商次数越多，农民工主观就业质量越高。

二 变量设置

1. 因变量

因变量是客观就业质量与主观就业质量。客观就业质量包括是否签订劳动合同、是否购买保险、工资水平、工作稳定性四个变量，分别根据问卷题项"目前这份工作您是否签订书面劳动合同""您目前工作单位是否为您购买过保险""近半年来，您打工的平均月收入是多少""您在外出务工期间，做过几份工作"的回答得到。其中，是否签订劳动合同为二分类变量，将"是"赋值为1，"否"赋值为2；是否购买保险为二分类变量，将"是"赋值为1，"否"赋值为2；工资水平是连续变量；工作稳定性用有无工作单位变动来衡量，该变量为二分类变量，将"有"赋值为1，"无"赋值为2。

主观就业质量包括离职倾向与工作满意度。离职倾向由题项"近半年内，你是否有离开当前单位的打算"及回答获得，为三分类变量，将"有"赋值为1，"不确定"赋值为2，"没有"赋值为3。工作满意度是连续变量，通过6个题项组成的量表测量，将每个题项得分加总取均值得出。分值越高，表明农民工对工作越满意。因变量描述性统计结果见表5-1。

表 5-1 因变量描述性统计结果

变量		男性		女性	
		均值/频数	标准差/百分比（%）	均值/频数	标准差/百分比（%）
客观就业质量					
是否签订劳动合同	是 = 1	191	29.9	146	29.6
	否 = 2	447	70.1	347	70.4
是否购买保险	是 = 1	298	46.1	218	43.5
	否 = 2	349	53.9	283	56.5
工资水平	连续变量	3731.300	2576.735	2809.180	2628.097
有无工作单位变动	有 = 1	480	75.0	360	72.1
	无 = 2	160	25.0	139	27.9
主观就业质量					
离职倾向	有 = 1	65	17.9	50	17.7
	不确定 = 2	87	23.9	67	23.7
	没有 = 3	212	58.2	166	58.7
工作满意度	连续变量	20.198	4.039	20.294	3.789

2. 自变量

自变量主要包括人力资本和社会资本。人力资本包括文化程度、打工年限、培训经历和健康状况四个方面。其中，文化程度体现农民工的学历高低，为三分类变量，将"高中及以上"赋值为 1，"初中"赋值为 2，"小学及以下"赋值为 3，以"小学及以下"为参照类；打工年限考察农民工的城市工作经验，为连续变量；培训经历主要考察农民工的工作技能，通过问卷题项"在打工期间，您有无参加过培训"及回答得到，为二分类变量，将"无"赋值为 1，"有"赋值为 2，以"无"为参照类；健康状况反映农民工的身体素质，通过问卷题项"您觉得您目前健康状况如何"及回答获得，为三分类变量，将"好"赋值为 1，"一般"赋值为 2，"差"赋值为 3，以"差"为参照类。社会资本通过寻求帮助和支持的对象来度量，包括找工作求助、维权求助、心情不好倾诉、休闲活动跟谁在一起。这四个变量都是二分类变量，将"公职人员"赋值为 1，"非公职人员"赋值为2，以"非公职人员"为参照类。交易费用是指农民工在找到工作前在时间、金钱和资源方面的耗费。通过找工作花费时间（天）、找工作花费资金（元）、签订合同用时（天）、合同协商次数（次）四个维度来度量。分别是根据问卷题项"您找到当前的工作花了多少天""花费资金多少元""从有签合同意向到正式签订合同用时多少天""共协商多少次"及回答获得，四个变量均为连续变量。

3. 控制变量

控制变量包括个人特征、工作特征和流动特征。个人特征包括年龄和婚姻状况，工作特征包括日工作小时、行业类型和职业阶层，流动特征包括流入地、流出地和流动距离。年龄为连续变量；婚姻状况有"在婚=1"和"不在婚=2"两种类别，在婚包括初婚和再婚，不在婚包括未婚、离婚和丧偶，以"不在婚"为参照类；日工作小时为连续变量；行业类型按照农民工工作行业进行划分，为三分类变量，将"制造业"赋值为1，"建筑业"赋值为2，"服务业"赋值为3，以"服务业"为参照类；职业阶层体现农民工的工作地位，为二分类变量，将"管理层"赋值为1，"非管理层"赋值为2，以"非管理层"为参照类；就业渠道为二分类变量，将"自己找"赋值为1，"通过熟人或中介组织找"赋值为2，以"通过熟人或中介组织找"为参照类。流入地和流出地按照农民工的户籍所在地划分为三分类变量，将"东部"赋值为1，"中部"赋值为2，"西部"赋值为3，以"西部"为参照类；流动距离按照农民工户籍所在省份划分为二分类变量，将"同省"赋值为1，"跨省"赋值为2，以"跨省"为参照类。自变量和控制变量信息见表5-2。

表5-2　自变量及控制变量描述性统计结果

变量	定义或指标	男性		女性	
		均值	标准差	均值	标准差
人力资本					
文化程度	高中及以上=1，初中=2，小学及以下=3	1.766	0.672	1.749	0.723
打工年限	连续变量	11.470	8.861	8.970	7.127
培训经历	无=1，有=2	1.390	0.488	1.450	0.499

续表

变量	定义或指标	男性		女性	
		均值	标准差	均值	标准差
健康状况	好＝1，一般＝2，差＝3	2.560	0.581	2.600	0.623
社会资本					
找工作求助	公职人员＝1，非公职人员＝2	1.614	0.487	1.587	0.493
维权求助	公职人员＝1，非公职人员＝2	1.307	0.462	1.313	0.464
心情不好倾诉	公职人员＝1，非公职人员＝2	1.893	0.309	1.871	0.336
休闲活动跟谁在一起	公职人员＝1，非公职人员＝2	1.891	0.312	1.863	0.344
交易费用					
找工作花费时间（天）	连续变量	13.251	18.000	11.575	16.049
找工作花费资金（元）	连续变量	650.340	1130.244	587.372	1228.572
签订合同用时（天）	连续变量	10.784	16.166	8.941	14.876
合同协商次数（次）	连续变量	1.710	1.909	1.479	1.217
控制变量					
年龄	连续变量	33.710	11.041	31.660	10.285
婚姻状况	在婚＝1，不在婚＝2	1.379	0.485	1.433	0.496
日工作小时	连续变量	9.390	1.765	9.010	1.767
行业类型	制造业＝1，建筑业＝2，服务业＝3	2.300	0.828	2.490	0.829
职业阶层	管理层＝1，非管理层＝2	1.950	0.217	1.940	0.231
就业渠道	自己找＝1，通过熟人或中介组织找＝2	1.600	0.490	1.580	0.493
流出地	东部＝1，中部＝2，西部＝3	1.940	0.692	1.920	0.645
流入地	东部＝1，中部＝2，西部＝3	1.690	0.721	1.660	0.689
流动距离	同省＝1，跨省＝2	1.410	0.493	1.420	0.494

三　模型选择

因变量为无序二分类变量时采用二元 Logistic 模型进行回归分析，该模型表达式为：

$$Y = \ln \frac{p}{1-p} = \alpha + \sum_{j=1}^{n} \beta_j X_{ij} + \varepsilon \qquad (5\text{-}1)$$

是否签订劳动合同、是否购买保险和工作单位变动均属于二分类变量，采用上述模型进行分析，在式（5-1）中，p 分别表示的是签订劳动合同、购买保险、有工作单位变动的概率，$1-p$ 则分别表示没有签订劳动合同、没有购买保险和无工作单位变动的概率，X_i 为自变量，β 是自变量的系数，α 为常数项，n 为自变量个数。

因变量工资水平和工作满意度为连续变量，因此采用 OLS 模型，表达式如下：

$$Y = \alpha + \beta_j \sum_{j=1}^{7} X_{ij} + \lambda_k \sum_{k=1}^{8} Z_{ik} + \varepsilon \qquad (5\text{-}2)$$

式（5-2）中，Y 表示因变量，X_{i1}，X_{i2}，$\cdots$，X_{i7} 表示人力资本和社会资本，分别代表文化程度、打工年限、培训经历、健康状况、实际支持、情感支持和社交支持，Z_i 代表模型中的控制变量，即个人特征（年龄、婚姻）、工作特征（工作时间、行业类型、职业阶层）和流动特征（流入地、流出地、流动距离），α 是方程中的常数项，β_1，β_2，$\cdots$，β_7 是主要自变量的回归系数，λ_1，λ_2，$\cdots$，λ_8 是控制变量的回归系数，ε 是随机误差项。

因变量离职倾向为定序三分类变量，采用 Ordinal 回归模型进行分析，该模型如下：

$$Link(Y_{ij}) = \theta_j - (\gamma_1 X_{i_1} + \gamma_2 X_{i_2} + \cdots + \gamma_{15} X_{i15}) \qquad (5\text{-}3)$$

其中，Y_{ij}（$i=1$，2，3，$\cdots$，15；$j=1$，2，3）为因变量第 i 个样本处于第 j 个类别的累加概率，j 为因变量的类别。$Link$ 是联结函数，θ_j 是第 j 个类别的阈值，γ_1 到 γ_{15} 是自变量的回归系数。

第二节　客观就业质量

一　客观就业质量现状

分性别分析农民工客观就业质量，具体包括是否签订劳动合同、是否购买保险、工资水平与工作单位变动四个方面。农民工客观就业质量现状及性别差异如表5-3。

表 5-3　农民工客观就业质量现状及性别差异

变量			男性		女性	
			频数/均值	百分比（％）/标准差	频数/均值	百分比（％）/标准差
客观就业质量	是否签订劳动合同	是	230	36.8	191	39.6
		否	395	63.2	291	60.4
	LR 检验		0.922			
	是否购买保险	是	349	53.9	218	43.5
		否	298	46.1	283	56.5
	LR 检验		12.310***			
	工资水平		3731.3	2576.7	2809.2	2628.1
	t 检验		5.946***			
	有无工作单位变动	有	480	75.0	360	72.1
		无	160	25.0	139	27.9
	LR 检验		1.178			

注：*** $p < 0.001$。

表5-3结果显示，是否签订劳动合同在男女农民工中比例大致相等，签订劳动合同的不到四成，不存在性别差异。在购买保险方面，男性农民工购买保险多于未购买保险，女性农民工未购买保险多于购买保险，存在显著性别差异。在工资水平上，男性农民工远高于女性，表现出明显的性别差异。而有无工作单位变动在男女农民工中所占比例无明显差异，七成以上农民工变动过工作单位。

二 客观就业质量的影响因素

1. 是否签订劳动合同

以人力资本、社会资本与交易费用为自变量，以个体特征、流动特征和工作特征为控制变量，分别针对男女农民工分析是否签订劳动合同的影响因素，结果见表5-4。

表5-4 人力资本、社会资本、交易费用对签订劳动合同影响的回归结果

变量	男性		女性	
	模型1	模型2	模型1	模型2
初中	1.289 (0.861)	0.411 (0.377)	0.115 (0.742)	0.050 (0.386)
高中及以上	0.804+ (0.773)	0.673 (0.404)	0.180 (0.819)	0.395 (0.419)
打工年限	-0.054 (0.041)	-0.023 (0.019)	0.064 (0.043)	0.000 (0.023)
培训经历	1.410* (0.544)	-0.581** (0.226)	0.466 (0.495)	-0.965*** (0.247)
健康状况一般	0.902 (1.128)	-0.077 (0.505)	-0.166 (0.975)	-0.217 (0.534)
健康状况好	0.450 (1.140)	-0.368 (0.501)	0.965 (0.974)	0.036 (0.498)
找工作向公职人员求助	0.281 (0.531)	-0.170 (0.233)	0.970+ (0.518)	0.245 (0.267)
维权向公职人员求助	-0.706* (0.534)	-0.478+ (0.247)	-0.063 (0.511)	0.228 (0.262)
心情不好向公职人员倾诉	-1.065 (0.937)	-0.403 (0.391)	-0.911 (0.761)	-0.356 (0.422)
休闲活动跟公职人员在一起	0.838 (1.021)	-0.280 (0.400)	0.683 (0.678)	-0.498 (0.419)
找工作花费时间	-0.002 (0.012)	—	0.016 (0.015)	—
找工作花费资金	0.000 (0.000)	—	0.000 (0.000)	—
签订合同用时	0.013 (0.015)	—	-0.026+ (0.015)	—
合同协商次数	-0.167 (0.108)	—	0.022 (0.253)	—
年龄	0.024 (0.034)	-0.003 (0.016)	0.001 (0.034)	0.023 (0.019)
在婚	-0.035 (0.543)	-0.174 (0.283)	1.298* (0.600)	0.826** (0.318)
日工作小时	-0.056 (0.101)	-0.076 (0.060)	-0.157 (0.139)	-0.071 (0.071)
建筑业	0.598 (0.519)	-0.081 (0.304)	-0.297 (0.854)	-0.348 (0.509)
制造/采矿业	-1.246*** (0.678)	1.122*** (0.249)	0.178 (0.530)	0.554+ (0.286)

续表

变量	男性		女性	
	模型1	模型2	模型1	模型2
管理层	-1.536（0.773）	-0.504⁺（0.296）	-0.693（0.678）	-0.296（0.311）
自己找工作	-0.523（0.415）	-0.202（0.212）	0.718（0.477）	0.130（0.240）
流出地中部	1.872*（0.941）	0.178*（0.451）	-0.103（0.900）	0.119（0.505）
流出地东部	1.072*（0.892）	0.265**（0.456）	-1.219（0.926）	-0.117（0.517）
流入地中部	0.935（0.735）	0.752（0.373）	-1.018（0.744）	0.381（0.422）
流入地东部	1.233（0.676）	1.106（0.415）	0.239（0.852）	0.920*（0.462）
同省	-1.742（0.520）	0.269（0.231）	1.209*（0.557）	0.759**（0.268）
常数	2.680（3.464）	2.834（1.605）	-2.960（3.465）	-1.333（1.713）
-2LL	170.205***	579.793***	155.847***	465.188***
Chi-Square	55.287	89.37	35.25	63.5
样本量	179	556	154	430

注：1. ⁺$p<0.1$，*$p<0.05$，**$p<0.01$，***$p<0.001$。2. 括号内数字为标准误。

男性农民工样本中，模型1显示，人力资本中高中及以上文化程度和有培训经历者更不可能签订劳动合同。社会资本中，维权向公职人员求助者更可能签订劳动合同。交易费用变量无显著影响。控制变量中，在制造/采矿业工作的农民工更可能签订劳动合同；来自东部和中部的农民工更不可能签订劳动合同。在不考虑交易费用的模型2中，人力资本中高中及以上文化程度影响不再显著。培训经历的影响方向发生变化，即有培训经历者更可能签订劳动合同。控制变量中，管理层比非管理层更可能签订劳动合同。其他变量影响无变化。

女性农民工样本中，模型1显示，人力资本对是否签订劳动合同无显著影响。社会资本中，找工作向公职人员求助者更不可能签订劳动合同。交易费用变量中，签订合同用时越长，越可能签订劳动合同。控制变量中，在婚、在同省流动更不可能签订劳动合同。模型2显示，人力资本中，有培训经历者更可能签订劳动合同。社会资本均无显著影响。控制变量中，从事制造/采矿业、在东部打工者更不可能签订劳动合同。在婚和同省流动的影响依然显著。

2. 是否购买保险

人力资本、社会资本和交易费用对农民工是否购买保险影响的回归结果见表5-5。结果显示三类变量的影响存在较大的性别差异。

表5-5 人力资本、社会资本、交易费用对购买保险影响的回归结果

变量	男性		女性	
	模型1	模型2	模型1	模型2
初中	-0.793 (0.738)	-0.630 * (0.309)	0.761 (0.779)	-0.421 (0.331)
高中及以上	-1.493 + (0.842)	-1.195 *** (0.344)	1.278 (0.895)	-0.041 (0.370)
打工年限	-0.074 + (0.042)	-0.007 (0.016)	-0.041 (0.042)	-0.001 (0.020)
培训经历	1.201 * (0.511)	1.039 *** (0.211)	0.076 (0.500)	-0.802 *** (0.227)
健康状况一般	-0.401 (1.003)	-0.366 (0.458)	-0.771 (0.958)	0.788 (0.537)
健康状况好	-0.044 (0.986)	-0.300 (0.458)	-0.08 (0.917)	1.013 * (0.515)
找工作向公职人员求助	0.414 (0.521)	0.496 * (0.218)	-0.719 (0.576)	-0.599 * (0.241)
维权向公职人员求助	0.356 (0.527)	0.075 (0.215)	-0.213 (0.516)	-0.001 (0.242)
心情不好向公职人员倾诉	1.315 (1.013)	0.391 (0.386)	1.419 + (0.844)	0.233 (0.412)
休闲活动跟公职人员在一起	-0.786 (1.112)	0.024 (0.390)	0.733 (0.746)	0.092 (0.406)
找工作花费时间	0.006 (0.012)	—	0.000 (0.013)	—
找工作花费资金	0.000 (0.000)	—	0.000 (0.000)	—
签订合同用时	0.018 (0.017)	—	0.038 + (0.023)	—
合同协商次数	-0.018 (0.117)	—	0.488 (0.307)	—
年龄	0.033 (0.032)	-0.004 (0.015)	0.006 (0.038)	-0.006 (0.017)
在婚	-0.567 (0.578)	-0.142 (0.260)	0.196 (0.607)	-0.196 (0.289)
日工作小时	0.110 (0.104)	0.112 * (0.056)	-0.381 * (0.166)	-0.142 * (0.065)
建筑业	-0.740 (0.623)	-0.819 *** (0.252)	0.775 (0.913)	0.060 (0.418)
制造/采矿业	-1.356 * (0.534)	-1.358 *** (0.247)	1.620 ** (0.630)	0.874 *** (0.272)
管理层	0.266 (0.663)	0.261 (0.277)	0.510 (0.639)	0.582 + (0.302)
自己找工作	-0.445 (0.418)	-0.137 (0.195)	0.329 (0.521)	-0.030 (0.224)
流出地中部	0.900 (0.964)	0.244 (0.382)	-2.686 * (1.253)	-0.070 (0.446)

续表

变量	男性		女性	
	模型 1	模型 2	模型 1	模型 2
流出地东部	−0.124（0.979）	−0.115（0.391）	−1.001（1.190）	0.372（0.453）
流入地中部	−0.991（0.791）	−0.026（0.336）	0.080（0.892）	0.039（0.390）
流入地东部	−0.200（0.803）	0.208（0.370）	0.125（0.911）	−0.239（0.426）
同省	−0.057（0.477）	0.078（0.212）	−1.173*（0.575）	0.099（0.251）
常数	−3.382（3.405）	−2.930*（1.478）	1.401（3.664）	0.871（1.599）
−2LL	158.403***	664.984***	139.044***	525.619**
Chi-Square	45.613	115.865	55.729	72.736
样本量	179	564	153	437

注：1. $^+p<0.1$，$^*p<0.05$，$^{**}p<0.01$，$^{***}p<0.001$。2. 括号内数字为标准误。

对男性农民工而言，模型1显示，人力资本的影响主要体现在文化程度、打工年限和职业培训三个方面。与小学及以下文化程度者相比，高中及以上文化程度者更可能购买保险；打工年限越长，农民工越可能购买保险；参加过职业培训的农民工更不可能购买保险。社会资本和交易费用对农民工购买保险均无显著影响。在控制变量中，只有行业类型影响显著，即从事制造/采矿业的农民工更可能购买保险。模型2显示，人力资本中，文化程度和职业经历更加显著，但打工年限变量不显著了。社会资本的影响由不显著变为显著，表现为找工作向公职人员求助的农民工更不可能购买保险。控制变量中，除了行业类型仍然有显著影响外，日工作小时的影响也变得显著，即日工作时间越长的农民工越不可能购买保险。

对女性农民工而言，模型1显示，人力资本对购买保险无显著影响，这与男性农民工有明显的不同。社会资本有显著影响，表现在心情不好向公职人员倾诉的农民工更不可能购买保险。与男性农民工的不同还在于交易费用也有显著影响，签订合同用时越长，越不可能购买保险。控制变量的影响也与男性样本完全不同：日工作小时越长，越可能购买保险；从事制造/采矿业的农民工越不可能购买保险；从中部流出的农民工更可能购买保险；同省流动更可能购买保险。模型2显示，人力资本中培训经历和健康状况由不显著变得显著，即参加过培训的农民工更可能购买保险；健康状况好更不可能购买保险。这些结果与男性农民工仍然不同。社会资本中，找工作求助由不显著变得显著，即找工作向公职人员求助的农民工更可能购买保险；而心情不好向公职人员倾诉的影响由显著变得不显著。控制变量中，日工作小时和制造/采矿业仍然显著；职业阶层由不显著变得显著，即位居管理层的农民工更不可能购买保险；流出地为中部和同省流动的影响由显著变得不显著。

3. 工资水平

人力资本、社会资本和交易费用对农民工工资收入的影响分析结果见表5-6。结果显示，交易费用无显著影响，而人力资本和社会资本具有不同程度的影响且有明显的性别差异。

表5-6　人力资本、社会资本、交易费用对工资水平影响的回归结果

变量	男性		女性	
	模型1	模型2	模型1	模型2
初中	-0.009 (0.055)	-0.009 (0.026)	0.563*** (0.239)	0.700*** (0.143)
高中及以上	-0.019 (0.060)	-0.020 (0.029)	-0.018 (0.056)	-0.061* (0.029)
打工年限	-0.002 (0.003)	-0.000 (0.001)	0.042 (0.060)	-0.003 (0.033)
培训经历	0.002 (0.035)	0.002 (0.018)	0.003 (0.003)	0.004* (0.002)
健康状况一般	0.121 (0.075)	0.063+ (0.038)	-0.049 (0.035)	-0.034 (0.021)
健康状况好	0.159* (0.074)	0.101** (0.038)	0.088 (0.070)	0.068 (0.043)
找工作向公职人员求助	0.014 (0.035)	-0.012 (0.018)	0.036 (0.068)	0.067 (0.041)
维权向公职人员求助	-0.010 (0.037)	-0.012 (0.018)	-0.030 (0.036)	-0.014 (0.022)
心情不好向公职人员倾诉	-0.027 (0.061)	0.026 (0.032)	-0.042 (0.037)	-0.023 (0.022)
休闲活动跟公职人员在一起	0.061 (0.070)	0.077* (0.033)	-0.054 (0.055)	-0.055 (0.037)
找工作花费时间	0.000 (0.001)	—	0.069 (0.050)	—
找工作花费资金	-0.000 (0.000)	—	-0.001 (0.001)	—
签订合同用时	-0.001 (0.001)	—	0.000 (0.000)	—
合同协商次数	0.002 (0.008)	—	0.000 (0.001)	—

续表

变量	男性		女性	
	模型 1	模型 2	模型 1	模型 2
年龄	0.000（0.002）	−0.002 ** （0.001）	0.011（0.018）	−0.007（0.037）
在婚	−0.054（0.038）	−0.062（0.022）	0.000（0.003）	−0.004 ** （0.002）
日工作小时	−0.006（0.008）	0.002（0.005）	0.029（0.040）	−0.006（0.026）
建筑业	0.025（0.046）	0.044 * （0.021）	−0.004（0.010）	0.017 ** （0.006）
制造/采矿业	0.033（0.034）	0.011（0.020）	0.148 * （0.061）	0.095 * （0.039）
管理层	0.006（0.045）	−0.060 ** （0.023）	0.072 + （0.038）	0.046 + （0.025）
自己找工作	−0.001（0.029）	−0.024（0.016）	−0.092 * （0.044）	−0.135 *** （0.026）
流出地中部	−0.008（0.051）	0.058 * （0.028）	−0.055（0.034）	−0.016（0.020）
流出地东部	0.004（0.057）	0.029（0.031）	−0.085（0.066）	−0.084 * （0.040）
流入地中部	0.027（0.067）	−0.048（0.032）	−0.074（0.069）	−0.02（0.041）
流入地东部	−0.004（0.069）	−0.006（0.033）	0.098 + （0.054）	0.038（0.035）
同省	0.080（0.034）	0.066 *** （0.018）	0.111 + （0.058）	0.035（0.038）
常数	3.326 *** （0.234）	3.432 *** （0.124）	0.075 * （0.036）	0.067 ** （0.023）
F 值	1.048	3.266 ***	2.042 **	5.853 ***
R^2	0.152	0.118	0.295	0.238
样本量	179	562	154	435

注：1. $^{+}p<0.1$，$^{*}p<0.05$，$^{**}p<0.01$，$^{***}p<0.001$。2. 括号内数字为标准误。

在人力资本方面，对男性而言，工资水平的影响因素为健康状况，即健康状况越好，收入越高，这一结果暗含着男性农民工主要从事技术含量较低的工作。而对女性而言，工资水平的影响因素为文化程度和培训经历，即与小学及以下文化程度者相比，具有初中文化程度的农民工收入水平更高，但高中及以上文化程度者收入水平却更低，可能原因是人职匹配不合理；有培训经历的农民工收入更高。

在社会资本方面，只有男性农民工工资水平受到社会资本的影响，即休闲时和公职人员一起有助于提升农民工工资水平，原因是异质性资源提供高工资工作的机会更多；女性农民工工资收入不受社会资本的影响。

在控制变量方面，男性农民工工资收入受到年龄、行业类型、职业阶层、流出地和流动距离的影响，即年龄越大，工资越低；从事建筑业工资更高；管理层工资更低；从中部流出的农民工工资更高；在同省流动，工资更高。女性农民工工资收入受到婚姻状态、行业类型、职业阶层、就业渠道和流出地的影响，即在婚者的收入更低，从事建筑业、制造/采矿业的农民工工资更高；管理层的农民工工资更高；与通过熟人或中介组织找工作相比，自己找工作的农民工工资更低；流出地在东部比流出地在西部的农民工工资更低。在东部打工和在同省流动的农民工工资更高。

4. 有无工作单位变动

有无工作单位变动从客观上反映了农民工工作的稳定性。人力资本、社会资本和交易费用对农民工工作单位变动情况回归结果见表 5-7。数据显示，交易费用无显著影响，人力资本和社会资本有一定影响，且存在一定的性别差异。

表 5-7　人力资本、社会资本、交易费用对有无工作单位变动影响的回归结果

变量	男性		女性	
	模型 1	模型 2	模型 1	模型 2
初中	1.667$^+$（0.859）	0.291（0.357）	0.380（0.783）	-0.087（0.350）
高中及以上	1.531（0.945）	-0.07（0.387）	0.971（0.854）	0.059（0.396）
打工年限	0.219 ***（0.061）	0.109 ***（0.021）	0.144 *（0.058）	0.095 ***（0.023）
培训经历	-0.579（0.515）	0.075（0.232）	-0.478（0.481）	-0.432$^+$（0.247）
健康状况一般	-0.431（1.131）	-0.207（0.514）	0.117（0.006）	-0.593（0.565）
健康状况好	-0.125（1.115）	-0.426（0.513）	0.376（0.946）	-0.809（0.539）
找工作向公职人员求助	-1.011$^+$（0.557）	-0.309（0.25）	0.686（0.527）	0.243（0.253）
维权向公职人员求助	0.367（0.549）	-0.035（0.233）	-0.305（0.524）	-0.335（0.253）
心情不好向公职人员倾诉	-0.528（0.946）	0.337（0.401）	-0.214（0.792）	0.580（0.446）
休闲活动跟公职人员在一起	1.318（1.054）	0.305（0.408）	-0.231（0.746）	-0.830$^+$（0.475）
找工作花费时间	0.006（0.013）	—	0.011（0.014）	—
找工作花费资金	0.000（0.000）	—	0.001（0.000）	—

续表

变量	男性		女性	
	模型 1	模型 2	模型 1	模型 2
签订合同用时	0.010（0.018）	—	−0.005（0.018）	—
合同协商次数	0.261（0.179）	—	−0.093（0.258）	—
年龄	−0.062⁺（0.037）	−0.045 **（0.016）	0.006（0.037）	−0.062 ***（0.018）
在婚	−0.850（0.606）	−0.005（0.285）	−0.229（0.632）	−0.797 *（0.322）
日工作小时	−0.020（0.107）	−0.061（0.059）	0.177（0.145）	−0.013（0.069）
建筑业	0.863（0.706）	−0.649 *（0.272）	1.100（1.163）	−0.085（0.466）
制造/采矿业	0.122（0.502）	−0.020（0.260）	−0.778（0.551）	−0.467（0.288）
管理层	1.410 *（0.677）	−0.024（0.300）	0.869（0.611）	0.230（0.303）
自己找工作	−0.142（0.440）	−0.026（0.214）	−0.012（0.480）	0.013（0.235）
流出地中部	−0.319（0.805）	−0.678⁺（0.390）	0.830（0.975）	0.660（0.487）
流出地东部	−0.611（0.912）	−0.655（0.424）	0.156（0.981）	0.219（0.486）
流入地中部	1.256（1.024）	0.582（0.437）	−1.125（0.844）	−0.389（0.434）
流入地东部	1.690（1.087）	0.223（0.435）	−0.008（0.946）	−0.238（0.470）
同省	0.655（0.504）	0.034（0.233）	1.077⁺（0.619）	0.158（0.270）
常数	−3.122（3.615）	1.969（1.611）	−4.204（3.668）	4.670 **（1.727）
−2LL	150.606 ***	577.967 ***	150.663 ***	484.830 ***
Chi-Square	52.214	60.486	31.082	43.707
样本量	177	560	153	437

注：1. ⁺$p<0.1$，*$p<0.05$，**$p<0.01$，***$p<0.001$。2. 括号内数字为标准误。

　　在人力资本方面，文化程度仅对男性农民工产生影响，表现为，与小学及以下文化程度相比，初中文化程度的农民工更不可能变动，即工作更稳定。有培训经历仅对女性农民工工作变动产生影响，即与没有培训经历者相比，有培训经历者更可能有工作单位变动，工作更不稳定。打工年限对男女农民工的影响一致，打工年限越长，农民工工作越不可能变动，工作越稳定。

　　在社会资本方面，工作求助仅对男性农民工工作变动产生影响，即找工作向公职人员求助，工作单位变动的可能性更大。而休闲活动跟谁在一起仅对女性农民工影响显著，即休闲时和公职人员一起的农民工工作更不稳定。

在控制变量方面，对男女农民工影响相同的只有年龄变量，即年龄越大，农民工工作越不稳定。对男女农民工影响不同的变量是：对男性而言，与从事服务业相比，从事建筑业的农民工工作更不稳定，而位居管理层的农民工工作更稳定，流出地在中部的农民工工作更不稳定。对女性而言，在婚者比不在婚者更可能变动单位；同省流动的女性农民工工作更稳定。

第三节　主观就业质量

一　主观就业质量现状

主观就业质量包括离职倾向与工作满意度两个方面，农民工主观就业质量现状及性别差异见表 5-8。

表 5-8　农民工主观就业质量现状及性别差异

变量		男性		女性	
		频数/均值	百分比（%）/标准差	频数/均值	百分比（%）/标准差
离职倾向	有	65	17.9	50	17.7
	不确定	87	23.9	67	23.7
	没有	212	58.2	166	58.7
LR 检验		0.011			
工作满意度		20.2	4.0	20.3	3.8
t 检验		0.095			

数据显示，有离职倾向的农民工不足两成，没有离职倾向的接近 60%，LR 检验表明，农民工离职倾向无性别差异。t 检验表明，农民工工作满意度得分也不存在显著的性别差异。

二　主观就业质量的影响因素

1. 离职倾向

人力资本、社会资本和交易费用对农民工离职倾向的回归结果见表 5-9。数据显示，无论是男性农民工还是女性农民工，社会资本和交易费用均无显著影响。具有性别差异的影响因素主要表现在人力资本方面。

表 5-9　人力资本、社会资本、交易费用对离职倾向影响的回归结果

变量	男性		女性	
	模型 1	模型 2	模型 1	模型 2
初中	0.001（0.761）	0.072（0.436）	-0.044（0.051）	-0.515（0.478）
高中及以上	-0.396（0.831）	-0.563（0.462）	0.183（0.051）	-0.661（0.534）
打工年限	0.025（0.044）	-0.021（0.021）	0.006（0.051）	0.007（0.028）
培训经历	0.339（0.501）	0.317（0.262）	-1.321*（0.051）	-0.498（0.319）
健康状况一般	-0.167（0.984）	0.429（0.547）	-2.811+（0.051）	0.036（0.617）
健康状况好	0.365（0.987）	0.652（0.547）	-0.442（0.051）	1.093+（0.589）
找工作向公职人员求助	0.155（0.522）	-0.016（0.265）	-0.643（0.051）	0.155（0.322）
维权向公职人员求助	-0.371（0.568）	0.229（0.284）	0.211（0.051）	-0.296（0.336）
心情不好向公职人员倾诉	0.164（0.904）	-0.038（0.455）	1.943（0.051）	0.55（0.692）
休闲活动跟公职人员在一起	-0.541（0.993）	-0.295（0.450）	0.546（0.051）	0.711（0.600）
找工作花费时间	0.001（0.014）	—	0.008（0.051）	—
找工作花费资金	0.000（0.000）	—	0.000（0.051）	—
签订合同用时	0.016（0.018）	—	0.006（0.051）	—
合同协商次数	0.030（0.140）	—	-0.417（0.051）	—
年龄	0.003（0.036）	0.000（0.019）	0.047（0.051）	-0.012（0.023）
在婚	0.515（0.549）	0.429（0.319）	-0.979（0.051）	-0.108（0.392）
日工作小时	-0.217（0.140）	-0.079（0.079）	-0.017（0.051）	0.046（0.092）
建筑业	-0.03（0.687）	-0.130（0.323）	2.571+（0.051）	0.078（0.606）
制造/采矿业	0.629（0.523）	0.210+（0.280）	0.961+（0.051）	0.822（0.336）*

续表

变量	男性		女性	
	模型 1	模型 2	模型 1	模型 2
管理层	1.374（0.901）	1.032（0.559）	−2.330*（0.051）	−0.032（0.653）
自己找工作	0.483（0.430）	0.318（0.248）	0.380（0.051）	0.448（0.314）
流出地中部	−0.332（0.739）	−0.409（0.418）	0.799（0.051）	1.070+（0.589）
流出地东部	0.315（0.936）	−0.297（0.471）	0.397（0.051）	0.31（0.565）
流入地中部	1.579（1.015）	0.209（0.490）	−2.850***（0.051）	−1.159*（0.482）
流入地东部	0.273（1.047）	−0.053（0.483）	−1.806*（0.051）	−1.145*（0.536）
同省	−0.631（0.622）	0.262（0.274）	1.232+（0.051）	0.668+（0.357）
−2LL	217.641	566.013	155.769*	385.854***
Chi−Square	23.642	22.091	44.443	47.191
Pseudo R^2	0.156	0.069	0.337	0.185
样本量	139	310	108	230

注：1. +$p<0.1$，*$p<0.05$，**$p<0.01$，***$p<0.001$。2. 括号内数字为标准误。

对男性农民工而言，人力资本各变量对离职倾向均无显著影响。而对于女性农民工，培训经历与健康状况有显著影响。与无培训经历者相比，有过培训经历的女性农民工更可能有离职倾向；健康状况一般的女性农民工离职倾向更高。不纳入交易费用变量时，健康状况好的女性农民工更不可能有离职倾向。

在控制变量方面，对男性而言，只有行业类型有显著影响，即从事制造/采矿业的农民工没有离职倾向。对女性而言，除了制造/采矿业的影响与男性相同之外，从事建筑业的农民工也没有离职倾向；位居管理层的农民工更可能有离职倾向；打工地在中部与东部的农民工离职倾向更高；在同省流动的农民工越不可能有离职倾向。

2. 工作满意度

人力资本、社会资本和交易费用对农民工工作满意度影响的回归结果见表 5-10。数据显示，三类变量对男性农民工工作满意度均有影响，而只有人力资本对女性农民工工作满意度有显著影响。

表 5-10　人力资本、社会资本和交易费用对工作满意度影响的回归结果

变量	男性		女性	
	模型 1	模型 2	模型 1	模型 2
初中	-0.182 (0.232)	-0.153 (0.132)	-0.126 (0.236)	-0.158 (0.132)
高中及以上	-0.115 (0.250)	-0.009 (0.141)	0.012 (0.265)	-0.037 (0.148)
打工年限	-0.000 (0.012)	-0.000 (0.000)	0.000 (0.000)	0.000 (0.000)
培训经历	-0.389** (0.136)	-0.073 (0.081)	-0.193 (0.159)	-0.073 (0.093)
健康状况一般	-0.055 (0.286)	-0.120 (0.170)	-0.349 (0.325)	0.156 (0.193)
健康状况好	0.371 (0.289)	0.218 (0.168)	-0.120 (0.317)	0.377* (0.181)
找工作向公职人员求助	0.127 (0.136)	0.054 (0.084)	0.047 (0.158)	0.034 (0.096)
维权向公职人员求助	0.033 (0.158)	0.136 (0.090)	0.023 (0.178)	-0.068 (0.101)
心情不好向公职人员倾诉	-0.428* (0.190)	-0.239+ (0.125)	-0.105 (0.242)	-0.055 (0.143)
休闲活动跟公职人员一起	-0.113 (0.208)	-0.217+ (0.127)	0.087 (0.278)	-0.038 (0.145)
找工作花费时间	-0.003 (0.004)	—	-0.004 (0.004)	—
找工作花费资金	-0.000 (0.000)	—	0.000 (0.000)	—
签订合同用时	-0.011* (0.004)	—	-0.006 (0.006)	—
合同协商次数	0.046 (0.033)	—	0.063 (0.081)	—
年龄	-0.003 (0.010)	-0.000 (0.000)	-0.001 (0.009)	0.001 (0.006)
在婚	0.280+ (0.156)	0.219+ (0.082)	0.197 (0.172)	0.110 (0.113)
日工作小时	0.005 (0.040)	0.037 (0.026)	-0.051 (0.045)	-0.015 (0.028)
建筑业	-0.139 (0.210)	-0.077 (0.106)	-0.295 (0.297)	0.068 (0.185)
制造/采矿业	0.123 (0.141)	-0.004 (0.088)	0.097 (0.161)	0.047 (0.097)
管理层	0.056 (0.253)	-0.004 (0.177)	0.116 (0.234)	0.076 (0.186)
自己找工作	0.125 (0.123)	0.072 (0.079)	-0.139 (0.148)	0.023 (0.089)
流出地中部	0.106 (0.213)	0.118 (0.118)	0.093 (0.281)	0.236 (0.151)
流出地东部	-0.122 (0.198)	-0.018 (0.237)	0.311 (0.485)	-0.013 (0.103)
流入地中部	-0.042 (0.130)	-0.123 (0.082)	0.239 (0.158)	0.132 (0.097)
流入地东部	-0.135 (0.178)	-0.045 (0.219)	-0.150 (0.431)	-0.413 (0.275)
同省	-0.136 (0.145)	-0.118 (0.088)	0.098 (0.173)	0.655* (0.301)

变量	男性		女性	
	模型 1	模型 2	模型 1	模型 2
常数	3.845*** (0.678)	3.361** (0.342)	3.766*** (0.820)	3.033*** (0.624)
F 值	2.602***	2.296**	1.241	1.501+
R^2	0.374	0.151	0.285	0.138
样本量	135	307	108	230

注：1. $^+p<0.1$, $^*p<0.05$, $^{**}p<0.01$, $^{***}p<0.001$。2. 括号内数字为标准误。

在人力资本方面，男性农民工工作满意度受培训经历影响，有培训经历比没有培训经历者工作满意度更低；女性农民工工作满意度受健康状况影响，健康状况好比健康状况差的农民工工作满意度更高。在社会资本方面，对男性农民工而言，心情不好向公职人员倾诉和休闲活动跟公职人员一起的农民工工作满意度更低；社会资本对女性农民工工作满意度无显著影响。在交易费用方面，对男性而言，签订合同用时有显著影响，表现为，签订合同用时越长，工作满意度越低。交易费用变量对女性农民工工作满意度无显著影响。在控制变量方面，对男性农民工而言，在婚者工作满意度更高。对女性农民工而言，在同省流动比跨省流动的农民工工作满意度更高。

本章小结

本章主要分析了农民工客观就业质量和主观就业质量现状，并从人力资本、社会资本和交易费用方面分析影响因素，在此基础上比较了性别差异。

1. 客观就业质量

现状分析表明，农民工客观就业质量的性别差异主要表现在购买保险和工资水平方面，即男性购买保险人数比例高出女性购买人数比例10个百分点，男性农民工平均工资高出女性农民工平均工资近1000元。而在签订劳动合同和工作单位变动方面，没有表现出显著的性别差异。影响因素分析表明：①在签订劳动合同方面，对男性农民工而言，高人力资本，如接受更高教育、更不有利于签订劳动合同；培训经历的影响方向与是否考虑交易费用有关；社会资本，如维权向公职人员求助，更有利于签订劳动合同。对女性农民工而言，人力资本对签订劳动合同的影响仅表现在培训经历，有培训经历者更可能签劳动合同。而社会资本，如工作向公职人员求助，更不利于签订劳动合同；交易费用方面，如签合同用时长，有利于农民工签订合同。②在购买保险方面，对男性农民工而言，人力资本的影响主要体现在文化程度、打工年限和职业培训三个方面：文化程度高、打工年限长，有利于农民工购买保险；有过培训经历不利于购买保险；对女性农民工而言，人力资本中培训经历有利于购买保险，健康状况好不利于购买保险。关于社会资本，如心情不好向公职人员倾诉，不助于购买保险。交易费用，如签订合同用时越长，越不可能购买保险。③在工资水平方面，对男性农民工而言，关于人力资本，如健康状况越好，有助于提高收入。关于社会资本，如休闲时和公职人员一起有助于提升农民工工资水平。对女性农民工而言，人力资本的影响主要体现在文化程度和培训经历上，初中文化程度和有职业培训经历有助于提高收入。④在工作单位变动方面，关于人力资本，如初中文化程度，有助于男性农民工稳定工作；而有过培训经历不利于女性农民工稳定工作；打工年限对男女农民工的影响一致：打工年限越长，农民工工作越稳定。关于社会资本，如找工作求助公职人员，不利于男性农民工稳定工作；而休闲时与公职人员一起不利于女性农民工稳定工作。

2. 主观就业质量

从现状来看，无论离职意向，还是工作满意度都没有表现出性别差异。但是影响因素有所不同。①对于离职倾向，人力资本、社会资本和交易费用对男性农民工均没有显著影响。但对于女性农民工，健康状况一般、有过培训经历的离职意向更高。②对于工作满意度，关于人力资本，如培训经历，不利于提高男性农民工工作满意度；而健康状况好有助于提高女性农民工工作满意度。社会资本，心情不好向公职人员倾诉和休闲活动跟公职人员一起，不利于提高男性农民工工作满意度。交易费用，如签合同用时长，不利于提高男性农民工工作满意度。交易费用对女性农民工工作满意度无显著影响。

第六章

社会性别与农民工婚姻质量

农民工工作的流动性不可避免会对其婚姻质量产生影响，而婚姻质量与农民工可持续发展息息相关。农民工的婚姻问题不仅影响农民工个人和家庭，也对整个社会的发展产生重要影响。本章从夫妻相对资源、城市融合与代际特征三个方面，分析农民工客观婚姻质量与主观婚姻质量的影响因素及其性别差异。

第一节 研究设计

一 研究假设

1. 客观婚姻质量

（1）夫妻相对资源与客观婚姻质量

每个自然人和社会人都拥有一定数量的资源，但由于个体特征的不同，拥有的资源量也不尽相同。婚姻中夫妻双方也拥有各自的资源。个体婚姻资源有三个层次：第一层次是身体资源，包括外貌、形体以及身体健康状况等基础资源；第二层次是心理资源，包括智商、情商、道德品性以及责任感等；第三层次是社会资源，包括学历、职业、职务以及经济收入等（王宇中，2006）。农民工夫妻自然也拥有这三个层次的资源，但是婚姻中的夫妻双方各自拥有的资源状况也不会完全相同，这就会出现夫妻相对资源不平衡的情况。相对资源理论以夫妻之间的资源分布不一致会导致夫妻关系失衡，从而引发暴力冲突来解释婚姻暴力发生的原因（Coleman and Straus，1986)。婚姻生活中的暴力冲突是客观婚姻质量差的表现，日积月累会导致婚姻破裂，影响婚姻的稳定性。

目前，学术界从夫妻相对资源角度入手探析相对资源与农民工客观婚姻质量关系的研究虽不多见，但是在夫妻资源与婚姻质量关系探讨上有一定涉及。"异质假说"认为，夫妻间年龄、个性、社会地位等方面的差异较容易引起夫妻间的冲突，离婚风险较高（Bitter，1986)。"美满婚姻二维匹配模型"等价性原则认为，夫妻双方所拥有的婚姻资源的一致性程度越高，婚姻质量越稳定（王宇中，2009)。张萍等（2008）通过对 458 名大学生父母的婚姻质量调查分析发现，城乡夫妻资源差异，如在文化程度、职业和居住地方面的差异对婚姻满意度和稳定性有一定程度的影响，拥有的资源量与心理健康有关。石林和张金峰（2002）在研究夫妻收入差异与婚姻质量关系时发现，收入差异虽然不直接影响婚姻质量，但会通过夫妻交流和角色平等两个因子对婚姻质量产生显著负影响。夫妻间收入不平等及其引发的夫妻交流困难会影响婚姻质量。基于上述分析，本研究认为，农民工夫妻相对资源对其客观婚姻质量产生影响，为此提出以下假设（见表 6-1)。

表 6-1　夫妻相对资源对农民工客观婚姻质量影响假设

夫妻相对资源		客观婚姻质量		
		夫妻冲突程度	夫妻关系变化	是否提出离婚
健康状况	H6-1a 配偶较自己更健康	讲道理→暴力	好→坏	提出离婚
	H6-1b 配偶健康状况与自己同	暴力→讲道理	坏→好	不提出离婚
文化程度	H6-2a 配偶文化程度较自己高	讲道理→暴力	好→坏	提出离婚
	H6-2b 配偶文化程度与自己同	暴力→讲道理	坏→好	不提出离婚
经济收入	H6-3a 配偶经济收入较自己高	讲道理→暴力	好→坏	提出离婚
	H6-3b 配偶经济收入与自己同	暴力→讲道理	坏→好	不提出离婚

（2）城市融合与客观婚姻质量

农民工的城市融合本质上反映了农民工与城市社会的关系，农民工城市融合指农民工与市民之间差异的削减。农民工城市融合可分为三个维度：文化融合、社会经济融合和心理融合（悦中山等，2012a)。文化融合可以理解为农民工接受迁入城市社会的"文化模式",逐渐抛弃原有家乡文化,进入并适应新的环境(Gordon,1964)。Berry(1997)提出文化融合包括移民对原有家乡文化是否继续保持以及是否愿意融入迁入地社会文化两个层面。农民工对于生活环境文化的适应与接受必然会改变自身的想法与认识,家乡文化保持状况是其文化融合的具体表现。从表面上看,农民工婚姻质量会受到流动的影响,其本质却与城乡文化差异有关。农民工的经济融合表现为进入更高的职业阶层,获得更高收入。但农民工融入城市社会,工作不稳定将直接影响他们的生活质量和为家庭提供经济支持的能力,进而影响其婚姻满意度。收入水平越高的农民工,婚姻满意度越高,夫妻感情也更加稳定(卢海阳、钱文荣,2013)。对已婚人群婚姻质量状况研究表明,男性收入对婚姻质量无显著性影响,而女性婚姻质量则随着月收入的升高而升高(程菲等,2014)。农民工与市民的良性互动有助于促进农民工的社会融合(马西恒、童星,2008)。与市民在工作和生活方面交往,缩短彼此间心理距离,有利于农民工了解迁入城市文化与提高自身素质,从而影响农民工婚姻家庭。基于以上分析,提出以下假设(见表6-2)。

表6-2 城市融合对农民工客观婚姻质量影响假设

城市融合		客观婚姻质量		
		夫妻冲突程度	夫妻关系变化	是否提出离婚
经济融合	H6-4 月收入越高	暴力→讲道理	坏→好	不提出离婚
文化融合	H6-5 家乡文化保持越好	暴力→讲道理	坏→好	不提出离婚
社会融合	H6-6 愿意与市民有交往	暴力→讲道理	坏→好	不提出离婚

(3)代际特征与客观婚姻质量

在婚姻家庭中,生育孩子与婚姻满意度的关系也成为理论界关注的焦点,这不仅因为生育孩子和家庭生命周期以及结婚年数之间存在内在联系,还因为生育孩子对婚姻满意度的影响不仅仅在于数量(叶文振、徐安琪,2000)。西方学者通过控制性别、种族、受教育水平等变量,发现孩子的出生会使父母的婚姻幸福感下降(Glenn and McLanahan,1982)。家庭规模的扩大或孩子数量的增加，直接减少夫妻在一起的时间和机会，进而影响婚姻的调适质量（Feldman，1981）。但也有研究发现，生育孩子较多虽然对夫妻的性交流和性快乐有负效应，但对婚姻关系没有产生更多的消极影响（徐安琪、叶文振，1998）。孩子的出生，对于夫妻来说，会增加离婚和经济上的代价，会使许多不幸福的婚姻暂时甚至在较长的时间内不至于解体（White et al.，1986）。

婚姻是家庭和一切社会关系的起点，在中国传统文化中，婚姻家庭以宗族家庭的形式而存在。《礼记·昏义》中提到"昏礼者，将合二姓之好，上以事宗庙，而下以继后世也"。这表明了中国传统社会对婚姻的重视，婚姻是家族的延续，孝是婚姻的重要目的，婚姻目的主要包括传宗接代，尊宗敬祖与奉养父母（陈丛兰，2006）。目前，中国家庭的轴心，由传统的重亲子关系转变为重夫妻关系，更加追求婚姻关系中的爱情、陪伴和支持，认识到提高婚姻质量的重要性（何建华，2000）。虽然如今家庭模式由传统大家庭向核心家庭转变，但是代际关系在维系代际与核心家庭之间的亲情交往方面仍有活力，是影响家庭安定和发展的重要因素，与父母情感交流是人们所重视的家庭生活内容（叶乃滋，1992）。农民工婚姻质量同样受到与父母相处状况的影响。一项关于农民工婚姻稳定性影响因素的研究发现，农民工配偶与家里长辈相处状况越好，其婚姻稳定性越高（陈飞强，2014）。基于上述研究与理论，提出以下假设（见表6-3）。

表 6-3 代际特征对农民工客观婚姻质量影响假设

代际特征	客观婚姻质量		
	夫妻冲突程度	夫妻关系变化	是否提出离婚
H6-7 孩子数量越多	暴力→讲道理	坏→好	不提出离婚
H6-8 遇到大事能听取父母意见	暴力→讲道理	坏→好	不提出离婚

2. 主观婚姻质量

（1）夫妻相对资源与主观婚姻质量

社会交换理论认为，婚姻双方都会理性地考虑付出和回报，都希望拥有满意的伴侣，保持稳定的婚姻关系（李喜荣，2014）。换言之，婚姻双方拥有相对对等的资源基础是十分必要的。相对资源理论从夫妻相对教育程度、夫妻相对职业层次和夫妻相对经济收入等方面衡量夫妻间的相对资源差异状况，认为夫妻拥有资源分配不均会导致夫妻关系失衡（Kaukinen，2004）。身体健康状况是婚姻当事人的第一层次资源（王宇中，2006）。相对资源理论认为，经济收入、文化程度等方面的结构化资源产生协商权利。丈夫或妻子单方面占有资源优势，便对婚姻关系减少依赖（李亮、杨雪燕，2008）。社会地位不一致理论认为，如果夫妻双方的社会地位如文化程度、职业阶层和收入水平差距过大，处于优势地位的一方必然会要求提高自己在家庭中的权力（王宇中，2006）。有研究发现，当女性收入高于或等于丈夫时，她们会不满意目前的家庭内部关系，如家务分配情况，会进一步要求获得更多的家庭内部权力。这样，原有的平衡被打破，导致夫妻总体婚姻满意度降低，最终产生离婚念头（张会平、曾洁雯，2010）。在夫妻权力与婚姻满意度关系研究中，用教育程度差和年收入差来度量夫妻权力基础，发现夫妻受教育程度差对婚姻满意度存在负影响。也就是说，夫妻之间受教育程度差别越大，婚姻满意度越低（陈婷婷，2010）。相对收入高于丈夫的女性离婚意向也较高，而收入低于或等于丈夫的女性离婚意向较低（张会平，2013）。对夫妻个体资源量与婚姻满意度关系探析发现，残疾和疾病对婚姻满意度有负影响，残疾和疾病越严重，婚姻满意程度就越低（张萍等，2008）。也有学者认为，夫妻间结构性资源差异会带来不同的个体功效，进而影响家务参与。拥有资源较多的一方可能更少参与甚至逃避家务，但是家务负担也有可能被有意识地当成资源利用。据此推测，相对资源较弱的一方会主动承担家务，且认为目前家务分工是公平的，表现为满意（杨菊花，2014）。基于上述理论和已有研究，提出如下假设（见表6-4）。

表6-4　夫妻相对资源对农民工主观婚姻质量影响假设

夫妻相对资源		主观婚姻质量		
		是否有离婚念头	婚姻满意度	家务分工满意度
健康状况	H6-9a 配偶较自己更健康	有离婚念头	更低	更高
	H6-9b 配偶健康状况与自己同	没有离婚念头	更高	更低

夫妻相对资源		主观婚姻质量		
		是否有离婚念头	婚姻满意度	家务分工满意度
文化程度	H6-10a 配偶文化程度较自己高	有离婚念头	更低	更高
	H6-10b 配偶文化程度与自己同	没有离婚念头	更高	更低
经济收入	H6-11a 配偶经济收入较自己高	有离婚念头	更低	更高
	H6-11b 配偶经济收入与自己同	没有离婚念头	更高	更低

（2）城市融合与主观婚姻质量

城市融合是农民工在务工城市与当地居民互相交流、互相配合和互相适应的过程，这个过程实际上也反映了农民工市民化程度和融入城市的能力。一般而言，城市融合涉及多个要素，农民工融入城市社会主要伴随着经济融合、社会融合与文化融合三个阶段。虽然城市融合是农民工进城务工的最终目标和意愿，但在城市生活过程中，农民工易受到城市生活方式、工作形式、文化差异等方面的影响，其个人的价值观与人生观也会发生一定的转化（倪超军等，2019；王桂新等，2010）。已有研究表明，美满的婚姻生活是有助于城市融合的，但与城市居民的交际往来所引起的农民工观念意识的变化，也影响着农民工的婚姻质量（Tilburg et al., 1998）。具体而言，在经济融合层面，薛菁（2013）认为，男性是家庭的经济支柱，收入越高婚姻质量越有保障，女性收入的多少与婚姻质量没有显著关系。但在工业化背景下，社会生活压力不断增加，外出到城镇务工的"双农"家庭比例逐年上升，女性就业和女性收入的增加能在一定程度上反哺家庭经济，并有助于夫妻双方矛盾的缓和与婚姻质量的上升（李卫东，2018；程菲等，2014）。在社会融合方面，与市民的深入交往是农民工实现市民化的关键一步，无论是主动选择还是被动接受，都需要建立自己的城市社会网络。研究发现，社会网络蕴含的社会资本有助于婚姻质量的提高（胡荣，2013）。在文化融合方面，随着城镇化进程的加快与农村剩余劳动力的释放，传统农村"男耕女织"的小农生活被打破。农民在进城后，受到经济发展与城市生活的熏陶等多方面的影响，婚恋观念的变化较大，现代"自由恋爱"观冲击着传统社会"媒人说和"观（薛菁，

2013）。特别是进城后农民工群体出现"临时夫妻"现象，这种特殊形态的婚姻关系以一种默契的群体认同方式长久存在。农民工在城市融合过程中对婚姻文化的认识出现了微妙的转变。基于上述分析，提出如下假设（见表6-5）。

表6-5 城市融合对农民工主观婚姻质量影响假设

城市融合		主观婚姻质量		
		是否有离婚念头	婚姻满意度	家务分工满意度
经济融合	H6-12 月收入更高	没有离婚念头	更高	更低
文化融合	H6-13 家乡文化保持更好	没有离婚念头	更高	更低
社会融合	H6-14 愿意与市民有交往	没有离婚念头	更高	更低

（3）代际特征与主观婚姻质量

孩子的出生会改变原有的家庭结构，减少夫妻互动的频率和时间，新的消费支出造成家庭经济紧张，产生更多家务劳动，从而降低夫妻的婚姻幸福感（White et al.，1986）。孩子造成夫妻二人相处时间减少，婚姻理想化程度不断降低，夫妻间因为孩子而出现冲突，性格上不容纳对方，交流越来越少，婚姻幸福感下降（宁静，2015）。对流动女性婚姻质量研究发现，孩子的数量对婚姻质量的很多方面都有消极影响，孩子数量越多，性生活质量越差，对婚姻满意度的评价越低（曹锐，2010）。孩子数量与已婚夫妇的婚姻满意度有负向关系，每多生育一个孩子，已婚夫妇间的婚姻满意度就降低一个层次（王存同、余姣，2013）。研究青年农民工婚姻稳定性发现，孩子数量的增加，会引起婚姻稳定性的提高（徐海娇、杨哲，2017）。但对婚龄相同的妻子而言，生育小孩者的主观幸福感会明显降低（陆杰华、阮韵晨，2017）。

以夫妻为轴心的核心家庭逐渐成为当今中国的典型家庭形式，夫妻关系受到重视，感情纽带日趋强化，传统家庭伦理的"孝"的意义也发生了转变。能力的强化与生活方式的改变，使得长辈经验在很多方面失去了指导意义，青年人对长辈的依赖减弱。在大事的决定权上，更多表现为子女个人做主，父母意见作为参考（汪怀君，2005）。亲子关系的反馈模式是中国传统文化的一大特点，讲求父母抚养子女，子女孝敬、赡养父母，妻子嫁给丈夫，与丈夫一同孝敬父母（费孝通，1983）。从访谈中发现，被访农民工不知道或几乎不知道"古24孝、新24孝"，但对于孝道，大部分农民工认为是不会过时的。一位农民工这样说道："中国传统文化讲究'父为子纲'，一辈传一辈，这一代对老人不孝顺了，下一代对这一代同样不孝顺。"夫妻关系和谐的农民工夫妇，在对双方父母的认识与看法方面能保持一致，并能与父母和谐相处。遇到大事是否能听取父母意见，已有研究没有涉及，但从文献中得知，夫妻婚姻关系受到夫妻间彼此尊重、情感满足以及互动强度与交流效率的影响（Lewis and Spanier，1979）。据此，本研究提出如下假设（见表6-6）。

表6-6　代际特征对农民工主观婚姻质量影响假设

代际特征	主观婚姻质量		
	是否有离婚念头	婚姻满意度	家务分工满意度
H6-15 孩子数量越多	有离婚念头	更低	更高
H6-16 遇到大事能听取父母意见	没有离婚念头	更高	更低

二　变量设置

1. 因变量

因变量为客观婚姻质量与主观婚姻质量，客观婚姻质量包括夫妻冲突程度、流动前后夫妻关系变化、近一年是否正式提出过离婚这三个方面。夫妻四种冲突形式有：讲道理、讽刺挖苦或辱骂、长时间不和对方说话和动手打人。夫妻冲突程度为三分类变量，"无暴力（讲道理）=1""冷暴力（讽刺挖苦或辱骂、长时间不和对方说话）=2""肢体暴力（动手打人）=3"。流动前后夫妻关系变化通过问卷题项"流动前后夫妻关系有什么变化"得到，夫妻关系的变化为三分类变量，"由好变坏=1""无变化=2""由坏变好=3"。近一年是否正式提出过离婚通过问卷题项"近一年，您或您配偶是否正式提出过离婚？"得到，为二分类变量，"否=1""是=2"。主观婚姻质量包括近一年是否有过离婚念头、婚姻满意度、家务分工公平度三个方面。近一年是否有过离婚念头通过问卷题项"近一年，您是否有过离婚念头"得到，为二分类变量，"否＝1""是＝2"。婚姻满意度通过问卷题项"您对您婚姻的满意程度有多少"获得，相近项合并后为三分类变量，"不满意＝1""一般＝2""满意＝3"。家务分工公平度通过问卷题项"您觉得您家里目前的家务分工公平吗"得到，将问题的四个答案归为二分类变量，"公平＝1"，代表对目前分配满意，觉得分配公平，"不公平＝2"，代表"对我不公平、对配偶不公平、对我们都不公平"三种。

表 6-7 因变量统计描述

因变量		男性		女性	
		频数	百分比（%）	频数	百分比（%）
客观婚姻质量					
夫妻冲突程度	无暴力	154	38.5	100	35.8
	冷暴力	186	46.5	150	53.8
	肢体暴力	60	15.0	29	10.4
流动前后夫妻关系变化	由好变坏	31	7.8	19	6.7
	无变化	318	79.7	226	79.9
	由坏变好	50	12.5	38	13.4
近一年是否正式提出过离婚	否	337	84.0	263	84.8
	是	64	16.0	47	15.2
主观婚姻质量					
是否有过离婚念头	没有	284	70.8	194	68.6
	有	117	29.2	89	31.4
婚姻满意度	不满意	24	6.0	22	7.8
	一般	95	23.7	62	21.9
	满意	282	70.3	199	70.3
家务分工公平度	公平	265	66.1	176	62.2
	不公平	136	33.9	107	37.8

2. 自变量

自变量包括夫妻相对资源，城市融合与代际特征。夫妻相对资源包含相对文化程度、相对健康状况和相对经济收入三个方面。相对文化程度体现农民工夫妻间文化程度的差异，从问卷题项"您的受教育程度如何"与"您配偶的受教育程度如何"这两个问题得到，农民工受教育程度减去配偶受教育程度，结果为负表示配偶相对文化程度高，即"配偶+=1"；结果为"0"表示夫妻文化程度一样，即"一样=2"；结果为正表示配偶相对文化程度低，即"配偶-=3"，以"配偶-"为参照类。相对健康状况体现农民工夫妻间身体健康状况上的差异，从问卷题项"您觉得您目前健康状况如何"与"您配偶目前的健康状况如何"得到，农民工健康状况减去配偶健康状况，结果为负表示配偶相对健康状况好，即"配偶+=1"；结果为"0"则相对健康状况一样，"一样=2"；结果为正，则表示配偶健康状况差，即"配偶-=3"，以"配偶-"为参照类。相对经济收入体现农民工夫妻间经济收入上的差异。用问卷题项"近半年，您打工的平均月收入如何"与"近半年，您配偶打工的平均月收入如何"相减得到，如果结果为负，则认为配偶相对经济收入高，即"配偶+=1"；结果为"0"，则认为相对收入一样，"一样=2"；相减结果为正，则认为配偶相对收入低，即"配偶-=3"，以"配偶-"为参照类。

城市融合包括月收入、家乡文化保持和交友意愿。月收入根据"近半年，您打工的月平均收入是多少"来测量。家乡文化保持参照悦中山等（2012a）的改编，用4个题组成了5级Likert量表来测量。这些题的取值为非常不同意=1，不同意=2，一般=3，同意=4，非常同意=5，将4个问题取值相加得到文化保持数值，将文化保持数值与其均值做比较，低于均值认为"文化保持差=1"，高于或等于均值则认为"文化保持好=2"，以"文化保持好"为参照类。交友意愿由问卷题项"您与城市居民的交往如何"得到，划分为三分类变量，"工作与生活均有交往=1""工作或生活有交往=2""无交往=3"，以"无交往"为参照类。

代际特征包括子女数量和能否听取父母意见。子女数量根据问卷中"男孩数量""女孩数量"加总得到，为三分类变量，"一个=1""两个=2""三个及以上=3"，以"三个及以上"为参照类。能否听取父母意见从问卷题项"你在家庭的重大事件上能否听取父母意见"得到，为三分类变量，"能=1""不一定=2""不能=3"，以"不能"为参照类。

表 6-8　自变量统计描述

自变量	定义或指标	男性		女性	
		均值	标准差	均值	标准差
夫妻相对资源					
相对文化程度	配偶+=1，一样=2，配偶-=3	2.497	0.624	2.353	0.740
相对健康状况	配偶+=1，一样=2，配偶-=3	2.406	0.667	2.426	0.693
相对经济收入	配偶+=1，一样=2，配偶-=3	2.925	0.317	2.211	0.943
个体特征					
年龄	连续变量	33.710	11.041	31.660	10.285
行业类型	制造/采矿业=1，建筑业=2，服务业=3	2.300	0.828	2.490	0.829
打工年限	连续变量	11.470	8.861	8.970	7.127
城市融合					
月收入（元）	连续变量	3731.300	2576.735	2809.180	2628.097
家乡文化保持	文化保持差=1，文化保持好=2	1.545	0.498	1.512	0.500
交友意愿	工作与生活均有交往=1，工作或生活有交往=2，无交往=3	1.605	0.633	1.513	0.644
流动特征					
流动模式	内外分工=1，比翼齐飞=2，劳燕分飞=3	1.587	0.610	1.958	0.561
流动距离	同省=1，跨省=2	1.410	0.493	1.420	0.494
代际特征					
子女数量	一个=1，两个=2，三个及以上=3	1.638	0.650	1.594	0.671
能否听取父母意见	能=1，不一定=2，不能=3	1.532	0.611	1.509	0.599

3. 控制变量

控制变量主要包括个体特征和流动特征。个体特征包括年龄、行业类型和打工年限。年龄为连续变量；行业类型按问卷中"您目前工作所属的行业"划分为三分类变量，将"制造/采矿业"赋值为1，"建筑业"赋值为2，"服务业"赋值为3，以"服务业"为参照类；打工年限考察农民工的城市工作经验，为连续变量；月收入为连续变量。

流动特征包括流动模式和流动距离。流动模式从问卷题项"目前您的配偶的状态"获得，如果被访者回答"未外出"，则认为是内外分工型，赋值为 1。如果被访者回答"外出打工，和我在同一城市"，则认为是比翼齐飞型，赋值为 2。如果被访者回答"外出打工，和我不在同一城市"，则认为是劳燕分飞型，赋值为 3，以"劳燕分飞"为参照类。流动距离通过户籍地省份和打工地身份对比得到，相同则为"同省"，赋值为 1，不相同则为"跨省"，赋值为 2，以"跨省"为参照类。

三　模型选择

客观婚姻质量中的"是否正式提出离婚"与客观婚姻质量中的"是否有过离婚念头"与"家务分工公平度"均为二分类变量，采用二元 Logistic 模型。模型参见第三章。近一年是否正式提出过离婚中，p 为表示"没有正式提出离婚"的概率，$1-p$ 为"有正式提出过离婚"的概率；而是否有过离婚念头中，p 表示"没有离婚念头"的概率；家务分工公平度中，p 则表示"对家务分工公平"的概率。

因变量中"流动前后婚姻关系变化"为三分类无序变量（由好变坏，无变化，由坏变好），因此采用了多分类 Logistic 模型分析。模型参见第三章。p_3 为因变量对照组（由坏变好）发生的概率，p_i（$i=1$，2）分别代表夫妻关系由好变坏和无变化的概率。

客观婚姻质量中的冲突程度与主观婚姻质量中的婚姻满意度均为三分类定序变量，采用 Ordinal 回归模型进行分析。模型参见第五章。

第二节　客观婚姻质量

一　客观婚姻质量现状

通过夫妻冲突程度、流动前后夫妻关系变化以及是否正式提出离婚来衡量农民工客观婚姻质量，并从性别视角分析男性农民工与女性农民工在客观婚姻质量的差异，如表 6-9 所示。

表 6-9　农民工客观婚姻质量现状及性别差异

变量		男性		女性	
		频数	百分比（%）	频数	百分比（%）
夫妻冲突程度	无暴力	154	38.5	100	35.8
	冷暴力	186	46.5	150	53.8
	肢体暴力	60	15.0	29	10.4
LR 检验		4.782			
流动前后夫妻关系变化	由好变坏	31	7.8	19	6.7
	无变化	318	79.7	226	79.9
	由坏变好	50	12.5	38	13.4
LR 检验		0.357			
近一年是否正式提出过离婚	否	337	84.0	263	84.8
	是	64	16.0	47	15.2
LR 检验		0.051			

农民工夫妻冲突程度主要表现为冷暴力，男性 46.5%，女性 53.8%，女性略高；肢体暴力较少，男性 15.0%，女性 10.4%，男性较高。从流动前后夫妻关系变化来看，近八成的农民工无变化（男性 79.7%，女性 79.9%），由好变坏的比例较低，男性 7.8%，女性 6.7%；由坏变好的比例略高，男性 12.5%，女性 13.4%。从正式提出离婚结果来看，提出离婚的比例较低，男性 16.0%，女性 15.2%。LR 检验结果显示，夫妻冲突程度、流动前后夫妻关系变化以及是否正式提出过离婚均无显著性别差异。

二　客观婚姻质量的影响因素

1. 夫妻冲突程度

农民工夫妻冲突程度影响因素及性别差异见表 6-10。结果显示，夫妻相对资源、城市融合对夫妻冲突程度的影响具有较大的性别差异，但代际特征对夫妻冲突程度的影响无明显性别差异。

表 6-10　农民工夫妻冲突程度影响因素及性别差异

变量	男性	女性
夫妻相对资源		
相对文化程度（农民工配偶-）		
农民工配偶+	0.213（0.455）	-0.167（0.615）
农民工夫妻一样	0.320（0.304）	0.040（0.536）
相对健康状况（农民工配偶-）		
农民工配偶+	-0.245（0.415）	0.427（0.637）
农民工夫妻一样	-0.591$^+$（0.327）	-0.479（0.477）
相对经济收入（农民工配偶-）		
农民工配偶+	-21.065（0.000）	-0.433（0.533）
农民工夫妻一样	-0.267（0.485）	-0.171（0.659）
城市融合		
月收入（log）	1.833**（0.695）	1.179（0.859）
家乡文化保持	-0.018（0.051）	-0.105（0.081）
交友意愿（无交往）		
在工作和生活上与市民都有交往	-1.822***（0.524）	-0.269（0.544）
在工作或生活中与市民有交往	-1.245*（0.498）	0.132（0.578）
代际特征		
孩子数量（三个及以上）		
一个	0.039（0.525）	0.085（0.776）
两个	0.044（0.511）	0.257（0.736）
听取父母意见（不能）		
能	-0.741（0.488）	0.754（0.842）
不一定	-0.700（0.471）	0.364（0.815）
控制变量		
年龄	-0.024（0.019）	0.002（0.028）
打工年限	0.030（0.019）	-0.029（0.030）

续表

变量	男性	女性
行业类型（服务业）		
制造/采矿业	−0.292（0.309）	0.114（0.431）
建筑业	−0.106（0.331）	−1.890*（0.824）
流动模式（劳燕分飞）		
内外分工	−0.192（0.276）	0.314（0.531）
比翼齐飞	−0.168（0.358）	0.268（0.453）
流动距离（跨省）		
省内	−0.104（0.270）	0.854+（0.455）
−2LL	465.322**	224.684
样本量	248	129

注：1. +$p<0.1$, *$p<0.05$, **$p<0.01$, ***$p<0.001$。2. 括号内数字为标准误。

　　表6-10回归结果显示，在夫妻相对资源方面，对男性农民工而言，夫妻相对健康状况对夫妻冲突程度有显著影响，即夫妻健康状况一样的农民工夫妻间更可能无暴力；而相对文化程度与相对经济收入对夫妻冲突程度无显著影响。对女性而言，夫妻相对资源各变量均无显著影响。在城市融合方面，对男性而言，经济融合，如月收入较高，更可能促使夫妻间产生肢体暴力；社会融合，如在工作和生活上与市民都有交往，夫妻间更可能无暴力。而对女性而言，城市融合对夫妻冲突程度无显著影响。无论是男性还是女性农民工，代际特征对夫妻冲突程度均无显著影响。在控制变量中，对男性而言，各变量均无显著影响；但对女性而言，从事行业和流动距离影响显著，即从事建筑业夫妻冲突更可能表现为无暴力，省内流动的农民工夫妻冲突更可能表现为肢体暴力。

2. 流动前后夫妻关系变化

　　流动前后农民工夫妻关系变化的影响因素及性别差异见表6-11。结果显示，城市融合和代际特征对流动前后夫妻关系变化的影响具有明显的性别差异。夫妻相对资源的影响无性别差异。

表6-11　流动前后农民工夫妻关系变化影响因素及性别差异

变量	男性		女性	
	由坏变好/由好变坏	无变化/由好变坏	由坏变好/由好变坏	无变化/由好变坏
夫妻相对资源				
相对文化程度（农民工配偶-）				
农民工配偶+	0.652 (1.067)	-0.206 (0.881)	1.580 (1.721)	1.306 (1.531)
农民工夫妻一样	0.791 (0.811)	0.250 (0.645)	0.303 (1.388)	0.357 (1.227)
相对健康状况（农民工配偶-）				
农民工配偶+	0.293 (1.108)	0.643 (0.981)	-2.430 (2.045)	-1.584 (1.843)
农民工夫妻一样	-0.559 (0.770)	-0.119 (0.643)	-1.223 (1.747)	-0.400 (1.608)
相对经济收入（农民工配偶-）				
农民工配偶+	0.454 (0.000)	18.753 (0.000)	-0.186 (1.602)	2.108 (1.403)
农民工夫妻一样	0.328 (1.356)	0.764 (1.140)	-0.609 (2.136)	1.692 (1.829)
城市融合				
月收入（log）	2.509 (1.787)	2.648^{+} (1.518)	-0.952 (2.899)	0.655 (2.501)
家乡文化保持	0.200 (0.128)	0.241* (0.104)	0.576 (0.356)	0.732* (0.340)
交友意愿（无交往）				
在工作和生活上与市民都有交往	0.656 (1.209)	1.575 (1.007)	—	—
在工作或生活中与市民有交往	0.645 (1.122)	0.812 (0.946)	—	—
代际特征				
孩子数量（三个及以上）				
一个	2.236 (1.443)	1.450 (1.036)	-1.009 (2.493)	-1.318 (2.310)

续表

变量	男性		女性	
	由坏变好/由好变坏	无变化/由好变坏	由坏变好/由好变坏	无变化/由好变坏
两个	1.039 (1.374)	0.273 (0.938)	-1.199 (2.511)	-0.605 (2.355)
听取父母意见（不能）				
能	0.642 (1.244)	-0.049 (1.005)	-15.846*** (1.774)	-16.511*** (1.126)
不一定	-0.871 (1.227)	-0.701 (0.971)	-16.415*** (1.435)	-15.560 (0.000)
控制变量				
年龄	0.135* (0.063)	0.123* (0.058)	0.272+ (0.151)	0.263+ (0.144)
打工年限	-0.111+ (0.062)	-0.132* (0.056)	-0.287+ (0.149)	-0.322* (0.142)
行业类型（服务业）				
制造采矿业	0.091 (0.716)	0.098 (0.581)	0.325 (1.526)	-0.067 (1.399)
建筑业	1.661 (1.053)	2.115* (0.944)	-0.269 (1.853)	-1.320 (1.774)
流动模式（劳燕分飞）				
内外分工	-0.428 (0.698)	-0.334 (0.580)	-2.570+ (1.549)	-1.730 (1.310)
比翼齐飞	0.536 (0.693)	0.112 (0.585)	-0.836 (1.553)	-1.625 (0.869)
流动距离（跨省）				
省内	0.874 (0.723)	1.553* (0.623)	-1.045 (1.519)	-0.010 (1.393)
-2LL	270.951		113.302	
样本量	248		133	

注：1. + $p<0.1$, * $p<0.05$, ** $p<0.01$, *** $p<0.001$。2. 括号内数字为标准误。

在夫妻相对资源方面，无论是男性农民工还是女性农民工，夫妻相对文化程度、相对健康状况、相对经济收入对流动前后夫妻关系变化均无显著影响。在城市融合方面，对男性农民工而言，经济融合，如月收入高，有利于农民工流动前后夫妻关系保持不变；对女性农民工而言，月收入对夫妻关系变化无显著影响。家乡文化保持对两性农民工夫妻关系变化均有显著影响，即文化保持越好，越有利于农民工夫妻关系保持不变。在代际特征方面，对男性农民工而言，代际特征对夫妻关系变化无显著影响；而对女性农民工而言，听取父母意见有显著影响。具体表现为，相对于遇到大事不能听取父母意见者，能听取父母意见的农民工夫妻关系更可能由好变坏。换言之，不听取父母意见的农民工夫妻关系更可能由坏变好。这一结果与传统观念相去甚远，意味着农民工的夫妻关系受传统观念的约束较小，主要受现代主流观念的影响。

在控制变量中，年龄和打工年限对两性农民工夫妻关系影响相同，年龄越大，夫妻关系更可能无变化或由坏变好；打工年限越长，夫妻关系更可能由好变坏，表明城市社会环境不利于农民工夫妻关系的稳定。对两性农民工夫妻关系影响有差异的变量是行业类型、流动模式和流动距离。从事建筑业的男性农民工夫妻关系更倾向于无变化；与劳燕分飞流动模式相比，内外分工模式更可能促使女性农民工夫妻关系由好变坏；省内流动的男性农民工夫妻关系更可能无变化。

3. 近一年是否正式提出过离婚

农民工是否正式提出过离婚的影响因素及性别差异见表 6-12。结果显示，夫妻相对资源和城市融合对农民工是否正式提出过离婚有显著影响，且表现出一定的性别差异，而代际特征则无显著影响。

表 6-12 农民工近一年是否正式提出过离婚影响因素及性别差异

变量	男性	女性
夫妻相对资源		
相对文化程度（农民工配偶-）		
农民工配偶+	0.914（0.623）	1.622[+]（0.914）
农民工夫妻一样	-0.014（0.482）	0.623（0.875）

续表

变量	男性	女性
相对健康状况（农民工配偶−）		
农民工配偶+	−0.875（0.584）	1.304（0.815）
农民工夫妻一样	−1.388**（0.463）	0.444（0.664）
相对经济收入（农民工配偶−）		
农民工配偶+	1.630（1.395）	−0.501（0.673）
农民工夫妻一样	−0.737（0.891）	0.838（0.779）
城市融合		
月收入（log）	2.124*（1.014）	−0.619（1.062）
家乡文化保持	−0.145+（0.079）	−0.288*（0.114）
交友意愿（无交往）		
在工作和生活上与市民都有交往	1.310+（0.730）	—
在工作或生活中与市民有交往	0.452（0.662）	—
代际特征		
孩子数量（三个及以上）		
一个	0.260（0.827）	−0.343（0.925）
两个	−0.682（0.830）	−1.390（0.939）
听取父母意见（不能）		
能	0.535（0.888）	—
不一定	−0.256（0.882）	—
控制变量		
年龄	0.001（0.031）	−0.055（0.038）
打工年限	−0.004（0.031）	0.104**（0.039）
行业类型（服务业）		
制造/采矿业	−0.763（0.513）	—
建筑业	−0.082（0.503）	—
流动模式（劳燕分飞）		
内外分工	0.137（0.432）	0.070（0.648）
比翼齐飞	0.156（0.369）	0.156（0.589）
流动距离（跨省）		

续表

变量	男性	女性
省内	0.264（0.418）	-0.352（0.539）
-2LL	179.333*	116.531**
样本量	249	159

注：1. $^+p<0.1$，$^*p<0.05$，$^{**}p<0.01$，$^{***}p<0.001$。2. 括号内数字为标准误。

在夫妻相对资源方面，相对文化程度仅对女性农民工产生影响，即丈夫文化程度更高的女性农民工更可能正式提出离婚；相对健康状况仅对男性农民工产生影响，即夫妻健康状况相同的男性农民工更不可能正式提出离婚；相对经济收入对两性农民工均无显著影响。在城市融合方面，经济融合，如月收入越高，越可能促使男性农民工正式提出离婚，而对女性农民工无显著影响；文化融合，如家乡文化保持，均有利于两性农民工婚姻稳定，即不正式提出离婚；社会融合，如与市民在生活和工作上都有交往，仅不利于男性农民工婚姻稳定，对女性农民工无显著影响。在控制变量方面，只有打工年限不利于女性农民工婚姻稳定，即打工年限越长，女性农民工越可能正式提出离婚。

第三节　主观婚姻质量

一　主观婚姻质量现状

农民工主观婚姻质量现状及性别差异见表6-13。主观婚姻质量体现在是否有过离婚念头、婚姻满意度和家务分工满意度三个方面。

表6-13　主观婚姻质量现状及性别差异

变量		男性		女性		样本量
		频数	百分比（%）	频数	百分比（%）	
是否有过离婚念头	没有	284	70.8	194	68.6	487
	有	117	29.2	89	31.4	206
LR 检验		0.406				

续表

变量		男性		女性		样本量
		频数	百分比（%）	频数	百分比（%）	
婚姻满意度	不满意	24	6.0	22	7.8	46
	一般	95	23.7	62	21.9	157
	满意	282	70.3	199	70.3	481
LR 检验		1.011				
家务分工满意度	公平	265	66.1	176	62.2	441
	不公平	136	33.9	107	37.8	243
LR 检验		1.096				

表 6-13 结果显示，在离婚念头方面，男性农民工有过念头的占 29.2%，低于女性农民工相应比例 31.4%；在婚姻满意度方面，男性农民工不满意的比例为 6.0%，低于女性农民工相应比例 7.8%；在家务分工满意度方面，男性农民工认为不公平的比例为 33.9%，低于女性农民工相应比例 37.8%。尽管如此，LR 检验结果显示，在三个方面均无显著性别差异。

二　主观婚姻质量的影响因素

1. 是否有过离婚念头

农民工是否有过离婚念头影响因素及性别差异见表 6-14。结果显示，夫妻相对资源、城市融合与代际特征均有显著影响，且表现出明显的性别差异。

表 6-14　农民工是否有过离婚念头影响因素及性别差异

变量	男性	女性
夫妻相对资源		
相对文化程度（农民工配偶-）		
农民工配偶+	0.735（0.531）	1.284[+]（0.772）
农民工夫妻一样	-0.018（0.376）	0.542（0.697）

续表

变量	男性	女性
相对健康状况（农民工配偶-）		
农民工配偶+	-1.123 * (0.494)	0.785（0.747）
农民工夫妻一样	-1.101 ** (0.370)	0.470（0.614）
相对经济收入（农民工配偶-）		
农民工配偶+	0.386（1.395）	-0.577（0.631）
农民工夫妻一样	-0.354（0.635）	0.521（0.779）
城市融合		
月收入（log）	1.241（0.820）	-1.457（1.022）
家乡文化保持	-0.063（0.064）	-0.165 + (0.099)
交友意愿（无交往）		
在工作和生活上与市民都有交往	-1.005 + (0.586)	1.165（0.775）
在工作或生活中与市民有交往	-0.806（0.555）	1.708 * (0.799)
代际特征		
孩子数量（三个及以上）		
一个	-0.832（0.626）	-1.192（0.917）
两个	-0.839（0.602）	-1.442 + (0.845)
听取父母意见（不能）		
能	-0.392（0.592）	0.173（0.998）
不一定	-0.470（0.567）	0.160（0.963）
控制变量		
年龄	0.003（0.024）	-0.024（0.035）
打工年限	0.010（0.024）	0.018（0.036）
行业类型（服务业）		
制造/采矿业	0.154（0.386）	0.498（0.504）
建筑业	0.302（0.413）	0.362（0.862）
流动模式（劳燕分飞）		
内外分工	0.208（0.345）	0.434（0.617）

续表

变量	男性	女性
比翼齐飞	0.355（0.412）	0.586（0.351）
流动距离（跨省）		
省内	-0.212（0.332）	-0.048（0.520）
-2LL	260.194+	139.210
样本量	249	133

注：1. $^+p<0.1$，$^*p<0.05$，$^{**}p<0.01$，$^{***}p<0.001$。2. 括号内数字为标准误。

在夫妻相对资源方面，相对文化程度仅对女性农民工产生影响，即丈夫文化程度高的女性农民工更可能产生离婚念头。相对健康状况仅对男性农民工产生影响，即妻子更健康或夫妻健康状况一样的男性农民工更不可能有离婚念头。相对经济收入对两性农民工均无显著影响。在城市融合方面，经济融合，如月收入高，对两性农民工均无显著影响。但文化融合和社会融合均产生显著影响，具体表现为：家乡文化保持越好，女性农民工越不可能产生离婚念头，但对男性农民工无显著影响；与市民在工作和生活上都有交往的男性农民工更不可能有离婚念头，但与市民在工作或生活单方面有交往的女性农民工更可能产生离婚念头。在代际特征方面，孩子数量会影响女性农民工离婚念头，即与有三个及以上孩子的农民工相比，有两个孩子的女性农民工更不可能有离婚念头。控制变量均无显著影响。

2. 婚姻满意度

农民工婚姻满意度影响因素及性别差异见表6-15。结果显示，夫妻相对资源、城市融合和代际特征的影响均有显著差异。

表6-15　农民工婚姻满意度影响因素及性别差异

变量	男性	女性
夫妻相对资源		
相对文化程度（农民工配偶-）		
农民工配偶+	0.920+（0.514）	0.211（0.777）
农民工夫妻一样	0.000（0.364）	1.104（0.703）

变量	男性	女性
相对健康状况（农民工配偶-）		
农民工配偶+	-0.345（0.474）	0.211（0.701）
农民工夫妻一样	-0.682⁺（0.380）	-0.173（0.535）
相对经济收入（农民工配偶-）		
农民工配偶+	1.274（1.213）	0.244（0.605）
农民工夫妻一样	-0.027（0.628）	0.688（0.715）
城市融合		
月收入（log）	1.109（0.822）	0.522（0.884）
家乡文化保持	-0.069（0.062）	-0.108（0.095）
交友意愿（无交往）		
在工作和生活上与市民都有交往	-2.072***（0.576）	-0.478（0.635）
在工作或生活中与市民有交往	-0.746（0.513）	0.501（0.646）
代际特征		
孩子数量（三个及以上）		
一个	-0.055（0.667）	-1.240（0.798）
两个	-0.128（0.643）	-1.936*（0.788）
听取父母意见（不能）		
能	-1.422*（0.556）	0.833（1.348）
不一定	-1.301*（0.521）	1.738（1.292）
控制变量		
年龄	0.023（0.023）	-0.003（0.033）
打工年限	-0.033（0.023）	0.042（0.033）
行业类型（服务业）		
制造/采矿业	-0.294（0.386）	0.054（0.512）
建筑业	-0.232（0.407）	0.483（0.809）
流动模式（劳燕分飞）		
内外分工	0.576⁺（0.342）	0.828（0.591）
比翼齐飞	0.689（0.385）	0.696（0.497）
流动距离（跨省）		

续表

变量	男性	女性
省内	0.378（0.337）	-0.016（0.491）
-2LL	315.518 **	182.109 *
样本量	249	133

注：1. +p<0.1, *p<0.05, **p<0.01, ***p<0.001。2. 括号内数字为标准误。

在夫妻相对资源方面，相对文化程度和相对健康状况仅对男性农民工有显著影响，即妻子文化程度更高的男性农民工婚姻满意度更高，夫妻健康状况一样的男性农民工婚姻满意度更低。相对经济收入对两性农民工婚姻满意度均无显著影响。在城市融合方面，经济融合和文化融合对两性农民工婚姻满意度均无显著影响。社会融合仅对男性农民工有显著影响，即与市民在工作和生活上都有交往的男性农民工对婚姻更不满意。在代际特征方面，孩子数量仅对女性农民工婚姻满意度产生影响，即与有三个及以上孩子的女性农民工相比，有两个孩子的女性农民工对婚姻更不满意。大事是否听取父母意见仅对男性农民工婚姻满意度有显著影响，与不能听取父母意见相比，能听取父母意见的男性农民工对婚姻更不满意。在控制变量方面，仅有流动模式对男性农民工婚姻满意度有显著影响，即与劳燕分飞模式相比，处于内外分工模式的男性农民工对婚姻更满意。

3. 家务分工公平度

农民工家务分工公平度的影响因素及性别差异见表6-16。数据显示，夫妻相对资源和城市融合对家务分工公平度影响存在性别差异，而代际特征均对男女农民工家务分工公平度无显著影响。

表6-16　农民工家务分工公平度影响因素及性别差异

变量	男性	女性
夫妻相对资源		
相对文化程度（农民工配偶-）		
农民工配偶+	0.765（0.507）	0.319（0.709）
农民工夫妻一样	0.086（0.341）	0.810（0.613）
相对健康状况（农民工配偶-）		

续表

变量	男性	女性
农民工配偶+	0.772⁺（0.455）	1.040（0.706）
农民工夫妻一样	0.082（0.363）	−0.669（0.529）
相对经济收入（农民工配偶−）		
农民工配偶+	−0.429（1.303）	−0.431（0.604）
农民工夫妻一样	−0.436（0.588）	−1.063（0.796）
城市融合		
月收入（log）	−1.464⁺（0.796）	0.533（0.986）
家乡文化保持	−0.019（0.058）	0.252**（0.094）
交友意愿（无交往）		
在工作和生活上都有交往	−0.313（0.563）	−0.833（0.618）
在工作或生活中有交往	0.059（0.539）	−0.613（0.659）
代际特征		
孩子数量（三个及以上）		
一个	−0.917（0.580）	0.389（0.897）
两个	−0.415（0.557）	0.409（0.854）
听取父母意见（不能）		
能	−0.182（0.528）	0.622（1.068）
不一定	−0.304（0.508）	0.905（1.018）
控制变量		
年龄	−0.032（0.022）	−0.036（0.034）
打工年限	0.042⁺（0.022）	−0.005（0.033）
行业类型（服务业）		
制造/采矿业	0.296（0.344）	0.846⁺（0.515）
建筑业	0.174（0.375）	−0.212（0.805）
流动模式（劳燕分飞）		
内外分工	−0.162（0.308）	0.420（0.600）
比翼齐飞	−0.189（0.438）	0.389（0.456）
流动距离（跨省）		
省内	0.105（0.304）	1.423**（0.538）
−2LL	303.593	146.298*
样本量	249	133

注：1. ⁺$p<0.1$，*$p<0.05$，**$p<0.01$，***$p<0.001$。2. 括号内数字为标准误。

在夫妻相对资源方面，仅有相对健康状况对男性农民工家务分工公平度产生影响，即与妻子健康状况差的男性农民工相比，妻子健康状况好的男性农民工认为家务分工更不公平；夫妻相对资源对女性农民工家务分工公平度无显著影响。在城市融合方面，经济融合，如月收入高，有助于提升男性农民工家务分工公平度；文化融合，如家乡文化保持好，更可能使女性农民工认为家务分工不公平；社会融合（交友意愿）对男性和女性农民工家务分工公平度均无显著影响。

在控制变量方面，对男性而言，仅有打工年限对家务分工公平度有显著影响，即打工年限越长，农民工越可能认为家务分工不公平。对女性而言，仅有行业类型和流动距离对家务分工公平度有显著影响，即与从事服务业者相比，从事制造/采矿业的农民工更可能认为家务分工不公平；与跨省流动者相比，在省内流动的农民工更可能认为家务分工不公平。

本章小结

本章主要从夫妻相对资源、城市融合与代际特征分析了农民工婚姻质量现状和影响因素。研究发现，农民工客观婚姻质量和主观婚姻质量影响因素具有明显的性别差异，具体表现如下。

1. 客观婚姻质量

就现状而言，农民工婚姻整体情况较好，在夫妻冲突程度、流动前后夫妻关系变化、是否正式提出离婚方面男性比女性略严重，但无显著性别差异。就影响因素而言，①在夫妻冲突程度方面，对男性农民工而言，相对健康状况对夫妻冲突程度有显著影响，即夫妻健康状况一样的农民工夫妻间更可能无暴力；经济融合，如月收入较高，更可能促使夫妻间产生肢体暴力；社会融合，如在工作和生活上与市民都有交往，夫妻间更可能无暴力。对女性农民工而言，夫妻相对资源和城市融合无显著影响。无论是男性还是女性农民工，代际特征对夫妻冲突程度均无显著影响。②在流动前后夫妻关系变化方面，对男性农民工而言，经济融合有利于农民工流动前后夫妻关系保持不变；对女性而言，遇到大事能听取父母意见的农民工夫妻关系更可能由好变坏。文化融合对两性农民工夫妻关系变化影响一致,即家乡文化保持越好,越有利于农民工夫妻关系保持不变。③在近一年是否正式提出过离婚方面,对男性而言,夫妻健康状况相同有利于农民工婚姻稳定。经济融合和社会融合均不利于农民工婚姻稳定。对女性而言,丈夫文化程度更高,婚姻更不稳定。文化融合均有利于两性农民工婚姻稳定。

2. 主观婚姻质量

农民工婚姻现状整体较好,部分农民工有离婚念头、婚姻不满意和认为家务分工不公平,但无表现出显著性别差异。就影响因素而言,①在是否有过离婚念头方面,对男性而言,妻子更健康或夫妻健康状况一样,更不可能产生离婚念头。与市民在工作和生活上都有交往,更不可能有离婚念头。对女性而言,丈夫文化程度高,更可能产生离婚念头;家乡文化保持越好,越不可能产生离婚念头;与市民在工作或生活单方面有交往,更可能产生离婚念头;与有三个及以上孩子的农民工相比,有两个孩子的农民工更不可能有离婚念头。②在婚姻满意度方面,对男性而言,妻子文化程度更高,婚姻满意度更高;夫妻健康状况一样,婚姻满意度更低;与市民在工作和生活上都有交往,对婚姻更不满意;与不能听取父母意见相比,遇大事能听取父母意见,对婚姻更不满意。对女性而言,与有三个及以上孩子者相比,有两个孩子者对婚姻更不满意。③在家务分工公平度方面,对于男性,与妻子健康状况差相比,妻子健康状况好的男性农民工认为家务分工更不公平。经济融合有助于提升家务分工公平度;对于女性,家乡文化保持越好,越可能认为家务分工不公平。

第七章

社会性别与农民工代际支持

本章主要分析社会性别视角下农民工代际支持的现状及影响因素。首先，比较分析农民工代际支持现状；其次，比较分析社会性别视角下的农民工向上代际支持（赡养父母）的影响因素分析；再次，比较分析农民工向下代际支持（抚养子女）的影响因素分析；最后，整理本章小结。

第一节　研究设计

一　研究假设

1. 向上代际支持

代际关系理论认为，代际支持具有一定的互惠性和交换性，父母同子女之间是一种代际互惠的交换关系，是利他行为的重要体现。与双方健在的父母相比，丧偶父母在心理和身体上都更缺乏与子女代际交换的资源与能力，在代际支持方面处于劣势（韦艳，2017），无法获得更多的养老支持。Silverstein 等认为，父母照顾孙辈的行为是换取子女支持的重要途径之一（孙鹃娟、张航空，2013）。在农民工外出的大背景下，父母帮助子女抚养孙辈是普遍现象，父母很自然地接受抚养孙辈的责任。父母帮助农民工抚养孙辈有助于减少农民工为照料孩子而损失的各种工作机会，进而提高农民工的劳动时间和劳动收入，使农民工更愿意为抚养孙辈的父母提供更多的代际支持作为补偿。目前，我国农村老人的数量庞大，农村老人的养老问题单纯靠政府投入是力所不及的，社会养老能力有限，农村老年人群体自我养老能力弱，养老模式依旧以家庭模式为主，农村老人第一位的生活来源仍然是子女。而对于那些父母过分依赖政府部门的农民工家庭，可能会使子女对政府形成严重"等、靠、要"思想，不利于子女对父母的代际支持。由此得到以下假设（见表7-1）。

表7-1 父母是否健在、父母生活来源、父母抚养孙辈对农民工
向上代际支持影响假设

	假设	影响		假设	影响		假设	影响
H7-1 父母 健在 情况对	经济支持 H7-1a	+	H7-2 父母 生活 来源对	经济支持 H7-2a	+	H7-3 父母 抚养 孙辈对	经济支持 H7-3a	+
	情感支持 H7-1b	+		情感支持 H7-2b	+		情感支持 H7-3b	+
	生活照料 H7-1c	+		生活照料 H7-2c	+		生活照料 H7-3c	+

注："+"代表显著正影响。

父母把孩子从呱呱坠地的婴孩养育成人，注入了父母无限的爱，父母年老之后，需要子女提供赡养资源。这样就构成了一种"亲情"传递。父母对子女的抚养与子女对父母的赡养都是一种本体性价值关怀的体现，父母在抚养子女的过程中注入了情感寄托与期望。而这种本体性价值关怀，也会在子女与孙辈的抚养与赡养中体现，从而形成代际传递。子女对父母的赡养不仅是义务性的回报，而且是一种感恩性的价值关怀（朱静辉，2013）。当前农村以家庭养老为主，基于"孝"的社会文化制度成为家庭代际支持得以实现的基础，子女基于父母的需求提供代际支持（张烨霞等，2007）。子女是否孝顺是影响父母人心情和感情的一个重要因素，子女孝顺是父母晚年生活的最大动力（陈赛权，2000）。社会文化对个人的要求和期望使得赡养父母成为成年儿子的责任，儿子是养老经济支持的主要提供者（张文娟、李树茁，2004），他们提供的经济支持传递着对父母的关爱和孝敬，符合养儿防老的传统养老文化以及传统家庭养老的"反馈模式"。在儒家看来，经济上的赡养是基本前提，但不是孝的精髓，真正的孝在于尊敬、恭顺父母。因此，后人总结孝顺父母的标准是"以事养亲，以顺悦亲"（朱静辉，2013）。依据传统文化，孝道可分为四个层次：养父母之身（小孝）、养父母之心（中孝）、养父母之志（大孝）和养父母之慧（至孝）。子女孝顺父母是最基本的道德和义务，父母都希望自己的子女能够孝顺自己，孝顺不仅是金钱上的满足，

更多的是精神上的关怀和情感上的慰藉。关于香港家庭照顾者如何基于子女责任，承担照顾老年体弱父母的研究发现，纵然受访的家庭照顾者从未对传统孝道文化有过深入了解，但他们却往往以"传统""孝顺"等字眼解释子女对父母照顾的责任。根据马克思主义观点，上层建筑一旦形成，就会反作用于经济基础。孝顺观念形成之后，也必然会对中国的家庭养老产生巨大的促进作用（姚远，2007）。儒孝精神旨在尝试巩固有关下一代奉养父母的文化责任。在目前我国以家庭养老为主的情形下，子女对父母的照顾责任仍然根植于传统文化的价值理念，以"孝"为核心的价值规范在父母与子女间的照顾关系上还有很强的黏合作用。定性资料的研究结果表明："孝"仍然是子女照顾父母的主要原动力。基于上述理论和研究，本研究认为，农民工对孝道理解程度和听取父母意见程度对家庭养老产生影响，为此提出以下假设（见表7-2）。

表7-2 孝道理解、孝道行为对农民工向上代际支持影响假设

假设	影响	假设	影响
H7-4 孝道理解程度对代际支持	+	H7-5 听取父母意见程度对代际支持	+
H7-4a 孝道理解程度对经济支持	+	H7-5a 听取父母意见程度对经济支持	+
H7-4b 孝道理解程度对情感支持	+	H7-5b 听取父母意见程度对情感支持	+
H7-4c 孝道理解程度对生活照料	+	H7-5c 听取父母意见程度对生活照料	+

注："+"代表显著正影响。

在父系家长制中，养老的责任主要是由儿子来承担，代际养老责任与义务的规定主要与父系家族的代际传承规则高度相关，而并不是同亲情回报相连（唐灿等，2009）。在这一制度约束下，赡养父母成为儿子不可推卸的责任；而女儿对其亲生父母的赡养责任并不被这一制度所强调，她们只是作为丈夫的依附性角色被赋予赡养公婆的责任。儿子儿媳对父母的赡养既包括经济上的供给也包括情感上的孝顺及生活起居上的照料。然而，随着改革开放、国家现代化进程的逐步加快，家庭模式也逐渐步入现代化。改革所创造的就业机会的增加和社会流动政策的放宽使得农民能够根据自己的意愿选择工作，年青一代对父母的依赖因此减少，弱化了父母原本在家庭中的权威（唐灿等，2009）。在"父母身份非神圣化"的过程中，

传统以父子关系为轴心的联合大家庭逐渐变为以夫妻关系为轴心的核心家庭（阎云翔，2006；古德，1982），这一转变最直接的表现便是妻子在核心家庭中权力地位的不断提升。随着家庭结构特别是家庭权力结构的变化，女性的家庭角色随之发生变动。由传统的家庭角色"夫唱妇随""嫁鸡随鸡，嫁狗随狗""男主女从"转变为"男女平等"甚至"女主男从"。妻子在家庭中的权力日渐提升，甚至在多数农村调查中发现"现在大部分男人都怕老婆"（桂华、余练，2010）。

学者在考察赡养父母资源供给中儿媳角色时发现，农村儿媳的角色权重远高于城市儿媳，儿媳成为子代中的第一位照料者（夏传玲、麻凤利，1995）。在老年人社会支持网的调查中也发现，儿媳在公婆生活照顾中占有重要地位，且农村儿媳对公婆的生活照料和精神方面支持远远高于城市儿媳（张友琴，2001）。一些农村赡养纠纷案例表明，相当一部分的家庭赡养纠纷是由儿媳引起的或儿媳在其中发挥着重要作用（狄金华等，2013）。儿媳角色在家庭养老中的地位可见一斑。如果说在家庭角色中妻子依附于丈夫，妻子对公婆的养老资源供给体现着她向丈夫"报恩"的逻辑，那么在家庭角色变动和"妻管严"现象出现的背景下，妻子是否依然会"报恩"于并未给自己以养育之恩且无血缘关系的公婆？研究表明，逐渐掌握家庭实权的妻子，对待不存在血缘关系的公婆不会像对待自己的亲生父母那样孝敬（何善军，1995）。基于上述研究，提出以下假设（见表7-3）。

表7-3　家庭决策对农民工向上代际支持影响假设

假设		影响（男性）	影响（女性）	假设		影响（男性）	影响（女性）
H7-6 现金支配对	经济支持 H7-6a	+	-	H7-7 子女教育对	经济支持 H7-7a	+	-
	情感支持 H7-6b	+	-		情感支持 H7-7b	+	-
	生活照料 H7-6c	+	-		生活照料 H7-7c	+	-
H7-8 投资借钱对	经济支持 H7-8a	+	-	H7-9 妻子打工对	经济支持 H7-9a	+	-
	情感支持 H7-8b	+	-		情感支持 H7-9b	+	-
	生活照料 H7-8c	+	-		生活照料 H7-9c	+	-

注："+"代表显著正影响，"-"代表显著负影响。

2. 向下代际支持

(1) 农民工性别视角

家庭特征与农民工向下代际支持。男性和女性生理性别和社会性别的差异使其在家庭分工表现上并不一致（梁巧转等，2006）。其中女性善于表达且情绪较为敏感，适于处理与孩子间的各种关系；而男性通常被认为是理性的、指导性强，更适于制定规则（Bandura，1994）。然而，这些在潜移默化中被接受的划分标准，成为影响双亲对待子女代际支持的主要影响因素。因此，"男主外，女主内"的传统分工模式仍然影响着现代人的生活（杨慧，2005）。在劳动力市场上，男性的工资水平普遍高于女性（Blau and Kahn，1996），农村家庭中丈夫拥有更多的实权（徐安琪，2004），妻子承担照料儿童和父母日常生活的责任。丈夫的角色更多地已从传统的"严父"转变为"经济提供者"，丈夫在子女成长过程中只负责赚钱养家，对于子女的教育交流全然置身事外（伍新春等，2012），此时更多扮演的是一个"男性"的角色而非"父亲"的角色。然而"养不教，父之过"的传统观念告知我们，"父亲"在家庭中是孩子道德教导不可缺失的角色，只有当父亲参与到子女的教育中，融入孩子的世界，才是真正回归到家庭中（伍新春等，2012）。学习更多的亲子沟通方式，有助于帮助父亲投入更多时间和精力来与孩子互动和交流。对男性农民工而言，子女教育决策权力对其给予未成年子女的代际支持具有显著的正向影响。在农村，农民工外出打工导致留守父母要承担起抚养留守孙子女的责任义务，而外出后的一部分农民工，为了生存和生活，精力主要集中在工作上，没有时间和精力照顾孩子，不得不将孩子留给父母抚养照顾。因此，父母的隔代抚养替代了农民工抚养子女之责。老人参与抚养子女时，年轻人抚养子女的边际成本递减，增加了年轻人的劳动时间（王亚章，2016）。尤其是对于男性农民工，父母对其子女的照料减轻了他们的负担，并且他们也放心自己的父母看管子女，从而忽视了子女的抚养问题，忽略了亲子间的沟通。因此，隔代抚养对男性农民工给予未成年子女的代际支持具有消极作用，降低了男性农民工对抚养义务的认知。

随着女性农民工进入城镇，她们的经济和社会地位开始发生改变。与之相应的是，女性在家庭中的地位也逐渐发生了变化，婚姻家庭中夫妻权力关系也在不断调整。经济地位的提升增加了妻子在家庭中的经济贡献和话语权。根据已有研究经验，如果夫妻中男性外出务工，家庭决策就由留守妻子来主导，如果夫妻观念或偏好不同，妻子就会使留守儿童福利水平发生变化。一般认为，母亲掌握更多的家庭资源对子女更有利，提高未成年子女福利水平的可能性更大。有证据表明，与父亲相比，由母亲做主的家庭更倾向于将家庭预算投资到子女的人力资本上（Lloyd and Blanc，1996）。由此可见，对女性农民工而言，自己有决策权时，更能给予未成年子女较好的代际支持。李旻等（2006）研究表明，母亲的决策权对子女家庭资源配置有显著的积极影响。还有研究发现，已婚职业女性感知工作-家庭冲突，基于时间方面的冲突较多，尤其是需要照顾孩子或老人的职业女性的工作-家庭冲突更加明显（李贵卿、玛格瑞特·瑞德，2014）。当老人帮助女性照料孩子时，有效地缓解了女性的工作-家庭冲突，尤其是对女性农民工而言，老人的隔代抚养增加了她们的外出劳动时间，进而提高了劳动报酬，减少了女性无酬家务劳动时间，使女性从"相夫教子"中解放出来。然而，婆媳常常因为带孩子而吵架，儿媳对婆婆带孩子表示不够信任（魏程琳、刘燕舞，2014）。女性农民工可能会为未成年子女付出更多的代际支持来弥补对老人照料子女的不信任。由此可见，隔代抚养对女性农民工给予代际支持具有促进作用。因此提出以下假设（见表7-4）。

表7-4 家庭特征对农民工向下（子女）代际支持影响假设

假设	男性	女性
H7-10a 子女教育决策对代际支持	+	-
H7-10b 隔代抚养对代际支持	-	+

注："+"代表显著正影响，"-"代表显著负影响。

子女特征与农民工向下代际支持。男性和女性受传统性别观念等客观因素的影响，对子女的表达方式有所差异，所以男性和女性在对待子女养育形式上有所不同。子女出现健康问题意味着直接的经济损失，需要增加父母对子女的帮助和支持（Hirdes and Strain，1995），儿童健康状况不佳会激发父母对子女帮助和支持以及情感上的互动。对于将生活重心放在家庭上的女性农民工，承担着相夫教子的责任。子女的健康问题作为生活中不可避免的问题，对女性农民工的代际支持并不起直接作用。母亲抚育已成为比父亲抚育更普遍的子女养育形式，且在家庭条件一般的情况下，对于子女的健康支出问题，女性相对节省，以便有更多家庭储蓄（张莉琴等，2012）。因此，无论子女是否存在健康问题，女性农民工对子女的代际支持并没有显著的差异。

很多男性通常把自己的角色定义为家庭的经济支柱，在工作中承担更多压力，使其在儿童成长中的作用一直没有得到应有的重视，与孩子沟通交流的机会较少（Repetti，1994），导致孩子父爱的缺失。据调查，父母在孩子生病时从不陪伴在身边的只占 9.5%，父亲从不与孩子聊天的占 18.7%，从不陪孩子玩游戏或参加户外活动的占 37.0%（李璇，2016）。在父亲与孩子的互动中，只有在孩子生病时的陪伴多于聊天和玩游戏。因此，只有当孩子生病的时候，父亲才会意识到自己的角色。对男性农民工而言更是如此，迫于生计压力，挣钱养家才是当务之急，如果没有遇到突发状况，他们会忽略自己在子女成长过程中不可缺失的重要责任。由此可见，当子女健康状况出现问题时，男性农民工会比平时提供更多的代际支持。但无论是情感交流、身心健康，还是学校适应，随迁儿童都好于留守儿童（许传新等，2011）。农民工与留守儿童之间距离远，联系与沟通不畅，缺乏情感交流，难以满足孩子的心理需求（赵富才，2009）。与留守儿童相比，随迁儿童跟随农民工来到城市，可以得到父母的照料，与父母沟通也相对方便，物质生活环境也随之改善，而且医疗卫生、教育条件也得到了改善，但生活成本也相应提高（陈丽等，2010）。因此，子女随迁对农民工的代际支持具有正向的显著影响，这个变量不仅蕴含了男性农民工的特征，也体现了女性农民工的特征。基于以上分析，提出如下假设（见表 7-5）。

表 7-5　子女特征对农民工向下（子女）代际支持影响假设

假设	男性	女性
H7-11a 子女健康状况对代际支持	-	Na
H7-11b 子女随迁状况对代际支持	+	+

注："+"代表显著正影响，"-"代表显著负影响，"Na"代表不显著影响。

（2）最后一孩性别视角

家庭特征与农民工向下代际支持。家庭决策在代际支持资源配置时存在一定的性别偏向。在由妻子做主的家庭中，对子女教育投资性别差异的程度要比由丈夫做主的家庭更小些，并且有利于改善女儿的健康状况（Thomas，1994）。由此推断，有决策权的女性农民工对最后一孩为女孩的代际支持更多，而有决策权的男性农民工具有明显的性别偏向，对最后一孩为男孩的代际支持更多。在中国的文化背景下，家庭资源的传递是以男性为中心的，这就形成了以父系为中心的文化，"重男轻女"的观念使得大多数传统家庭把对男性后代的投资作为重点（黄冬梅、赵太阳，2013）。尤其是在农民工家庭中，与对女孩的代际支持相比，对男孩的代际支持更不会受到其他因素的影响（张莉琴等，2012）。因此，隔代抚养不会直接影响农民工对最后一孩为男孩的代际支持。但是，Trivers 和 Willard 的假设验证发现，拥有较少社会和经济资源的家庭更倾向于选择投资女孩的保守投资策略（赵太阳，2012）。因此推断，农民工家庭中隔代抚养的祖辈更倾向于投资孙女，但农民工受"重男轻女"的传统思想的影响，导致迫于生活压力的农民工将女孩交给老人照料之后可能会忽略女孩依恋父母的需要。由此可见，隔代抚养对农民工给予最后一孩为女孩的代际支持具有消极作用。因此提出如下假设（见表7-6）。

表7-6　家庭特征对农民工向下（最后一孩）代际支持影响假设

假设	最后一孩为男孩的农民工	最后一孩为女孩的农民工
H7-12a 子女教育决策对代际支持	+	-
H7-12b 祖代隔代抚养对代际支持	Na	-

注："+"代表显著正影响，"-"代表显著负影响，"Na"代表不显著影响。

子女特征与农民工向下代际支持。在家庭资源分配中，如果存在男孩偏好，女孩在资源配置方面就会处于劣势。研究发现，在相同的病症下，男孩更容易被父母断定为生病，被带到医院就诊的机会比女孩大，看病次数更多，治疗费用也更高（Pokhrel et al.，2005）。这种情况在农村表现得更为严重，尤其是最后一孩。由此推断，在农民工家庭中，当最后一孩为男孩时，代际支持资源具有较强的选择性。朱斯琴（2016）在四川、河南、安徽及广东四省的调查发现，农民工外出对留守儿童的内在和外在健康影响极大，但是从性别而言，对女孩的影响比对男孩的影响更小。因此，农民工更可能关心留守在农村性别为男孩的最后一孩。子女是否随迁对农民工的代际支持同样产生重要影响。由于生理性别差异，男孩与女孩在性格上也存在较大差异。一般而言，女孩被当作父母的"小棉袄"。与男孩的调皮相比，女孩乖巧顺从，喜欢与父母沟通，与父母冲突更少、亲子关系更加和谐（王美萍、张文新，2007）。同时，父母也从对女孩代际支持中获益，因为女孩通常更愿意帮助父母分担家务（Rosenzweig and Schultz，1982）。穷人的孩子早当家，懂事的女孩更受农民工父母的疼爱，从而最小随迁女儿会得到更多的支持。对于最后一孩为女孩的农民工来说，将小女儿随迁，必然会增加农民工的向下代际支持。因此提出如下假设（见表7-7）。

表7-7 子女特征对农民工向下（最后一孩）代际支持影响假设

假设	最后一孩为男孩的农民工	最后一孩为女孩的农民工
H7-13a 子女健康状况对代际支持	-	Na
H7-13b 子女随迁情况对代际支持	-	+

注："+"代表显著正影响，"-"代表显著负影响，"Na"代表不显著影响。

二 变量设置

1. 向上代际支持（赡养父母）

（1）因变量

赡养父母因变量为经济支持、情感支持和生活照料，每个测量指标下面又包含了不同的维度。这三个因变量分别通过问卷题项"去年一年，您为父母提供的经济帮助（含现金和实物）""去年一年，您与您父母通信（电话、网络等）联系频率""去年一年，您回家探望父母的频率"获得。经济支持（一年内提供的经济帮助）为连续变量。情感支持（一年内通信联系频率）和生活照料（一年内回家探望频率）都是三分类变量。联系频率分为：1周1次=1，3个月1次=2、6个月1次=3。探望频率分为：3个月1次=1、6个月1次=2、1年1次=3。特别需要指出的是，若被访者为已婚女性，则回答赡养公婆情况而不是亲生父母。

（2）自变量

自变量有父母情况、文化保持和家庭决策。父母情况包括父母健在情况、父母生活来源、父母抚养孙辈。父母健在情况使用题项"您父母是否健在"，答案选项为："1. 父母都健在、2. 只有父亲健在、3. 只有母亲健在、4. 父母都已去世。"由于父母都已去世回答的人数较少，所以将后三个选项合并为"单亲健在"从而形成二分类变量，即"双亲健在＝1""单亲健在＝2"，以"单亲健在"为参照类；父母生活来源采用题项"您父母现在的生活来源主要靠什么"，答案选项为："1. 子女、2. 父母自己的劳动收入、3. 集体和政府贴补。"答案合并后分为三分类变量，即"靠子女＝1""靠自己＝2""靠集体或政府＝3"，以"靠集体或政府"为参照类；父母抚养孙辈使用题项"在过去一年里，您父母是否帮助您照顾子女"，答案选项为："1. 是、2. 否。"为二分类变量，即"是＝1""否＝2"，以"否"为参照类。

文化保持包括两个方面，一是孝道理解，使用题项"对孝道的理解，您认为最重要的是"，答案选项为："1. 让父母衣食无忧、2. 让父母精神快乐、3. 让父母愿望实现、4. 让父母智慧增长。"由于后两个选项回答的人数很少，合并成一个变量，即"养志和养慧"，合并变量后的三个维度分别为，"养身＝1""养心＝2""养志和养慧＝3"，以"养志和养慧"为参照类；二是听取父母意见，使用题项"您在家庭的重大事件（买房、婚姻、工作等）上能否听取父母的意见"，答案选项为："1. 不能、2. 不一定、3. 能。"仍保持三分类变量，即"听＝1""偶尔听＝2""不听＝3"，以"不听"为参照类。

家庭决策体现农民工在核心家庭中承担什么责任，享有什么权力的具体行为。使用问卷题项"在您的家庭中，下面的事情通常由谁决定：1. 妻子打工；2. 子女上学；3. 现金支配；4. 投资借钱"。答案选项为："1. 自己拿主意、2. 配偶拿主意、3. 夫妻共同商量、4. 老人拿主意。"答案合并后分为，"自己决定＝1""共同决定＝2""配偶决定＝3"，以"配偶决定"为参照类。

（3）控制变量

控制变量包括：①个体特征。包括年龄、婚姻状况和流出地。年龄为调查时的实际年龄,为连续变量;婚姻状况分为"初婚 = 1""再婚 = 2",以"再婚"为参照类。因为本研究考察在婚夫妻对父母(公婆)的赡养情况,故样本中的婚姻状态不包括不在婚样本;流出地按照我国东部、中部和西部地区划分标准将农民工户籍所在地划分为"东部 = 1""中部 = 2""西部 = 3",以"西部"为参照类。②流动特征。包括流动模式和流动距离。流动模式考察被访者与配偶是否流动和如何流动,若配偶外出打工但与被访者不在同一城市,则该被访者夫妻是"劳燕分飞"型并赋值为 3;若配偶外出打工且与被访者同在一城市,则该被访者夫妻是"比翼齐飞"型并赋值为 2;若配偶未外出,则该被访者夫妻是"内外分工"型并赋值为 1;以"劳燕分飞"型为参照类;流动距离考察被访者户籍所在地是否和目前打工地是同一省份,若一致,则流动距离为"同省"并赋值为 1,若不一致,则流动距离为"跨省"并赋值为 2,以"跨省"为参照类。变量描述如表 7-8 所示。

表 7-8　向上代际支持(赡养父母)变量描述统计

变量	变量定义	男性			女性		
		频数/均值	百分比(%)/标准差	样本	频数/均值	百分比(%)/标准差	样本
控制变量							
年龄	连续变量	37.910	9.371	332	36.420	8.863	253
工作年限	连续变量	13.500	8.012	328	11.090	7.021	253
月收入(元)	连续变量	4011.330	3078.034	332	2922.730	3457.205	253
婚姻状况	初婚	316	96.6	327	233	91.7	254
	再婚	11	3.4		21	8.3	
文化程度	高中及以上	89	27.3	326	73	29.1	251
	初中	185	56.7		122	48.6	
	小学及以下	52	15.9		56	22.3	
流出地	东部	94	28.6	329	68	27.4	248
	中部	153	46.5		122	49.2	
	西部	82	24.9		58	23.4	

续表

变量	变量定义	男性			女性		
		频数/均值	百分比(%)/标准差	样本	频数/均值	百分比(%)/标准差	样本
流动模式	内外分工	146	46.8	312	41	17.7	232
	比翼齐飞	145	46.5		163	70.3	
	劳燕分飞	21	6.7		28	12.1	
流动距离	同省	160	53.9	297	138	54.3	254
	跨省	137	46.1		116	45.7	

自变量

父母情况

变量	变量定义	频数/均值	百分比(%)/标准差	样本	频数/均值	百分比(%)/标准差	样本
父母健在情况	双亲健在	244	73.7	331	184	72.7	253
	单亲健在	87	26.3		69	27.3	
父母生活来源	靠子女	111	33.8	328	75	30.1	249
	靠自己	172	52.4		131	52.6	
	靠集体或政府	45	13.7		43	17.3	
父母抚养孙辈	是	174	58.8	296	110	55.6	198
	否	122	41.2		88	44.4	

文化保持

变量	变量定义	频数/均值	百分比(%)/标准差	样本	频数/均值	百分比(%)/标准差	样本
孝道理解	养身	176	53.0	332	117	46.4	252
	养心	112	33.7		112	44.4	
	养志和养慧	44	13.3		23	9.1	
听取父母意见	听	152	45.9	331	122	48.4	252
	偶尔听	152	45.9		112	44.4	
	不听	27	8.2		18	7.1	

家庭决策

变量	变量定义	频数/均值	百分比(%)/标准差	样本	频数/均值	百分比(%)/标准差	样本
现金支配	自己决定	48	15.4	312	11	4.8	231
	共同决定	245	78.5		191	82.7	
	配偶决定	19	6.1		29	12.6	

续表

变量	变量定义	男性			女性		
		频数/均值	百分比(%)/标准差	样本	频数/均值	百分比(%)/标准差	样本
子女上学	自己决定	38	12.2		35	15.2	
	共同决定	239	76.8	311	177	76.6	231
	配偶决定	34	10.9		19	8.2	
投资借钱	自己决定	60	19.2		13	5.6	
	共同决定	234	75.0	312	191	82.7	231
	配偶决定	18	5.8		27	11.7	
妻子打工	自己决定	31	9.9		43	18.6	
	共同决定	226	72.4	312	163	70.6	231
	配偶决定	55	17.6		25	10.8	

2. 向下代际支持（抚养子女）

（1）因变量

经济支持。本研究基于农民工性别和子女性别两种视角进行研究。农民工性别视角：经济支持包括医疗费用和教育费用两个方面。通过问卷题项"过去一年，您用于该子女的医疗费用有多少元"以及"过去一年，您用于该子女的教育费用有多少元"来得到。由于医疗费用和教育费用是两个性质相同的连续变量，在处理数据时，将医疗费用和教育费用加总，得到"过去一年中用于该子女的总费用"来测量农民工对未成年子女的经济支持。最后一孩性别视角下经济支持是最后一孩的医疗费用和教育费用之和。

情感支持。农民工性别视角下情感支持变量是通过题项"您或您配偶与子女交流的频率"得到，为有序三分类变量，"每天＝1""一周1次＝2""一个月1次及以上＝3"（参照类）；最后一孩性别视角下情感支持变量是通过"您或您配偶与最后一孩交流的频率"来测量的。

（2）自变量

自变量主要由两方面组成，一是家庭特征，二是子女特征。家庭特征包括子女教育决策和隔代抚养。子女教育决策代表农民工家庭对子女教育权利的分配，通过题项"在您的家庭中，孩子教育通常是谁决定的"得到，为三分类变量，"丈夫决定＝1""共同决定＝2""妻子决定＝3"（参照类）；隔代抚养反映了农民工家庭中祖辈对孙辈的照料情况，通过题项"在过去一年里，您父母是否帮您照顾子女"得到，分为二分类变量，"是＝1""否＝2"（参照类）。农民工性别视角、最后一孩性别视角下的家庭特征变量设置一致。

子女特征包括子女健康状况和子女是否随迁。子女健康状况通过题项"健康状况"得到，为三分类变量，"好＝1""一般＝2""差＝3"（参照类）；子女是否随迁通过题项"目前该子女状态"得到，为二分类变量，"是＝1""否＝2"（参照类）。

在农民工视角中，由于农民工子女数量不止1个，子女健康和随迁状况根据孩子数量做均值处理。在最后一孩视角中，用最后一孩的健康和随迁状况来测量子女特征。

（3）控制变量

控制变量包括农民工的个人特征、工作特征和流动特征。个人特征包括年龄、流出地、文化程度。其中，年龄为连续变量，流出地是指农民工的户籍所在地，为三分类变量，"东部＝1""中部＝2""西部＝3"（参照类）；文化程度为三分类变量，"高中及以上＝1""初中＝2""小学及以下＝3"（参照类）。工作特征包括工作年限和月收入两类。工作年限、月收入均为连续变量。流动特征包括流动模式、流动距离。流动模式为三分类变量，"内外分工＝1""比翼齐飞＝2""劳燕分飞＝3"（参照类）。流动距离为二分类变量，"同省＝1""跨省＝2"（参照类）。不同视角下的控制变量设置一致。农民工性别视角的变量描述性信息见表7-9，最后一孩性别视角的变量描述性信息见表7-10。

表 7-9　向下支持（抚养子女）变量描述（*N* = 323）

变量	变量定义	男性			女性		
		频数/均值	百分比（%）/标准差	样本量	频数/均值	百分比（%）/标准差	样本量
控制变量							
年龄	连续变量	33.970	7.214	188	34.950	7.262	135
文化程度	高中及以上	59	31.9	185	40	29.9	134
	初中	104	56.2		66	49.3	
	小学及以下	22	11.9		28	20.9	
流出地	东部	56	29.8	188	36	27.3	132
	中部	90	47.9		59	44.7	
	西部	42	22.3		37	28.0	
工作年限	连续变量	10.616	6.502	187	10.462	6.767	134
月收入（元）	连续变量	4166.280	3831.327	188	3191.110	4379.267	135
流动模式	内外分工	75	41.0	183	22	17.3	127
	比翼齐飞	94	51.4		89	70.1	
	劳燕分飞	14	7.7		16	12.6	
流动距离	同省	95	50.5	188	72	53.3	135
	跨省	93	49.5		63	46.7	
自变量							
家庭特征	子女教育决策 丈夫决定	20	10.9	184	12	9.5	127
	共同决定	145	78.8		95	74.8	
	妻子决定	19	10.3		20	15.7	
	隔代抚养 是	132	71.0	186	89	66.9	133
	否	54	29.0		44	33.1	

续表

变量	变量定义	男性			女性		
		频数/均值	百分比（%）/标准差	样本量	频数/均值	百分比（%）/标准差	样本量
子女特征	子女健康状况 好	85	45.9	185	49	36.8	133
	一般	13	7.0		5	3.8	
	差	87	47.0		79	59.4	
	子女是否随迁 是	54	29.2	185	39	29.3	133
	否	131	70.8		94	70.7	
样本量		188			135		

表 7-10　最后一孩性别视角下向下支持变量描述（N = 313）

变量	变量定义	最后一孩是男孩			最后一孩是女孩		
		频数/均值	百分比（%）/标准差	样本量	频数/均值	百分比（%）/标准差	样本量
控制变量							
年龄	连续变量	33.370	6.950	180	35.340	7.405	133
文化程度	高中及以上	55	31.3	176	41	30.8	133
	初中	96	54.5		69	51.9	
	小学及以下	25	14.2		23	17.3	
流出地	东部	46	25.7	179	43	32.8	131
	中部	84	46.9		59	45.0	
	西部	49	27.4		29	22.1	
工作年限	连续变量	10.296	6.211	179	10.806	6.349	132
月收入（元）	连续变量	4192.220	5268.929	180	3183.910	1579.761	132
流动模式	内外分工	52	30.5	170	39	30.0	130
	比翼齐飞	99	58.2		80	61.5	
	劳燕分飞	19	11.2		11	8.5	

续表

变量	变量定义	最后一孩是男孩			最后一孩是女孩		
		频数/均值	百分比（%）/标准差	样本量	频数/均值	百分比（%）/标准差	样本量
流动距离	同省	87	48.3	180	73	54.9	133
	跨省	93	51.7		60	45.1	
自变量							
家庭特征	子女教育决策 丈夫决定	17	9.9	172	13	10.0	130
	共同决定	135	78.5		101	77.7	
	妻子决定	20	11.6		16	12.3	
	隔代抚养 是	132	73.3	180	85	64.4	132
	否	48	26.7		47	35.6	
子女特征	子女健康状况 好	159	88.3	180	120	90.2	133
	一般	17	9.4		9	6.8	
	差	4	2.2		4	3.0	
	子女是否随迁 是	56	31.1	180	40	30.1	133
	否	124	68.9		93	69.9	
样本量		180			133		

三　模型选择

向上代际支持（赡养父母）和向下代际支持（抚养子女），因变量均为经济支持时，为连续变量，采用 OLS 回归模型进行分析。

在向上代际支持中，因变量情感支持（"去年一年，使用电话书信等方式联系父母的频率"）和生活照料（"去年一年，回家探望父母的频率"）均为三分类定序变量。在向下代际支持中，由于农民工性别视角、最后一孩性别视角的因变量情感支持分别为"您或您的配偶与子女交流的频率""您或您配偶与最后一孩交流的频率"，均为有序三分类变量，采用 Ordinal 模型进行分析。

第二节 向上代际支持

一 向上代际支持现状

无论是比较分布还是均值，农民工给父母提供的经济支持均呈现性别差异（见表 7-11）。从分布来看，一年给父母经济支持的数额主要集中在2000 元以下（41.2%和48.0%），2001~5000 元的比例次之，5000 元及以上较少。原因主要是大多数农民工父母有自己的收入和集体或政府补助，只有约三成的父母需要农民工来供养。男性农民工比女性农民工给父母的经济支持高出 1000 元以上，并且在统计上有显著差异。

表 7-11　农民工对父母经济支持现状及性别差异 （N = 521）

农民工性别	经济支持				
	0~2000 元	2001~5000 元	5001 元及以上	均值	标准差
男性	134（41.2%）	115（35.4%）	76（23.4%）	5103.08	8943.854
女性	94（48.0%）	72（36.7%）	30（15.3%）	3921.51	4761.823
LR 检验/t 检验	5.397[+]			1.964[+]	

注：[+]p<0.1。

对父母的情感支持（电话联系频率）和生活照料（回家探望频率）情况及性别差异见表 7-12。在电话联系频率方面，性别差异显著，具体表现为，男性农民工电话联系频率集中在 1 周 1 次（45.1%）和 3 个月 1 次（46.8%），女性农民工电话联系频率随时间间隔的延长而递减（49.8%→35.0%→15.2%）。在回家探望方面，3 个月、6 个月还是 1 年回家 1 次，基本持平，没有显著的性别差异。

表 7-12　农民工对父母情感支持和生活照料现状及性别差异 （N = 516）

农民工性别	电话联系频率			回家探望频率		
	6 个月 1 次	3 个月 1 次	1 周 1 次	1 年 1 次	6 个月 1 次	3 个月 1 次
男性	24（8.2%）	137（46.8%）	132（45.1%）	103（35.2%）	87（29.7%）	103（35.2%）

续表

农民工性别	电话联系频率			回家探望频率		
	6个月1次	3个月1次	1周1次	1年1次	6个月1次	3个月1次
女性	34（15.2%）	78（35.0%）	111（49.8%）	67（30.0%）	77（34.5%）	79（35.4%）
LR检验	10.425**			1.940		

注：** $p<0.01$。

二 向上代际支持影响因素

1. 经济支持

从父母情况、文化保持、家庭决策等方面分析了农民工对父母经济支持的影响因素和性别差异，具体结果见表7-13。

表7-13 农民工对父母经济支持影响因素及性别差异

变量	男性	女性
父母情况		
父母健在状况（单亲健在）		
双亲健在	−0.046（0.136）	−0.002（0.076）
生活来源（靠集体或政府）		
靠子女	0.255（0.176）	0.068（0.087）
靠自己	−0.153（0.178）	−0.011（0.089）
父母抚养孙辈（否）		
是	0.118（0.127）	0.040（0.072）
文化保持		
孝道理解（养志和养慧）		
养身	−0.138（0.185）	0.097（0.111）
养心	−0.339+（0.190）	0.019（0.111）
听取父母意见（不听）		
听	0.131（0.220）	0.123（0.125）
偶尔听	0.220（0.206）	0.045（0.119）

续表

变量	男性	女性
家庭决策		
现金支配（配偶决定）		
自己决定	0.054（0.288）	0.133（0.193）
共同决定	−0.010（0.258）	0.101（0.111）
子女教育（配偶决定）		
自己决定	0.152（0.248）	0.279（0.149）
共同决定	0.202（0.192）	0.140+（0.127）
投资借钱（配偶决定）		
自己决定	1.031**（0.326）	−0.199（0.177）
共同决定	0.960**（0.304）	0.057（0.096）
妻子打工（配偶决定）		
自己决定	0.123（0.222）	−0.304*（0.131）
共同决定	0.049（0.175）	−0.249*（0.125）
内外分工	−0.614**（0.236）	−0.149（0.118）
比翼齐飞	−0.303（0.234）	−0.023（0.098）
同省	0.005（0.007）	−0.004（0.004）
年龄	−0.002（0.009）	−0.004（0.005）
初婚	−0.434（0.965）	0.134（0.216）
高中及以上	0.161（0.188）	0.235*（0.091）
初中	−0.111（0.159）	0.126+（0.074）
东部	0.046（0.156）	−0.001（0.081）
中部	−0.044（0.145）	−0.109（0.075）
月收入（log）	−0.492+（0.289）	0.450**（0.140）
打工年限	0.001（0.008）	0.000（0.005）
R^2	0.188	0.300
F 值	1.924**	2.143**
样本量	252	163

注：1. $^+p<0.1$, $^*p<0.05$, $^{**}p<0.01$, $^{***}p<0.001$。2. 括号内数字为标准误。

无论是男性农民工还是女性农民工，父母情况对经济支持均无显著影响，不支持研究假设，可能是因为丧偶老人和健在双亲一样需要子女的经济支持。因此，父母情况对子女的经济支持并没有显著差异。在文化保持中，对男性农民工而言，认为孝道是养父母之心者比养父母之志和之慧者给父母的钱更少，部分支持假设。听父母意见程度对男女两性农民工经济支持均无影响，不支持假设，可能是听父母意见程度并非衡量孝敬父母的重要因素，因此对父母的经济支持并无影响。在家庭决策中，对男性农民工而言，与妻子决定相比，自己决定和共同决定，给父母钱更多，说明丈夫在家庭角色行为方面更加强势，给父母提供更多的经济支持，主要表现在投资借钱方面，支持研究假设。而对女性农民工而言，对父母的经济支持主要体现在妻子外出打工的决定权上，与丈夫决定相比，自己决定和共同决定对父母的经济支持更少，假设得到支持。然而，在子女教育上，共同决定比丈夫决定给父母的经济支持更多，说明在家庭中，平等协商比丈夫决定更有利于提高对老人的经济支持，不支持假设。

也有部分控制变量影响经济支持。对男性农民工而言，夫妻内外分工，对父母的经济支持更少；收入越多，对父母的经济支持越少；而对女性农民工而言是相反的，收入越高，对老人的经济支持越多，可能是由于女性情感更细腻与敏感，相比男性农民工更容易和更愿意去帮助父母。对女性农民工而言，初中文化和高中及以上文化程度者比小学及以下者提供给父母更多的经济支持，可能是文化程度高的女性农民工照顾父母的意识更强。

2. 情感支持

表7-14提供了农民工对父母情感支持的影响因素。数据显示父母情况、文化保持和家庭决策对情感支持具有明显的性别差异。

表7-14 农民工对父母情感支持影响因素及性别差异

变量	男性	女性
父母情况		
父母健在状况（单亲健在）		
双亲健在	-0.223（0.430）	-1.003$^+$（0.584）
生活来源（靠集体或政府）		

续表

变量	男性	女性
靠子女	0.245（0.569）	0.209（0.724）
靠自己	0.332（0.607）	-0.152（0.873）
父母抚养孙辈（否）		
是	-1.202 ** （0.435）	-0.588（0.613）
文化保持		
孝道理解（养志和养慧）		
养身	0.407（0.684）	0.533（1.313）
养心	-0.542（0.710）	0.412（1.311）
听取父母意见（不听）		
听	-1.319 + （0.686）	-2.043 * （0.963）
偶尔听	-0.678（0.590）	-0.365（0.832）
家庭决策		
现金支配（配偶决定）		
自己决定	-0.110（1.099）	-5.721 * （2.472）
共同决定	-0.161（0.979）	-1.136（1.036）
子女教育（配偶决定）		
自己决定	0.257（0.729）	-1.579（1.161）
共同决定	-1.448 * （0.582）	-2.736 ** （1.038）
投资借钱（配偶决定）		
自己决定	-0.408（1.056）	3.855 * （1.631）
共同决定	0.375（0.958）	0.450（0.830）
妻子打工（配偶决定）		
自己决定	0.971（0.764）	3.484 ** （1.251）
共同决定	0.379（0.608）	2.843 * （1.222）
内外分工	-1.019 * （0.702）	2.595 * （1.202）
比翼齐飞	-1.786（0.722）	2.277 * （1.002）
同省	-0.022（0.023）	-0.044（0.038）
年龄	0.113 *** （0.032）	0.163 *** （0.051）
初婚	16.553（0.000）	0.229（1.560）

续表

变量	男性	女性
高中及以上	0.706（0.630）	0.456（0.819）
初中	−0.006（0.509）	0.439（0.604）
东部	0.187（0.529）	3.165**（1.001）
中部	0.111（0.502）	3.209***（0.994）
月收入（log）	0.849（1.094）	0.460（1.039）
打工年限	−0.048^{+}（0.026）	0.007（0.038）
−2LL	241.905***	148.817***
Nagelkerke R^2	0.412	0.531
样本量	236	167

注：1. $^{+}p<0.1$，$^{*}p<0.05$，$^{**}p<0.01$，$^{***}p<0.001$。2. 括号内数字为标准误。

与没有抚养孙辈的父母相比，男性农民工与抚养孙辈的父母情感交流更多一些，可能是把孩子给父母带的农民工因孩子教育、生活等问题和远在家乡的父母交流更多，部分支持假设；女性农民工更倾向于与健在的双亲进行情感交流，支持假设。在文化保持中，无论是男性还是女性农民工，孝道理解对情感支持没有显著影响，不支持假设，可能是由于观念并不直接影响子女对父母的情感支持行为。而越是听取父母意见的男女农民工跟父母联系越多，说明听取父母意见的程度对养老的情感支持有正向作用，农民工越孝顺，提供给父母的情感支持越多，支持假设。在家庭决策中，对女性农民工而言，现金支配由自己决定比由丈夫决定跟父母联系更多，不支持假设；在子女教育方面，共同决定比由丈夫决定跟父母的联系更多，可能是因为夫妻间平等协商更能形成家庭的和谐氛围，有利于家庭成员间的情感交流，部分支持假设；在投资借钱方面，由自己决定比由丈夫决定跟父母的联系更少，支持假设；在妻子打工方面，由自己决定和共同决定比由丈夫决定跟父母的联系更少，部分支持假设。对男性农民工而言，在子女教育方面，共同决定比由妻子决定跟父母的联系更多，支持假设。

在控制变量中，对男性农民工而言，内外分工外出模式比劳燕分飞模式给父母情感支持更多。可能原因是，一人外出一人留守比夫妻双双外出务工牵挂更多，内外分工的男性农民工更牵挂留守在农村的妻子和老人，故给父母情感支持更多。对女性农民工而言，内外分工和比翼齐飞比劳燕分飞更不利于对父母的情感支持。可能原因是，"劳燕分飞"模式下的农民工夫妻在两个陌生的城市，比"内外分工"和"比翼齐飞"模式农民工更没有情感的寄托之处，故给父母情感支持更多。不论是男性农民工还是女性农民工，年龄越大与父母联系越少，可能是因为农民工年龄越大，其子女儿孙越多，父母健全的可能性越小，情感向下倾斜的可能性越大。对女性农民工而言，家乡在西部的农民工比家乡在东部或中部的农民工与父母联系更多，可能原因是，西部相对欠发达，农民工父母娱乐活动更少，情感上更需要来自子女的情感支持。男性农民工打工年限越长，对父母情感支持越多。

3. 生活照料

农民工对父母生活照料回归分析结果见表 7−15。数据显示，父母情况、文化保持和家庭决策对生活照料的影响具有明显的性别差异。

表 7−15　农民工对父母生活照料影响因素及性别差异

变量	男性	女性
父母情况		
父母健在状况（单亲健在）		
双亲健在	−0.054（0.330）	−0.771⁺（0.434）
生活来源（靠集体或政府）		
靠子女	0.025（0.418）	−0.218（0.497）
靠自己	−0.002（0.424）	0.142（0.530）
父母抚养孙辈（否）		
是	0.735*（0.314）	−0.310（0.400）
文化保持		
孝道理解（养志和养慧）		
养身	−0.451（0.439）	1.065⁺（0.625）
养心	−0.476（0.451）	0.053（0.630）
听取父母意见（不听）		
听	−0.553（0.529）	−1.045（0.711）
偶尔听	−0.389（0.499）	−0.772（0.655）

续表

变量	男性	女性
家庭决策		
现金支配（配偶决定）		
自己决定	−0.450（0.670）	−1.446（1.156）
共同决定	−0.276（0.592）	−0.309（0.659）
子女教育（配偶决定）		
自己决定	0.795（0.603）	0.074（0.838）
共同决定	−0.155（0.452）	−1.334⁺（0.726）
投资借钱（配偶决定）		
自己决定	−0.272（0.782）	−0.009（1.035）
共同决定	0.401（0.724）	0.222（0.520）
妻子打工（配偶决定）		
自己决定	−0.071（0.545）	0.617（0.744）
共同决定	−0.661（0.414）	0.961（0.703）
内外分工	−1.900**（0.615）	−0.079（0.678）
比翼齐飞	−1.709**（0.603）	0.351（0.577）
同省	−0.015（0.017）	0.042*（0.021）
年龄	0.047*（0.022）	−0.024（0.028）
初婚	−12.948（0.000）	−0.467（1.235）
高中及以上	−0.801⁺（0.449）	−0.722（0.484）
初中	−0.782*（0.377）	−1.078**（0.408）
东部	−0.760*（0.373）	−1.371**（0.471）
中部	−0.233（0.341）	−0.627（0.414）
月收入（log）	0.818（0.702）	0.997（0.725）
打工年限	−0.004（0.020）	0.002（0.027）
−2LL	468.647**	304.278***
Nagelkerke R^2	0.210	0.333
样本量	237	166

注：1. $⁺p<0.1$，$*p<0.05$，$**p<0.01$，$***p<0.001$。2. 括号内数字为标准误。

在父母情况方面，对男性农民工而言，父母抚养孙辈不利于农民工对其进行生活照料。可能原因是，父母帮助子女照料孙辈，使男性农民工有时间和精力外出工作，繁忙的工作以及对孩子向下的爱都可能促使男性农民工忽视父母所需的生活照料。而对于女性来说，对双亲健在父母的生活照料比对单亲健在父母更多，部分支持假设。在文化保持方面，男性农民工对孝道的理解程度与给父母提供的生活照料无关，不支持假设。可能原因是，在传统文化教育缺失的今天，孝道文化观念并不直接影响子女对父母的孝行。而女性农民工对孝道理解在养身层面与孝道理解在养志和养慧层面相比给父母的生活照料更少，即孝道理解程度越深，给父母提供的生活照料越多，部分支持假设。在家庭决策中，只有女性农民工子女教育方面的决定与对父母的生活照料相关，即共同决定比由丈夫决定对父母提供更多的生活照料，这一结果不支持假设。可能原因是，夫妻平等协商更能形成家庭的和谐氛围，有利于家庭成员间的生活照料，更有利于女性农民工回乡探亲。

在控制变量中，对男性农民工而言，"内外分工"和"比翼齐飞"比"劳燕分飞"流动模式更有利于对父母的生活照料。年龄越大，文化程度越低，对父母照料越少。对女性农民工而言，与小学及以下文化程度者相比，初中文化程度者对父母生活照料更多；同省流动者比跨省流动者对父母生活照料更少，这一结果与常识不符。可能原因是，跨省流动者比同省流动者工资更高，更有利于对父母的生活照料。在户籍方面，无论是男性农民工还是女性农民工，来源于东部者比来源于西部者对父母生活照料更多，可能因为东部地区更发达，经济条件更好，交通更便利。

第三节　向下代际支持

一　向下代际支持现状

1. 全部子女代际支持

表 7-16 提供了农民工子女医疗费用支出现状及性别差异。结果显示，无论是比较分布还是均值，性别差异均不显著。就分布而言，农民工抚养

子女的医疗费用主要集中在 300 元及以下，男性占比 39.9%，女性占比 45.2%；就均值而言，男性农民工给予子女支持的均值为 830.420 元，女性农民工为 759.170 元，T 检验不显著，表明农民工在子女医疗费用支出上不存在性别差异。

表 7-16 农民工子女医疗费用支出现状及性别差异 （N=323）

农民工性别	医疗支出				
	0~300 元	301~800 元	801 元及以上	均值	标准差
男性	75 (39.9%)	50 (26.6%)	63 (33.5%)	830.420	1418.029
女性	61 (45.2%)	40 (29.6%)	34 (25.2%)	759.170	1350.946
LR 检验/t 检验	2.625			0.454	

农民工子女教育费用支出现状及性别差异见表 7-17。数据显示，子女教育支出在分布上也不存在性别差异，主要集中在 1000 元及以下，男性农民工占比 49.5%，女性农民工占比 45.9%；而从教育费用支出均值来看，存在显著性别差异，男性均值为 3476.330 元，女性为 5069.778 元，女性农民工对子女教育费用支出平均高出男性农民工 1593.448 元。

表 7-17 农民工子女教育费用支出现状及性别差异 （N=323）

农民工性别	教育支出				
	0~1000 元	1001~4000 元	4001 元及以上	均值	标准差
男性	93 (49.5%)	41 (21.8%)	54 (28.7%)	3476.330	5704.819
女性	62 (45.9%)	27 (20.0%)	46 (34.1%)	5069.778	10587.284
LR 检验	1.050			-1.742[+]	

注：[+]$p<0.1$。

农民工对子女情感支持现状及性别差异见表 7-18。数据显示，情感支持频率为每天 1 次的男性农民工占 51.1%，一周 1 次的占 30.2%，一个月 1 次及以上的占 18.7%；相应的女性农民工比例分别为：42.9%、41.4%、15.8%。LR 检验不显著，表明农民工与子女情感交流即情感支持不受到农民工性别的影响。

表7-18 农民工对子女情感支持现状及性别差异（$N=315$）

农民工性别	情感支持		
	每天1次	一周1次	一个月1次及以上
男性	93（51.1%）	55（30.2%）	34（18.7%）
女性	57（42.9%）	55（41.4%）	21（15.8%）
LR检验	4.174		

2. 最后一孩代际支持

表7-19给出了农民工最后一孩医疗费用支出现状及性别差异。结果显示，医疗费用支出分布不存在性别差异，且主要集中在300元及以下，占四成以上；就均值而言，农民工给最后一孩为男孩的支持均值为698.450元，最后一孩为女孩的支持为987.113元，t检验结果显示存在性别差异。

表7-19 农民工最后一孩医疗费用支出现状及性别差异（$N=313$）

最后一孩性别	医疗费用				
	0~300元	301~800元	801元及以上	均值	标准差
男性	73（40.6%）	51（28.3%）	56（31.1%）	698.450	889.799
女性	55（41.4%）	37（27.8%）	41（30.8%）	987.113	1882.782
LR检验/t检验	0.013			−1.803[+]	

注：[+]$p<0.1$。

表7-20给出了农民工最后一孩教育费用支出现状及性别差异。数据显示，无论是分布还是均值，教育费用支出均不存在性别差异。最后一孩教育费用支出主要集中在1000元以下，最后一孩为男孩的教育费用支出均值为3852.222元，最后一孩为女孩的均值为4707.293元，二者相差855.071元，但这种差异并不显著。

表 7-20   农民工最后一孩教育费用支出现状及性别差异 （N=313）

最后一孩 性别	教育费用				
	0~1000 元	1001~4000 元	4001 元及以上	均值	标准差
男性	91 （50.6%）	33 （18.3%）	56 （31.1%）	3852.222	6614.952
女性	58 （43.6%）	33 （24.8%）	42 （31.6%）	4707.293	10024.883
LR 检验/t 检验	2.292			−0.856	

表 7-21 提供了农民工对最后一孩情感支持现状及性别差异。数据显示，对于最后一孩为男孩的情感支持频率为每天 1 次的农民工占 54.2%，情感支持频率为一周 1 次的农民工占 27.9%，情感支持频率为一个月 1 次及以上的农民工占 17.9%；相应的对最后一孩为女孩的情感支持频率分别为 39.7%、43.5%、16.8%。LR 检验结果表明，农民工对最后一孩情感交流受该孩性别的显著影响，对男孩的交流频率高于女孩。

表 7-21   农民工对最后一孩情感支持现状及性别差异 （N=310）

最后一孩 性别	情感支持		
	每天 1 次	一周 1 次	一个月 1 次及以上
男性	97 （54.2%）	50 （27.9%）	32 （17.9%）
女性	52 （39.7%）	57 （43.5%）	22 （16.8%）
LR 检验	8.664*		

注：* $p < 0.05$。

二　向下代际支持影响因素

1. 经济支持

（1）农民工性别视角

农民工对子女经济支持的影响因素及性别差异见表 7-22。模型 1 分别验证男性和女性农民工子女教育决策权对未成年子女经济支持的影响（粗效应）。结果显示，无论是男性农民工还是女性农民工，子女教育决策权对经济支持均为正向影响，H7-10a 得到部分验证；关于祖辈抚养孙辈，无论是男性农民工还是女性农民工，影响均不显著，H7-10b 没有得到支持。模型 2 验证男性和女性农民工子女特征对经济支持的影响（粗效应）。结果表明，男性农民工对健康状况好的子女经济支持比健康状况差的子女经济支持更少，对女性农民工而言，子女健康状况并不影响代际支持，H7-11a 得到验证；关于子女随迁情况，无论是男性农民工还是女性农民工，影响均不显著，H7-11b 没有得到验证。模型 3 为纳入控制变量后，对经济支持的影响（净效应），自变量显著性均没有发生改变。关于控制变量，无论是男性农民工还是女性农民工，年龄越大，经济支持越多；男性农民工同省流动比跨省流动经济支持更多，女性农民工影响不显著；男性农民工收入越高，经济支持越多，女性农民工影响不显著；初中文化程度的女性农民工比小学及以下者经济支持更多，男性农民工影响不显著。

表 7-22　农民工对子女经济支持影响因素及性别差异

变量	男性农民工			女性农民工		
	模型 1	模型 2	模型 3	模型 1	模型 2	模型 3
家庭特征						
子女教育 丈夫决定	0.956** (0.310)		0.771** (0.297)	0.683+ (0.350)		0.600+ (0.337)
子女教育 共同决定	0.577* (0.236)		0.459* (0.227)	0.340+ (0.238)		0.331+ (0.238)
父母抚养孙辈	−0.160 (0.159)		0.002 (0.164)	0.100 (0.181)		0.107 (0.182)
子女特征						
子女健康状况好		−0.333* (0.152)	−0.356* (0.148)		0.187 (0.171)	0.082 (0.171)
子女健康状况一般		0.292 (0.298)	0.042 (0.178)		−0.265 (0.432)	−0.575 (0.404)
子女随迁		0.118 (0.162)	−0.197 (0.178)		−0.202 (0.179)	−0.223 (0.183)
控制变量						
内外分工			−0.262 (0.307)			0.315 (0.305)

续表

变量	男性农民工			女性农民工		
	模型 1	模型 2	模型 3	模型 1	模型 2	模型 3
比翼齐飞			-0.279 (0.291)			0.203 (0.265)
同省			0.303⁺ (0.157)			0.002 (0.178)
年龄			0.040** (0.014)			0.059*** (0.014)
高中及以上			0.029 (0.243)			-0.056 (0.238)
初中			-0.115 (0.232)			0.342⁺ (0.212)
流出地东部			0.146 (0.196)			0.302 (0.216)
流出地中部			0.191 (0.178)			0.195 (0.199)
月收入（log）			0.666⁺ (0.353)			0.226 (0.356)
打工年限			0.010 (0.014)			0.005 (0.015)
R^2	0.059	0.039	0.256	0.035	0.022	0.305
F 值	3.723*	2.432⁺	3.423***	1.456⁺	0.975	2.849***
样本量	182	184	175	124	132	120

注：1. 因变量为过去一年花费在子女身上的总费用。2. ⁺$p<0.1$，* $p<0.05$，** $p<0.01$，*** $p<0.001$。3. 括号内数字为标准误。

（2）最后一孩性别视角

农民工对最后一孩经济支持影响因素及性别差异见表 7-23。模型 1 分析子女教育决策权对经济支持的粗效应。结果显示，无论最后一孩是男孩还是女孩，子女教育决策权对经济支持均为正向影响，H7-12a 得到部分验证；模型 2 分析子女特征对经济支持的粗效应。结果显示，与健康状况差的最后一孩为男孩相比，农民工对健康程度一般的最后一孩为男孩的经济支持更少。而对于最后一孩为女孩，子女健康情况并不影响农民工经济支持。关于子女随迁情况，对最后一孩为男孩的农民工而言，男孩随迁，农民工给予的经济支持更少;而最后一孩为女孩的情况正好相反,女孩随迁,农民工给予的经济支持更多。模型3分析纳入控制变量后自变量对子女经济支持的净影响。结果显示,个别自变量显著性发生改变。关于父母抚养孙辈,无论最后一孩是男孩还是女孩,影响均不显著;在子女健康方面,无论最后一孩性别如何,子女健康状况对农民工经济支持均无显著影响;关于子女随迁,最后一孩为女孩随迁对农民工经济支持没有显著影响,而最后一孩为男孩的影响不发生改变,H7-13b 得到部分验证。在控制变量中,无论最后一孩性别如何,农民工年龄越大,经济支持越多;最后一孩为女孩,农民工同省流动比跨省流动的经济支持更多,而最后一孩为男孩,流动距离没有显著影响。

表 7-23 农民工对最后一孩经济支持影响因素及性别差异

变量	最后一孩是男孩			最后一孩是女孩		
	模型 1	模型 2	模型 3	模型 1	模型 2	模型 3
家庭特征						
子女教育 丈夫决定	0.997 ** (0.322)		0.105 *** (0.359)	0.526 + (0.324)		0.440 + (0.314)
子女教育 共同决定	0.451 + (0.232)		0.597 ** (0.230)	0.392 * (0.233)		0.395 + (0.218)
父母抚养孙辈	-0.047 (0.172)		0.064 (0.185)	-0.325 * (0.159)		0.077 (0.164)
子女特征						
子女健康状况好		-0.535 (0.501)	-0.639 (0.546)		-0.190 (0.444)	-0.319 (0.410)
子女健康状况一般		-0.787 + (0.550)	-0.345 (0.676)		-0.034 (0.525)	-0.142 (0.492)
子女随迁		-0.372 * (0.161)	-0.445 * (0.176)		0.295 + (0.165)	0.102 (0.170)
控制变量						
内外分工			-0.069 (0.278)			0.074 (0.297)
比翼齐飞			-0.020 (0.262)			-0.125 (0.289)

续表

变量	最后一孩是男孩			最后一孩是女孩		
	模型1	模型2	模型3	模型1	模型2	模型3
同省			-0.097 (0.176)			0.311$^+$ (0.163)
年龄			0.051*** (0.016)			0.050*** (0.012)
高中及以上			-0.173 (0.251)			0.244 (0.222)
初中			0.062 (0.237)			0.040 (0.206)
流出地东部			0.320 (0.210)			0.007 (0.206)
流出地中部			0.225 (0.184)			0.089 (0.194)
月收入（log）			0.302 (0.310)			0.135 (0.358)
打工年限			0.000 (0.015)			0.008 (0.013)
R^2	0.056	0.039	0.242	0.026	0.027	0.318
F值	3.339*	2.386$^+$	2.938***	2.557$^+$	1.204	3.238***
样本量	171	179	164	128	132	127

注：1. $^+ p<0.1$，$^* p<0.05$，$^{**} p<0.01$，$^{***} p<0.001$。2. 括号内数字为标准误。

2. 情感支持

（1）农民工性别视角

农民工对子女情感支持影响因素及性别差异见表7-24。模型1结果显示，与妻子掌握教育决定权相比，男性农民工自己掌握教育决定权更不利于其对子女的情感支持；与妻子决定相比，共同决定也不利于对子女情感支持。对女性农民工而言，教育决定并没有产生显著效应；关于父母抚养孙辈，无论农民工性别如何，影响均不显著。模型2结果显示，无论是男性农民工还是女性农民工，对健康状况好的子女的情感支持比对健康状况差的子女的情感支持更多；关于子女随迁，无论农民工性别如何，随迁子女都比不随迁子女得到更多情感支持，H7-11b得到部分验证。模型3结果发现，自变量显著性均无发生改变。

关于控制变量，就男性农民工而言，初中文化程度者比小学及以下者对子女情感支持更多，女性农民工则相反，初中文化程度者比小学及以下者更不利于对子女的情感支持；内外分工比劳燕分飞更有利于男性农民工对子女的情感支持，对女性农民工影响不显著；同省流动比跨省流动更利于女性农民工对子女的情感支持，对男性农民工影响不显著。

表 7-24　农民工对子女情感支持影响因素及性别差异

变量	男性农民工			女性农民工		
	模型 1	模型 2	模型 3	模型 1	模型 2	模型 3
家庭特征						
子女教育 丈夫决定	0.461+ (0.627)		1.094+ (0.704)	-0.175 (0.700)		-0.365 (0.841)
子女教育 共同决定	0.161+ (0.484)		0.780+ (0.541)	-0.316 (0.482)		-0.799 (0.584)
父母抚养孙辈	-0.028 (0.316)		-0.369 (0.383)	-0.083 (0.362)		-0.527 (0.474)
子女特征						
子女健康状况好		-0.557+ (0.319)	-0.783* (0.345)		-0.310+ (0.359)	-0.771+ (0.438)
子女健康状况一般		0.132 (0.554)	-0.199 (0.613)		-0.090 (0.908)	-0.654 (0.994)
子女随迁		-1.498*** (0.386)	-2.131*** (0.483)		-1.562*** (0.405)	-1.716*** (0.449)
控制变量						
内外分工			-1.185+ (0.691)			-0.941 (0.766)
比翼齐飞			0.411 (0.650)			0.226 (0.645)
同省			0.274 (0.361)			-1.328** (0.466)

续表

变量	男性农民工			女性农民工		
	模型 1	模型 2	模型 3	模型 1	模型 2	模型 3
年龄			0.021 (0.031)			0.033 (0.035)
高中及以上			-0.755 (0.551)			0.006 (0.612)
初中			-1.020[+] (0.526)			0.920[+] (0.548)
流出地东部			-0.196 (0.454)			-0.184 (0.541)
流出地中部			-0.071 (0.409)			0.346 (0.497)
月收入（log）			0.209 (0.819)			0.233 (0.934)
打工年限			-0.020 (0.031)			0.010 (0.037)
Nagelkerke R^2	0.004	0.162	0.251	0.005	0.142	0.316
-2LL	45.505[+]	37.619[***]	311.490[***]	39.420	42.761[***]	203.451[**]
样本量	179	182	173	124	133	118

注：1. [+]$p<0.1$，[*]$p<0.05$，[**]$p<0.01$，[***]$p<0.001$。2. 括号内数字为标准误。

（2）最后一孩性别视角

农民工对最后一孩情感支持影响因素及性别差异见表 7-25。模型 1 结果显示，最后一孩为女孩时，子女教育决定权对农民工的情感支持有显著净影响，即与妻子拥有子女教育决定权相比，丈夫决定更不利于农民工对子女的情感支持；最后一孩为男孩时，上述影响并不显著，H7-12a 得到部分验证。无论最后一孩性别如何，父母抚养孙辈对农民工的情感支持均无显著影响。模型 2 结果显示，最后一孩是男孩，健康状况一般比健康状况差促使农民工对其付出更少的情感支持，最后一孩为女孩影响不显著，H7-13a 得到部分验证。无论最后一孩性别如何，子女随迁比不随迁得到更多的情感支持，H7-13b 得到部分验证。模型 3 结果显示，自变量的影响方向和显著性基本没有发生改变。

在控制变量中，最后一孩为男孩时，高中及以上文化程度的农民工比小学及以下者对子女付出更多的情感支持，而当最后一孩为女孩时，文化程度对农民工的情感支持没有显著影响；最后一孩为女孩时，来源于东部和中部的农民工比来源于西部者对子女的情感支持更多，最后一孩为男孩时，流出地对农民工情感支持没有显著影响。

表 7-25　农民工对最后一孩情感支持影响因素及性别差异

变量	最后一孩是男孩			最后一孩是女孩		
	模型 1	模型 2	模型 3	模型 1	模型 2	模型 3
家庭特征						
子女教育 丈夫决定	-0.243 (0.653)		0.524 (0.740)	0.792 (0.717)		1.363$^+$ (0.809)
子女教育 共同决定	-0.140 (0.455)		0.606 (0.522)	0.190 (0.525)		0.572 (0.583)
父母抚养孙辈	0.138 (0.345)		-0.188 (0.435)	-0.256 (0.347)		-0.004 (0.420)
子女特征						
子女健康状况好		0.258 (1.031)	0.940 (1.379)		-0.042 (0.967)	0.485 (1.064)
子女健康状况一般		0.992$^+$ (1.115)	2.348$^+$ (1.514)		1.027 (1.143)	1.894$^+$ (1.272)
子女随迁		-1.679*** (0.381)	-1.922*** (0.471)		-0.992** (0.378)	-1.044* (0.452)
控制变量						
内外分工			-0.777 (0.617)			-0.548 (0.740)
比翼齐飞			0.090 (0.573)			-0.194 (0.715)
同省			-0.450 (0.379)			-0.362 (0.417)

续表

变量	最后一孩是男孩			最后一孩是女孩		
	模型1	模型2	模型3	模型1	模型2	模型3
年龄			0.031 (0.035)			0.032 (0.029)
高中及以上			-0.803⁺ (0.543)			0.725 (0.575)
初中			-0.578 (0.506)			0.427 (0.533)
流出地东部			-0.031 (0.479)			-1.042* (0.530)
流出地中部			0.325 (0.412)			-0.903⁺ (0.500)
月收入（log）			-0.108 (0.686)			0.421 (0.993)
打工年限			-0.028 (0.033)			0.038 (0.033)
Nagelkerke R^2	0.002	0.162	0.162	0.019	0.079	0.203
-2LL	45.727	29.136***	282.484***	38.880	30.946*	229.482⁺
样本量	171	179	162	127	131	124

注：1. ⁺$p<0.1$，*$p<0.05$，**$p<0.01$，***$p<0.001$。2. 括号内数字为标准误。

　　总体上，农民工对父母代际支持的影响因素的性别差异一致表现在家庭决策变量上。农民工对子女经济支持的影响因素的性别差异表现在子女特征方面，而对情感支持影响因素性别差异主要表现在家庭特征方面。

本章小结

　　本章在分析农民工向上代际支持和向下代际支持现状的基础上，从父母情况、文化保持、家庭决策和家庭特征、子女特征分别分析两种代际支持的影响因素。研究发现，在现状和影响因素两方面均有一定的性别差异，具体表现如下。

1. 向上代际支持

向上代际支持表现在经济支持、情感支持和生活照料三个方面。现状分析表明，在经济支持和情感支持方面存在显著性别差异，男性农民工对父母的支持多于女性男民工。在生活照料方面无显著差异。

影响因素分析表明，①在经济支持方面，关于文化保持，男性农民工对孝道理解越深，给父母提供的经济支持越多。关于家庭投资借钱，男性农民工决定有利于经济支持；对于女性农民工而言，子女教育共同决定有利于对父母经济支持。自己外出打工由自己决定和与丈夫共同决定均不利于对父母经济支持。②在情感支持方面，父母健在情况有利于女性农民工向上情感支持；父母抚养孙辈有利于男性农民工向上情感支持。无论是男性农民工还是女性农民工，听取父母意见对父母的情感支持有显著的积极影响。家庭决策中，子女教育决策夫妻共同决定有利于两性农民工向上情感支持；女性农民工决定现金支配有利于其向上情感支持，但其决定投资借钱却不利于向上情感支持。③在生活照料方面，父母抚养孙辈得到男性农民工生活照料更少；双亲健在促使女性农民工更多回家探望父母。关于文化保持，女性农民工对孝道理解越深，对父母提供生活照料越多。在子女教育决策中，夫妻共同决定更有利于女性农民工对父母的生活照料。

2. 向下代际支持

向下代际支持主要表现在经济支持和情感支持两个方面。现状分析发现，在子女医疗费用支出和情感支持方面，农民工的支持没有性别差异，但在教育费用支出方面，女性农民工的支持显著多于男性农民工。农民工对最后一孩为女孩的医疗费用支出显著多于最后一孩为男孩的支出，而在教育费用方面的支出与最后一孩的性别无关。在情感支持方面，对最后一孩为男孩每天交流一次的比例明显高于最后一孩为女孩的比例。

影响因素分析表明，①在经济支持方面，从农民工性别视角来看，无论是男性农民工还是女性农民工，子女教育由自己决定权或夫妻共同决定均对经济支持有正向影响。男性农民工对健康状况好的子女经济支持比对健康状况差的子女经济支持更少，而子女健康状况并不影响女性农民工的经济支持。从最后一孩性别视角来看，无论最后一孩是男孩还是女孩，子女教育决定权对经济支持同样均为正向影响。最后一孩为男孩随迁，农民工给予的经济支持更少，而最后一孩为女孩时，随迁情况对农民工经济支持没有显著影响。②在情感支持方面，在农民工性别视角下，与妻子掌握教育决定权相比，男性农民工自己掌握教育决定权和夫妻共同决定更不利于对子女的情感支持。两性农民工对健康状况好的子女情感支持均比健康状况差的子女更多；无论最后一孩性别如何，随迁比不随迁得到的情感支持更多。在最后一孩性别视角下，最后一孩为女孩时，与妻子拥有教育决定权相比，男性农民工决定更不利于其对子女的情感支持，而最后一孩为男孩时，教育决定权没有显著影响；无论最后一孩是男孩还是女孩，农民工对健康状况一般的子女情感支持比健康状况差的子女情感支持更少；对随迁子女比不随迁子女的情感支持更多。

第八章

社会性别与农民工组织融合

农民工问题在宏观层面表现为城市融合问题，但从深层次来看，表现在企业组织层面上，即农民工的组织融合问题，如讨薪难、工作环境恶劣、用工歧视等。事实上，许多农民工群体性事件源于农民工的组织融合问题，即组织融合是城市融合的前提，然而已有研究更多集中在农民工城市融合问题，而对农民工组织融合问题研究少之又少。本章从经济融合、文化融合和心理融合三个维度研究农民工组织融合及其性别差异。

第一节　研究设计

一　研究假设

组织融合是从城市融合基础上衍生出来的，是城市融合在组织领域的扩展。城市融合是指城市外来人员与市民间的差异消减。农民工城市融合主要包括经济融合、文化融合以及心理融合三个方面。相应地，农民工组织融合也分为组织经济融合、组织文化融合和组织心理融合。在组织经济融合方面，工作绩效反映经济融合，表示农民工为实现企业目标而努力的水平，具体包括任务绩效和周边绩效（罗正学、苗丹民，2005）。在组织文化融合方面，文化融合的好坏表现为组织公民行为，直接影响组织的管理效能。已有研究表明，组织公民行为能够积极促进企业的成长和员工的归属感（苏晓艳等，2021；Lee and Allen，2002）。在组织心理融合层面，组织承诺可以解释为员工实现组织目标的驱动力，是一种心理状态，表现为情感承诺、规范承诺、持续承诺（张旭等，2013；Meyer et al.，2002）。

1. 组织公平感与农民工组织融合

组织公平理论是在社会交换理论的基础上提出来的，该理论源于组织公平感的概念，即员工自身在组织环境中所感受到的公平对待程度（Chen et al.，2015）。学者通常利用社会交换理论解释组织公平，依据这一理论，员工的组织公平感主要来源于自身与组织间的社会交换关系，组织公平感越高，回报组织的意愿与行为就越积极（吴敏、刘若冰，2009）。组织公平感是组织生存与发展的"稳定器"，员工对组织的公平感知会直接影响他们的工作绩效、组织公民行为、组织承诺等。

关于农民工的组织公平感与组织融合的研究还较少，现有文献主要针对知识型企业员工，尽管农民工在文化层次和知识技能方面与知识型企业员工有很大差距，但他们同样是企业员工的重要组成部分，观念与行为必然会表现出一致性。因此，有关组织公平感的结论具有一定的普适性。在已有研究中，学界普遍认识到，组织公平感是由多个方面构成的，具体包括程序公平、分配公平、人际公平、信息公平四个方面（Greenberg，1993）。汪新艳和廖建桥（2007）通过构建组织公平感与员工工作绩效的影响机制模型，发现组织公平中的程序公平和分配公平对员工的工作绩效有显著的正向影响。也有学者基于异质性视角，发现"大公无私"型员工的工作绩效与公平感知程度无关，而"自私自利"型的员工绩效易受分配公平感的影响（Blakely et al.，2005）。Kerwin 等（2015）基于组织公平感的多维视角发现，随着员工公平感知的提高，群体间的冲突矛盾行为减少，组织文化融合程度提高。依据社会交换理论，员工的付出与回报越成正比，那么员工的组织公平感就越强，会产生额外的组织公民行为去助推企业发展（Tziner and Sharoni，2014）。还有学者聚焦于组织公平感与组织承诺的关系研究上，Mamman 等（2012）认为，组织承诺与员工对组织的公平感知息息相关，当员工遭受不公正的待遇时，会产生较低的组织承诺和较高的缺勤率。也有学者发现，组织公平感对组织承诺的影响存在显著的差异性，在情感承诺方面，程序公平发挥着显著正效应，而在持续承诺和规范承诺方面，分配公平与程序公平对其产生显著影响，人际公平的作用并不明显（付文锋等，2010）。因此，结合组织公平感和工作绩效、组织公民行为、组织承诺间关系的已有研究，提出以下假设：

H8-1a 分配公平感对农民工组织融合产生正向影响；

H8-1b 程序公平感对农民工组织融合产生正向影响；

H8-1c 人际公平感对农民工组织融合产生正向影响；

H8-1d 信息公平感对农民工组织融合产生正向影响。

2. 人力资本与农民工组织融合

简单来说，人力资本既代表着个体的知识与技能，又是企业综合实力的重要体现。衡量人力资本的维度主要包括特殊行业与一般行业两大类，具体指标包括教育水平、工作时间、工作经验、婚姻状况等方面（Guo et al.，2012）。按照人力资本理论，个体的人力资本质量与工作效益间存在正向关系，较高的能力与经验往往会产生积极的工作行为（Davidsson and Honig，2003）。与组织公平感相同，现有关于人力资本的研究主要针对知识型企业员工，但其结论对于农民工人力资本与组织融合的关系研究依然具有借鉴价值。Choi 和 Chang（2020）通过实证分析发现，年轻、高学历、经验多等特征有助于员工获得更好的工作绩效。高质量的人力资本有助于员工个人绩效的提高已在学术界形成共识。一方面，改革开放以来，随着工业化进程的加快与农村剩余劳动力的释放，农民工日渐成为产业工人的主体；另一方面，由于农民工的弱势性特征，在适应组织工作生活中充满了艰辛。因此，农民工更期望通过提升人力资本提高工资收入、提升职业阶层以及融入城市社会（刘平青等，2011）。当前，现有研究关于人力资本与组织公民行为、组织承诺的关系研究较少，但人力资本的提升可以增加农民工的组织认同得到了验证（郭江影等，2016）。组织公民行为与组织承诺更多地体现了农民工在组织生活中的心理状态。因此，依据社会交换理论，行为主体间的回报是相互的，当某一行为主体受到其他主体的施恩或支持时，该行为主体会对此进行回报。农民工在组织融合的过程中，由于工作环境的陌生与寻求建立新关系的积极性，往往对帮助过他的人予以感激并做出回报（Kammeyer-Mueller et al.，2013）。刘雪梅和陈文磊（2018）研究发现，农民工越受到上级或同事的帮助，那么自身的组织承诺水平和工作积极性就越高，而支持和帮助与农民工自身的人力资本质量密切相关。基于上述分析，提出以下假设：

H8-2a 文化程度对农民工组织融合产生正向影响；

H8-2b 打工年限对农民工组织融合产生正向影响；

H8-2c 培训经历对农民工组织融合产生正向影响；

H8-2d 健康状况对农民工组织融合产生正向影响。

3. 工作满意度的中介作用

已有研究表明，组织公平感是诸多组织变量的预测变量之一，在这些被预测变量中，工作满意度是一个重要变量（Dundar and Tabancali，2012）。因此，将工作满意度作为中介变量，用来研究组织公平感对农民工组织融合的影响具有重要的意义。从组织公平感对工作满意度的预测作用来看，已有研究发现，组织政策的公平与否与员工工作满意度呈正相关（Nojani et al.，2012）。基于社会交换视角解释组织公平感的作用方式，也能得出同样的结论（Yanamandram and White，2012）。Ibeogu 和 Ozturen（2015）研究了组织公平感的分维度与工作满意度之间的关系，认为员工无论处在分配、程序、人际和信息哪个方面组织公平感均能对工作满意度起到强化作用。将结果公平和程序公平的影响程度进行比较发现，员工在结果上感受到公平，比在程序上感受到公平更能提升员工的工作满意度（Nadiri and Tanova，2010）。

从工作满意度对组织融合的预测作用来看，已有研究表明，工作满意度影响一个人对工作单位的态度和行为。如，有学者研究了工作满意度和工作绩效（Hayati and Caniago，2012）、组织公民行为（汪丽，2010）、组织承诺（霍甜、李敏，2011；Hayati and Caniago，2012）之间的关系。低的工作满意度会导致员工出现高缺勤率、高离职倾向和工作倦怠（Kalkavan and Katrinli，2014）。这些问题与农民工的跳槽、回流、不认真工作现象紧密相关，不仅影响农民工本职工作的完成，而且无法保障角色外行为的实现。工作满意度是一个双向测度概念，反映了组织和农民工之间的一个双向互动过程，表现为农民工对工作的满意程度，以及组织对农民工的重视程度。高的工作满意度有利于员工找到工作自信，在完成角色内行为的同时，通过角色外行为寻求再重视和再肯定（胡利利等，2009；Kurland and Hasson-Gilad，2015）。工作满意度是测量员工组织行为和组织心理的常用变量（Yucel and Bektas，2012），员工受到不公平对待，工作满意程度是对组织行为方式的最好衡量。高的工作满意度代表了员工对组织的认同情绪，在心理需求尽可能被满足的前提下，员工的组织承诺也会随之得以提升（Adeyemo，2012）。基于以上分析，提出以下假设：

　　H8-3a　工作满意度正向中介分配公平感和农民工组织融合间关系；

　　H8-3b　工作满意度正向中介程序公平感和农民工组织融合间关系；

　　H8-3c　工作满意度正向中介人际公平感和农民工组织融合间关系；

　　H8-3d　工作满意度正向中介信息公平感和农民工组织融合间关系。

4. 家长式领导的调节作用

领导风格有多种类型，但在中国文化背景下，家长式领导最能反映农民工的现实状况。在家长式领导风格下，所有员工并非被同等对待，在差序原则下，员工被分为"自己人"和"外人"，对"自己人"往往较少采用威权领导方式，而是采用仁慈领导和德行领导，对"外人"更多采用威权领导（樊景立、郑伯壎，2000）。"自己人"在拥有优势条件的基础上，如果在组织中能够受到公平待遇，组织认同感会得到强化（Wang et al.，2013），更可能对工作现状感到满意，也更愿意为组织和个人共同利益努力工作。根据自我归类理论，个体根据某种特性确定环境中的自己和环境中的他人（Hogg and Terry，2000）。自我归类有很强的情景依赖性，农民工作为城市社会中的弱势群体，受到各方面排斥和抑制，不利于其个性发挥和自我定位，会对自我进行消极归类，进而与新的环境、新的人群形成较远的心理距离。这种归类模式会使农民工形成一种很强的心理防御机制，加重心理挫败感，表现为自卑和懈怠心理，影响对组织的认同、投入和忠诚度。一旦形成消极心理，即使在某些方面对农民工仍执行形式化的公平标准，也会在很大程度上影响农民工的工作满意度，进而影响对组织的付出程度。

仁慈领导和德行领导旨在领导和员工之间形成一种高质量的交换关系（Zhang et al.，2015），仁慈领导主张关怀员工，通过德行来感化、说服员工，而不是借助于严刑峻法，体现了一种魅力型权威（郑伯壎等，2000）。在我国这样一个"关系型"社会中，农民工作为社会中的弱势群体，不论是组织环境还是社会环境，均和市民存在一定的心理距离。如果能享受与市民同等待遇，对农民工会有很大的激励作用。仁慈领导能够促进员工的建言行为（Zhang et al.，2015），而德行领导的表率作用会使员工为了追求更好的发展而更加忠诚尽责（孙利平、凌文辁，2010）、更具有创造力（许彦妮等，2014）。农民工具有勤劳的品格，愿意通过诚实劳动改变自己的生计状况，领导者在实行仁慈领导和德行领导时，必然会营造一种积极的环境氛围，农民工的回报性行为和效法性行为都会产生强化效应。

威权领导强调权威的不可挑战性，要求员工绝对服从，不利于知识共享和集体效能感的提升，从而抑制了群体创造性（Zhang et al.，2011）。在威权领导下，员工很难参与程序制定和执行过程，从而强化了员工的工作疏离感（龙立荣等，2014）、弱化了工作活力以及工作奉献精神（杨五洲等，2014）。即使员工被赋予参与决策的权利和机会，也会造成消极影响，如影响员工对领导的满意度、组织公民行为以及组织承诺（Zhang et al.，2015），进而影响其工作绩效（de Araujo and Lopes，2014）。即使农民工对薪酬感到满意，能够更加努力地完成工作，但由于威权领导的独裁性，非理性干涉也在某种程度上降低农民工的工作满意度、对组织的情感依附以及努力程度。威权领导较难容忍员工对其决策提出挑战性的建言（周建涛、廖建桥，2012）。即使做出一些解释，也仅仅是威权领导个人专断思想的灌输，并不能真正获得员工的认可，员工的非参与性随之表现为被动服从。因此，即使领导就某些问题与员工进行沟通交流，征求其意见，往往也只是流于形式。基于以上分析，提出以下假设：

H8-4a 仁慈领导正向调节工作满意度在组织公平感与农民工组织融合中的中介关系；

H8-4b 德行领导正向调节工作满意度在组织公平感与农民工组织融合中的中介关系;

H8-4c 威权领导正向调节工作满意度在组织公平感与农民工组织融合中的中介关系。

二 变量设置

1. 因变量

因变量为组织融合,包括组织经济融合(用工作绩效测量),组织文化融合(用组织公民行为测量)和组织心理融合(用组织承诺来测量)。根据 Boman 等的观点,将工作绩效分为任务绩效和周边绩效(Borman and Motowidlo,1997)。任务绩效分量表主要借鉴韩翼等(2007)中具有代表性的题项和 Befort 和 Hattrup(2003)关于按时完成工作任务的题项;周边绩效分量表主要借鉴韩翼等(2007)中具有代表性的题项以及 Borman 等关于乐于助人和保持合作的相关题项(Borman and Motowidlo,1997)。本章选取工作绩效量表中的 14 个题项,采用李克特 5 点量表评分,从 1(非常不同意)到 5(非常同意),分值在 14 至 70 之间,分值越高,表明个人工作绩效越好。其中,任务绩效和周边绩效分量表分别采用 5 个和 9 个题项。

组织公民行为采用 Farh 等编制的量表,分为组织认同、利他行为、个人主动性、人际协调和保护组织资源五个维度(Farh et al.,1997),共 20 个题项,采用李克特 5 点量表来测量,从 1(非常不同意)到 5(非常同意),分值在 20 到 100 之间,分值越高,表明组织公民行为越好。其中,组织认同分维度量表有 4 个题项,利他行为分维度量表有 4 个题项,个人主动性分维度量表有 5 个题项,人际和谐分维度量表有 4 个题项,保护组织资源分维度量表有 3 个题项。

组织承诺采用 Cook 和 Wall 编制的量表(Fields,2004),分为 3 个维度,分别为组织认同、组织投入和组织忠诚。该量表共 9 个题项,采用李克特 5 点量表来衡量,从 1(非常不同意)到 5(非常同意),分值为 9~45,分值越高,表明个人的组织承诺越高。其中,每个分量表都包括 3 个题项。

2. 自变量

组织公平感分为程序、分配、人际和信息公平感。该量表的测量采用 Colquitt（2001）的组织公平感量表，共 20 题，以李克特 5 点量表来衡量，从 1（完全不符合）到 5（完全符合）。该变量分值为 20~100，分值越高，表明员工对组织的公平感知越强。其中，程序、分配、人际和信息公平感分量表分别有 7 个、4 个、4 个和 5 个题项。各分量表分值越高，表明相应的公平感越强。

人力资本分为文化程度、培训经历、打工年限、健康状况四个方面，其中文化程度为三分类变量，"高中及以上 = 1""初中 = 2""小学及以下 = 3"，以"小学及以下"为参照类；培训经历为二分类变量，"是 = 1""否 = 2"，以"否"为参照类；打工年限为连续变量；健康状况为三分类变量，"好 = 1""一般 = 2""差 = 3"，以"差"为参照类。

3. 中介变量

工作满意度采用 Tsui 等的量表（Fields，2004），共 6 道题，分别对工作本身、上司、同事、报酬、晋升机会和整体工作状况的满意度进行评估。以李克特 5 点量表来衡量，从 1（非常不同意）到 5（非常同意），该量表分值为 6~30，分值越高，工作满意度越强。

4. 调节变量

采用郑伯壎等（2000）关于家长式领导概念的界定，并将家长式领导划分为仁慈、德行和威权领导三个维度。考虑农民工受教育程度低的问题，结合对农民工的访谈资料，从家长式领导三个分量表中各选 5 个题项，共 15 个题项。采用李克特 5 点量表评分。该变量分值为 15~75，分值越高，越趋向于家长式领导。

5. 控制变量

在已有关于农民工组织表现的相关研究中，影响因素还包括年龄、婚姻状况、行业类型、职业阶层（吕晓兰、姚先国，2013），月收入和日工作时间（钱文荣、卢海阳，2012）。为保证研究尽可能全面，本章选取这些变量作为控制变量，并将其划分为个人特征和工作特征。个人特征包括年龄、婚姻状况；工作特征包括日工作时间、职业阶层、行业和月收入。

其中，年龄、日工作时间和月收入为连续变量；婚姻状况分为在婚和不在婚，在婚包括初婚和再婚，不在婚包括未婚、离婚和丧偶，"在婚 = 1""不在婚 = 2"（参照类）；职业阶层分为管理层和非管理层，管理层包括国家或社会管理人员、经理层、私营业主个体工商户，非管理层包括专业技术者、办事人员、产业工人、服务类员工和农业劳动者，"管理层 = 1""非管理层 = 2"（参照类）；行业分为"制造/采矿业 = 1""建筑业 = 2""服务业 = 3"（参照类）。变量的描述性信息见表 8-1。

表 8-1 变量描述性分析（$N = 656$）

变量	变量定义	男性			女性		
		频数/均值	百分比（%）/标准差	样本量	频数/均值	百分比（%）/标准差	样本量
因变量							
工作绩效	连续变量	40.986	4.684	365	40.891	4.889	284
组织公民行为	连续变量	62.992	5.802	366	62.908	5.689	282
组织承诺	连续变量	27.507	5.814	367	27.360	5.762	283
自变量							
人力资本	文化程度 高中及以上	143	39.39	363	129	45.58	283
	初中	183	50.41		110	38.87	
	小学及以下（参照类）	37	10.19		44	15.55	
	打工年限 连续变量	168	45.53	369	155	54.01	287
	培训经历 是	175	47.43	369	154	53.66	287
	否（参照类）	194	52.57		133	46.34	
	健康状况 好	224	60.70	369	186	65.26	285
	一般	124	33.60		80	28.07	
	差（参照类）	21	5.69		19	6.67	
组织公平感	程序公平感 连续变量	22.322	4.354	367	22.431	3.985	283
	分配公平感 连续变量	13.168	3.107	364	13.085	3.166	284
	人际公平感 连续变量	13.622	2.749	365	13.414	2.984	285
	信息公平感 连续变量	15.954	3.379	364	16.130	3.623	284

变量		变量定义	男性			女性		
			频数/均值	百分比（%）/标准差	样本量	频数/均值	百分比（%）/标准差	样本量
调节变量								
家长式领导	仁慈领导	连续变量	14.755	3.808	368	14.363	3.674	284
	德行领导	连续变量	16.125	3.347	367	16.382	3.495	283
	威权领导	连续变量	15.609	3.318	366	15.394	3.712	282
中介变量								
工作满意度		连续变量	20.198	4.039	368	20.294	3.789	286
控制变量								
年龄		连续变量	33.633	10.772	368	32.297	10.389	286
婚姻状况	在婚		219	60.00	365	157	56.07	280
	不在婚（参照类）		146	40.00		123	43.93	
日工作时间		连续变量	9.171	1.556	368	8.958	1.721	287
职业阶层	管理层		27	7.32	369	22	7.77	283
	非管理层（参照类）		342	92.68		261	92.23	
行业类型	制造/采矿业		160	44.32	361	108	38.43	281
	建筑业		70	19.39		19	6.76	
	服务业（参照类）		131	36.29		154	54.80	
月收入（元）		连续变量	3651.77	1707.71	367	2624.51	1136.49	284
样本量			369			287		

三 模型选择

因变量工作绩效、组织公民行为、组织承诺均为连续变量，因此采用 OLS 回归模型，且该模型为：

$$P_i = \alpha + \sum_{r=1}^{k} \beta_r X_{ir} + \sum_{s=1}^{l} \gamma_s Y_{is} + \sum_{t=1}^{m} \delta_t X_{it} Y_{it} + \sum_{u=1}^{n} \lambda_u Z_{iu} + \varepsilon_i \qquad (8-1)$$

P 代表因变量，即为工作绩效、组织公民行为、组织承诺；α 为回归方程常数项，X 代表自变量和中介变量，β 为自变量的回归系数；Y 代表调节变量，γ 为调节变量的回归系数；XY 为自变量和调节变量的交互项，δ 为交互项的回归系数；Z 代表控制变量，λ 为控制变量的回归系数；ε_i 为误差项。

四　信度效度分析

组织公平感、工作满意度、组织公民行为、组织承诺量表的内部一致性信度系数（Cronbach's α）分别为 0.911、0.827、0.865、0.698。因为家长式领导和工作绩效量表没有采用原量表，所以用主成分法进行探索性因子分析。两个量表中 KMO 值分别为 0.851 和 0.862，Bartlett 球形检验都在 0.001 水平上显著，表明可以进行因子分析。对家长式领导和工作绩效量表中的全部题项采用主成分分析、正交旋转法和特征根大于 1 的方法抽取公共因子，发现家长式领导风格量表中共有 3 个特征根大于 1 的公共因子，不存在高交叉载荷或低因子载荷。因此，15 个题项量表符合分析标准。家长式领导量表内部一致性信度系数（Cronbach's α）为 0.789。工作绩效量表中有 3 个特征根大于 1 的公共因子，但依据 Borman 和 Motowidlo（1997）划分标准，应该为两个维度，出现这种情况的可能原因是选取了不具有较高代表性的条目，因此删除特征根最接近 1（1.075）的公共因子（共两个题项），以及具有高交叉载荷因子的 1 个题项，最终剩下 11 个题项。其中，任务绩效和周边绩效分别有 3 个和 8 个题项。本次调查工作绩效量表的内部一致性信度系数（Cronbach's α）为 0.827。

为检验量表区分效度，对量表进行验证性因子分析。表 8-2 中为组织公平感及分维度量表、家长式领导及分维度量表、工作满意度量表、工作绩效量表、组织公民行为量表、组织承诺量表的验证性因子分析结果。结果表明，各量表中 5 个拟合指数均符合标准，量表具有较好的效度。

表 8-2 量表的验证性因子分析 ($N = 656$)

量表	χ^2/df	CFI	NFI	IFI	RMSEA
组织公平感	3.578	0.939	0.918	0.940	0.063
程序公平感	3.844	0.989	0.985	0.989	0.066
分配公平感	3.877	0.991	0.990	0.991	0.090
人际公平感	4.340	0.995	0.994	0.995	0.071
信息公平感	5.080	0.982	0.978	0.982	0.079
家长式领导	3.746	0.950	0.934	0.950	0.065
仁慈领导	4.277	0.991	0.989	0.991	0.081
德行领导	2.142	0.998	0.996	0.998	0.042
威权领导	3.949	0.989	0.985	0.988	0.067
工作满意度	4.218	0.980	0.974	0.980	0.070
工作绩效	3.002	0.971	0.958	0.971	0.055
组织公民行为	3.709	0.937	0.917	0.938	0.064
组织承诺	3.503	0.954	0.937	0.954	0.062

如表 8-3 所示，组织经济融合、组织文化融合、组织心理融合中九因子模型拟合程度均优于单因子模型和四因子模型，且三个表中 5 个拟合指数均符合标准。因此，九因素模型具有较好的区分效度。且根据 Harmon 单因素检验，初步说明不存在严重的共同方法偏差（在组织经济融合中共解释了 61.023% 的方差，且第一个主成分的解释率为 21.835%，没有超过 50.000%；在组织文化融合中，共解释了 59.574% 的方差，且第一个主成分的解释率为 21.045%，没有超过 50.000%；在组织心理融合中，共解释了 59.986% 的方差，且第一个主成分的解释率为 22.021%，没有超过 50.000%）。但此方法是一种粗略的验证方法。因此，本文还运用潜在误差变量控制法，即将共同方法偏差作为潜变量放入九因子模型，比较含有共同方差潜变量和不含两者情况下的拟合程度（李辉等，2011）。采用潜在误差变量控制法计算的结果是，组织经济融合为 $\chi^2 = 4095.67$，$df = 1682$，$\chi^2/df = 2.435$，CFI = 0.881，NFI = 0.815，IFI = 0.881，RMSEA = 0.045；组织文化

融合为 $\chi^2 = 4115.024$，$df = 1688$，$\chi^2/df = 2.437$，CFI = 0.883，NFI = 0.814，IFI = 0.882，RMSEA = 0.044；组织心理融合为 $\chi^2 = 2922.415$，$df = 1115$，$\chi^2/df = 2.621$，CFI = 0.883，NFI = 0.825，IFI = 0.882，RMSEA = 0.046。上述结果分别与表 8-3 中九因子模型指标相比，并没有明显变好，表明共同方法偏差对三种融合九因子模型没有产生显著影响。因此，本章后续模型设置均采用九因子模型。

表 8-3　农民工组织融合的验证性因子分析

组织融合	模型	χ^2	df	χ^2/df	CFI	NFI	IFI	RMSEA
组织经济融合	单因子模型	9978.323	1945	5.130	0.512	0.498	0.503	0.099
	四因子模型	7585.422	1761	4.307	0.680	0.634	0.682	0.080
	九因子模型	4146.035	1693	2.449	0.879	0.812	0.880	0.047
组织文化融合	单因子模型	12312.445	1887	6.525	0.501	0.489	0.499	0.097
	四因子模型	9381.665	1765	5.343	0.624	0.575	0.625	0.081
	九因子模型	4136.054	1697	2.448	0.880	0.811	0.881	0.047
组织心理融合	单因子模型	9934.453	1378	7.209	0.474	0.443	0.467	0.103
	四因子模型	6348.674	1162	5.464	0.661	0.616	0.662	0.083
	九因子模型	2954.012	1123	2.630	0.880	0.821	0.881	0.050

注：单因子模型为程序公平感+分配公平感+人际公平感+信息公平感+工作满意度+仁慈领导+德行领导+威权领导+工作绩效（或组织公民行为或组织承诺）；四因子模型为程序公平感+分配公平感+人际公平感+信息公平感，工作满意度，仁慈领导+德行领导+威权领导，工作绩效（或组织公民行为或组织承诺）；九因子模型为程序公平感，分配公平感，人际公平感，信息公平感，工作满意度，仁慈领导，德行领导，威权领导，工作绩效（或组织公民行为或组织承诺）。

五　相关性分析

相关性分析结果如表 8-4 所示，程序公平感、分配公平感、人际公平感和信息公平感与工作绩效、组织公民行为、组织承诺两两变量间显著正相关（$p < 0.001$）。工作满意度与组织公平感、组织融合间显著正相关（$p < 0.001$），粗略的验证了假设。在人力资本中，文化程度与组织公民行为（$r = 0.092$，$p < 0.01$）、组织承诺（$r = 0.091$，$p < 0.01$）呈显著的正相关关系；培训经历与工作绩效（$r = 0.106$，$p < 0.001$）、组织公民行为（$r = 0.152$，

表 8-4　变量间相关系数

变量	1	2	3	4	5	6	7	8	9	10	11	12	13	14
1 程序公平感	1													
2 分配公平感	0.469***	1												
3 人际公平感	0.567***	0.431***	1											
4 信息公平感	0.626***	0.422***	0.618***	1										
5 仁慈领导	0.279***	0.234***	0.320***	0.350***	1									
6 德行领导	0.378***	0.305***	0.396***	0.416***	0.581***	1								
7 威权领导	-0.198***	-0.055	-0.003	-0.166*	-0.069*	-0.131***	1							
8 工作满意度	0.452***	0.465***	0.352***	0.379***	0.352***	0.471***	-0.144***	1						
9 工作绩效	0.426***	0.230***	0.348***	0.450***	0.302***	0.366***	-0.072*	0.382***	1					
10 组织公民行为	0.236***	0.136***	0.141***	0.227***	0.259***	0.167***	-0.011	0.334***	0.337***	1				
11 组织承诺	0.360***	0.286***	0.392***	0.430***	0.320***	0.345***	-0.122***	0.455***	0.367***	0.247***	1			
12 文化程度	0.035	-0.056	0.054	0.048	0.099**	0.064	-0.043	-0.000	-0.008	0.092**	0.091**	1		
13 打工年限	0.034	0.029	-0.034	0.003	0.015	-0.014	-0.062	-0.017	0.020	-0.005	0.001	-0.291***	1	
14 培训经历	0.147***	0.037	0.111***	0.090**	0.135***	0.067*	-0.036	-0.051	0.106***	0.152***	0.107***	0.227***	-0.054	1
15 健康状况	0.097***	0.099**	0.116***	0.076*	0.012	-0.007	0.004	0.185***	0.072*	0.049	0.011	0.152***	-0.082**	0.081**

注：* $p<0.05$，** $p<0.01$，*** $p<0.001$。

$p<0.001$)、组织承诺（$r=0.107$，$p<0.001$）呈显著的正相关关系；健康状况与工作绩效（$r=0.072$，$p<0.05$）呈显著的正相关关系，而打工年限与工作绩效、组织公民行为、组织承诺均不显著相关，粗略验证了假设。仁慈领导和德行领导分别与组织公平感、组织融合显著正相关（$p<0.001$），但相关系数较小，在0.4以下；威权领导与程序公平感、信息公平感、工作绩效、组织承诺、工作满意度（$p<0.001$或$p<0.05$）显著负相关，相关系数很小；与分配公平感、人际公平感、组织公民行为相关性不显著。总体而言，仁慈领导、德行领导以及威权领导均符合调节变量要求，因为调节变量与自变量、因变量的相关性可以显著也可以不显著（温忠麟等，2005）。另外，值得注意的是，工作绩效、组织公民行为、组织承诺显著正相关（$p<0.001$），表明组织经济融合、组织文化融合、心理融合相互影响，相互促进。

第二节　组织经济融合

一　组织经济融合现状

表8-5结果显示，就工作绩效而言，男性农民工的均值为40.986，女性农民工为40.891，t检验不显著，表明农民工的组织经济融合，即工作绩效，不存在性别差异，但其影响因素及作用机制是否存在差异仍需进一步验证。

表8-5　农民工组织经济融合现状及性别差异

变量		男性		女性	
		均值	标准差	均值	标准差
组织经济融合	工作绩效	40.986	0.245	40.891	0.290
	t检验	0.253			

二　组织经济融合的影响因素

1. 组织公平感和人力资本对工作绩效的影响

表8-6模型12和模型22分别验证男性和女性农民工组织公平感对工作绩效的影响。结果显示，无论是男性农民工还是女性农民工，程序公平感

和信息公平感对工作绩效均有显著的正向影响，假设 H8-1b 和假设 H8-1d 得到部分验证。模型 14 和模型 24 验证了男性和女性农民工人力资本对工作绩效的影响（净效应）。关于人力资本，文化程度为初中、高中及以上的男性农民工比起小学及以下者的工作绩效更低，而文化程度并不影响女性农民工的工作绩效，假设 H8-2a 没有被验证；无论是男性农民工还是女性农民工，有培训经历者比没有培训经历者的工作绩效更高，假设 H8-2c 得到部分验证。在控制变量方面，无论是男性农民工还是女性农民工，日工作时间越长，工作绩效越高；在婚女性农民工比不在婚女性农民工的工作绩效更高，对男性农民工影响不显著。

2. 工作满意度在组织公平感和工作绩效间的中介作用

表 8-6 模型 11 和模型 21 分别分析组织公平感与男女农民工工作满意度的关系。结果显示，无论是男性农民工还是女性农民工，程序公平感和分配公平感对工作满意度均有显著的正向影响。模型 13 和模型 23 分别为男性和女性农民工工作满意度对工作绩效的影响，结果显示无论是男性农民工还是女性农民工，工作满意度均正向促进农民工工作绩效。模型 14 和模型 24 分别验证男性和女性农民工工作满意度在组织公平感与工作绩效间的中介效应，结果显示工作满意度的加入使得男性农民工程序公平感的显著性减弱。因此，工作满意度起部分中介作用。对于女性农民工，工作满意度的加入使程序公平感的显著性消失。因此，工作满意度在程序公平感和工作绩效间起完全中介作用，假设 H8-3b 得到验证。

3. 家长式领导的调节作用

表 8-7 和表 8-8 分别验证男性和女性农民工在组织经济融合中家长式领导的调节作用。模型 1 到模型 3、模型 4 到模型 6、模型 7 到模型 9 分别验证了家长式领导对程序公平感和工作满意度关系、程序公平感和工作绩效关系、工作满意度和工作绩效关系的调节作用。表 8-7 中模型 5 和模型 6 显示，程序公平感和德行领导、威权领导的交互项回归系数分别为 0.029 和 -0.024（$p<0.05$ 或 $p<0.1$）。结合表 8-6 中模型 12 程序公平感对工作绩效的正向影响，可知德行领导正向调节程序公平感和工作绩效间的关系，而威权领导负向调节程序公平感和工作绩效间关系，即在高德行和低威权领导条件下，男性农民工程序公平感对工作绩效的正向影响要比在低德

表8-6 组织公平感、人力资本对农民工工作绩效的影响及工作满意度的中介作用

变量	男性				女性			
	工作满意度		工作绩效		工作满意度		工作绩效	
	模型 11	模型 12	模型 13	模型 14	模型 21	模型 22	模型 23	模型 24
年龄	0.005	-0.043	-0.019	-0.043	0.011	-0.045	0.011	-0.035
在婚	0.915$^+$	0.302	0.046	0.072	1.000$^+$	1.438$^+$	0.785	1.256$^+$
日工作时间	0.145	0.277$^+$	0.236	0.240$^+$	-0.115	0.237	0.344*	0.299$^+$
管理层	0.182	0.229	0.082	0.181	1.753*	0.804	-0.283	0.817
制造/采矿业	0.288	-0.183	-0.671	-0.251	-0.083	0.084	-0.385	0.029
建筑业	-0.260	-0.672	-0.176	-0.594	-0.230	-1.259	-1.368	-1.337
月收入（log）	0.798$^+$	0.441	0.915	0.250	0.527	0.401	-0.240	0.325
人力资本								
初中	-1.185$^+$	-1.951*	-0.973	-1.655*	-0.102	-0.346	-0.239	-0.262
高中及以上	-0.946	-2.619**	-1.186	-2.381**	0.708	-0.181	0.001	-0.190
打工年限	-0.046	-0.013	-0.002	-0.002	-0.042	0.069	0.026	0.069
有培训经历	-1.202**	0.369	1.546**	0.666*	-0.932*	0.840	1.449*	1.195$^+$

续表

变量	男性				女性			
	工作满意度	工作绩效			工作满意度		工作绩效	
	模型 11	模型 12	模型 13	模型 14	模型 21	模型 22	模型 23	模型 24
健康状况一般	0.282	0.477	-0.191	0.425	0.998	0.183	-0.047	-0.014
健康状况好	1.510⁺	0.534	-0.432	0.176	1.788*	0.374	0.033	-0.199
组织公平感								
程序公平感	0.275***	0.280***		0.214**	0.181**	0.223*		0.150
分配公平感	0.347***	-0.107		-0.191*	0.376***	-0.007		-0.107
人际公平感	-0.011	0.081		0.080	0.131	0.154		0.096
信息公平感	0.126	0.480***		0.450***	0.019	0.300*		0.308**
工作满意度			0.464***	0.243***			0.453***	0.307***
R²	0.372	0.334	0.206	0.356	0.367	0.220	0.152	0.264
调整 R²	0.339	0.298	0.172	0.309	0.321	0.163	0.104	0.207
F 值	11.00***	9.23***	5.98	9.74***	7.63***	3.89***	3.14**	4.64***

注：⁺ $p<0.1$，* $p<0.05$，** $p<0.01$，*** $p<0.001$。

表 8-7　农民工组织经济融合中家长式领导的调节作用（男性）

变量	工作满意度			工作绩效					
	模型 1	模型 2	模型 3	模型 4	模型 5	模型 6	模型 7	模型 8	模型 9
年龄	0.016	0.009	-0.006	-0.039	-0.039	-0.031	-0.039	-0.045	-0.036
在婚	0.888+	1.102*	1.008*	0.072	0.158	-0.153	0.097	0.204	0.045
日工作时间	0.177	0.120	0.146	0.235+	0.187	0.240+	0.220	0.204	0.237+
管理层	-0.294	-0.465	0.432	0.064	0.120	-0.289	0.130	0.162	-0.141
制造/采矿业	0.142	0.050	0.242	-0.334	-0.282	-0.150	-0.299	-0.287	-0.288
建筑业	-0.372	-0.438	-0.374	-0.647	-0.565	-0.647	-0.588	-0.614	-0.676
月收入（log）	0.789+	0.849*	0.661	0.283	0.261	0.424	0.254	0.294	0.427
人力资本									
初中	-1.154+	-0.835	-1.243+	-1.599*	-1.525+	-1.490+	-1.600*	-1.638*	-1.586*
高中及以上	-0.875	-0.766	-1.026	-2.320**	-2.302**	-2.283**	-2.355**	-2.474**	-2.424**
打工年限	-0.056+	-0.057+	-0.045	-0.007	-0.002	-0.003	-0.008	-0.002	-0.006
有培训经历	-1.273**	-1.173**	-1.199**	0.591	0.569	0.791+	0.603	0.596	0.713
健康状况一般	0.105	0.699	0.556	0.398	0.648	0.368	0.420	0.522	0.199
健康状况好	1.453+	2.059*	1.632+	0.191	0.394	0.026	0.225	0.326	-0.009
组织公平感									
程序公平感	0.267***	0.224***	0.255***	0.208**	0.194**	0.209**	0.212**	0.203**	0.206**
分配公平感	0.327***	0.314***	0.375***	-0.196*	-0.211*	-0.233**	-0.189*	-0.202*	-0.254**

续表

变量	工作满意度				工作绩效				
	模型 1	模型 2	模型 3	模型 4	模型 5	模型 6	模型 7	模型 8	模型 9
人际公平感	-0.026	-0.068	-0.016	0.061	0.053	0.103	0.052	0.059	0.119
信息公平感	0.055	0.027	0.083	0.440***	0.442***	0.466***	0.439***	0.442***	0.456***
家长式领导									
仁慈领导	0.206***			0.055			0.057		
德行领导		0.401***			0.113			0.102	
威权领导			-0.161**			-0.00752			-0.023
工作满意度				0.232***	0.222**	0.263***	0.229***	0.225**	0.273***
仁慈×程序	-0.006			0.009					
德行×程序		-0.010			0.029*				
威权×程序			0.003			-0.024+			
满意×仁慈							0.0165		
满意×德行								0.022+	
满意×威权									-0.037**
R²	0.399	0.452	0.391	0.287	0.377	0.383	0.367	0.371	0.389
调整 R²	0.362	0.419	0.353	0.222	0.337	0.343	0.326	0.329	0.349
F 值	10.91***	13.54***	10.50***	8.86***	9.33***	9.52***	8.94***	9.07***	9.80***

注：1. $^+p<0.1$，$^*p<0.05$，$^{**}p<0.01$，$^{***}p<0.001$。2. 各回归模型 VIF 值均小于 1.59，远小于其临界值 10，表明变量间不存在多重共线性问题。

表 8-8 农民工组织经济融合中家长式领导的调节作用（女性）

变量	工作满意度				工作绩效				
	模型 1	模型 2	模型 3	模型 4	模型 5	模型 6	模型 7	模型 8	模型 9
年龄	0.009	0.009	0.012	-0.035	-0.042	-0.032	-0.035	-0.036	-0.026
在婚	1.159*	0.947+	1.018+	1.380+	1.348+	1.148	1.219	1.346+	1.132
日工作时间	-0.113	-0.138	-0.108	0.296+	0.305+	0.321+	0.311+	0.305+	0.327+
管理层	1.031	1.134	1.776*	0.531	0.460	0.594	0.209	0.282	0.524
制造/采矿业	0.023	0.019	-0.049	0.076	0.164	-0.047	0.056	0.174	-0.095
建筑业	-0.117	-0.108	-0.209	-1.290	-1.263	-1.404	-1.495	-1.335	-1.453
月收入（log）	0.556	0.511	0.511	0.363	0.367	0.428	0.451	0.586	0.652
人力资本									
初中	0.085	-0.005	-0.037	-0.171	-0.117	-0.229	-0.280	-0.014	-0.160
高中及以上	0.620	0.593	0.750	-0.204	-0.187	-0.018	-0.312	-0.007	0.071
打工年限	-0.048	-0.043	-0.045	0.065	0.075	0.081	0.065	0.079	0.074
有培训经历	-1.074*	-0.996*	-0.930*	1.083+	1.141+	1.281+	1.194+	1.183+	1.234*
健康状况一般	1.165	1.335	1.014	0.115	0.359	-0.185	0.135	0.139	-0.296
健康状况好	1.951*	2.049*	1.839*	-0.039	0.102	-0.433	-0.007	-0.136	-0.463
组织公平感									
程序公平感	0.153*	0.142*	0.171*	0.144	0.135	0.188+	0.155	0.140	0.208*
分配公平感	0.363***	0.354***	0.380***	-0.096	-0.079	-0.147	-0.095	-0.089	-0.136

续表

变量	工作满意度					工作绩效			
	模型 1	模型 2	模型 3	模型 4	模型 5	模型 6	模型 7	模型 8	模型 9
人际公平感	0.044	0.034	0.146	0.059	0.021	0.059	0.090	0.035	0.019
信息公平感	0.009	−0.018	0.016	0.303*	0.293*	0.299*	0.257*	0.261*	0.290*
家长式领导									
仁慈领导	0.277***			0.139			0.0944		
德行领导		0.304***			0.220*			0.180+	
威权领导			−0.044			0.190*			0.170*
工作满意度				0.263**	0.231*	0.315***	0.261**	0.215*	0.282**
仁慈×程序		0.015		0.003					
德行×程序			0.003		0.008				
威权×程序						0.024			
满意×仁慈							0.034+		
满意×德行								0.048**	
满意×威权									0.048**
R²	0.411	0.421	0.356	0.272	0.225	0.290	0.283	0.308	0.309
调整 R²	0.363	0.373	0.303*	0.210	0.209	0.228	0.220	0.248	0.249
F 值	8.48***	8.84***	673***	4.30***	4.64***	4.70***	4.54***	5.12***	5.15***

注：1. +$p<0.1$，*$p<0.05$，**$p<0.01$，***$p<0.001$。2. 各回归模型 VIF 值均小于 1.74，远小于其临界界值 10，表明变量间不存在多重共线性问题。

行和高威权条件下更为明显（高德行、低威权领导对应的拟合线斜率大于低德行、高威权领导对应的斜率）（见图8-1和图8-2）。表8-7模型8和模型9显示，工作满意度和德行领导、威权领导的交互项与工作绩效显著相关（0.022，$p<0.1$；-0.037，$p<0.01$），结合表8-6模型13中工作满意度对工作绩效有显著的正向影响，可知德行领导和威权领导分别正向和负向调节工作满意度和工作绩效间的关系，即在高德行和低威权领导条件下，男性农民工工作满意度对工作绩效的影响要比在低德行和高威权领导条件下更明显（见图8-3和图8-4）。

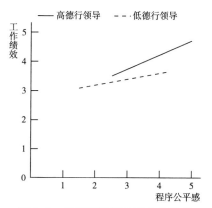

**图8-1　德行领导调节程序公平感
与工作绩效的关系（男性）**

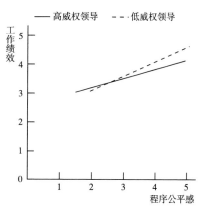

**图8-2　威权领导调节程序公平感
与工作绩效的关系（男性）**

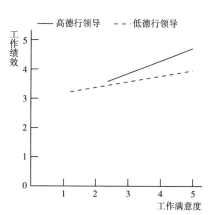

**图8-3　德行领导调节工作满意度
与工作绩效的关系（男性）**

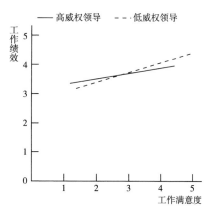

**图8-4　威权领导调节工作满意度
与工作绩效的关系（男性）**

表 8-8 验证女性农民工组织经济融合中家长式领导的调节作用。模型
7 到模型 9 结果显示，工作满意度和仁慈领导、德行领导、威权领导的交
互项回归系数分别 0.034（$p<0.1$）、0.048（$p<0.01$）、0.048（$p<0.01$），
结合表 8-6 中模型 23 工作满意度对工作绩效的正向影响，可知仁慈领导、
德行领导、威权领导正向调节工作满意度和工作绩效间关系，即在高仁
慈、高德行、高威权领导条件下，女性农民工工作满意度对工作绩效的正
向影响要比在低仁慈、低德行、低威权条件下更为明显（见图 8-5、图 8-6
和图 8-7）。

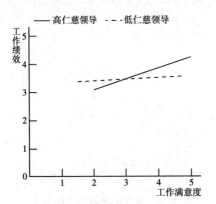

图 8-5 仁慈领导调节工作满意度
与工作绩效的关系（女性）

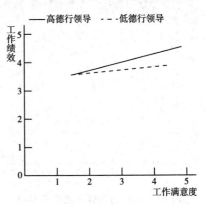

图 8-6 德行领导调节工作满意度
与工作绩效的关系（女性）

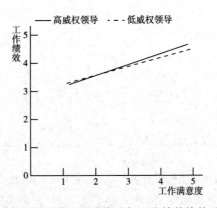

图 8-7 威权领导调节工作满意度与工作绩效的关系（女性）

4. 调节中介效应分析

表 8-9 为根据调节中介模型来检验家长式领导对工作满意度中介效应的调节作用。表 8-6、表 8-7 和表 8-8 已分别验证了工作满意度的中介效应以及家长式领导对中介效应的调节作用。表 8-9 将根据调节路径分析方法从整体上验证调节中介模型（Edwards and Lambert，2007），即在检验家长式领导对中介效应前半段和后半段调节作用的基础上，检验对中介效应的调节作用。

表 8-9　农民工组织经济融合中调节中介效应分析

调节变量			阶段一	阶段二	直接效应	间接效应
男性	程序公平感	德行领导	高（加一个标准差） 0.278**	1.075***	0.715***	0.204*
			低（减一个标准差） 0.648***	0.279	0.120	0.182+
			差异 −0.370	0.796**	0.595*	0.022*
		威权领导	高（加一个标准差） 0.459***	0.198	0.486***	−0.033
			低（减一个标准差） 0.658***	0.729***	1.005***	0.448***
			差异 −0.199	−0.531*	−0.519**	−0.481**
女性	程序公平感	仁慈领导	高（加一个标准差） 0.293*	0.543***	0.308*	0.159*
			低（减一个标准差） 0.447***	0.230	0.106	0.103
			差异 −0.154	0.313+	0.202	0.056*
		德行领导	高（加一个标准差） 0.146	0.337+	0.273*	0.049
			低（减一个标准差） 0.114	−0.259	−0.012	−0.029
			差异 0.032	0.596+	0.285	0.078+
		威权领导	高（加一个标准差） 0.633***	0.585**	0.219	0.370**
			低（减一个标准差） 0.493***	−0.032	0.618*	−0.016
			差异 0.140	0.617+	−0.399	0.386*

注：1. +$p<0.1$，*$p<0.05$，**$p<0.01$，***$p<0.001$。2. 阶段一为组织公平感对农民工工作满意度的影响；阶段二为工作满意度对农民工工作绩效的影响；直接效应是指组织公平感对农民工工作绩效的影响；间接效应是指第一、二阶段的乘积。

从表 8-9 检验结果可得，对于男性农民工，在阶段一高德行和低德行领导条件下，程序公平感均能显著正向影响农民工工作满意度，但两种条件下没有显著差异（$\beta=-0.370$，$p>0.1$）。而在阶段二高德行领导条件下，正向影响显著，低德行领导条件下影响不显著，二者具有显著差异（$\beta=0.796$，$p<0.01$）。结合表 8-7 模型 8 可得，德行领导在工作满意度对工作绩效的影响中发挥调节作用。在阶段一高、低威权领导条件下，程序公平感均能显著正向影响工作满意度，但二者不具有显著差异（$\beta=-0.199$，$p>0.1$）。在阶段二高威权领导条件下，正向影响不显著，低威权领导条件下负向影响显著，二者存在显著差异（$\beta=-0.531$，$p<0.01$）。结合表 8-7 模型 9 可得，威权领导在工作满意度和工作绩效关系中发挥调节作用。

对于女性农民工，在阶段一高、低仁慈领导条件下，程序公平感均能正向影响农民工工作满意度，但两者没有显著差异（$\beta=-0.154$，$p>0.1$）。而在阶段二高仁慈领导条件下，正向影响显著，低仁慈领导条件下影响不显著，二者具有显著差异（$\beta=0.313$，$p<0.1$）。结合表 8-8 模型 7 可得，仁慈领导在工作满意度和工作绩效关系中发挥调节作用。在阶段一高、低德行领导条件下，程序公平感对工作满意度的影响均不显著，两者不具有显著差异（$\beta=0.032$，$p>0.1$）。而在阶段二高德行领导条件下，正向影响显著，低德行领导下影响不显著，二者存在显著差异（$\beta=0.596$，$p<0.1$）。结合表 8-8 模型 8 可得，在工作满意度对工作绩效的影响中德行领导有调节作用。在阶段一高、低威权领导条件下，程序公平感均显著正向影响农民工工作满意度，但二者没有显著差异（$\beta=0.140$，$p>0.1$）。而在阶段二高威权领导条件下，正向影响显著，低威权领导条件下不显著，二者存在显著差异（$\beta=0.617$，$p<0.1$）。结合表 8-8 模型 9 可得，威权领导在工作满意度对工作绩效的影响中起调节作用。

从表 8-9 检验结果可得，对于男性农民工，在高德行领导条件下，直接效应的影响显著，而在低德行领导条件下，直接效应不显著，二者存在显著差异（$\beta=0.595$，$p<0.05$）。在高、低德行领导条件下，间接效应的影响均显著，且二者存在显著差异（$\beta=0.022$，$p<0.05$）。因此，对于男性农民工，德行领导调节工作满意度在程序公平感和工作绩效关系中的中介效应，调节中介效应得到验证。假设 H8-4b 得到部分验证。在高、低威权领导条件下，直接效应的影响均显著，二者存在显著差异（$\beta=-0.519$，$p<0.01$）。在高威权领导条件下，间接效应不显著，在低威权领导条件下，间接效应显著，二者存在显著差异（$\beta=-0.481$，$p<0.01$）。因此，对于男

性农民工，威权领导调节工作满意度在程序公平感和工作绩效关系中的中介效应，调节中介效应得到验证。假设 H8-4c 得到部分验证。

对于女性农民工，在高仁慈领导条件下，直接效应显著，而在低仁慈领导条件下不显著，二者无显著差异（$\beta = 0.202$，$p > 0.1$）。在高仁慈领导条件下，间接效应显著，在低仁慈领导条件下，间接效应不显著，二者存在显著差异（$\beta = 0.056$，$p < 0.05$）。因此，对于女性农民工，仁慈领导调节工作满意度在程序公平感和工作绩效关系中的中介效应，调节中介效应得到验证。假设 H8-4a 得到部分验证。在高德行领导条件下，直接效应的影响显著，而在低德行领导条件下不显著，二者无显著差异（$\beta = 0.285$，$p > 0.1$）。在高、低德行领导条件下，间接效应均不显著，二者存在显著差异（$\beta = 0.078$，$p < 0.1$）。因此，对于女性农民工，德行领导调节工作满意度在程序公平感和工作绩效关系中的中介效应，调节中介效应得到验证。假设 H8-4b 得到部分验证。在高威权领导条件下，直接效应不显著，而在低威权领导条件下显著，二者无显著差异（$\beta = -0.399$，$p > 0.1$）。在高威权领导条件下，间接效应显著，在低威权领导条件下，间接效应不显著，二者存在显著差异（$\beta = 0.386$，$p < 0.05$）。因此，对于女性农民工，威权领导调节工作满意度在程序公平感和工作绩效关系中的中介效应，调节中介效应得到验证。假设 H8-4c 得到部分验证。

5. 讨论

组织经济融合的研究假设没有完全得到验证。其中，分配公平感并未对男性农民工工作绩效起预测作用，这可能是因为与实际产出相比，分配公平感更能提升组织归属感，具体表现为更愿意留在组织中，实现组织目标和维护组织声誉（吕晓俊、严文华，2009）。人际公平感并未对女性农民工工作绩效起促进作用，这可能是因为人际关系的处理更偏向于女性农民工对组织的情感依附，而并非与工作内容直接相关。文化程度对工作绩效的影响结果与假设相反，初中及以上的男性农民工比小学及以下者拥有更低的工作绩效，女性农民工的影响不显著。这与女性农民工更容易受到工作、生活等多重因素影响，而男性更易受自身因素影响有关（钱雪飞，2009）。因此，女性农民工相较于男性农民工更可能受家庭和情感因素的干扰，文化程度不能起到较好的作用。打工年限和健康状况对男性和女性农民工均没有显著影响，这可能与农民工的强流动性和工作难度系数有关。男性农民工培训经历对工作绩效也有显著影响，与假设不一致，这可能是因为组织培训内容日益倾向于和绩效考核挂钩。

第三节 组织文化融合

一 组织文化融合现状

表 8-10 结果显示，就组织公民行为而言，男性均值为 62.992，女性为 62.908，t 检验不显著，表明农民工的组织文化融合，即组织公民行为，没有受到性别影响。

表 8-10 农民工组织文化融合现状的性别差异

变量		男性		女性	
		均值	标准差	均值	标准差
组织文化融合	组织公民行为	62.992	0.303	62.908	0.339
	t 检验	0.184			

二 组织文化融合的影响因素

1. 组织公平感和人力资本对组织公民行为的影响

表 8-11 模型 12 和模型 22 分别验证了男性和女性农民工组织公平感对组织公民行为的影响，结果显示分配公平感只对男性农民工组织公民行为有显著正向影响，对女性农民工影响不显著，即男性对组织的分配公平感知越强，越容易表现出组织公民行为，而女性农民工组织公民行为表现与否不受分配公平的影响。程序公平感只对女性农民工组织公民行为有显著的正向预测作用，对男性农民工影响不显著；而信息公平感对男性和女性农民工均有正向影响。假设 H8-1a、假设 H8-1b、假设 H8-1d 均得到部分验证。模型 14 和模型 24 验证了人力资本对农民工组织公民行为的作用机制。结果显示，在人力资本方面，健康状况好和一般的男性农民工比健康状况差的男性农民工组织公民行为更高，对女性

农民工影响不显著，假设 H8-2d 得到部分验证；无论是男性还是女性，有培训经历者比没有培训经历者的组织公民行为更高，假设 H8-2c 得到部分验证。关于控制变量，月收入对于女性农民工组织公民行为有负向影响；从事建筑业的女性农民工比从事服务业者的组织公民行为更低，对男性农民工影响不显著。

2. 工作满意度在组织公平感和组织公民行为间的中介作用

表 8-11 模型 11 和模型 21 分别分析男性和女性农民工组织公平感对工作满意度的影响。结果显示，无论是男性还是女性农民工，程序公平感和分配公平感对工作满意度均有显著的正向影响。模型 13 和模型 23 分别分析男性和女性农民工工作满意度对组织公民行为的影响。结果显示，无论是男性还是女性农民工，工作满意度对组织公民行为均有显著正向影响。模型 14 和模型 24 分别检验男性和女性农民工工作满意度在组织公平感与组织公民行为间的中介效应。结果显示，对于男性农民工，工作满意度的加入使得分配公平感的显著性消失。因此，工作满意度在分配公平感和组织公民行为间起完全中介作用，假设 H8-3a 得到部分验证。对于女性农民工，工作满意度的加入使得程序公平感的显著性消失。因此，工作满意度在程序公平感和组织公民行为间起完全中介作用，假设 H8-3b 得到部分验证。

3. 家长式领导的调节作用

表 8-12 和表 8-13 分析检验男性和女性农民工组织文化融合中家长式领导的调节作用。从表 8-11 中可知，只有在男性农民工中，工作满意度在分配公平感和组织公民行为间起完全中介作用。因此，表 8-12 和表 8-13 分析此情况下家长式领导的调节作用。模型 1 到模型 3、模型 4 到模型 6、模型 7 到模型 9 分别检验家长式领导（仁慈领导、德行领导、威权领导）在分配公平感和工作满意度关系、分配公平感和组织公民行为关系、工作满意度和组织公民行为关系中的调节作用。结果显示，表 8-12 模型 8 中，工作满意度和德行领导的交互项（系数为 0.031，$p < 0.1$）显著正向影响组织公民行为，结合工作满意度对组织公民行为的正向预测作用，可知德行领导正向调节工作满意度和组织公民行为间关系。换句话说，在高德行领导条件下，男性农民工的工作满意度对组织公民行为的正

表 8-11　组织公平感、人力资本对农民工组织公民行为的影响及工作满意度的中介作用

变量	男性				女性			
	工作满意度	组织公民行为			工作满意度		组织公民行为	
	模型 11	模型 12	模型 13	模型 14	模型 21	模型 22	模型 23	模型 24
年龄	0.005	-0.059	-0.058	-0.068	0.011	0.030	0.025	0.024
在婚	0.915+	0.042	-0.249	-0.345	1.000+	0.373	-0.253	-0.186
日工作时间	0.145	0.338	0.246	0.269	-0.115	-0.300	-0.259	-0.261
管理层	0.182	1.238	1.164	1.153	1.753*	3.028*	1.691	2.070
制造/采矿业	0.288	0.571	0.322	0.420	-0.083	0.268	-0.020	0.303
建筑业	-0.260	1.019	1.411	1.176	-0.230	-2.552+	-2.118	-2.418+
月收入（log）	1.838+	-1.713	-3.057*	-2.589	1.213	-2.909+	-4.137*	-3.660*
人力资本								
初中	-1.185+	-0.618	0.249	-0.099	-0.102	0.880	0.779	0.874
高中及以上	-0.946	-0.547	-0.038	-0.139	0.708	1.792	1.196	1.365
打工年限	-0.046	0.004	0.030	0.029	-0.042	-0.005	0.004	0.016
有培训经历	-1.202**	1.619*	2.204***	2.152**	-0.932*	1.075	1.651*	1.638*

续表

变量	男性				女性			
	工作满意度	组织公民行为			工作满意度	组织公民行为		
	模型 11	模型 12	模型 13	模型 14	模型 21	模型 22	模型 23	模型 24
健康状况一般	0.282	4.161**	3.774**	4.031**	0.998	0.638	0.278	0.076
健康状况好	1.510+	3.603*	2.598+	2.865*	1.788*	-0.204	-0.979	-1.260
组织公平感								
程序公平感	0.275***	0.114		-0.003	0.181**	0.196+		0.089
分配公平感	0.347***	0.005+		-0.156	0.376***	0.185		-0.021
人际公平感	-0.011	-0.111		-0.113	0.131	-0.089		-0.157
信息公平感	0.126	0.313*		0.259*	0.019	0.248+		0.236+
工作满意度			0.466***	0.451***			0.621***	0.564***
R²	0.372	0.108	0.161	0.169	0.356	0.151	0.222	0.245
调整 R²	0.339	0.060	0.125	0.121	0.309	0.089	0.177	0.187
F 值	11***	2.23***	4.44***	3.52***	7.63***	2.44***	4.94***	4.19***

注：+ $p<0.1$，* $p<0.05$，** $p<0.01$，*** $p<0.001$。

表8-12 农民工组织文化融合中家长式领导的调节作用（男性）

变量	工作满意度				组织公民行为				
	模型 1	模型 2	模型 3	模型 4	模型 5	模型 6	模型 7	模型 8	模型 9
年龄	0.016	0.011	0.002	-0.059	-0.069	-0.069	-0.058	-0.067	-0.026
在婚	0.889[+]	1.046[*]	0.932[+]	-0.391	-0.378	-0.322	-0.306	-0.259	1.132
日工作时间	0.169	0.115	0.155	0.276	0.273	0.258	0.246	0.255	0.327[+]
管理层	-0.273	-0.421	0.477	0.857	1.258	1.055	0.992	1.141	0.524
制造/采矿业	0.120	-0.004	0.188	0.221	0.433	0.418	0.314	0.348	-0.095
建筑业	-0.378	-0.458	-0.419	1.037	1.179	1.246	1.149	1.198	-1.453
月收入（log）	1.852[+]	2.078[*]	1.551	-2.395	-2.639	-2.561	-2.534	-2.576	
人力资本									
初中	-1.127[+]	-0.823	-1.167[+]	-0.039	-0.124	-0.0700	-0.006	-0.036	-0.160
高中及以上	-0.853	-0.775	-0.940	-0.066	-0.155	-0.104	-0.093	-0.077	0.071
打工年限	-0.057[+]	-0.054[+]	-0.0467	0.023	0.031	0.032	0.017	0.031	0.074
有培训经历	-1.292[***]	-1.198[**]	-1.193[**]	2.023[**]	2.166[**]	2.142[**]	2.022[**]	2.105[**]	1.234[*]
健康状况一般	0.119	0.738	0.444	4.089[**]	3.969[**]	3.910[**]	3.999[***]	3.736[*]	-0.296
健康状况良好	1.460[+]	2.071[*]	1.563[+]	3.025[*]	2.734[+]	2.770[*]	2.953[*]	2.669[+]	-0.463
组织公平感									
程序公平感	0.264[***]	0.211[***]	0.250[***]	-0.018	0.002	0.008	-0.008	0.006	0.208[*]
分配公平感	0.326[***]	0.292[***]	0.356[***]	-0.172	-0.158	-0.170	-0.153	-0.185	-0.136

续表

变量	工作满意度				组织公民行为				
	模型 1	模型 2	模型 3	模型 4	模型 5	模型 6	模型 7	模型 8	模型 9
人际公平感	-0.033	-0.087	-0.026	-0.144	-0.109	-0.118	-0.155	-0.117	0.0192
信息公平感	0.061	0.031	0.084	0.212	0.277*	0.286*	0.230+	0.287*	0.290*
家长式领导									
仁慈领导	0.198***			0.103			0.121		
德行领导		0.385***			-0.077				
威权领导		-0.119+			0.092	0.114	0.114	0.170*	
工作满意度				0.424***	0.473***	0.474***	0.422***	0.480***	0.282**
仁慈×分配	0.006			0.003					
德行×分配		0.022			0.001				
威权×分配			-0.003						
满意×仁慈						0.001			
满意×德行							0.025	0.031+	
满意×威权									-0.018
R^2	0.398	0.452	0.358	0.177	0.170	0.173	0.180	0.178	0.174
调整 R^2	0.361	0.419	0.395	0.124	0.116	0.119	0.127	0.124	0.121
F 值	10.88***	13.55***	10.68***	3.33***	3.16***	3.20***	3.40***	3.33***	3.24***

注：1. + $p<0.1$，* $p<0.05$，** $p<0.01$，*** $p<0.001$。2. 各回归模型 VIF 值均小于 1.89，远小于其临界值 10，表明变量间不存在多重共线性问题。

表 8-13 农民工组织文化融合中家长式领导的调节作用（女性）

变量	工作满意度				组织公民行为				
	模型 1	模型 2	模型 3	模型 4	模型 5	模型 6	模型 7	模型 8	模型 9
年龄	0.009	0.009	0.012	0.023	0.021	0.024	0.025	0.026	0.027
在婚	1.159*	0.947+	1.018+	0.141	-0.181	-0.225	0.009	-0.193	-0.236
日工作时间	-0.113	-0.138	-0.108	-0.290	-0.243	-0.255	-0.284	-0.248	-0.263
管理层	1.031	1.134	1.776*	1.489	2.090	1.901	1.375	2.173	1.890
制造/采矿业	0.023	0.019	-0.049	0.365	0.256	0.203	0.387	0.280	0.172
建筑业	-0.117	-0.108	-0.209	-2.320	-2.456+	-2.533+	-2.446+	-2.540+	-2.559+
月收入 (log)	1.280	1.177	1.176	-3.580*	-3.599*	-3.488*	-3.433*	-3.393*	-3.261+
人力资本									
初中	0.085	-0.005	-0.037	0.988	0.875	0.789	0.927	0.886	0.790
高中及以上	0.620	0.593	0.750	1.448	1.409	1.361	1.376	1.439	1.370
打工年限	-0.048	-0.043	-0.045	0.009	0.019	0.03	0.006	0.019	0.019
有培训经历	-1.074*	-0.996*	-0.930*	1.481*	1.712*	1.679*	1.519*	1.714*	1.652*
健康状况一般	1.165	1.335	1.014	0.096	-0.066	-0.014	0.162	-0.094	-0.051
健康状况好	1.951*	2.049*	1.839*	-1.107	-1.417	-1.310	-1.016	-1.406	-1.338
组织公平感									
程序公平感	0.153*	0.142*	0.171*	0.078	0.101	0.107	0.06	0.091	0.117
分配公平感	0.363***	0.354***	0.380***	-0.014	-0.032	-0.056	-0.015	-0.032	-0.048

续表

变量	工作满意度			组织公民行为					
	模型 1	模型 2	模型 3	模型 4	模型 5	模型 6	模型 7	模型 8	模型 9
人际公平感	0.0443	0.0341	0.146	-0.220	-0.128	-0.167	-0.209	-0.132	-0.191
信息公平感	0.009	-0.018	0.016	0.245$^+$	0.258$^+$	0.241$^+$	0.213	0.246$^+$	0.241$^+$
家长式领导									
仁慈领导	0.277***			0.234*			0.207$^+$		
德行领导		0.304***			-0.089			-0.111	
威权领导			-0.0435			0.088			0.083
工作满意度				0.497***	0.597***	0.568***	0.494***	0.585***	0.555***
仁慈×程序	0.006			-0.006					
德行×程序		0.015			-0.013				
威权×程序			0.003			0.017			
满意×仁慈							0.019		
满意×德行								0.015	
满意×威权									0.021
R^2	0.411	0.421	0.356	0.265	0.249	0.253	0.268	0.249	0.254
调整 R^2	0.363	0.373	0.303	0.201	0.184	0.187	0.203	0.184	0.189
F 值	8.48***	8.84***	6.73***	4.12***	3.79***	3.86***	4.16***	3.80***	3.89***

注：1. $^+$ $p<0.1$，* $p<0.05$，** $p<0.01$，*** $p<0.001$。 2. 各回归模型 VIF 值均小于 1.81，远小于其临界值 10，表明变量间不存在多重共线性问题。

向影响要比在低德行条件下更为明显（见图8-8）。表8-13显示，对于女性农民工，仁慈领导、德行领导、威权领导对于程序公平感和工作满意度、工作满意度和组织公民行为、程序公平感和组织公民行为间关系并未起到调节作用（$p>0.1$）。

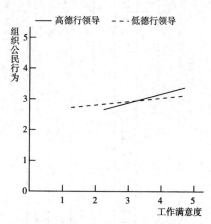

图8-8　德行领导调节工作满意度和组织公民行为的关系（男性）

4. 调节中介效应分析

表8-14检验家长式领导对工作满意度在男性农民工分配公平感和组织公民行为间中介效应的调节作用。结果显示，在阶段一高、低德行领导条件下，分配公平感均能正向影响农民工工作满意度，但二者无显著差异（$\beta=0.133$，$p>0.1$）。而在阶段二高德行领导条件下，正向影响显著，低德行领导条件下不显著，二者存在显著差异（$\beta=0.731$，$p<0.05$）。结合表8-12模型8可得，德行领导在工作满意度和组织公民行为关系中发挥调节作用。从表8-14中直接和间接效应检验结果可知，在高、低德行领导条件下，直接效应均不显著，且二者无显著差异（$\beta=-0.134$，$p>0.1$）。在高德行领导条件下，间接效应显著，但在低德行领导条件下，间接效应不显著，二者存在显著差异（$\beta=0.488$，$p<0.05$）。因此，对于男性农民工，德行领导调节工作满意度在分配公平感和组织公民行为关系中的中介效应，假设H8-4b调节中介效应得到部分验证。

表 8-14 农民工组织文化融合中的调节中介效应（男性）

调节变量		阶段一	阶段二	直接效应	间接效应
德行 领导	高（加一个标准差）	0.607***	1.063***	-0.125	0.646**
	低（减一个标准差）	0.474**	0.332	0.009	0.158
	差异	0.133	0.731*	-0.134	0.488*

注：1. $^+p<0.1$，$^*p<0.05$，$^{**}p<0.01$，$^{***}p<0.001$。2. 阶段一为组织公平感对农民工工作满意度的影响；阶段二为工作满意度对农民工组织公民行为的影响；直接效应是组织公平感对农民工组织公民行为的影响；间接效应为第一、二阶段的乘积。

讨 论

组织文化融合的研究假设没有完全得到验证。其中，程序公平感并未显著影响男性农民工组织公民行为，与假设不一致，这可能与长期以来将平均和公平等同有关，组织公民行为更多受到分配公平感的影响，分配公平相较于程序公平更能增强责任感（郑景丽、郭心毅，2016）。人际公平感并未对女性农民工组织公民行为起促进作用，与假设不一致，这可能是因为组织公民行为与工作绩效均不属于情感范围。文化程度和打工年限对男性和女性农民工的组织公民行为均没有显著影响，与假设不一致，同样可能与农民工的强流动性和工作技能要求相对简单有关。

第四节　组织心理融合

一　组织心理融合现状

表 8-15 结果显示，就组织心理融合而言，男性农民工的组织承诺均值为 27.507，女性为 27.360，t 检验不显著，表明农民工的组织心理融合不存在显著差异。

表 8-15 农民工组织心理融合现状及性别差异

变量		男性		女性	
		均值	标准差	均值	标准差
组织社会融合	组织承诺	27.507	0.303	27.360	0.342
	t 检验	0.320			

二　组织心理融合的影响因素

1. 组织公平感和人力资本对组织承诺的影响

表8-16模型12和模型22分别验证了男性和女性农民工组织公平感对组织承诺的影响。结果显示，程序公平感、分配公平感和信息公平感均对男性农民工组织承诺有显著的正向影响，对女性农民工影响不显著。假设H8-1a、假设H8-1b、假设H8-1d均得到部分验证。人际公平感只对女性农民工组织承诺有显著的正向影响，对男性农民工影响不显著。假设H8-1c得到部分验证。模型14和模型24检验了人力资本对农民工组织承诺的影响。关于人力资本，打工年限只对男性农民工组织承诺有显著的正向预测作用，即男性农民工组织承诺会随着打工时间的增加而增强，而女性农民工不会受打工时间长短的影响。假设H8-2b得到部分验证。关于控制变量，从事制造/采矿业的男性农民工比从事服务业的农民工组织承诺更高，对女性农民工影响不显著；无论是男性农民工还是女性农民工，管理层比非管理层的农民工组织承诺更高。

2. 工作满意度在组织公平感和组织承诺间的中介作用

表8-16模型11和模型21分别分析男性和女性农民工组织公平感对工作满意度的影响。结果显示，无论是男性还是女性农民工，程序公平感和分配公平感对工作满意度均有显著的正向影响，人际公平感只对女性农民工的工作满意度产生影响。模型13和模型23分析了男性和女性农民工工作满意度对组织承诺的影响。结果显示，无论是男性还是女性农民工，工作满意度均能正向促进组织承诺。模型14和模型24分别验证男性和女性农民工工作满意度在组织公平感与组织承诺间的中介效应。结果显示，对于男性农民工，工作满意度的加入使得程序公平感和分配公平感的显著性消失。因此，工作满意度在分配公平感和组织承诺、程序公平感和组织承诺间起完全中介作用，假设H8-3a和H8-3b得到部分验证。对于女性农民工，工作满意度的加入使得人际公平感的显著性减弱。因此，工作满意度在人际公平感和组织承诺间起部分中介作用，假设H8-3c得到部分验证。

表 8-16　组织公平感、人力资本对农民工组织承诺的影响及工作满意度的中介作用

变量	男性				女性			
	工作满意度	组织承诺			工作满意度		组织承诺	
	模型 11	模型 12	模型 13	模型 14	模型 21	模型 22	模型 23	模型 24
年龄	0.005	-0.071^{+}	-0.056	-0.070	0.011	0.012	0.041	0.018
在婚	0.915^{+}	-0.169	-0.898	-0.640	1.000^{+}	-0.787	-1.478^{+}	-1.243
日工作时间	0.145	-0.034	-0.059	-0.094	-0.115	0.061	0.195	0.145
管理层	0.182	3.473^{**}	3.875^{***}	3.402^{**}	1.753^{*}	4.374^{***}	3.925^{**}	3.835^{**}
制造/采矿业	0.288	1.230^{+}	0.459	1.125^{+}	-0.083	-0.651	-0.662	-0.663
建筑业	-0.260	0.936	1.052	0.985	-0.230	-1.093	-1.036	-1.079
月收入（log）	1.838^{+}	-0.146	0.223	-1.047	1.213	-0.280	-0.934	-0.822
人力资本								
初中	-1.185^{+}	-1.182	0.727	-0.677	-0.102	-1.137	-0.901	-1.039
高中及以上	-0.946	-0.925	1.231	-0.508	0.708	0.089	0.034	-0.130
打工年限	-0.046	0.071	0.108	0.092^{*}	-0.042	0.022	0.012	0.035
有培训经历	-1.202^{**}	0.301	1.693	0.858	-0.932^{*}	0.521	1.637^{*}	1.104

续表

变量	男性				女性			
	工作满意度		组织承诺		工作满意度		组织承诺	
	模型 11	模型 12	模型 13	模型 14	模型 21	模型 22	模型 23	模型 24
健康状况一般	0.282	0.023	-0.819	-0.146	0.998	-1.463	-3.178*	-1.954
健康状况好	1.510⁺	-0.684	-2.235⁺	-1.358	1.788*	-1.055	-2.872	-2.093
组织公平感								
程序公平感	0.275***	0.161⁺		0.0361	0.181**	0.179		0.063
分配公平感	0.347***	0.182⁺		0.018	0.376***	0.0721		-0.129
人际公平感	-0.011	0.214		0.235⁺	0.131*	0.500**		0.410*
信息公平感	0.126	0.524***		0.467***	0.019	0.147		0.148
工作满意度			0.679***	0.456***			0.709***	0.567***
R^2	0.372	0.316	0.278	0.384	0.356	0.269	0.299	0.363
调整 R^2	0.339	0.279	0.247	0.349	0.309	0.216	0.259	0.314
F 值	11***	8.56***	8.94***	10.85***	7.63***	5.06***	7.42***	7.37***

注：⁺ $p < 0.1$，* $p < 0.05$，** $p < 0.01$，*** $p < 0.001$。

3. 家长式领导的调节作用

表 8-17 和表 8-18 分别验证了男性和女性农民工组织心理融合中家长式领导的调节作用。从表 8-16 中可知，对于男性农民工，工作满意度在分配公平感和组织承诺、程序公平感和组织承诺间起完全中介作用；对于女性农民工，工作满意度在人际公平感和组织承诺间起部分中介作用。因此，表 8-17 和表 8-18 只分析这些情况下家长式领导的调节作用。表 8-17 和表 8-18 中模型 1 到模型 3、模型 4 到模型 6、模型 7 到模型 9 分别验证家长式领导（仁慈领导、德行领导、威权领导）在分配公平感、程序公平感（人际公平感）和工作满意度关系、分配公平感、程序公平感（人际公平感）和组织承诺关系、分配公平感、程序公平感（人际公平感）和组织承诺关系中的调节作用。结果显示，对于男性农民工，表 8-17 模型 4 至模型 6 显示，程序公平感和仁慈领导的交互项（-0.012，$p<0.05$）、分配公平感和威权领导的交互项（-0.008，$p<0.01$）和组织承诺显著负相关，分配公平感和德行领导的交互项与组织承诺显著正相关（0.003，$p<0.1$）。结合表 8-16 模型 12 中分配公平感、程序公平感对工作绩效的显著正向影响，可知德行领导、威权领导分别正向、负向调节分配公平感和组织承诺之间的关系，仁慈领导负向调节程序公平感和组织承诺的关系。模型 8 和模型 9 显示，德行领导和工作满意度的交互项（0.017，$p<0.1$）、威权领导和工作满意度的交互项（-0.051，$p<0.01$）分别与组织承诺呈显著正相关和负相关。结合表 8-16 模型 13 中工作满意度对工作绩效有显著的正向影响，可知德行领导、威权领导分别正向、负向调节工作满意度和组织承诺之间的关系。换句话说，在低仁慈领导条件下，男性农民工程序公平感对组织承诺的影响要比在高仁慈领导条件下更为明显（见图 8-9）。在高德行领导和低威权领导条件下，分配公平感对农民工组织承诺的促进作用，以及工作满意度对农民工组织承诺的正向影响均比在低德行和高威权领导条件下更为明显（见图 8-10、图 8-11、图 8-12 和图 8-13）。

表 8-18 模型 3 结果显示，人际公平感和威权领导的交互项显著影响工作满意度（0.037，$p<0.05$），结合表 8-16 模型 21 中人际公平感对工作满意度的显著正向影响，可知威权领导正向调节人际公平感和工作满意度间关系，即高威权领导条件下，女性农民工人际公平感对工作满意度的正

表 8–17　农民工组织心理融合中家长式领导的调节作用（男性）

变量	工作满意度					组织承诺			
	模型 1	模型 2	模型 3	模型 4	模型 5	模型 6	模型 7	模型 8	模型 9
年龄	0.016	0.010	0.0002	0.004	-0.047^{+}	-0.052	0.005	-0.051^{+}	-0.069^{+}
在婚	0.878^{+}	1.028^{*}	0.927^{+}	-0.525^{+}	0.268	-0.950	-0.514^{+}	0.400	-0.522
日工作时间	0.176	0.133	0.160	0.108	-0.172	-0.055	0.103	-0.194^{*}	-0.099
管理层	-0.295	-0.455	0.486	0.458	1.528^{*}	3.223^{**}	0.467	1.577^{*}	3.281^{**}
制造业·采矿业	0.128	-0.008	0.168	0.077	0.426	1.029^{+}	0.067	0.505	1.039^{+}
建筑业	-0.379	-0.484	-0.408	0.089	0.374	0.746	0.079	0.421	0.766
月收入（log）	1.838^{+}	2.103^{*}	1.560	-0.524	0.230	-0.681	-0.505	0.056	-0.806
人力资本									
初中	-1.151^{+}	-0.848	-1.202^{+}	-0.637	0.0463	-0.519	-0.607	0.00796	-0.647
高中及以上	-0.872	-0.793	-0.978	-0.199	-0.268	-0.421	-0.164	-0.339	-0.622
打工年限	-0.056^{+}	-0.056^{+}	-0.047	0.013	0.046	0.086^{+}	0.012	0.045	0.088^{*}
有培训经历	-1.276^{**}	-1.167^{**}	-1.190^{**}	-0.032	0.362	0.960^{*}	-0.051	0.363	0.853
健康状况一般	0.132	0.696	0.460	-1.059^{*}	1.467^{+}	-0.185	-1.100^{*}	1.407^{*}	-0.244
健康状况良好	1.479^{+}	2.058^{*}	1.587^{+}	-1.260^{*}	1.106	-1.447	-1.315^{*}	1.052	-1.465
组织公平感									
程序公平感	0.265^{***}	0.215^{***}	0.251^{***}	0.0472	-0.0520	0.0182	0.0452	-0.0378	0.019
分配公平感	0.325^{***}	0.298^{***}	0.351^{***}	-0.0363	0.004	-0.048	-0.037	0.023	-0.022
人际公平感	-0.028	-0.082	-0.026	0.088	0.013	0.233^{+}	0.085	0.032	0.274^{*}
信息公平感	0.053	0.025	0.081	0.075	0.211^{**}	0.451^{***}	0.088^{+}	0.219^{**}	0.445^{***}

续表

变量	工作满意度			组织承诺					
	模型 1	模型 2	模型 3	模型 4	模型 5	模型 6	模型 7	模型 8	模型 9
家长式领导									
仁慈领导	0.201***			1.287***					
德行领导		0.379***			1.298***		1.287***	1.319***	
威权领导			-0.123+			-0.054			-0.147+
工作满意度				0.191***	0.0478	0.429***	0.194***	0.060	0.464***
仁慈×分配	0.001			0.001					
德行×分配		0.002			0.003+				
威权×分配			-0.004			-0.008**			
仁慈×程序	-0.007			-0.012*					
德行×程序		-0.011			0.012				
威权×程序			0.007			-0.012			
满意×仁慈							-0.005		
满意×德行								0.017+	
满意×威权									-0.051**
R^2	0.399	0.455	0.396	0.889	0.754	0.410	0.888	0.752	0.411
调整 R^2	0.360	0.420	0.357	0.882	0.737	0.370	0.881	0.736	0.373
F 值	10.34***	12.96***	10.15***	118.43***	45.23***	10.24***	123.14***	47.22***	10.83***

注：1. $+p<0.1$，$*p<0.05$，$**p<0.01$，$***p<0.001$。2. 各回归模型 VIF 值均小于 1.57，远小于其临界界值 10，表明变量间不存在多重共线性问题。

表 8-18 农民工组织心理融合中家长式领导的调节作用（女性）

变量	工作满意度					组织承诺			
	模型 1	模型 2	模型 3	模型 4	模型 5	模型 6	模型 7	模型 8	模型 9
年龄	0.009	0.009	0.018	0.09	0.0002	0.024	0.007	0.006	0.024
在婚	1.159*	0.941+	0.977+	0.169	-0.973+	-1.291	0.124	-0.986+	-1.296
日工作时间	-0.113	-0.139	-0.116	0.110	0.033	0.164	0.107	0.026	0.168
管理层	1.031	1.133	1.692*	0.863	1.477*	3.706**	0.812	1.436+	3.697**
制造/采矿业	0.024	0.018	-0.003	-0.273	-0.339	-0.635	-0.247	-0.324	-0.695
建筑业	-0.116	-0.106	-0.0700	-0.563	-0.387	-1.017	-0.596	-0.480	-1.120
月收入（log）	1.279	1.178	1.149	-0.166	-0.686	-0.713	-0.154	-0.297	-0.382
人力资本									
初中	0.084	0.004	0.034	-0.089	-0.602	-0.872	-0.211	-0.541	-0.891
高中及以上	0.618	0.602	0.912	-0.002	-0.160	0.156	-0.139	-0.046	0.084
打工年限	-0.048	-0.043	-0.062	-0.001	0.025	0.028	-0.0001	0.026	0.033
有培训经历	-1.074*	-0.997*	-0.906*	0.089	0.459	1.161+	0.105	0.485	1.123
健康状况一般	1.166	1.338	0.985	-1.131+	-0.410	-2.041	-1.036	-0.540	-2.100
健康状况好	1.952*	2.049*	1.846*	-0.919	-0.626	-2.137	-0.814	-0.749	-2.197
组织公平感									
程序公平感	0.154*	0.142*	0.184**	-0.012	0.031	0.084	0.007	0.027	0.088
分配公平感	0.363***	0.354***	0.360***	-0.024	-0.082	-0.153	-0.029	-0.087	-0.138

续表

变量	工作满意度				组织承诺				
	模型 1	模型 2	模型 3	模型 4	模型 5	模型 6	模型 7	模型 8	模型 9
人际公平感	0.044	0.036	0.192+	0.086	0.103	0.435**	0.062	0.109	0.377*
信息公平感	0.009	-0.019	-0.011	0.127*	0.008	0.122	0.116+	-0.017	0.133
家长式领导									
仁慈领导	0.277***			1.336***			1.327***		
德行领导		0.304***			1.268***			1.234***	
威权领导			-0.004			0.0816			0.051
工作满意度				0.153**	0.182**	0.554***	0.151**	0.166*	0.547***
仁慈×人际	-0.0003			0.017					
德行×人际		0.002			-0.001				
威权×人际			0.037*			0.020			
满意×仁慈							0.009		
满意×德行								0.035**	
满意×威权									0.031
R^2	0.411	0.421	0.373	0.873	0.757	0.369	0.873	0.764	0.372
调整 R^2	0.360	0.371	0.318	0.861	0.734	0.312	0.862	0.744	0.317
F值	8.03***	8.36***	6.84***	75.01***	33.74***	6.37***	78.82***	37.09***	6.78***

注：1. +$p<0.1$, *$p<0.05$, **$p<0.01$, ***$p<0.001$。2. 各回归模型 VIF 值均小于 1.76, 远小于其临界值 10, 表明变量间不存在多重共线性问题。

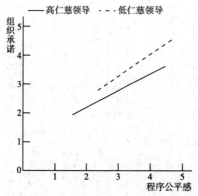

图 8-9　仁慈领导调节程序公平感
和组织承诺的关系（男性）

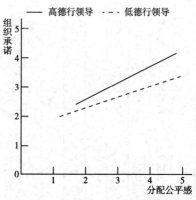

图 8-10　德行领导调节分配公平感
和组织承诺的关系（男性）

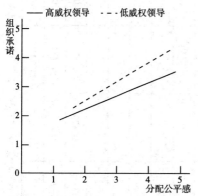

图 8-11　威权领导调节分配公平感
和组织承诺的关系（男性）

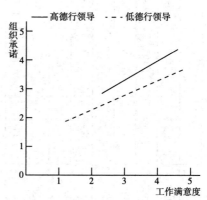

图 8-12　德行领导调节工作满意度
和组织承诺的关系（男性）

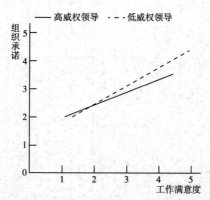

图 8-13　威权领导调节工作满意度和组织承诺的关系（男性）

向影响要比在低威权领导条件下更为明显（见图 8-14）。模型 8 结果显示，工作满意度和德行领导的交互项显著影响组织承诺（0.035，$p<0.01$）。结合表 8-16 模型 23 中工作满意度对组织承诺的显著正向影响，可知德行领导正向调节工作满意度和组织承诺间关系。换言之，在高德行领导条件下，女性农民工工作满意度对组织承诺的正向影响要比在低德行领导条件下更为明显（见图 8-15）。

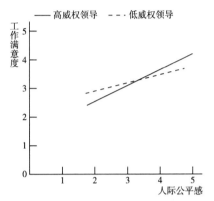

图 8-14　威权领导调节人际公平感
和工作满意度的关系（女性）

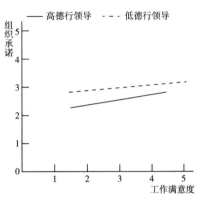

图 8-15　德行领导调节工作满意度
和组织承诺的关系（女性）

4. 调节中介效应分析

表 8-19 检验家长式领导对工作满意度在男性农民工分配公平感和组织承诺间、男性农民工程序公平感和组织承诺间、女性农民工人际公平感和组织承诺间中介效应的调节作用。表 8-16、表 8-17 和表 8-18 分别验证了工作满意度的中介效应以及家长式领导对中介效应的调节作用。表 8-19 也从整体上来验证调节中介模型。

表 8-19　组织心理融合中的调节中介效应

调节变量				阶段一	阶段二	直接效应	间接效应
男性	分配 公平感	德行 领导	高（加一个标准差）	0.562***	0.197*	0.563***	0.111*
			低（减一个标准差）	0.458*	0.127	0.206	0.058
			差异	-0.104	0.070+	0.357*	0.053*

续表

调节变量			阶段一	阶段二	直接效应	间接效应
男性	分配公平感	威权领导				
		高（加一个标准差）	0.430*	0.098	0.530+	0.042
		低（减一个标准差）	0.858***	0.731**	0.842***	0.627**
		差异	-0.428	-0.633**	-0.312*	-0.585**
	程序公平感	仁慈领导				
		高（加一个标准差）	0.398***	0.647***	0.354**	0.198**
		低（减一个标准差）	0.422***	0.454**	0.277*	0.107
		差异	-0.024	0.193	0.077*	0.091
		德行领导				
		高（加一个标准差）	0.278**	0.382*	0.354**	0.125*
		低（减一个标准差）	0.648***	0.242	0.536**	0.573**
		差异	-0.370	0.140*	-0.182*	-0.448**
		威权领导				
		高（加一个标准差）	0.459***	0.308	0.544**	-0.001
		低（减一个标准差）	0.658***	1.223***	0.891***	0.495***
		差异	-0.199	-0.915*	-0.347+	-0.496**
女性	人际公平感	德行领导				
		高（加一个标准差）	0.119	0.710***	0.169	0.085
		低（减一个标准差）	0.073	0.082	0.205	0.006
		差异	0.046	0.628**	-0.036	0.079*
		威权领导				
		高（加一个标准差）	0.894***	0.927***	0.549	0.829**
		低（减一个标准差）	0.265*	0.603*	0.501*	0.159*
		差异	0.629**	0.324+	0.048	0.670**

注：1. $+p<0.1$，$*p<0.05$，$**p<0.01$，$***p<0.001$。2. 阶段一为组织公平感对农民工工作满意度的影响；阶段二为工作满意度对农民工组织承诺的影响；直接效应为组织公平感对农民工组织承诺的影响；间接效应是指第一、二阶段的乘积。

从表8-19检验结果可得，对于男性农民工，在阶段一高、低德行领导条件下，分配公平感对工作满意度的正向影响均显著，但二者无显著差异（$\beta=-0.104$，$p>0.1$）。在阶段二高德行领导条件下，正向影响显著，低德行领导条件下影响不显著，二者存在显著差异（$\beta=0.070$，$p<0.1$）。结合表8-17模型8可知，德行领导的调节作用主要发生在工作满意度对组织承诺的影响上。在阶段一高、低威权领导条件下，分配公平感均能正向促进农民工工作满意度，但二者无显著差异（$\beta=-0.428$，$p>0.1$）。而在阶段二高威权领导条件下，正向影响不显著，在低威权领导条件下影响显著，二者存在显著差异（$\beta = -0.633$，$p < 0.01$）。结合表 8-17 模型 9 可知，威权领导的调节作用主要发生在工作满意度对组织承诺的影响上。

在阶段一高、低仁慈领导条件下，程序公平感均正向影响农民工工作满意度，但两种条件下没有显著差异（$\beta = -0.024$，$p > 0.1$）。在阶段二高仁慈领导条件下，正向影响显著，在低仁慈领导条件下正向影响也显著，二者无显著差异（$\beta = 0.193$，$p > 0.1$）。在阶段一高、低德行领导条件下，程序公平感均正向促进农民工工作满意度，但二者并无显著差异（$\beta = -0.370$，$p > 0.1$）。而在阶段二高德行领导条件下，正向影响显著，在低德行领导条件下不显著，二者存在显著差异（$\beta = 0.140$，$p < 0.05$）。结合表 8-17 模型 8 可知，程序公平感影响组织承诺过程中，德行领导的调节作用发生在工作满意度对组织承诺的影响上。在阶段一高、低威权领导条件下，程序公平感对工作满意度的正向影响均显著，但二者不存在显著差异（$\beta = -0.199$，$p > 0.1$）。而在阶段二高威权领导条件下，影响不显著，在低威权领导条件下正向影响显著，二者存在显著差异（$\beta = -0.915$，$p < 0.05$）。结合表 8-17 模型 9 可得，威权领导的调节作用也发生在工作满意度对组织承诺的影响上。

对于女性农民工，在阶段一高、低德行领导条件下，人际公平感均不显著影响农民工工作满意度，二者无显著差异（$\beta = 0.046$，$p > 0.1$）。而在阶段二高德行领导条件下，正向影响显著，在低德行领导条件下不显著，二者存在显著差异（$\beta = 0.628$，$p < 0.01$）。结合表 8-18 模型 8 可知，从人际公平感到组织承诺的关系中，德行领导的调节作用发生在工作满意度与组织承诺之间。在阶段一高、低威权领导条件下，人际公平感对工作满意度的正向影响均显著，且二者存在显著差异（$\beta = 0.629$，$p < 0.01$）。而在阶段二高威权领导条件下，正向影响显著，在低威权领导条件下也显著，二者存在显著差异（$\beta = 0.324$，$p < 0.1$）。结合表 8-18 模型 3 可知，从人际公平感到农民工组织承诺的关系中，威权领导的调节作用主要体现在工作满意度和农民工组织承诺的关系中。

从表 8-19 中的直接和间接效应检验结果可知，对于男性农民工，在高德行领导条件下，分配公平感对组织承诺的直接效应显著，而在低德行领导条件下不显著，二者存在显著差异（$\beta = 0.357$，$p < 0.05$）。在高德行

领导条件下，间接效应显著，在低德行领导条件下，间接效应不显著，二者存在显著差异（$\beta = 0.053$，$p < 0.05$）。在高、低威权领导条件下，分配公平感对组织承诺的直接效应均显著，二者存在显著差异（$\beta = -0.312$，$p < 0.05$）。在高威权领导条件下，间接效应不显著，在低威权领导条件下间接效应显著，二者存在显著差异（$\beta = -0.585$，$p < 0.05$）。因此，对于男性农民工，德行领导、威权领导的调节作用体现在从分配公平感到组织承诺的直接效应上，还调节工作满意度在分配公平感和组织承诺关系中的中介效应，调节中介效应得到验证。H8-4b 和 H8-4c 得到部分验证。在高、低仁慈领导条件下，程序公平感对组织承诺的直接效应均显著，且二者存在显著差异（$\beta = 0.077$，$p < 0.05$）。在高仁慈领导条件下，间接效应显著，在低仁慈领导条件下不显著，但二者不存在显著差异（$\beta = 0.091$，$p > 0.1$）。对于男性农民工，仁慈领导对工作满意度在程序公平感和组织承诺关系中的中介效应不存在显著调节作用，即调节中介效应不成立。在高德行领导条件下，程序公平感对组织承诺的直接效应显著，且在低德行领导条件下也显著，二者存在显著差异（$\beta = -0.182$，$p < 0.05$）。在高、低德行领导条件下，间接效应均显著，二者存在显著差异（$\beta = -0.448$，$p < 0.01$）。在高、低威权领导条件下，程序公平感对组织承诺的直接效应均显著，二者存在显著差异（$\beta = -0.347$，$p < 0.1$）。在高威权领导条件下，间接效应不显著，在低威权领导条件下显著，二者存在显著差异（$\beta = -0.496$，$p < 0.01$）。对于男性农民工，德行领导、威权领导的调节作用体现在从程序公平感到组织承诺的直接效应上，还调节工作满意度在程序公平感和组织承诺关系中的中介效应，调节中介效应得到验证。H8-4b 和 H8-4c 得到部分验证。

对于女性农民工，在高、低德行领导条件下，人际公平感对组织承诺的直接效应均不显著，二者无显著差异（$\beta = -0.036$，$p > 0.1$）。而在高德行领导条件下，人际公平感的间接效应不显著，在低德行领导条件下也不显著，二者存在显著差异（$\beta = 0.079$，$p < 0.05$）。在高威权领导条件下，人际公平感对组织承诺的直接效应不显著，在低威权领导下显著，但二者无显著差异（$\beta = 0.048$，$p > 0.1$）。而在高低威权领导条件下，人际公平感的间接效应均显著，且二者存在显著差异（$\beta = 0.670$，$p < 0.01$）。

因此，对于女性农民工，德行领导、威权领导调节工作满意度在人际公平感和组织承诺关系中的中介效应，调节中介效应得到验证。H8-4c得到部分验证。

讨　论

有关组织心理融合的研究假设没有完全得到验证。在组织公平感中，程序公平感和信息公平感没有显著影响女性农民工组织承诺，与假设不一致。可能原因是，组织承诺相较于工作绩效和组织公民行为更具有情感倾向性，程序和信息相较于人际关系更多与工作本身内容相关。而女性农民工更可能受周围环境和情感的影响，因此人际关系对女性农民工组织承诺发挥更重要的作用。文化程度和培训经历对女性农民工组织承诺影响不显著，与假设不一致，可能是组织承诺代表了员工对组织认同与否的一种心理状态（Fields，2004），并非与工作任务直接相关，因此二者对组织承诺没有产生显著影响。健康状况对男性农民工组织承诺影响不显著，这可能与男性农民工更加关注与工作相关的内容有关。仁慈领导负向调节男性农民工程序公平感和组织承诺间关系，威权领导正向调节女性农民工人际公平感和工作满意度间关系。这些结论与假设不同，可能是因为越倾向于民主化的管理越会导致农民工"磨洋工"行为的产生，而威权领导方式对于农民工可能出现的集体抗争行为有抑制作用（唐有财、符平，2015）。

本章小结

本章主要研究了农民工组织融合的现状及影响机制的性别差异。就现状而言，农民工组织经济融合、文化融合和心理融合均无显著性别差异，但影响机制却存在明显的性别差异。组织公平感、人力资本、工作满意度和家长式领导各自发挥不同的作用。

1. 组织经济融合

在组织公平感中，只有程序公平感和信息公平感对男性和女性农民工工作绩效产生显著的正向影响。无论是男性还是女性农民工，工作满意度只在程序公平感和工作绩效关系间起中介作用。对于女性农民工，仁慈、德行和威权领导正向调节工作满意度和工作绩效间的关系。对于男性农民工，德行领导和威权领导分别正向和负向调节程序公平感和工作绩效、工作满意度和工作绩效间关系。无论是男性农民工还是女性农民工，德行领导、威权领导对工作满意度在程序公平感和工作绩效关系中的中介效应具有显著的调节作用，而仁慈领导只对女性农民工工作满意度在程序公平感和工作绩效中的中介效应起调节作用。在人力资本中，文化程度为初中、高中及以上的男性农民工比小学及以下者拥有更低的工作绩效，文化程度对女性农民工影响不显著；无论是男性农民工还是女性农民工，有培训经历比没有培训经历的工作绩效更好。

2. 组织文化融合

无论是男性农民工还是女性农民工，在组织公平感中，信息公平感对组织公民行为产生显著正向影响；分配公平感仅正向影响男性农民工组织公民行为；程序公平感仅正向影响女性农民工组织公民行为。男性农民工工作满意度在分配公平感和组织公民行为间起中介作用，女性农民工工作满意度在程序公平感和组织公民行为之间起中介作用。德行领导对男性农民工的工作满意度和组织公民行为间的关系起正向调节作用。而对于女性农民工，家长式领导没有调节作用。德行领导对男性农民工工作满意度在分配公平感和组织公民行为关系中的中介效应起调节作用。在人力资本中，健康状况好和一般比健康状况差的男性农民工组织公民行为更明显，对女性农民工影响不显著；无论是男性农民工还是女性农民工，有培训经历比没有培训经历者的组织公民行为更明显。

3. 组织心理融合

组织公平感中，程序公平感、分配公平感、信息公平感仅正向影响男性农民工的组织承诺，而人际公平感仅正向影响女性农民工的组织承诺。男性农民工工作满意度在程序公平感和组织承诺、分配公平感和组织承诺关系之间起中介作用；女性农民工工作满意度在人际公平感和组织承诺之间起中介作用。德行领导、威权领导对男性农民工分配公平感和组织承诺、工作满意度和组织承诺之间关系分别起正向、负向调节作用，仁慈领导对男性农民工程序公平感和组织承诺之间关系起负向调节作用；而对于女性农民工，威权领导正向调节人际公平感和工作满意度之间关系，德行领导正向调节工作满意度和组织承诺之间关系。德行领导、威权领导对男性农民工工作满意度在分配公平感和组织承诺关系中的中介效应、工作满意度在程序公平感和组织承诺关系中的中介效应具有显著的调节作用，德行领导、威权领导对女性农民工工作满意度在人际公平感和组织承诺关系中的中介效应具有显著的调节作用。在人力资本中，打工年限仅显著正向影响男性农民工组织承诺，对女性农民工影响不显著。

第九章

社会性别与农民工政治参与

农民工的政治参与不仅有助于其实现政治权利、解决各种纠纷，而且也是社会文明进步的体现。政治参与包括制度性政治参与和非制度性政治参与，两者共同影响农民工在城市社会的可持续发展。本章在社会性别视角下，主要从社会资本、组织融合两个方面对农民工政治参与的影响因素进行分析，为全面认识农民工政治参与状况，合理引导农民工政治参与行为提供现实依据。

第一节 研究设计

一 研究假设

1. 制度性政治参与

制度性政治参与是指公民及其所组成的各种社会团体和组织按照一定的法律程序，参与和影响政府公共政策的制定与实施，参与管理国家事务和社会事务，直接或间接地影响政府决策和政治生活的行为（赵排风，2012）。制度性政治参与通常具有合法性、规则性和有序性，主要形式有参加选举投票、反映问题、竞选或参选、参与政治社团、信访等。在中国社会背景下，制度性政治参与更多的是影响政策的实施而不是决策（张云武，2012）。

在公共服务体系尚未完善、弱势群体利益难以全面保障的情况下，制度性政治参与是维护自身利益的有效渠道。农民工进城务工是为了获得更好更体面的工作和生活。但在现阶段，他们在就业、住房、子女教育、社会保障等方面往往处于弱势地位（任义科等，2016a）。农民工制度性政治参与主要依赖于社会资本。社会资本可分为关系型社会资本、组织型社会资本和制度型社会资本。就关系型社会资本而言，以"血缘""地缘"关系为特征的强关系资本不能满足新的城市生活，而以"业缘"和"友缘"关系为特征的弱关系社会资本更符合城市生活的理性需求（曹飞、田朝晖，2011）。弱关系社会资本有助于农民工加快搜寻信息速度，提高就业概率，获得更高收入，提高社会经济地位（赵延东、王奋宇，2002）。无论是强关系社会资本还是弱关系社会资本，人际关系网络规模的扩大有助于农民工排解压力和沟通心理，而且有助于其以"群体"力量进行博弈实现利益诉求。就组织型社会资本而言，在缺乏正式组织的条件下，农民工通过自愿建立的非正式社会组织获取更多的社会资源，从而有助于实现他们的利益目标。农民工自组织成为他们建立关系网络和再社会化的载体。社会组织与城市社区密切合作，通过法律途径帮助农民工追讨薪金、维护权益等。这种非正式组织除了能维护农民工的经济利益之外，还能满足他们的情感需要，甚至发挥了优化资源配置的功能（吕晓健、韩福国，2009）。就制度型社会资本而言，这种社会资本要求社会把农民工纳入制度体系，如社会保障制度、户籍制度、教育制度、就业制度和选举制度等，有利于实现农民工市民化。制度型社会资本之所以重要，是由于制度可以有效衔接或协调不同群体之间的利益关系，避免群体极化从而出现富者越富、穷者越穷的马太效应（Sanderson，2013）。社会资本对农民工的政治参与有积极促进作用，原因是他们所处的社会关系网络可以提供各种政治、经济信息和资源（孙秀林，2010），网络成员之间的交流也可以产生社会信任、政治信任（刘建娥，2014a）。因此，提出以下假设：

　　H9-1a 关系型社会资本越多，农民工制度性政治参与可能性越大；

　　H9-1b 组织型社会资本越多，农民工制度性政治参与可能性越大；

　　H9-1c 制度型社会资本越多，农民工制度性政治参与可能性越大。

在组织融合方面，良好的组织公民行为有助于提高或促进整个组织的效率，以及产生员工任务绩效之外的行为（陈云川、雷轶，2014）。组织公民行为越好的农民工，越可能获得组织认同感，也越可能获得组织支持。反过来，当组织对员工提供支持，这种支持会被员工感知，继而产生相应的组织承诺（林竹，2011）。组织认同同样可以提升员工的组织公民行为。如果员工对组织的认同程度高，就愿意站在组织的角度来思考问题，也愿意为组织付出更多的努力，做出更多有利于组织的行为（葛建华、苏雪梅，2010）。组织公民行为和组织承诺有利于促进员工个人目标与组织目标相一致，更可能促成组织绩效与员工个人工作绩效的双赢（王帮俊、杨东涛，2014）。除此之外，企业注重组织学习和员工创新，重视员工需求和组织支持感知，也会对员工工作绩效产生正向影响（刘平青等，2011）。从社会交换理论来看，农民工与企业之间存在复杂的社会交换关系，既包括农民工与企业其他员工之间的关系，也包括农民工与企业之间的关系，这些交换关系的基础是信任、互惠、认同等制度规范（于贵芳、温珂，2020）。在企业组织内，社会交换越充分，农民工组织融合越好，个人目标与企业目标越统一。在这种状况下，一旦出现侵犯农民工权益的不和谐因素，农民工更可能在制度框架内解决问题，即采取制度性政治参与。因此，提出以下假设：

H9-2a 组织公民行为越好，农民工制度性政治参与可能性越大；

H9-2b 组织承诺越好，农民工制度性政治参与可能性越大；

H9-2c 工作绩效越好，农民工制度性政治参与可能性越大。

2. 非制度性政治参与

非制度性政治参与是公民采取不符合相关条例和程序的活动来表达自身利益的行为（寇翔，2005）。非制度性政治参与往往具有非理性和破坏性（刘建娥，2014b）。与制度性政治参与相比，在中国社会背景下，非制度性政治参与相对较少。对农民工而言，之所以采取这些措施，是因为制度性政治参与渠道不畅通和效率低，缺乏应对合法利益诉求的快速响应机制和利益协调机制，以及农民工自身综合素质较低（汪勇，2008）。

在城市中获得一份满意的工作，过上和市民一样的生活，是农民工进城务工的首要目标。但是受到中国传统文化的影响，他们通常不愿意主动接触政治，只有当切身利益受到侵害而又无能为力时，才可能铤而走险，进行抗议。事实上，农民工进行非制度性政治参与具有较大风险。在大多数情况下，他们更多的是进行一种反抗、申诉，而不是目的性参与。即使他们想参与政治生活，也往往通过"熟人""关系"渠道，而不是通过国家的法律法规和政策制度渠道（徐志达，2011）。当少数利益遭受侵害的农民工遇到相同境遇的"同道中人"，会促进负面情绪升级，最后出现极端行为。但更多的情况是，当农民工受到权益侵害，同乡或朋友，尤其是弱关系，如公职人员，会从大局出发阻止和劝说，防止冲动行为的发生。为了局部利益而危害社会利益毕竟不是好事，这是关系资本发挥的作用。就组织资本而言，虽然农民工没有自己的特殊组织，但他们可以参加社区组织的座谈会。通过这一渠道，一方面扩展了人际交往的范围，另一方面更可能将自身发展目标与社区发展目标相协调。农民工渴望参与城市的社区活动，但存在两方面障碍：一是城市户籍的限制；二是即使有机会参加，但因社会排斥也未必能得到市民的认同。尽管如此，参与社区组织极大地降低了非制度性政治参与的风险。长期以来，我国对民间组织实行限制性管理，造成了社会组织化水平较低，难以表达农民工的利益诉求，忽略了其话语权。而现有的群众性政治组织，如妇联、共青团、各级工会等，也多在政治上发挥功能，较少代表群众谋求个体利益，难以满足农民工群体政治参与的需求（于扬铭，2016）。农民工受教育程度较低，维权知识掌握较少，当他们的正当权益受到侵害却无法以制度化渠道予以诉求时，往往会诉诸抗议等手段进行非制度化政治参与。总体而言，农民工制度性社会资本较为缺乏，加强制度建设，营造良好的制度环境，为畅通政治参与渠道构建良好的体制机制，才能促进农民工政治参与的制度化与有序化（左珂、何绍辉，2011）。全面提升农民工社会资本，完善公民政治参与政策和法规，有利于降低农民工非制度性政治参与。基于以上分析，提出以下假设：

H9-3a 关系型社会资本越多，农民工非制度性政治参与可能性越小；

H9-3b 组织型社会资本越多，农民工非制度性政治参与可能性越小；

H9-3c 制度型社会资本越多，农民工非制度性政治参与可能性越小。

在组织融合方面，组织公民行为有助于营造良好的组织文化、构建和谐的人际关系，进而提升团队和组织绩效，帮助企业在激烈的市场竞争中获取优势（杨春江等，2015）。组织承诺反映员工对所属企业在感情上、目标上和行为上的理解、认可和投入程度（刘雪梅、陈文磊，2018）。如果员工感知的公平度、支持度较高，满足了员工的精神、情感需求，会使员工产生回报组织的责任感，进而提高对组织的忠诚度、工作投入度（范艳萍，2014）。良好的组织公民行为是组织认同的一种体现，而组织认同最终内化为组织承诺（苏晓艳等，2021）。企业重视企业文化建设，尊重员工创新精神，薪酬激励政策制定合理，必然会提高员工工作绩效（刘平青等，2011）。工作绩效越好，意味着员工对企业的贡献越大，自然获得的回报越高。对农民工而言，他们在工作过程中，与企业之间形成复杂的社会交换关系，其中包含的不仅是经济动机，而且涉及知识转移，更重要的是承载着强烈的信任、期望和认同。社会交换的前提是交换主体对一系列交换原则和规范的遵守和认同（于贵芳、温珂，2020）。这种交换遵循着等价原则，即员工以对组织的承诺换取组织对员工的支持，任何一方出现偏差，都会导致双方关系的失衡（林竹，2011）。社会交换的本质在于，在进行资源交换时，往往附带超物质的内容。鉴于农民工组织融合的目的既利己又利他，与非制度性政治参与目的相反，提出以下假设：

H9-4a 组织公民行为越好，农民工非制度性政治参与可能性越小；

H9-4b 组织承诺越好，农民工非制度性政治参与可能性越小；

H9-4c 工作绩效越好，农民工非制度性政治参与可能性越小。

二　变量设置

1. 因变量

因变量为政治参与，包括制度性政治参与和非制度性政治参与。制度性政治参与题项为"您外出打工是否参加过或想参加城市选举""您是否有过或想向政府部门、社区求助/投诉/反映问题"，答案选项为"是＝1""否＝2"。非制度性政治参与题项为"您是否参加过罢工/集体抗议"，答案选项"1. 是；2. 否，但今后若有机会/需要会参与；3. 否，也不想/不会参与。""当自身权益受到侵害时，您是否同意诉诸武力比求助政府或诉诸法律更有效"，答案选项："1. 同意，2. 中立/无所谓/不知道，3. 不同意。"非制度性政治参与变量统一操作化为"是＝1""中立＝2""否＝3"。

2. 自变量

社会资本分为三个层次：关系资本、组织资本和制度资本。① 关系资本采用题项"您在找工作时主要向哪些人求助"，题项答案分为公职人员和非公职人员，主要考察农民工找工作时主要是依靠体制内关系还是体制外关系。组织资本采用题项"您是否参加政府、社区组织座谈会等"来度量。制度资本采用两个题项来度量：是否参加正式组织（包括您是否参加过党团组织和您是否参加工会两个题项）、您亲戚中是否有政府人员。

组织融合分别从组织经济融合，组织文化融合和组织心理融合三个维度测量。组织经济融合采用个人工作绩效量表来度量。组织文化融合采用组织公民行为量表测量，组织心理融合用组织承诺量表测量。均采用李克特5点量表，从1（非常不同意）到5（非常同意），加总各量表题项的分值。分值越高，表明个人工作绩效越好、组织公民行为越好、组织承诺越高。各量表信效度分析详见第八章。

---

① 社会资本三个层次分别对应于个人关系型社会资本、组织型社会资本和制度型社会资本。个人关系型社会资本内容为是否为公职人员，仍然隐含着组织或制度层面的含义。之所以这样分类是出于两个原因：一是保持社会资本结构的完整；二是这种关系出现于日常的求职过程之中，而不是组织或制度的过程中。度量个人关系型社会资本不用强弱关系，而用是否为公职人员，其目的是重点关注组织或制度层面的社会关系对农民工社会融合的影响。

3. 控制变量

控制变量主要有年龄、婚姻、流动距离、打工年限、职业阶层、行业类型、月收入。

三　模型选择

本章因变量包括制度性政治参与和非制度性政治参与。制度性政治参与包括参加选举和向政府反映问题，均为二分类变量，采用二分类 Logistic 回归模型进行分析。非制度性政治参与包括是否参加罢工或抗议，是否同意诉诸武力，均为三分类变量，采用定序三分类 Ordinal 回归模型进行分析。

第二节　制度性政治参与

一　制度性政治参与现状

农民工制度性政治参与总体情况及分性别状况如表 9-1 所示。数据显示，从总体来看，农民工未参与选举的比例较高，达到 92.4%。从反映问题角度看，也有 82.0% 的农民工参与。但分性别情况来看，无论是参加选举还是反映问题，均无显著的性别差异。

表 9-1　农民工制度性政治参与现状及性别差异比较

变量		总体		男性		女性		LR 检验
		频数	百分比（%）	频数	百分比（%）	频数	百分比（%）	
参加选举 N=1128	是	86	7.6	46	7.2	40	8.2	0.377
	否	1042	92.4	593	92.8	449	91.8	
反映问题 N=1150	是	943	82.0	538	82.8	405	81.0	0.598
	否	207	18.0	112	17.2	95	19.0	

二　制度性政治参与的影响因素

在控制了年龄、婚姻、流动距离、职业阶层和行业类型等变量之后，重点分析了社会资本、组织融合对农民工参加选举和反映问题的影响，在此基础上，比较不同性别农民工制度性政治参与影响因素的异同。回归结果见表9-2。

表 9-2　农民工制度性政治参与影响因素及性别差异

变量	参加选举		反映问题	
	男性	女性	男性	女性
社会资本				
找工作求助公职人员	-0.520（0.536）	-0.071（0.556）	0.508（0.441）	-0.160（0.466）
参加社区组织座谈会	-1.433⁺（0.752）	-1.022（0.766）	-2.659***（0.734）	-4.158***（1.231）
想参加社区组织座谈会	0.232（0.629）	0.664（0.703）	-3.666***（0.510）	-3.673***（0.662）
亲戚中有政府人员	0.865（0.678）	-0.265（0.591）	-0.316（0.467）	0.380（0.526）
参加工会组织	-1.151⁺（0.626）	-1.199⁺（0.671）	-1.769（1.221）	-0.009（0.857）
参加党团组织	-0.817（0.661）	-0.386（0.709）	0.639（0.564）	1.650*（0.678）
组织融合				
组织公民行为	0.071*（0.034）	0.072（0.052）	0.047（0.032）	0.042（0.039）
组织承诺	0.018（0.081）	-0.075（0.077）	-0.016（0.054）	-0.181**（0.063）
工作绩效	0.089（0.064）	-0.070（0.078）	-0.059（0.057）	0.019（0.059）
控制变量				
年龄	0.071（0.045）	0.022（0.053）	-0.003（0.030）	0.082*（0.037）
婚姻（不在婚）				
在婚	-1.559*（0.706）	0.736（0.704）	-0.340（0.532）	0.075（0.571）
流动距离（跨省）				
同省	0.033（0.034）	-0.022（0.037）	0.004（0.030）	-0.065*（0.033）
打工年限	-0.033（0.049）	-0.050（0.055）	-0.050（0.037）	-0.076⁺（0.042）
职业阶层（非管理层）				
管理层	-1.182（1.287）	-1.192（0.763）	-0.526（1.326）	0.757（0.986）

续表

变量	参加选举		反映问题	
	男性	女性	男性	女性
行业类型（服务业）				
制造/采矿业	0.190（0.580）	-0.722（0.615）	-0.699（0.497）	-0.964$^+$（0.540）
建筑业	-0.258（0.656）	—	1.095*（0.544）	0.266（0.953）
月收入（log）	0.000（0.000）	0.000（0.000）	0.000（0.000）	0.000（0.000）
-2LL	133.589*	109.044	171.256***	138.072***
Nagelkerke R^2	0.239	0.215	0.473	0.458
样本量	639	489	650	500

注：1. $^+p<0.1$，$^*p<0.05$，$^{**}p<0.01$，$^{***}p<0.001$。2. 括号内数字为标准误。

数据显示，在参加选举方面，对男性农民工而言，社会资本的影响主要表现在组织社会资本和制度社会资本上，而女性是否参与选举仅受到制度资本的影响。具体来说，与不参加社区组织座谈会者相比，参加座谈会的男性农民工更可能参加选举。男女农民工参加工会组织者都更可能参加选举。这一结果符合研究假设，证明了社会资本的提升有利于农民工参加选举。组织融合对农民工是否参加选举的影响的性别差异表现在，对男性而言，组织公民行为越好，越不可能参加选举；但对女性而言，组织公民行为没有显著影响。组织承诺和工作绩效不会影响农民工的选举行为。

在反映问题方面，影响显著的社会资本仍然是组织社会资本和制度社会资本。无论男女，参加社区组织座谈会的农民工更可能反映问题，这是因为座谈会为农民工反映问题提供了重要渠道。制度资本只是影响到女性，对男性农民工没有显著影响。具体表现为，与没有参加党团组织者相比，参加的女性农民工更不可能反映问题。在组织融合方面，男女农民工的共同点是，组织经济融合（工作绩效）和组织文化融合（组织公民行为）对农民工反映问题都没有显著影响，而组织心理融合（组织承诺）对女性农民工反映问题有显著影响，却对男性无显著影响，即女性农民工组织承诺越高，越可能反映问题，这可能反映了女性农民工的责任担当。

第三节 非制度性政治参与

一 非制度性政治参与现状

农民工非制度性政治参与总体情况及分性别状况见表9-3。总体而言，对于题项"您是否参加过罢工/集体抗议"农民工明确表态参加过的仅占7.6%，近六成农民工没有参加，而且也不想参加。有34.9%的农民工表示虽然没有参加过罢工抗议活动，但有机会可能会参加，也就是说他们是潜在的罢工参与者。从性别数据来看，两性差异显著，即男性农民工比女性农民工更可能参加罢工或集体抗议。

表 9-3 农民工非制度性政治参与现状及性别差异比较

变量		总体		男性		女性		LR 检验
		频数	百分比（%）	频数	百分比（%）	频数	百分比（%）	
罢工抗议 $N=1150$	是	87	7.6	54	8.3	33	6.6	6.580*
	中立	401	34.9	243	37.4	158	31.6	
	否	662	57.6	353	54.3	309	61.8	
诉诸武力 $N=1148$	是	230	20.0	141	21.7	89	17.8	2.732
	中立	281	24.5	157	24.2	124	24.8	
	否	637	55.5	351	54.1	286	57.3	

注：* $p<0.05$。

对于题项"当自身权益受到侵害时，您是否同意诉诸武力"有20.0%的农民工表示同意。持中立态度的占24.5%，五成以上表示不同意。而且没有表现出显著的性别差异。

二 非制度性政治参与的影响因素

从社会资本和组织融合两个方面分析了罢工抗议和诉诸武力的影响因素，并比较了性别差异，回归分析结果见表9-4。

表 9-4　农民工非制度性政治参与影响因素及性别差异

变量	罢工抗议		诉诸武力	
	男性	女性	男性	女性
社会资本				
找工作求助公职人员	0.253 (0.250)	-0.193 (0.302)	0.031 (0.241)	-0.596* (0.281)
参加社区组织座谈会	-1.870*** (0.461)	-0.643 (0.534)	-0.352 (0.424)	0.204 (0.481)
想参加社区组织座谈会	-1.868*** (0.349)	-1.264*** (0.374)	-0.335 (0.282)	-0.334 (0.313)
亲戚中有政府人员	0.089 (0.286)	0.329 (0.332)	0.085 (0.273)	-0.326 (0.299)
参加工会组织	-0.887* (0.406)	-0.258 (0.471)	0.204 (0.437)	0.200 (0.474)
参加党团组织	-0.162 (0.349)	0.352 (0.370)	0.523 (0.345)	1.412*** (0.391)
组织融合				
组织公民行为	0.048** (0.018)	0.049+ (0.027)	0.020 (0.017)	0.035 (0.024)
组织承诺	0.028 (0.035)	-0.025 (0.045)	-0.021 (0.033)	-0.058 (0.039)
工作绩效	-0.014 (0.032)	0.014 (0.040)	0.057+ (0.031)	0.017 (0.036)
控制变量				
年龄	0.034+ (0.020)	0.023 (0.024)	0.001 (0.017)	0.046* (0.022)
婚姻（不在婚）				
在婚	-0.558+ (0.314)	-0.238 (0.374)	1.388*** (0.314)	-0.282 (0.348)
流动距离（跨省）				
同省	-0.002 (0.015)	0.026 (0.020)	-0.010 (0.015)	-0.012 (0.018)
打工年限	-0.013 (0.020)	-0.053* (0.027)	-0.038* (0.019)	-0.008 (0.026)
职业阶层（非管理层）				
管理层	0.554 (0.936)	-1.419* (0.570)	-0.082 (0.828)	-0.428 (0.570)
行业类型（服务业）				
制造/采矿业	0.438 (0.280)	-0.010 (0.322)	0.123 (0.270)	-0.770* (0.306)
建筑业	0.013 (0.309)	0.472 (0.735)	-0.523+ (0.298)	-1.204+ (0.618)
月收入（log）	-2.702E-5 (6.833E-5)	7.072E-5 (0.000)	0.000+ (7.371E-5)	0.000* (0.000)
-2LL	537.629***	344.978**	596.774***	431.255**
Nagelkerke R^2	0.208	0.185	0.159	0.164
样本量	650	500	649	499

注：1. +$p<0.1$, *$p<0.05$, **$p<0.01$, ***$p<0.001$。2. 括号中的数字为标准误。

在自身权益受到侵害参与罢工或抗议方面，影响因素存在性别差异，男性农民工表现在组织社会资本和制度社会资本上，而女性农民工仅仅表现在组织社会资本上，关系社会资本对两性农民工的罢工或抗议行为均无显著影响。无论男女，组织社会资本的影响均为负向影响，即想参加社区组织座谈会的农民工，更可能参与罢工或抗议活动。这一点说明社区组织化解群体冲突的能力不足，应该充分发挥社区治理职能，通过对话协商消解潜在的社会冲突。男性农民工参加工会组织，也有提高参与罢工或抗议的可能性。组织承诺对罢工或抗议的影响方面，没有性别差异。组织文化融合（组织公民行为）影响显著，组织公民行为越好的两性农民工，越不可能为了自身的利益而参加罢工或抗议，说明良好的组织文化具有化解群体冲突的潜在力量，应切实予以加强。组织心理融合（组织承诺）和组织经济融合（工作绩效）对罢工或抗议均无显著影响。

在自身利益受到侵害时是否同意诉诸武力方面，社会资本和组织融合的影响均有性别差异。对男性而言，社会资本对是否同意诉诸武力没有显著影响；但对于女性农民工而言，关系社会资本和制度社会资本影响显著。具体表现是，找工作求助于公职人员的农民工比求助于非公职人员的农民工更可能诉诸武力。可能原因是，通过公职人员找工作的农民工更加了解通过极端方法解决农民工难题的有效性。而参加党团组织的女性农民工比没有参加的女性农民工更不可能同意诉诸武力。这一发现说明，党团组织对农民工极端行为具有约束力。因此，加强农民工思想政治工作对于化解潜在群体性事件风险具有极其重要的作用。组织融合仅对男性农民工产生影响，即工作绩效越好，男性农民工越不可能同意诉诸武力。组织融合对女性农民工无显著影响。

对比制度性政治参与和非制度性政治参与影响因素发现，社会资本和组织融合的影响均有性别差异。在制度性政治参与方面，是否参加选举影响因素性别差异表现在组织社会资本和组织公民行为；是否反映问题影响因素性别差异表现在制度社会资本和组织承诺。在非制度性政治参与方面，是否参加罢工抗议影响因素性别差异仅表现在社会资本（组织社会资本和制度社会资本），而是否同意诉诸武力影响因素性别差异既表现在社会资本（关系社会资本和制度社会资本）也表现在组织融合（工作绩效）。

本章小结

本章主要描述了农民工制度性和非制度性政治参与现状及其差异，同时在社会性别视角下，在控制个体因素、职业因素和流动因素的基础上，分析了社会资本和组织融合对农民工政治参与的影响。

1. 制度性政治参与

就现状来说，农民工参与选举的总体比例较高。无论是参加选举还是反映问题，均无显著的性别差异。就影响因素来说，①在参加选举方面，对男性而言，社会资本的影响主要表现在组织社会资本和制度社会资本上，而女性是否参与选举仅受到制度社会资本的影响。具体而言，与不参加社区组织座谈会者相比，参加座谈会的男性农民工更可能参加选举。参加工会组织的男女农民工都更可能参加选举。在组织融合方面，组织公民行为越好，男性农民工越不可能参加选举，但对女性而言，组织公民行为没有显著影响。组织承诺和工作绩效与农民工的选举行为无关。②在反映问题方面，社会资本影响显著的仍然是组织社会资本和制度社会资本。无论男女，参加社区组织座谈会的农民工均可能反映问题。制度社会资本只影响女性，对男性农民工没有显著影响，表现在参加党团组织的女性农民工更不可能反映问题。在组织融合方面，组织经济融合（工作绩效）和组织文化融合（组织公民行为）对两性农民工反映问题都没有显著影响，而组织心理融合（组织承诺）仅对女性农民工反映问题有显著影响，即女性农民工组织承诺越高，越可能反映问题。

2. 非制度性政治参与

就现状来说，对于罢工或抗议，仅有极少部分农民工参加，绝大多数农民工没有参加，或不想参加。也有相当比例（34.9%）的农民工虽然没有参加过罢工抗议活动，但是他们表示有机会可能会参加。非制度性政治参与性别差异显著，男性农民工比女性农民工更可能参加罢工或集体抗议。对于是否同意诉诸武力，有二成的农民工表示同意，没有表现出显著的性别差异。就影响因素来说，①在参与罢工或抗议方面，对男性农民工而言，社会资本影响因素是组织社会资本和制度社会资本，对女性农民工而言，社会资本影响因素仅仅表现在组织社会资本。无论男女，组织社会资本的影响均为负向影响，即想参加社区组织座谈会的农民工，更可能参与罢工或抗议活动。男性农民工参加工会组织，也有提高参与罢工或抗议的可能性。在组织融合方面，组织文化融合（组织公民行为）对男女农民工影响均显著，组织公民行为越好的农民工，越不可能为了自身的利益而参加罢工或抗议。②在是否同意诉诸武力方面，性别差异既表现在社会资本也表现在组织融合。对男性农民工而言，社会资本没有显著影响，但对女性农民工而言，关系社会资本和制度社会资本影响显著。具体表现是，找工作求助于公职人员的农民工更可能同意诉诸武力，而参加党团组织的女性农民工比没有参加的更不可能同意诉诸武力。组织融合仅对男性农民工产生正向影响，即工作绩效越好，越不可能同意诉诸武力。

　　研究结果表明，加强城市基层社区治理和农民工党团组织工作，以及促进农民工组织融合，提升其正能量，有利于规范农民工群体行为，不仅对化解潜在群体性事件风险具有重要作用，而且有利于农民工在城市的可持续发展。

第十章

社会性别与农民工经济融合

农民工城市融合包括经济融合、社会融合、文化融合和心理融合，其中经济融合是基础。本章基于社会性别视角，主要从人力资本、社会资本、组织融合和政治参与等方面探寻经济融合的影响机制，为促进农民工经济融合提供新的视角和实证结果。

第一节　研究设计

一　研究假设

农民工经济融合包括收入满意度、职业职层、房产拥有和亲子随迁等方面。

1. 收入满意度

对农民工而言，增加收入是他们进城务工的根本意愿，没有经济上的支持，农民工就难以立足于城市，更谈不上融入城市和市民化。因此，对农民工收入的影响因素研究一直受到学术界的广泛关注，主要围绕两个方面进行探讨。一是人力资本与收入水平。人力资本理论一直被广泛运用于解释收入增长机制，其思想主要是个体通过提高人力资本质量去增加工作完成量，最终转化为更高的务工收入（Becker，1962；Sullivan and Baruch，2009）。这种观点得到了学者们的实证检验，如 Williams（2009）发现，人力资本中的健康状况、教育程度、劳动技能对个人的工资收入均有正向影响。Korpi 和 Clark（2015）的研究也表明人力资本显著影响个体的薪酬。

农民工作为社会的弱势群体，人力资本存量少必然对城市融合造成负面影响，因此提高农民工人力资本的存量是促进其城市融合的关键。程名望等（2014）以上海农民工为研究样本，经实证分析后得出，受教育程度、工资经验、健康状况等对农民工务工收入有显著的正效应，其结论得到了多数学者的支持与补充（陈卫等，2010；金崇芳，2011）。

二是社会资本与收入水平。社会资本一般由社会网络、社会声望和社会信任构成。其中社会网络是社会资本发挥作用的渠道，社会声望是基础，社会信任是关键。在现有研究中，大量文献结果显示，社会资本对农民工求职具有显著的正向作用，但对农民工务工收入的影响并未得出一致的结论。如马宏（2016）以武汉市农民工为例研究发现，社会资本的获取有助于农民工个人收入的提高。杨政怡和杨进（2021）认为，农民工要想提高工作收入、提升就业质量，就需要努力拓展个人的社会资本。强关系和弱关系在不同情境中发挥不同的作用。Granovetter（1973）发现，市场经济条件下利用弱关系求职更有助于劳动者获得高收入的工作；边燕杰和张文宏（2001）立足于中国国情，论证了强关系在计划经济以及由计划经济向市场经济转型时期的重要性；还有学者认为，农民工工资收入与社会网络几乎没有联系，或并非因果关系（章元、陆铭，2009）。尽管如此，社会资本仍在协助人力资本方面发挥着越来越重要的作用。

农民工组织融合和政治参与与其就业质量紧密相关，侯莉颖和陈彪云（2011）认为，员工文化程度越高，组织支持感越强，越能促使工作绩效在高支持感的激励下得到强化。农民工组织融合越好，意味着组织公民行为越好，积极的工作价值观促进高水平组织承诺（肖静、陈维政，2014），进而促进工作绩效提升。良好的工作绩效，尤其是任务绩效，与收入密切相关。据此推断，组织融合有助于提升农民工收入满意度。就政治参与而言，随着法治进程的加快和农民工维权意识的提高，无论是制度性政治参与还是非制度性政治参与，均有助于保障农民工合法权益。农民工社会资本中包含政治因素，如亲戚中有政府人员或者参加工会、党团组织，不仅有助于促进其融入城市（悦中山等，2011），而且有助于促进其政治参与，进而提升收入满意度。根据以上分析，提出以下假设：

　　10-1a 人力资本越多，农民工收入满意度越高；

　　10-1b 社会资本越多，农民工收入满意度越高；

　　10-1c 组织融合越好，农民工收入满意度越高；

　　10-1d 政治参与越多，农民工收入满意度越高。

2. 职业阶层

相较于务工收入，职业阶层是个体社会地位获得的重要体现，而社会地位获得又可以被看作人力资本、社会资本的积累与回报。已有研究表明，人力资本和社会资本是助推农民工职业向上流动的重要因素。陈成文和王修晓（2004）发现，对于刚进城务工的农民工来说，人力资本对其职业选择发挥着重要作用，丰富的工作经历与职业技能往往能够提高农民工获得高阶层职业的概率。还有学者认为，人力资本中的文化程度对农民工职位的提高有正向影响，文化程度越高，农民工越有可能获得管理层、技术层的职位（黄晶，2004）。总体而言，农民工拥有高质量的人力资本可以增加其就业机会，提高就业质量的观点得到了学术界的认同（张永丽、黄祖辉，2008；Schultz，1980）。

除了人力资本以外，Lin 等（1981）提出的社会资源理论，表明社会网络和社会资本对提升个人地位具有重要意义。当然，在社会资本中还存在对于不同关系强度视角的分化研究，如 Granovetter（1974）通过对 282位职场工作人员访谈发现，利用弱关系求职往往能够获得较高的职业阶层，而中国学者立足于"差序格局"的背景，提出了强关系假设。关于人力资本、社会资本对农民工职业阶层变动的影响孰轻孰重还存在争议，但可以肯定的是，农民工要想提升职业阶层就离不开人力资本和社会资本（谭银清等，2015）。就社会资本而言，无论是关系型社会资本、组织型社会资本还是制度型社会资本，均有助于促进农民工提升职业阶层。

与融入城市社区相比，组织融合对农民工职业发展更加重要。好的组织公民行为，如主动增加任务量，有助于得到领导赏识从而进入管理层，虽然这一结果会遭受同行的嫉妒（夏福斌、林忠，2021）。高组织承诺表明员工对组织愿景、发展目标、人际关系产生高度认同，随之而来的是较高的工作绩效，这样的员工更可能得到组织重用，职业阶层得以提升。就政治参与而言，无论是制度性政治参与还是非制度性政治参与，参与者在某种程度上具有一定号召力和影响力，具备管理者的潜质。根据以上分析，提出假设：

10-2a 人力资本越多，农民工的职业阶层越倾向于管理层；

10-2b 社会资本越多，农民工的职业阶层越倾向于管理层；

10-2c 组织融合越好，农民工的职业阶层越倾向于管理层；

10-2d 政治参与越多，农民工的职业阶层越倾向于管理层。

3. 房产拥有

长期以来，拥有住房一直与自由安全、物质财富、个人幸福感紧密联系在一起。特别是中国人长期受到儒家文化的熏陶，对家文化产生了执念，而维系家庭的载体是拥有产权的住房，因此"有房就有家""有房就是幸福"等观点被人们所接受（毛小平，2015）。农民工一般指户籍在农村，但长期在城市从事非农生产的人员，其家庭长期存在分居两地或"流动的家"等情况，这种流动模式衍生的留守老人、子女教育、文化冲突等社会矛盾，极大地破坏和影响了农民工家庭文化建设与个人幸福感的提升。因此，推进农民工市民化成为新型城镇化建设的主要目标。然而，由于农民工经济能力及农村土地权益等问题，该群体在城市落户购房的意愿还不高（邹一南，2021）。各地政府相继出台针对性购房补贴政策来帮助农民工定居城市，但这些政策多是发挥辅助性功能，能够促进农民工购房的关键在于其自身能力的提高和购房意愿的增加。已有研究表明，拥有住房是移民者城市融合的重要标志，移民者的流动经历、务工地区、婚姻情况、教育水平等都对房产拥有产生显著的影响（Kuebler and Rugh，2013）。Chatterjee 和 Zahirovic-Herbert（2011）研究表明，提升移民者自身的人力资本和社会资本有助于其获得住房权益。人力资本和社会资本在提升农民工收入和职业阶层的同时，会增强其经济实力，促进其城市经济融合。农民工在城市更好地生存和发展，必然增加了购买城市住房的可能性（程荫等，2012；梁志民等，2014）。从组织融合看，农民工组织融合越好，组织认同越高，组织公民行为越好，工作绩效越高，越有可能购买城市房产。已有研究表明，降低流动性约束、提升居留意愿有利于释放农民工住房消费潜能（熊景维、季俊含，2018）。组织融合有利于提高农民工城市归属感，强化其城市居留意愿。就政治参与而言，在现阶段，农民工维权的主要手段是政治参与。尽管非制度性政治参与对社会造成负面影响，增加社会成本，但在信息扩散迅速的现实社会，非制度政治参与无疑加快了弱势群体维权速度，倒逼社会治理体系和治理能力现代化，消除了不利于农民工群体的体制障碍，有效维护农民工权益，有利于提高农民工购买城市住房的概率（黄侦、王承璐，2017）。据此，提出以下假设：

> 10-3a 人力资本越多，农民工越倾向于拥有城市房产；
>
> 10-3b 社会资本越多，农民工越倾向于拥有城市房产；
>
> 10-3c 组织融合越好，农民工越倾向于拥有城市房产；
>
> 10-3d 政治参与越多，农民工越倾向于拥有城市房产。

4. 亲子随迁

农民工家庭化流动是解决农村留守现象和推进城镇化建设的重要举措。农民工父母和子女随迁一方面有利于解决农村留守老人照料和留守儿童教育问题，另一方面反映了农民工城市融合水平。相关研究表明，虽然义务教育阶段的农民工子女随迁率逐年增加，随迁父母数量也有一定比例的提升，但总体融合水平较低，昂贵的城市教育费用和生活费用是农民工在城市面临的主要问题（栗治强、王毅杰，2014）。农民工亲子随迁研究主要围绕农民工自身、父母和子女特征展开，如收入水平、教育水平、流动距离影响子女随迁（宋锦、李实，2014）；父母随迁影响农民工居留意愿（郭光芝、曾益，2019）。亲子随迁是农民工理性决策的结果，受到人力资本、社会资本的影响（梁宏、任焰，2010；张启春、罗雯芳，2020）。农民工人力资本积累越多，越可能提高收入，既可以减轻亲子随迁所带来的生活压力，也有利于对父母和子女进行生活照料与陪伴，加强代际联系。与市民相比，农民工社会资本相对匮乏，导致子女在入学机会、教育质量方面存在隐性不公平（陈成文等，2009）。因此，全面提升农民工社会资本有助于提高子女教育质量，也有助于提升随迁父母的生活质量。除此之外，城市融合环境也对子女随迁产生影响，如许传新和张登国（2010）研究表明，农民工在城市的适应情况对子女随迁的决策行为具有显著影响。中小城市农民工的子女随迁概率普遍大于大城市或跨省流动农民工的子女随迁概率（宋锦、李实，2014）。农民工组织融合是城市融合的基础。因此，组织融合有利于农民工亲子随迁。在政治参与方面，随着政府对民生日益关注，反映民生诉求的政治参与都会受到政府关注。随着城乡一体化进程的加快，农民工在生活、思维和文化等方面逐渐向城市生活转变，市民化意愿逐渐增强，在条件许可的情况下，政治参与方式有利于提高亲子随迁的可能性（栗治强、王毅杰，2014）。据此，提出以下假设：

10-4a 人力资本越多，农民工越倾向于亲子随迁；

10-4b 社会资本越多，农民工越倾向于亲子随迁；

10-4c 组织融合越好，农民工越倾向于亲子随迁；

10-4d 政治参与越多，农民工越倾向于亲子随迁。

二　变量设置

1. 因变量

因变量经济融合通过收入满意度、职业阶层、房产拥有以及亲子随迁四个维度来度量。对于收入满意度变量，虽然问卷中没有直接问，但是在组织行为量表中有这样的题项"我对自己的报酬很满意"，答案选项为"5. 非常同意、4. 同意、3. 不确定、2. 不同意、1. 非常不同意"，操作化中用这个题项代替收入满意度，并把收入满意度设置为满意（合并 5. 非常同意和 4. 同意）= 1，一般（3. 不确定）= 2，不满意（合并 2. 不同意和 1. 非常不同意）= 3。亲子随迁状况也是三分类变量，通过题项"目前您的父亲在哪里生活"、"目前您的母亲在哪里生活"和"目前该子女状态"设置为父母孩子都随迁（只要父母中有一个人，且有一个孩子随迁就算）= 1，（父母或孩子）一方随迁 = 2，都不随迁 = 3。职业阶层为二分类变量，由题项"您目前的职业是什么"分为管理层 = 1，非管理层 = 2。房产拥有为二分类变量，通过题项"目前，您在城市是否有房产"设置为有 = 1，无=2。以上变量均以最后一类为参照类。

2. 自变量

自变量分为人力资本、社会资本、组织融合和政治参与。

人力资本主要包括四个方面：打工年限、培训经历、健康状况以及文化程度。打工年限为连续变量，代表农民工在城市打工的时间长短，在城市打工时间越长，工作经验越丰富；培训经历代表农民工所掌握的工作技能，为二分类变量，是=1、否=2，以"否"为参照类；健康状况反映了农民工的身体素质，通过问卷题项"您觉得您目前健康状况如何"得到，为三分类变量，好=1、一般=2、差=3，以"差"为参照类；文化程度为三分类变量，高中及以上=1、初中=2、小学及以下=3，以"小学及以下"为参照类。

社会资本分为三类：关系资本、组织资本和制度资本。关系资本通过题项"找工作向公职人员求助"来体现，组织资本则以"参加社区组织的座谈会"和"想参加社区组织"来衡量，制度资本通过亲戚中是否有政府人员、是否参加工会组织和是否参加党团组织来测量。这些变量均为分类变量。

组织融合主要包括组织公民行为、组织承诺和工作绩效。组织公民行为采用 Farh 等编制的量表，共 20 个题项，采用李克特 5 点量表来测评，从 1（非常不同意）到 5（非常同意）。组织承诺采用 Cook 和 Wall 编制的量表，该量表共 9 个题项，采用李克特 5 点量表来衡量，从 1（非常不同意）到 5（非常同意）。选取工作绩效量表中的 14 个题项，采用李克特 5 点量表评分，从 1（非常不同意）到 5（非常同意）。这三个变量得分均由各题项分值加总而得。组织融合三变量均为连续变量，分值越大，表明组织融合越好。

政治参与从制度和非制度两个方面来度量。制度性政治参与题项是"是否参加过打工城市的选举""是否向政府部门、社区或村委会求助/投诉/反映问题"；非制度性政治参与题项是"是否参加过罢工/集体抗议""当自身权益受到侵害时，是否诉诸武力"。前两个变量为二分类变量，后两个变量为三分类变量。

3. 控制变量

控制变量包括个体特征、工作特征和流动特征。个体特征则包括年龄和婚姻状况。工作特征包括行业类型、日工作时间、月收入。流动特征包括流出地和流入地。

三　模型选择

因变量包括二分类和三分类变量。"职业阶层"和"房产拥有"为二分类变量，回归分析采用二分类 Logistic 模型。"收入满意度"和"亲子随迁"为定序三分类变量，回归分析采用三分类 Ordinal 模型。

第二节　收入满意度

一　收入满意度现状

表 10-1 给出了农民工收入满意度现状及性别差异。

表 10-1　农民工收入满意度现状及性别差异（$N=1148$）

收入满意度	总体		男性		女性		LR 检验
	频数	百分比（%）	频数	百分比（%）	频数	百分比（%）	
满意	360	31.4	204	31.5	156	31.2	
一般	321	28.0	166	25.6	155	31.0	4.728
不满意	467	40.7	278	42.9	189	37.8	

由表 10-1 可知，总体上，三成以上农民工对收入状况表示满意，四成以上农民工对收入状况表示不满意。男性农民工相应比例略高于总体情况，而女性对收入状况不满意的接近四成。尽管如此，LR 检验结果表明，农民工收入满意度不存在性别差异。

二　收入满意度的影响因素

表 10-2 是人力资本、社会资本、组织融合和政治参与对农民工收入满意度影响的回归结果。结果显示，收入满意度影响因素存在明显的性别差异。

表 10-2 农民工收入满意度影响因素及性别差异

变量	男性		女性	
人力资本				
打工年限	0.024⁺(0.014)	0.032（0.020）	0.0001（0.018）	0.001（0.025）
培训经历（否）				
是	−0.003（0.184）	−0.263（0.244）	−0.142（0.203）	−0.812 **（0.280）
健康状况（差）				
好	−0.122（0.390）	0.362（0.517）	1.142 **（0.404）	1.245 *（0.529）
一般	−0.461（0.393）	−0.014（0.520）	0.841 *（0.421）	0.724（0.549）
文化程度（小学及以下）				
高中及以上	−0.492 *（0.238）	−0.199（0.322）	−0.250（0.311）	−0.454（0.445）
初中	−0.489 *（0.205）	−0.584 *（0.284）	−0.435（0.277）	−0.349（0.410）
关系资本				
找工作求助公职人员	−0.123（0.178）	−0.431⁺（0.249）	−0.140（0.194）	−0.449⁺（0.261）
组织资本				
参加社区组织的座谈会	−0.034（0.329）	−0.742（0.447）	−0.077（0.361）	−0.360（0.483）
想参加社区组织	−0.411⁺（0.229）	−0.642⁺（0.330）	−0.146（0.254）	−0.278（0.349）
制度资本				
亲戚中有政府人员	−0.048（0.202）	−0.338（0.264）	0.368⁺（0.215）	0.314（0.285）
参加工会组织	−0.276（0.360）	−0.414（0.427）	0.368（0.342）	0.493（0.441）
参加党团组织	0.299（0.255）	0.469（0.332）	0.190（0.250）	0.449（0.333）
组织融合				
组织公民行为		0.019（0.018）		−0.017（0.022）
组织承诺		−0.173 ***（0.035）		−0.105 **（0.037）
工作绩效		−0.041（0.031）		−0.040（0.033）
政治参与				
参加选举	−0.491（0.340）	−0.151（0.438）	1.106（0.369）	0.818⁺（0.463）
反映问题	−0.495⁺（0.264）	0.192（0.404）	0.656 *（0.281）	0.649⁺（0.387）

续表

变量	男性		女性	
参加罢工抗议	0.226（0.328）	0.528（0.439）	−0.500（0.394）	0.642（0.622）
想参加罢工抗议	−0.235（0.185）	−0.205（0.254）	−0.021（0.215）	0.045（0.283）
同意诉诸武力	−0.527*（0.223）	−0.779*（0.315）	0.058（0.255）	−0.008（0.333）
中立解决	−0.145（0.210）	−0.178（0.284）	0.026（0.231）	0.194（0.339）
年龄	0.004（0.013）	−0.015（0.019）	−0.015（0.015）	−0.008（0.021）
婚姻（非在婚）				
在婚	0.766***（0.231）	1.107***（0.320）	0.319（0.243）	0.409（0.327）
流入地（西部）				
中部	−0.104（0.218）	−0.525⁺（0.301）	−0.657*（0.313）	−0.609（0.404）
东部	−0.181（0.247）	−0.912**（0.342）	−0.213（0.304）	−0.352（0.384）
流出地（西部）				
中部	—	—	0.419（0.262）	0.125（0.330）
东部	—	—	0.478（0.302）	0.349（0.419）
行业类型（服务业）				
制造/采矿业	0.122（0.214）	−0.004（0.282）	0.392⁺（0.222）	0.180（0.283）
建筑业	0.051（0.198）	0.500⁺（0.289）	0.304（0.373）	0.609（0.570）
日工作时间	0.043（0.116）	0.046（0.160）	0.203（0.135）	0.391*（0.189）
月收入（log）	−5.805***（0.548）	−1.723**（0.615）	−5.085***（0.581）	−1.313*（0.639）
−2LL	1126.748***	629.301***	909.220***	512.374***
Nagelkerke R²	0.310	0.310	0.331	0.280
样本量	614	339	494	272

注：1. ⁺$p<0.1$，*$p<0.05$，**$p<0.01$，***$p<0.001$。2. 括号内数字为标准误。

　　在人力资本中，打工年限仅对男性农民工收入满意度有消极影响，打工年限越长，收入满意度越低；培训经历对男性农民工收入满意度没有显著影响，对女性农民工的收入满意度影响显著，具体表现为，与没有培训经历的女性农民工相比，有培训经历的女性农民工对自己的收入更满意。身体健康状况对男性农民工的收入满意度没有显著影响，对女性农民工影响显著，具体表现为，身体状况越好，女性农民工对自己的收入越不满意。文化程度只对男性农民工产生影响，与小学及以下文化程度者相比，初中文化程度的男性农民工对自己的收入更满意。在社会资本中，关系资本对男性和女性收入满意度都产生了显著影响，具体表现为，在找工作过程中，向公职人员求助者比没有向公职人员求助者对自己的收入更为满意。组织资本只对男性农民工产生影响，即想参加社区组织者比不想参加者对自己的收入更满意。制度社会资本中，亲戚中有政府人员对女性农民工收入满意度有消极影响。组织融合对男性和女性农民工均有显著影响，即组织承诺越好，收入满意度越高。在政治参与中，参与选举只对女性农民工收入满意度产生影响，参加选举的女性农民工比没有参加选举的女性农民工，对自己的收入更不满意；向政府部门反映问题对女性农民工收入满意度产生影响，反映问题的女性农民工与没有反映问题的女性农民工相比，对自己的收入更不满意；而对于男性农民工，反映问题却有助于提高收入满意度。当权益受到侵害时同意诉诸武力只对男性产生影响，对女性没有影响，即同意诉诸武力的男性农民工比不同意诉诸武力的男性农民工，对自己的收入更满意。回归结果基本验证了研究假设，但也有假设没有得到验证，如政治参与对收入满意度的影响。

第三节　职业阶层

一　职业阶层现状

农民工职业阶层总体状况及性别差异见表 10-3。

表 10-3　农民工职业阶层现状及性别差异　($N = 1148$)

职业阶层	总体		男性		女性		LR 检验
	频数	百分比（%）	频数	百分比（%）	频数	百分比（%）	
管理层	192	16.7	105	16.2	87	17.5	0.350
非管理层	956	83.3	545	83.8	411	82.5	

数据显示，总体上，绝大多数农民工（83.3%）处于非管理层，做到管理层的占比仅为 16.7%。男性略差于总体情况，女性略好于总体情况，但 LR 检验结果显示，这种差异在统计上是不显著的。

二 职业阶层的影响因素

表 10-4 是人力资本、社会资本、组织融合和政治参与对农民工职业阶层影响的回归结果。结果显示，职业阶层的影响因素存在明显的性别差异。

表 10-4 农民工职业阶层影响因素及性别差异

变量	男性		女性	
人力资本				
打工年限	-0.018（0.025）	0.193（0.122）	-0.012（0.026）	-0.143⁺（0.074）
培训经历（否）				
是	0.782*（0.352）	0.374（1.027）	0.352（0.300）	-0.779（0.707）
健康状况（差）				
好	-1.621（1.096）	—	0.184（0.591）	1.316（0.935）
一般	-1.410（1.105）	—	0.342（0.623）	2.739*（1.178）
文化程度（小学及以下）				
高中及以上	-0.223（0.546）	—	-2.060***（0.608）	—
初中	-0.244（0.492）	—	-1.876***（0.573）	—
关系资本				
找工作求助公职人员	-0.451（0.492）	0.605（1.066）	-0.032（0.290）	-0.092（0.693）
组织资本				
参加社区组织的座谈会	-0.528（0.593）	0.007（1.569）	-0.664（0.536）	-2.027⁺（1.081）
想参加社区组织	-0.730⁺（0.410）	0.434（1.162）	-0.555（0.415）	-0.041（0.948）
制度资本				
亲戚中有政府人员	-0.019（0.347）	-2.110⁺（1.091）	-0.652*（0.309）	-1.129⁺（0.660）
参加工会组织	1.971⁺（1.116）	—	0.253（0.532）	2.114（1.361）
参加党团组织	0.496（0.504）	-0.032（1.358）	0.152（0.397）	-1.020（0.795）
组织融合				
组织公民行为		-0.011（0.079）		0.087（0.057）
组织承诺		-0.090（0.125）		-0.170⁺（0.099）
工作绩效		0.179（0.138）		-0.085（0.085）

续表

变量	男性		女性	
政治参与				
参加选举	0.412 (0.622)	-0.265 (1.748)	-0.631 (0.544)	-0.972 (0.827)
反映问题	-0.092 (0.443)	-0.059 (1.368)	0.559 (0.408)	0.258 (0.977)
参加罢工抗议	0.571 (0.635)	—	0.140 (0.638)	—
想参加罢工抗议	0.540 (0.337)	—	-0.132 (0.322)	—
同意诉诸武力	-0.802* (0.365)	-0.232 (1.264)	-0.215 (0.393)	-0.993 (0.779)
中立解决	-0.150 (0.382)	-0.687 (1.643)	-0.164 (0.356)	-0.353 (0.917)
年龄	0.004 (0.022)	-0.034 (0.062)	-0.007 (0.022)	0.045 (0.063)
婚姻（非在婚）				
在婚	-0.404 (0.388)	-1.393 (1.255)	-0.814* (0.351)	0.830 (0.811)
流入地（西部）				
中部	0.053 (0.408)	—	-0.206 (0.537)	0.180 (1.124)
东部	-0.278 (0.455)	—	0.047+ (0.527)	-0.146 (0.999)
流出地（西部）				
中部	—	—	-0.393 (0.432)	-0.256 (0.826)
东部	—	—	-0.946 (0.487)	0.176 (1.063)
行业类型（服务业）				
制造/采矿业	1.929*** (0.553)	—	1.455*** (0.441)	—
建筑业	2.061*** (0.478)	—	0.445 (0.579)	—
日工作时间	-0.652*** (0.195)	1.111 (0.817)	-0.383+ (0.204)	-0.429 (0.455)
月收入 (log)	-2.184** (0.749)	0.846 (2.212)	-2.722*** (0.713)	1.290 (1.275)
-2LL	333.175***	47.912	346.163***	87.784
Nagelkerke R^2	0.287	0.220	0.243	0.300
样本量	600	338	439	238

注：1. $+p<0.1$，$*p<0.05$，$**p<0.01$，$***p<0.001$。2. 括号内数字为标准误。

在人力资本中，打工年限只对女性农民工职业阶层产生影响，打工年限越长，越可能处于管理层；与没有培训经历者相比，有培训经历的男性农民工更可能处于非管理层；健康状况对女性农民工所处职业阶层也产生影响，与健康状况差的农民工相比，健康状况一般的农民工更可能处于非管理层；女性农民工文化程度越高，越可能处于管理层。在社会资本中，组织资本中参加社区组织的座谈会的女性农民工和想参加社区组织的男性农民工更可能处于管理层；制度资本对男性和女性农民工均产生影响，表现在亲戚中有政府人员，与没有政府人员相比，两性农民工职业阶层更倾向于处于管理层；参加工会组织的男性农民工更可能处于非管理层。组织融合对女性农民工的职业阶层有显著影响，表现为组织承诺越好，越倾向于处于管理层。政治参与方面，当自身权益受到侵害时同意诉诸武力更可能使男性农民工处于管理层。

第四节　房产拥有

一　房产拥有现状

表 10-5 提供了农民工城市房产拥有总体状况及其性别差异。

表 10-5　农民工城市房产拥有现状及性别差异（$N = 1149$）

城市房产拥有	总体		男性		女性		LR 检验
	频数	百分比（%）	频数	百分比（%）	频数	百分比（%）	
有	181	15.8	105	16.2	76	15.2	0.204
无	968	84.2	544	83.8	424	84.8	

表 10-5 数据显示，总体上，84.2% 的农民工没有城市房产，仅有 15.8% 的农民工拥有城市房产。男性样本情况略好于总体情况，女性样本情况略差于总体情况。但这种差异在统计上是不显著的。

二　房产拥有的影响因素

表 10-6 是人力资本、社会资本、组织融合和政治参与对农民工房产拥有状况影响的回归结果。结果显示，农民工房产拥有影响因素具有明显的性别差异。

表 10-6　农民工城市房产拥有影响因素及性别差异

变量	男性		女性	
人力资本				
打工年限	0.042⁺(0.022)	0.069⁺(0.039)	0.075**(0.028)	0.157**(0.064)
培训经历（否）				
是	0.234 (0.265)	-0.217 (0.402)	1.073***(0.332)	2.019**(0.637)
健康状况（差）				
好	-0.113 (0.618)	0.901 (1.235)	0.177 (0.663)	0.197 (1.060)
一般	-0.402 (0.633)	0.109 (1.268)	-0.594 (0.717)	-1.351 (1.162)
文化程度（小学及以下）				
高中及以上	1.208*(0.489)	2.281*(0.909)	2.050***(0.628)	5.284***(1.592)
初中	0.785⁺(0.454)	1.582⁺(0.878)	1.303*(0.596)	3.898**(1.481)
关系资本				
找工作求助公职人员	0.262 (0.255)	0.409 (0.405)	0.620⁺(0.323)	1.546*(0.612)
组织资本				
参加社区组织的座谈会	0.139 (0.484)	0.522 (0.732)	0.700 (0.562)	0.010 (0.976)
想参加社区组织	0.394 (0.352)	0.337 (0.549)	0.064 (0.440)	0.213 (0.768)
制度资本				
亲戚中有政府人员	0.761**(0.271)	1.197**(0.418)	0.653⁺(0.343)	1.090⁺(0.617)
参加工会组织	-0.104 (0.490)	0.511 (0.660)	0.010 (0.539)	-0.173 (0.793)
参加党团组织	-0.018 (0.364)	-0.090 (0.509)	0.095 (0.425)	-0.063 (0.749)
组织融合				
组织公民行为		0.013 (0.029)		-0.001 (0.051)
组织承诺		-0.037 (0.055)		-0.029 (0.081)
工作绩效		0.092⁺(0.055)		0.005 (0.066)
政治参与				
参加选举	0.537 (0.465)	-0.013 (0.837)	0.662 (0.572)	1.097 (0.740)
反映问题	-0.833*(0.381)	-1.478*(0.612)	-0.698 (0.452)	-0.567 (0.772)

续表

变量	男性		女性	
参加罢工抗议	-0.618 (0.586)	-1.116 (1.138)	—	—
想参加罢工抗议	0.109 (0.276)	0.147 (0.442)	—	—
同意诉诸武力	0.176 (0.309)	-0.457 (0.552)	-0.258 (0.451)	-0.651 (0.731)
中立解决	-0.507 (0.336)	-1.446* (0.609)	-0.086 (0.413)	0.639 (0.746)
年龄	-0.018 (0.021)	-0.017 (0.037)	0.029 (0.027)	0.037 (0.050)
婚姻（非在婚）				
在婚	0.655+ (0.342)	0.017 (0.514)	1.093** (0.404)	1.500* (0.696)
流入地（西部）				
中部	0.266 (0.352)	0.011 (0.570)	0.942 (0.632)	0.077 (0.891)
东部	0.606 (0.384)	0.637 (0.617)	0.606 (0.620)	-0.387+ (0.903)
流出地（西部）				
中部	—	—	-0.758 (0.478)	-1.569 (0.936)
东部	—	—	-0.530 (0.540)	-1.186 (0.755)
行业类型（服务业）				
制造/采矿业	-0.682* (0.332)	-0.313 (0.463)	-0.833* (0.421)	-0.951 (0.636)
建筑业	-0.962** (0.346)	-0.867 (0.569)	-1.831* (0.829)	-1.850 (1.440)
日工作时间	-0.166 (0.172)	-0.434 (0.278)	-0.625* (0.253)	-0.404 (0.397)
月收入 (log)	1.742** (0.626)	2.161* (0.988)	0.242 (0.738)	-0.088 (1.401)
-2LL	457.370***	201.212***	288.307***	122.717***
Nagelkerke R²	0.180	0.310	0.329	0.503
样本量	599	330	437	231

注：1. +$p<0.1$，*$p<0.05$，**$p<0.01$，***$p<0.001$。2. 括号内数字为标准误。

在人力资本中，打工年限对男性和女性农民工都有显著影响，打工年限越长，农民工越不可能拥有城市房产；培训经历只对女性农民工产生影响，与没有培训经历的农民工相比，有培训经历的女性农民工更不可能拥有房产。可能原因是，购买城市住房需要大额资金，单靠打工收入难以支付，需要家庭代际协助，家底好的农民工压力小，打工努力或付出相应也少。文化程度对男性和女性农民工都产生了显著影响，与小学及以下文化程度的农民工相比，初中和高中及以上文化程度的农民工更不可能拥有房产。在社会资本中，关系资本只对女性农民工产生了影响，表现为，在找工作过程中向公职人员求助者比不向公职人员求助者更不可能拥有城市房产。制度资本对男性和女性农民工都产生了影响，即亲戚中有政府工作人员的农民工与亲戚中没有政府工作人员的农民工相比，更不可能拥有城市房产。在组织融合中，工作绩效只对男性农民工产生显著影响，工作绩效越高，越不可能拥有房产。在政治参与方面，向政府反映问题只对男性农民工产生影响，与没有向政府反映问题的人相比，向政府反映问题的农民工更可能拥有城市房产。权益受侵害同意中立解决只对男性农民工产生影响，即同意中立解决的农民工更可能拥有城市房产。总体而言，关于人力资本、社会资本、组织融合的假设没有得到验证，但政治参与的假设基本得到验证。这些结果表明，对于农民工这一弱势群体，单靠自身努力很难解决城市住房问题，政府协调更有利于问题的解决。

第五节　亲子随迁

一　亲子随迁现状

表 10-7 给出了农民工亲子随迁现状及性别差异。

表 10-7　农民工亲子随迁现状及性别差异（$N=1152$）

亲人相伴	总体		男性		女性		LR 检验
	频数	百分比（%）	频数	百分比（%）	频数	百分比（%）	
父母孩子都随迁	20	1.7	11	1.7	9	1.8	
一方随迁	276	24.0	175	26.9	101	20.1	7.282
都不随迁	856	74.3	464	71.4	392	78.1	

从表 10-7 中看出，总体上，七成以上农民工父母孩子都不随迁，只有一方随迁的占 24.0%，父母孩子都随迁的只占 1.7%。亲子随迁与否和农民工性别没有显著的关联性。

二　亲子随迁的影响因素

表 10-8 提供了人力资本、社会资本、组织融合和政治参与对农民工亲子随迁影响的回归结果。结果显示，农民工亲子随迁的影响因素存在明显的性别差异。

表 10-8　农民工亲子随迁影响因素及性别差异

变量	男性		女性	
人力资本				
打工年限	−0.008（0.015）	0.010（0.024）	−0.035⁺（0.021）	−0.052（0.035）
培训经历（否）				
是	0.379（0.246）	0.162（0.352）	−0.381（0.277）	0.199（0.464）
健康状况（差）				
好	−0.395（0.442）	−0.279（0.642）	0.117（0.497）	−0.570（0.796）
一般	0.039（0.441）	0.831（0.639）	0.463（0.533）	0.616（0.881）
文化程度（小学及以下）				
高中及以上	0.834*（0.360）	1.561**（0.548）	−0.896*（0.446）	−0.342（0.734）
初中	0.207（0.295）	1.233**（0.476）	−0.808*（0.382）	−0.449（0.626）
关系资本				
找工作求助公职人员	0.222（0.236）	0.285（0.349）	0.138（0.277）	−0.146（0.452）
组织资本				
参加社区组织的座谈会	−0.199（0.419）	−0.254（0.598）	−0.046（0.501）	−1.232（0.806）
想参加社区组织	−0.166（0.300）	0.076（0.464）	−0.394（0.360）	−1.157⁺（0.630）
制度资本				
亲戚中有政府人员	−0.432⁺（0.250）	−0.650⁺（0.353）	−0.317（0.299）	0.461（0.539）
参加工会组织	−0.559（0.423）	−0.651（0.557）	0.144（0.528）	−0.535（0.732）
参加党团组织	−0.123（0.392）	−0.765（0.511）	0.550（0.426）	1.006（0.696）
组织融合				
组织公民行为		0.017（0.025）		−0.054（0.039）

续表

变量	男性		女性	
组织承诺		−0.069（0.046）		−0.110⁺（0.066）
工作绩效		−0.033（0.043）		0.078（0.054）
政治参与				
参加选举	0.613（0.478）	0.659（0.736）	−0.449（0.522）	−0.346（0.801）
反映问题	−0.282（0.342）	−0.657（0.604）	0.595（0.374）	1.035（0.713）
参加罢工抗议	−0.681（0.502）	0.638（0.766）	−0.697（0.494）	−2.804 **（0.928）
想参加罢工抗议	0.023（0.235）	0.124（0.350）	0.485（0.317）	0.144（0.501）
同意诉诸武力	0.059（0.287）	−0.441（0.461）	−0.741 *（0.352）	−0.886（0.552）
中立解决	−0.282（0.267）	−0.748⁺（0.389）	−0.490（0.318）	−0.707（0.580）
年龄	−0.096 ***（0.016）	−0.102 ***（0.025）	−0.052 **（0.020）	−0.040（0.036）
婚姻（非在婚）				
在婚	−0.447（0.317）	−0.379（0.468）	−0.618⁺（0.357）	−0.116（0.593）
流入地（西部）				
中部	−0.026（0.291）	0.390（0.432）	0.105（0.515）	−1.787⁺（1.024）
东部	−0.011（0.327）	0.178（0.471）	0.219（0.507）	−1.260（1.024）
流出地（西部）				
中部	—	—	−0.647（0.407）	0.422（0.614）
东部	—	—	−0.562（0.454）	−0.303（0.681）
行业类型（服务业）				
制造/采矿业	−0.402（0.293）	0.398（0.397）	0.240（0.324）	0.285（0.509）
建筑业	0.640 *（0.267）	−0.106（0.412）	0.873（0.590）	0.795（1.008）
日工作时间	−0.001（0.152）	−0.123（0.226）	0.132（0.192）	0.299（0.327）
月收入（log）	−0.387（0.543）	−0.335（0.770）	0.247（0.584）	0.067（1.243）
−2LL	608.916 ***	292.927 ***	430.124 ***	179.891 *
Nagelkerke R^2	0.361	0.389	0.232	0.315
样本量	600	330	439	232

注：1. ⁺$p<0.1$，*$p<0.05$，**$p<0.01$，***$p<0.001$。2. 括号内数字为标准误。

　　在人力资本中，打工年限对女性农民工亲子随迁有积极影响，打工年限越长，越可能亲子随迁；文化程度对男性、女性农民工的亲子随迁产生了相反影响，即与小学及以下文化程度者相比，初中、高中及以上文化程度的男性农民工亲子更可能都不随迁，而女性农民工亲子更可能随迁。在社会资本中，组织资本只对女性农民工产生影响，表现为，想参加社区组织者与不参加社区组织者相比，更可能亲子都随迁。制度资本只对男性农民工产生影响，表现为，与亲戚中没有政府工作人员相比，亲戚中有政府工作人员的男性农民工更倾向于亲子都随迁。在组织融合中，组织承诺只对女性农民工产生影响，表现为，组织承诺越好，越倾向于亲子都随迁。在政治参与中，参加罢工抗议只对女性农民工的亲子随迁产生影响，即与不参加罢工抗议者相比，参加罢工抗议的农民工更可能亲子都随迁。权益受侵害同意诉诸武力或中立解决对两性农民工均产生影响，即更可能亲子随迁。假设基本得到验证。

本章小结

本章主要分析了农民工经济融合现状及影响因素。研究发现，人力资本、社会资本、组织融合和政治参与对农民工经济融合有显著影响，各因素对经济融合影响的性别差异表现为以下几个方面。

1. 收入满意度

在人力资本中，男性农民工打工年限越长，收入满意度越低。有培训经历的女性农民工收入满意度更高。女性农民工身体状况越好，收入满意度越低。与小学及以下文化程度相比，初中文化程度的男性农民工对收入满意度更高。在社会资本中，关系资本对男性和女性收入满意度都产生了积极影响，找工作向公职人员求助的农民工收入满意度更高。组织资本中想参加社区组织的男性农民工收入满意度更高。制度社会资本中，亲戚中有政府人员的女性农民工收入满意度更低。组织融合中组织承诺越好，男性和女性农民工收入满意度越高。在政治参与中，参加选举的女性农民工，收入满意度更低；向政府部门反映问题的女性农民工，收入满意度更低；而反映问题的男性农民工，收入满意度更高。权益受侵害同意诉诸武力的男性农民工，收入满意更高。

2. 职业阶层

在人力资本中，打工年限越长的女性农民工，越可能处于管理层；有培训经历的男性农民工更可能处于非管理层；健康状况一般的女性农民工更可能处于非管理层；文化程度越高的女性农民工，越可能处于管理层。在社会资本中，组织资本中参加社区组织的座谈会的女性农民工和想参加社区组织的男性农民工更可能处于管理层；制度资本中亲戚中有政府人员的男性和女性农民工更可能处于管理层；参加工会组织的男性农民工更可能处于非管理层。组织融合中组织承诺越好的女性农民工，越可能处于管理层。政治参与方面，权益受侵害同意诉诸武力的男性农民工更可能处于管理层。

3. 房产拥有

在人力资本中，打工年限越长的男性和女性农民工越不可能拥有城市房产；有培训经历的女性农民工更不可能拥有城市房产。初中和高中及以上文化程度的男性和女性农民工更不可能拥有房产。在社会资本中，关系资本中找工作向公职人员求助的女性农民工更不可能拥有城市房产。制度资本中亲戚中有政府工作人员的男性和女性农民工更不可能拥有城市房产。在组织融合中，工作绩效越高的男性农民工，越不可能拥有城市房产。在政治参与方面，向政府反映问题的男性农民工更可能拥有城市房产。权益受侵害同意中立解决的男性农民工更可能拥有城市房产。

4. 亲子随迁

在人力资本中，打工年限越长的女性农民工，越可能亲子随迁；初中、高中及以上文化程度的男性农民工更可能亲子不随迁，而女性农民工更可能亲子随迁。在社会资本中，组织资本中想参加社区组织的女性农民工更可能亲子随迁。制度资本中亲戚中有政府工作人员的男性农民工更倾向于亲子随迁。在组织融合中，组织承诺越好的女性农民工，越可能亲子随迁。在政治参与中，参加罢工抗议的女性农民工更可能亲子随迁。权益受侵害同意诉诸武力或中立解决的男性和女性农民工更可能亲子随迁。

第十一章

社会性别与农民工社会融合

社会融合是不同个体、群体交往过程中互相配合、互相适应的过程。农民工社会融合是指农民工与流入地市民之间的社会交往程度。交往程度越密切，社会融合越好。本章基于性别视角，深入研究农民工人力资本、社会资本、组织融合、政治参与对农民工社会融合的影响机制，揭示农民工社会融合状况和他们的社会生存环境和未来发展空间。

第一节　研究设计

一　研究假设

农民工社会融合包括受歧视经历、交友意愿、生活满意度和未来发展意愿。

1. 受歧视经历

农民工在社会融合中是否受到歧视是学者一直关注的内容。在前人的研究基础上，本研究从人力资本、社会资本、组织融合和政治参与四个方面来分析。从人力资本来看，仍未能从根本上消除用人单位对农民工的歧视观念。一方面，一些用人单位认为农民工是素质低下的"打工仔""打工妹"，是技能缺乏的"临时工"，不应与城镇职工享受同等权益和待遇，是可以随时雇佣和辞退的廉价劳动者（刘唐宇、罗丹，2014）。另一方面，随着教育水平的提高，农民工对自身在生活中以及找工作时受到歧视的感知程度明显降低（卢海阳等，2015）。就社会资本而言，在"熟人社会"

解体的陌生环境中，在制度因素依赖不足的情况下，维续农民工生计只能主要依靠社会关系重构。在中国"差序格局"的体系中，农民工主要以初级社会关系为依托，依据信任机制，在以"老乡"或"同事"为主的次级关系网中建立关系网络。社会关系网络以及在社会制度中所可能获得的资源构成农民工的社会资本。已有研究发现，社会资本的占有和使用与农民工的边缘地位高度相关（刘传江、周玲，2004），即农民工的边缘地位与社会资本的匮乏有紧密关系。社会资本增加会有效改善农民工的边缘化地位。在组织融合方面，农民工适应现代组织的过程并不顺利，与组织的结构性冲突日益激化（刘平青等，2011）。具体表现为，农民工收入无保障，工资常被拖欠或被变相克扣，在奖励、节假日等员工福利上，农民工相较于普通市民待遇低、保障差（陈雷等，2010）。在政治参与中，农民工参加社团组织为其社会参与提供了良好平台，因为社团组织成员之间的互动推动人际合作与信任关系的形成（曹飞、田朝晖，2011），而政治社会资本的有效作用预示着农民工嵌入的社会性组织越多，层次越高，获得的社会资源越多，越能融入城市社会。由此，提出以下假设：

H11-1a 人力资本积累越多，农民工越不可能受到歧视；

H11-1b 社会资本积累越多，农民工越不可能受到歧视；

H11-1c 组织融合越好，农民工越不可能受到歧视；

H11-1d 政治参与程度越高，农民工越不可能受到歧视。

2. 交友意愿

交友意愿从另一侧面反映农民工与市民的交往程度。在现实生活中，市民对资源的垄断性占有偏好，对农民工构筑起了一道无形的"壁垒"，形成被排斥的社会关系，导致社会剥夺，限制农民工的发展机会，使得他们在政治、社会、经济等方面处于不利地位。研究结果显示，社会地位自我评估越高的农民工，认同自己为城市人身份的可能性就会越大（潘泽泉、何倩，2017）。市民和农民工之间的差距导致他们存在隔阂，不可避免地影响农民工与市民的交往。而较高社会地位的自我评估源于人力资本存量的不断积累。从社会资本来看，农民工本身的社会资本有限，较少参与社区活动或者加入社会组织，使得他们进一步陷入"弱信息→弱发展机会→弱资源"的发展困境。事实上，社团组织为农民工社会参与提供了良好平台，因为社团组织成员互动有助于产生社会信任，形成社会资本，推动人际信息共享与合作交流（曹飞、田朝晖，2011）。在这种情况下，日常生活中与市民交往的农民工更有可能认同自己为城市人（潘泽泉、何倩，2017）。从组织融合的角度来看，工作权益受侵害已成为阻碍农民工融入城市的主要因素，显著影响了该群体与市民的交往意愿、交往行动及交往时的心理情绪，严重妨碍了他们在城市的人际关系融入。工作权益受侵害程度越严重，农民工与城里人的交往意愿越不积极、交往行动越不活跃、人际交往的消极情绪也越严重（袁靖华，2015）。由此，提出以下假设：

H11-2a 人力资本积累越多，农民工越倾向于与市民交往；

H11-2b 社会资本积累越多，农民工越倾向于与市民交往；

H11-2c 组织融合越好，农民工越倾向于与市民交往；

H11-2d 政治参与程度越高，农民工越倾向于与市民交往。

3. 生活满意度

农民工在融入城市生活的过程中，不可避免将城市生活与农村生活相比较，从而产生不同的城市生活满意度。从人力资本来看，具有较高文化和技术的农民工融入城市，更容易被市民接纳，从而易于融入城市的主流社会。与之相反，人力资本较低的农民工易受到排斥，徘徊于城市的边缘。一部分受过较好教育的农民工，会在保留原有文化的基础上选择性地融入城市社会。研究表明，城市融合能积极提升个体的生活满意度（杨春江等，2014）。结合农民工特征，将社会资本划分为农村先赋性的原始社会资本和在城市构建的新型社会资本两种类型。研究结果表明，原始社会资本中仅有婚姻状况对生活满意度产生影响；新型社会资本中当地市民的社会网络、工友的社会网络和网络投资都显著影响生活满意度，其中工友社会网络影响最大（安海燕、张树锋，2015）。农民工不能和市民一样享受福利制度，对城市没有归属感，这种游离于繁华都市的心理状态，对农民工生活满意度产生消极影响（李国珍、雷洪，2011）。签订劳动合同的农民工享受更多的福利、工作时间更短，同时享有的福利越多，工作时间越短，加班频率越低，则农民工感知的工作社会地位越高。此外，农民工感知的工作社会地位越高，他们对城市社区和政府越认同，生活满意度也越高（秦昕等，2011）。在企业组织融合方面也是同理。较高的工作绩效、较好的组织公民行为、较好的组织承诺均有利于营造好的生活环境，进而提升农民工生活满意度。在政治参与方面，调查显示，23.4%的单位还没有工会组织，即使工会组织健全的单位，也只有53.7%的农民工参加了工会组织。关于不参加工会组织的理由，有55.4%的农民工不知道怎样才能加入，29.5%的农民工是自己不想参加组织。绝大部分农民工丧失了通过工会为自己争取合法权利的渠道（俞林伟等，2014），缺乏良好的维权途径，当农民工利益受损时，他们的城市生活满意度会因此降低。由此，提出以下假设：

H11-3a 人力资本积累越多，农民工的生活满意度越高；

H11-3b 社会资本积累越多，农民工的生活满意度越高；

H11-3c 组织融合越好，农民工的生活满意度越高；

H11-3d 政治参与程度越高，农民工的生活满意度越高。

4. 未来发展意愿

为了更好地生存和发展，农民工离开故土，来到陌生的城市打工。对于未来发展，是留城发展，还是返乡发展？受到多种因素的影响。在人力资本方面，研究发现，受教育程度更高、流动前参加过技能培训的农民工更倾向于选择返乡就业。在非金融危机背景下，对农民工发展意愿研究结果表明，人力资本存量高的农民工更倾向于选择留城发展，不愿意选择返回家乡（李成华等，2011）。对返乡农民工研究发现，老一代农民工年龄越大，返乡务农的可能性越大。而较高的人力资本，如较高的文化程度和掌握城市方言，有利于他们返乡非农就业（悦中山等，2009）。对于新生代农民工而言，留城发展是常态。无论是老一代农民工还是新生代农民工，留城意愿越强烈，表明他们对城市社会和文化越认同。农民工社会融合的动力是社会互动和社会参与（悦中山等，2012a）。社会资本也是重要影响因素。对迁移者的社会资本研究发现，社会资本缺失和匮乏也可能导致迁移者回迁（Orrenius，1999）。也有研究发现，农民工社会资本中一旦加入政治因素（如亲戚中有政府人员或者参加工会、党团组织）往往会更加促进其融合（张文宏、雷开春，2008；刘茜等，2013），从而使其更愿意留城发展。在组织融合方面，较高的工作绩效必然带来较高的收入，较好的组织公民行为也会营造和谐的文化环境，而较好的组织承诺也表明对企业组织的心理认同，这些结果在某种程度上都是农民工外出打工所追求的目标。因此，良好的组织融合有助于农民工留城发展。在政治参与方面，虽然追求政治权利不是农民工的第一需求（褚荣伟等，2012），但是随着社会民主化进程加快和弱势群体民主意识的觉醒，农民工更多的是通过政治参与维护自身权益不受侵害。在现阶段，法制不够完善，农民工权益时有被侵害的情况下，农民工政治参与是维护社会公平的有效途径，也是农民工留城发展的有效保障。由此，提出以下假设：

H11-4a 人力资本积累越多，农民工未来发展意愿越倾向于留在城市；

H11-4b 社会资本积累越多，农民工未来发展意愿越倾向于留在城市；

H11-4c 组织融合越好，农民工未来发展意愿越倾向于留在城市；

H11-4d 政治参与程度越高，农民工未来发展意愿越倾向于留在城市。

二　变量设置

1. 因变量

因变量为社会融合，包括受歧视经历、交友意愿、生活满意度、未来发展意愿四个方面。受歧视经历通过问卷题项"打工期间，您有没有被人瞧不起过"来获得，操作化为二分类变量："有＝1""没有＝2"，以"没有"为参照类。交友意愿通过问卷题项"您与城市居民的交往如何"来获得，答案选项为："1. 没有交往；2. 有交往，但仅限于工作关系；3. 有交往，但仅限于生活关系；4. 工作生活都有交往。"合并选项为"双方面交往＝1""单方面交往＝2""无交往＝3"，以"无交往"为参照类。生活满意度的测量题项是："您对目前的城市生活满意吗"，选项合并为三分类变量"满意＝1""一般＝2""不满意＝3"，以"不满意"为参照类。未来发展意愿题项"您以后准备在哪里长期发展或者定居"，答案选项合并为"返乡＝1""留城＝2"，以"留城"为参照类。

2. 自变量

将人力资本、社会资本、组织融合和政治参与作为自变量。人力资本包括打工年限、培训经历、健康状况、文化程度。社会资本包括关系社会资本、组织社会资本、制度社会资本。组织融合包括组织公民行为、工作绩效和组织承诺。政治参与包括参加打工城市选举，向政府部门、社区求助、投诉、反映问题，参加罢工、集体抗议，权益受侵害同意诉诸武力等方面。

3. 控制变量

控制变量主要包括年龄、行业类型、日工作时间、月收入、流动距离、流动模式。变量具体设置见前述章节。

三 模型选择

因变量包括二分类变量、定序三分类变量和无序三分类变量三种类型。"是否有过歧视经历"和"未来是否愿意留城发展"为二分类变量，采用二分类 Logistic 回归模型。"城市生活满意度"为定序三分类变量，采用三分类 Ordinal 回归模型。"交友意愿"为无序三分类变量，采用 Multinorminal Logistic 回归模型。

第二节　受歧视经历

一 受歧视经历现状

受歧视经历从反面说明了农民工的融合程度。农民工受歧视经历现状及性别差异见表 11-1。

表 11-1　农民工受歧视经历现状及性别差异（N=1142）

受歧视经历	总体		男性		女性		LR 检验
	频数	百分比（%）	频数	百分比（%）	频数	百分比（%）	
有	626	54.8	368	57.3	258	51.6	3.713[+]
无	516	45.2	274	42.7	242	48.4	

注：[+] $p<0.1$。

表 11-1 数据显示，54.8% 的农民工有过被歧视经历。在 642 个男性农民工样本中，有 57.3% 的农民工在工作中有过被歧视经历。而在 500 个女性农民工样本中，有 51.6% 的农民工在工作中有过被歧视经历。从表中数据大致看出，在外出打工时，两性农民工受歧视的比例均在半数以上。经 LR 检验，发现农民工是否有过受歧视经历存在显著性别差异。

二　受歧视经历的影响因素

农民工是否受歧视受到人力资本、社会资本、组织融合和政治参与不同程度的影响，且表现出较大的性别差异，回归结果见表 11-2。

表 11-2　农民工是否有受歧视经历影响因素及性别差异

变量	男性	女性
人力资本		
打工年限	-0.068*（0.027）	-0.044（0.042）
培训经历（否）		
是	-0.073（0.419）	0.533（0.553）
健康状况（差）		
好	1.145（0.855）	0.989（1.093）
一般	0.896（0.849）	0.179（1.173）
文化程度（小学及以下）		
高中及以上	1.469*（0.634）	1.584[+]（0.852）
初中	0.728（0.590）	1.310*（0.662）
关系社会资本		
找工作求助公职人员	0.221（0.399）	0.039（0.553）

续表

变量	男性	女性
组织社会资本		
参加社区组织的座谈会	-0.237（0.715）	-1.674（0.992）
想参加社区组织	0.466（0.552）	0.070（0.677）
制度社会资本		
亲戚中有政府人员	-0.025（0.445）	-1.194*（0.602）
参加工会组织	-1.695*（0.735）	-1.023（0.974）
参加党团组织	0.688（0.738）	-0.041（0.924）
组织融合		
组织公民行为	-0.069*（0.032）	-0.003（0.043）
组织承诺	0.008（0.058）	-0.067（0.075）
工作绩效	0.112*（0.051）	0.029（0.070）
政治参与		
参加选举	1.279（0.686）	0.928（1.298）
反映问题	-0.446（0.691）	0.234（0.779）
参加罢工抗议	-0.777（0.780）	-1.349（1.363）
想参加罢工抗议	0.367（0.409）	-0.775（0.545）
同意诉诸武力	0.651（0.571）	-0.795（0.661）
中立解决	0.511（0.445）	-0.887（0.702）
年龄	0.090***（0.027）	0.037（0.042）
流动距离（跨省）		
同省	0.003（0.023）	-0.057（0.031）
行业类型（服务业）		
制造/采矿业	0.010（0.439）	-1.032（0.597）
建筑业	-1.139*（0.519）	-2.433*（1.239）
日工作时间	-0.006（0.118）	0.023（0.156）
月收入（log）	0.000**（0.000）	0.000（0.000）
流动模式（劳燕分飞）		
内外分工	-0.936（0.757）	-1.755（1.005）
比翼齐飞	-0.996（0.763）	-0.903（0.821）
-2LL	206.019**	125.745**
Nagelkerke R^2	0.315	0.431
样本量	642	500

注：1. $^+p<0.1$，$^*p<0.05$，$^{**}p<0.01$，$^{***}p<0.001$。2. 括号内数字为标准误。

表 11-2 数据显示，在人力资本因素中，打工年限对男性农民工有显著影响：外出打工时间越久，男性农民工越可能受到歧视。文化程度对两性农民工都有显著影响：与小学及以下文化程度者相比，高中及以上文化程度的农民工更可能没有被歧视经历；初中文化程度的女性农民工也更可能不受到歧视。在社会资本因素中，参加社区组织的座谈会及亲戚中有政府人员的女性农民工更可能受歧视；而参加工会组织的男性农民工更可能受歧视。在组织融合因素中，工作绩效高的男性农民工更可能不受歧视，但组织公民行为好的男性农民工却更可能受歧视。在政治参与因素中，参加选举的男性农民工更可能没有受歧视经历。在控制变量中，年龄越大，男性农民工越可能没有受歧视经历。女性农民工与丈夫在同省务工，更可能有被歧视经历。从业于制造/采矿业的女性农民工更可能受歧视。从事建筑业的男性和女性农民工都可能受到歧视。收入越高，男性和女性农民工越不可能受到歧视。内外分工流动模式的女性农民工更可能有被歧视经历。

第三节　交友意愿

一　交友意愿现状

农民工交友意愿总体及分性别状况见表 11-3。

表 11-3　农民工交友意愿现状及性别差异 （$N = 1149$）

交友意愿	总体		男性		女性		LR 检验
	频数	百分比 （%）	频数	百分比 （%）	频数	百分比 （%）	
双方面交往	593	51.6	308	47.5	285	56.9	
单方面交往	463	40.3	288	44.4	175	34.9	11.197**
无交往	93	8.1	52	8.0	41	8.2	

注：** $p < 0.01$。

表 11-3 数据显示，在总样本中，过半数农民工在生活与工作双方面与市民有交友意愿。四成以上的农民工在工作或生活单方面与市民有交友意愿。在 648 个男性农民工样本中，双方面交往的人数占 47.5%，单方面

交往占 44.4%；而在 501 个女性农民工样本中，两者相应比例分别为 56.9% 和 34.9%。经 LR 检验发现，农民工交友意愿存在显著的性别差异，即女性比男性交友意愿更广。

二 交友意愿的影响因素

农民工交友意愿受到人力资本、社会资本、组织融合和政治参与各变量不同程度的影响，且呈现明显的性别差异。回归结果见表 11-4。

表 11-4　农民工交友意愿影响因素及性别差异

变量	男性	女性
人力资本		
打工年限	0.002（0.023）	-0.041（0.035）
培训经历（否）		
是	-0.705+（0.369）	-0.881+（0.491）
健康状况（差）		
好	-2.223**（0.721）	-0.242（0.793）
一般	-1.490*（0.701）	0.603（0.855）
文化程度（小学及以下）		
高中及以上	-0.035（0.566）	-0.330（0.702）
初中	0.653（0.516）	0.255（0.496）
关系社会资本		
找工作求助公职人员	-0.905*（0.364）	-1.544**（0.530）
组织社会资本		
参加社区组织的座谈会	-0.018（0.643）	0.471（0.775）
想参加社区组织	-0.612（0.494）	-0.330（0.584）
制度社会资本		
亲戚中有政府人员	-1.393***（0.424）	-1.211*（0.543）
参加工会组织	0.055（0.561）	-0.336（1.015）
参加党团组织	0.716（0.663）	-0.872（0.942）
组织融合		
组织公民行为	0.002（0.026）	0.018（0.037）
组织承诺	0.015（0.051）	-0.124+（0.066）
工作绩效	-0.042（0.045）	-0.067（0.066）

变量	男性	女性
政治参与		
参加选举	-1.395*（0.648）	0.695（1.060）
反映问题	-0.638（0.603）	-0.124（0.718）
参加罢工抗议	-0.502（0.629）	-0.786（1.108）
想参加罢工抗议	-0.059（0.361）	0.982+（0.504）
同意诉诸武力	0.135（0.503）	0.121（0.595）
中立解决	0.203（0.397）	0.438（0.587）
年龄	-0.039+（0.023）	0.009（0.035）
流动距离（跨省）		
同省	-0.020（0.020）	0.017（0.025）
行业类型（服务业）		
制造/采矿业	-0.071（0.397）	0.399（0.483）
建筑业	0.852+（0.442）	2.463**（0.916）
日工作时间	0.083（0.103）	0.272+（0.148）
月收入（log）	-4.152E-5（9.744E-5）	0.000（0.000）
流动模式（劳燕分飞）		
内外分工	0.367（0.644）	1.771*（0.847）
比翼齐飞	-0.210（0.638）	1.340+（0.751）
-2LL	303.436***	190.896***
Nagelkerke R^2	0.341	0.461
样本量	648	501

注：1. $^+p<0.1$，$^*p<0.05$，$^{**}p<0.01$，$^{***}p<0.001$。2. 括号内数字为标准误。

表11-4数据显示，在人力资本中，有过培训经历的男性和女性农民工更倾向于与市民在工作和生活双方面有交友意愿。男性农民工健康状况越好，越倾向于与市民在双方面交往。在关系社会资本中，无论是男性还是女性农民工，找工作求助公职人员都使他们更倾向于与市民产生双方面交友意愿。在制度社会资本中，亲戚中有政府人员的男性和女性农民工都可能存在与市民的双方面交友意愿。在组织融合中，组织承诺越好，女性

农民工越可能与市民有双方面交友意愿。在政治参与中,参加选举会影响男性农民工,使其更倾向于与市民有双方面交友意愿。想参加罢工抗议的女性农民工更倾向于与市民无交往。在控制变量中,年龄越大,越可能与市民有双方面交友意愿。从事建筑业的男性和女性农民工都与市民无交往意愿。女性农民工日工作时间越长,与市民越无交友意愿。与劳燕分飞的流动模式相比,内外分工和比翼齐飞的流动模式都可能促使女性农民工与市民无交往。

第四节　生活满意度

一　生活满意度现状

农民工生活满意度总体及分性别状况见表11-5。

表11-5　农民工生活满意度现状及性别差异（N=1148）

生活满意度	总体		男性		女性		LR检验
	频数	百分比（%）	频数	百分比（%）	频数	百分比（%）	
满意	413	36.0	234	36.2	179	35.7	
一般	634	55.2	349	53.9	285	56.9	2.506
不满意	101	8.8	64	9.9	37	7.4	

表11-5数据显示,36.0%的农民工对城市生活持满意态度,55.2%的农民工态度一般。在647个男性农民工样本中,对城市生活持满意态度者占36.2%,态度一般者占53.9%;相应的女性农民工比例分别为35.7%和56.9%。LR检验结果显示,农民工城市生活满意度不存在显著的性别差异。

二　生活满意度的影响因素

人力资本、社会资本、组织融合和政治参与对农民工生活满意度有不同程度的影响,表现出较为明显的性别差异。回归结果见表11-6。

表 11-6 农民工生活满意度影响因素及性别差异

变量	男性	女性
人力资本		
打工年限	0.040（0.025）	0.084*（0.039）
培训经历（否）		
是	-0.751⁺（0.395）	-0.322（0.527）
健康状况（差）		
好	-1.166（0.748）	-1.800⁺（0.937）
一般	0.123（0.741）	0.167（0.987）
文化程度（小学及以下）		
高中及以上	-0.923（0.604）	0.479（0.793）
初中	-0.142（0.550）	0.827（0.601）
关系社会资本		
找工作求助公职人员	-0.236（0.384）	-0.585（0.541）
组织社会资本		
参加社区组织的座谈会	-0.318（0.695）	-1.819*（0.551）
想参加社区组织	-0.319（0.528）	-1.812**（0.679）
制度社会资本		
亲戚中有政府人员	-0.979*（0.432）	0.105（0.551）
参加工会组织	-1.577*（0.626）	-0.062（0.920）
参加党团组织	-0.080（0.744）	-1.655⁺（0.865）
组织融合		
组织公民行为	0.019（0.029）	-0.022（0.044）
组织承诺	-0.177**（0.059）	0.036（0.074）
工作绩效	0.008（0.049）	-0.093（0.072）
政治参与		
参加选举	-0.937（0.680）	-1.549（1.165）
反映问题	0.358（0.664）	1.235（0.805）
参加罢工抗议	0.178（0.664）	-3.839**（1.381）
想参加罢工抗议	0.145（0.389）	0.897⁺（0.519）
同意诉诸武力	-0.193（0.543）	1.681*（0.677）

变量	男性	女性
中立解决	0.657 (0.425)	0.467 (0.647)
年龄	−0.090 *** (0.026)	−0.104 ** (0.040)
流动距离（跨省）		
同省	0.010 (0.022)	−0.007 (0.027)
行业类型（服务业）		
制造/采矿业	−0.284 (0.432)	0.225 (0.535)
建筑业	0.391 (0.470)	1.716+ (1.042)
日工作时间	0.017 (0.114)	0.275+ (0.156)
月收入（log）	−5.011E−5 (0.000)	0.000 (0.000)
流动模式（劳燕分飞）		
内外分工	0.198 (0.702)	0.254 (0.904)
比翼齐飞	−0.187 (0.694)	−0.295 (0.757)
−2LL	252.411 ***	146.282 ***
Nagelkerke R^2	0.393	0.537
样本量	647	501

注：1. +p<0.1, *p<0.05, **p<0.01, ***p<0.001。2. 括号内数字为标准误。

表 11-6 数据显示，在人力资本中，打工年限对女性农民工城市生活满意度有显著影响，打工年限越长，其生活满意度越低。对男性农民工而言，有过培训经历使其对城市生活更满意。健康状况好的女性农民工，生活满意度更高。在组织社会资本中，参加社区组织的座谈会和想参加社区组织都会显著提升女性农民工的城市生活满意度。在制度社会资本中，亲戚中有政府人员和参加工会组织会显著提升男性农民工的生活满意度。而参加党团组织会提升女性农民工的生活满意度。在组织融合中，组织承诺对男性农民工有显著影响，组织承诺越好，男性农民工生活满意度越高。在政治参与中，参加罢工抗议及想参加罢工抗议、解决问题同意诉诸武力对女性农民工有显著影响：参加罢工抗议有助于提升女性生活满意度，但想参加罢工抗议、解决问题同意诉诸武力显著降低女性农民工的生活满意

度。在控制变量中，无论是男性还是女性农民工，年龄越大，生活满意度越高。从事建筑业、日工作时间长的女性农民工生活满意度更低。

第五节　未来发展意愿

一　未来发展意愿现状

农民工未来发展意愿总体及分性别状况见表 11-7。

表 11-7　农民工未来发展意愿现状及性别差异（$N=1152$）

未来发展意愿	总体		男性		女性		LR 检验
	频数	百分比（%）	频数	百分比（%）	频数	百分比（%）	
返乡	758	65.8	436	67.1	322	64.1	1.081
留城	394	34.2	214	32.9	180	35.9	

表 11-7 数据显示，总体而言，65.8%的农民工未来发展意愿为返乡，选择留城发展的农民工仅占 34.2%。在 650 个男性农民工样本中，67.1%的农民工选择返乡，32.9%的农民工选择留城。而在 502 个女性农民工样本中，相应比例分别为 64.1%和 35.9%。LR 检验结果显示，农民工未来发展意愿不存在显著的性别差异。

二　未来发展意愿的影响因素

人力资本、社会资本、组织融合和政治参与对农民工发展意愿均有不同程度的影响，且影响因素呈现较明显的性别差异，回归分析结果见表 11-8。

表 11-8　农民工未来发展意愿影响因素及性别差异

变量	男性	女性
人力资本		
打工年限	0.016（0.036）	0.079（0.053）
培训经历（否）		
是	0.272（0.487）	0.612（0.737）

变量	男性	女性
健康状况（差）		
好	-1.727⁺（1.012）	-1.676（1.152）
一般	-1.882⁺（1.025）	-0.858（1.227）
文化程度（小学及以下）		
高中及以上	0.942（0.818）	1.191（1.166）
初中	0.189（0.780）	1.837*（0.919）
关系社会资本		
找工作求助公职人员	1.031*（0.464）	2.430**（0.792）
组织社会资本		
参加社区组织的座谈会	0.954（0.905）	0.787（1.159）
想参加社区组织	0.789（0.715）	2.019*（0.916）
制度社会资本		
亲戚中有政府人员	0.785（0.500）	0.505（0.807）
参加工会组织	0.084（0.659）	0.408（1.298）
参加党团组织	0.623（0.766）	0.385（1.129）
组织融合		
组织公民行为	0.024（0.034）	0.142*（0.065）
组织承诺	-0.098（0.068）	-0.223⁺（0.114）
工作绩效	-0.016（0.058）	-0.047（0.106）
政治参与		
参加选举	0.090（0.714）	0.528（1.570）
反映问题	-1.618*（0.808）	0.644（1.144）
参加罢工抗议	0.483（0.820）	-2.578（1.701）
想参加罢工抗议	-0.340（0.508）	-2.973***（0.835）
同意诉诸武力	-1.098（0.703）	-0.769（0.887）
中立解决	-1.478*（0.604）	-1.751⁺（0.943）
年龄	-0.066⁺（0.034）	0.033（0.050）
流动距离（跨省）		
同省	-0.057*（0.028）	-0.113*（0.046）

续表

变量	男性	女性
行业类型（服务业）		
制造/采矿业	−0.842（0.531）	−1.338⁺（0.777）
建筑业	0.026（0.624）	−3.000⁺（1.628）
日工作时间	−0.175（0.146）	−0.006（0.241）
月收入（log）	0.000（0.000）	0.000（0.000）
流动模式（劳燕分飞）		
内外分工	1.179（1.006）	−0.227（1.213）
比翼齐飞	2.532**（0.989）	0.301（1.045）
−2LL	160.512***	87.227***
Nagelkerke R^2	0.423	0.616
样本量	650	502

注：1. $^+p<0.1$，$^*p<0.05$，$^{**}p<0.01$，$^{***}p<0.001$。2. 括号内数字为标准误。

　　表 11-8 数据显示，在人力资本中，健康状况好和一般的男性农民工未来发展意愿更倾向于返乡。在文化程度中，与小学及以下文化程度者相比，初中文化程度的女性农民工的未来发展意愿更倾向于留城。在关系社会资本中，找工作求助公职人员会对两性农民工有显著影响，使他们更可能选择留城发展。在组织社会资本中，想参加社区组织会使女性农民工选择留城发展。在组织融合中，组织公民行为和组织承诺对女性农民工的未来发展意愿有显著影响，组织公民行为越好，农民工越可能留城发展，但组织承诺越好，越可能返乡发展。在政治参与中，向政府反映问题、想参加罢工抗议，分别促使男性、女性农民工返乡发展。遇到问题持中立解决态度会促使男性和女性农民工返乡发展。在控制变量中，年龄越大，男性农民工越可能返乡发展。与跨省流动相比，同省流动农民工更可能返乡发展。从事建筑业和制造/采矿业的女性农民工更可能返乡发展。与夫妻劳燕分飞的流动模式相比，比翼齐飞的流动模式促使男性农民工留城发展。

本章小结

　　本章主要分析了农民工社会融合的影响因素。研究发现，不同性别视角下影响农民工社会融合因素的差异较大。

1. 受歧视经历

在人力资本中,打工年限越长,男性农民工越可能受到歧视;农民工文化程度越高,越可能没有受歧视经历。在社会资本中,参加社区组织的座谈会及亲戚中有政府人员的女性农民工更可能受歧视;而参加工会组织的男性农民工更可能受歧视;在组织融合中,工作绩效高的男性农民工更可能不受歧视,但组织公民行为好的男性农民工更可能受歧视。在政治参与中,参加选举的男性农民工更可能没有受歧视经历。

2. 交友意愿

在人力资本中,培训经历促使男性和女性农民工更倾向于与市民在工作和生活双方面有交友意愿;男性农民工健康状况越好,越倾向于与市民在双方面交往。在关系社会资本中,无论是男性农民工还是女性农民工,找工作求助公职人员都使他们更倾向于与市民产生双方面交友意愿。在制度社会资本中,亲戚中有政府人员的男性和女性农民工都可能存在与市民的双方面交友意愿。在组织融合中,组织承诺越好,女性农民工越可能与市民有双方面交友意愿。在政治参与中,参加选举使男性农民工更倾向于与市民有双方面交友意愿;想参加罢工抗议的女性农民工更倾向于与市民无交往。

3. 生活满意度

在人力资本中,打工年限越长,女性农民工城市生活满意度越低;有过培训经历,男性农民工对城市生活更满意;健康状况好的女性农民工,生活满意度更高。在组织社会资本中,参加社区组织的座谈会和想参加社区组织座谈会都会显著提升女性农民工的生活满意度。在制度社会资本中,亲戚中有政府人员和参加工会组织会显著提升男性农民工的生活满意度;而参加党团组织会提升女性农民工的生活满意度。在组织融合中,组织承诺越好,男性农民工生活满意度越高。在政治参与中,参加罢工抗议有助于提升女性农民工生活满意度,但想参加罢工抗议、同意诉诸武力解决问题显著降低女性农民工的生活满意度。

4. 未来发展意愿

在人力资本中,健康状况好和一般的男性农民工未来发展意愿更倾向于返乡。在文化程度中，与小学及以下文化程度者相比，初中文化程度的女性农民工更倾向于留城。在关系社会资本中，找工作求助公职人员会使两性农民工更可能留城发展。在组织社会资本中，想参加社区组织会使女性农民工选择留城发展。在组织融合中，组织公民行为越好，女性农民工越可能留城发展，但组织承诺越好，越可能返乡发展。在政治参与中，向政府反映问题、想参加罢工抗议，分别促使男性、女性农民工返乡发展；遇到问题持中立解决的态度会促使男性和女性农民工返乡发展。

第十二章

社会性别与农民工文化融合

农民工在融入城市的过程中，原有的乡土文化与城市现代文化会发生碰撞。城市当地方言掌握和家乡文化保持是文化融合的两个重要方面。本章主要研究内容包括城市方言掌握和家乡文化保持现状，在控制个人特征、流动特征和工作特征的基础上，从人力资本、社会资本、组织融合和政治参与四个方面分析农民工文化融合的影响因素，并比较其性别差异。

第一节　研究设计

一　研究假设

1. 方言掌握

语言既是人们交流的载体，也是地区文化传递的符号。相似的乡音往往会激起人们的身份认同，而异地口音则会使个体间产生沟通隔阂（Guiso et al., 2009）。我国是一个多语言、多方言的国家，纷繁复杂的方言文化对不同地域间的人口流动产生了一定的语言障碍（Lu et al., 2019）。随着工业化进程的加快，农民工在融入城市的过程中，对城市当地语言的掌握程度成为衡量个人城市文化融合的重要指标（Latif, 2010；Miyamoto and Ryff, 2011）。

在现有文献中，有学者把语言能力当作潜在的人力资本进行实证分析，并得出语言熟悉度与个体务工收入、市民化水平以及社会融合程度存在正相关关系的结论（秦广强、陈志光，2012；张卫国，2008）。还有学者探讨流动人口方言使用的影响机制，如从人力资本看，Dustmann（1994）聚焦德国移民对流入地语言的影响机制，研究发现，务工时间的长短对移民习得流入地语言有显著的正向影响。Angelini 等（2015）同样基于德国移民群体，进一步拓展了 Dustmann 的研究结论，结果显示，个人的教育程度、健康水平和工作经历是影响移民者学习流入地方言的重要因素，且进一步发现移民者越认同当地文化，他们的主观幸福感就越高。国内学者研究也证实了人力资本对掌握城市方言具有显著的影响，如张斌华（2016）通过对流入珠三角地区的农民工的粤语掌握情况进行研究，发现年龄、文化程度、职业类型、务工时间等因素与农民工粤语的习得具有显著相关性。龙国莲等（2015）研究表明，参与相关培训是农民工习得城市优势语言的有效途径。语言能力是移民进行文化适应的前提（Ng，2007）。因此，营造和谐的语言环境，加强语言培训，可以提高农民工对移民城市方言的掌握度，从而促进城市融合水平的提升。

社会资本是个体从社会网络和其所处的社会制度中所可能获得的资源，可划分为个体层面的关系型社会资本和制度层面的契约型社会资本（刘传江、周玲，2004）。农民工要获得市民待遇，实现向上社会流动，必须改变原有的语言形式和结构，熟练地使用城市社会的主流语言（黎红、杨黎源，2015）。然而，学习源于语言的社会接触程度，且根据 Evans（1986）的研究结论得知，社会网络规模与移民流入地方言习得之间存在显著的正相关关系。对农民工而言，拓展社会交往范围，有意识地接触城市本地人可以提升其对打工所在城市方言的掌握度。龙国莲等（2015）在对珠江三角洲地区农民工粤语的习得及影响因素研究后指出，社会交往对农民工的方言习得有显著的影响，即社会交往的同质性抑制其方言的习得效果，而社会交往的异质性则有助于提高习得效果。付义荣（2010）对安徽无为县（今无为市）傅村进城农民工研究发现，社会网络的异质性和职业的开放性有助于农民工对流入地优势语言的习得。对美国华人社区研究表明，社会资本显著促进移民与当地主流社会的融合（周敏、林闽钢，2004）。当农民工流入城市后，尽可能构建丰富的社会资本，才能更好地确定他们的生存与发展策略，以便更好地实现城市文化融合（王春光、Beja，J.P.，1999）。

社会认同理论也常常被社会语言学家用来解释人类的语言行为。对农民工而言，社会认同首先体现在组织认同方面。人们可以通过语言实现个人认同和对社会角色的追求（Hazen，2002）。付义荣（2015）研究发现，社会认同是影响新生代农民工语言能力最重要的因素，农民工对所在城市越认同，越愿意留在城市发展。事实上，农民工主要工作生活在企业组织，他们对城市的认同本质上是对企业组织的认同。组织认同的前提是组织融合，组织融合表现为好的组织公民行为、组织承诺和工作绩效。在此基础上，农民工更可能通过掌握城市方言达到融合城市社区的目的。

农民工的语言使用具有明显的分化趋势，场合越正式，越趋向于使用普通话。但是当农民权益受到侵害，选择政治渠道解决问题时，更多的是与城市底层群体接触，用城市方言交流增加群体亲近感，更可能全面反映情况，有利于维护农民工合法权益，避免因个人偏见带来行政效率损失。基于以上分析，提出如下假设：

H12-1a 人力资本越多，农民工城市方言掌握越好；

H12-1b 社会资本越多，农民工城市方言掌握越好；

H12-1c 组织融合越好，农民工城市方言掌握越好；

H12-1d 政治参与越多，农民工城市方言掌握越好。

2. 家乡文化保持

文化适应理论被广泛用于解释流动人口的文化融合，其理论思想主要是探讨个人文化形式（包括实践、价值观和身份）的渐变过程，涉及态度、行为、情感三个维度。现有研究基于文化适应理论，揭示了流动人口跨区域的文化融合过程，而在文化融合的衡量标准中，研究者通常关注流动主体对家乡文化的保持程度与对流入地文化的接受程度，且二者存在明显的负相关关系（聂伟、万莺莺，2018；Ward and Kagitcibasi，2010）。

在家乡文化中，方言和传统习俗对农民工具有重要的价值。家乡方言和习俗既是一种交流工具，也是一种承载地方文化和传统优势的符号，甚至对农民工的城市生活和文化保持起着根本性的作用（夏历，2009）。然而，不同的方言之间存在竞争关系，一种语言的频繁使用相应地会减少另一种语言的使用频率，从而导致语言能力下降（夏历，2009）。农民工的语言使用具有明显的分化趋势，例如为便于交流，在公共场合、工作期间更倾向于使用普通话，而在非正式场合，如与老乡交谈，更可能使用家乡话。农民工在城市务工时间越长，普通话使用越频繁，则越容易导致家乡方言能力的下降。同理，农村的传统习俗在与城市现代文明碰撞中，更可能被后者同化。研究发现，人力资本对家乡文化保持具有负效应，如 Ward 和 Geeraert（2016）研究表明，个人的受教育水平越高、性格越趋于外向型、思想越开放，越可能更快地学习流入地方言、融入新环境。对珠三角地区农民工语言使用研究发现，务工时间与家乡方言使用呈负相关，务工时间越长，使用家乡话的农民工人数越少（张斌华，2016）。

除了人力资本之外，社会资本对家乡文化保持也会产生一定的影响。中国社会一直有重视"关系"的独特传统，社会关系网络以各种形式在人们的就业过程中发挥着作用。对农民工而言，他们从乡土社会步入完全陌生的城市中会更多地依赖亲缘、地缘性强关系社会资本，这种先赋性社会资本来源于家乡乡土社会关系（李怀，2007；方艳，2015；冯周卓、陈福喜，2008）。在城市打拼，靠这种以熟人为特征的关系型社会资本，有利于保持家乡文化，却不利于实现生存与发展的目的。开拓和构建新型社会资本成为必然选择。在这一转变过程中，由于语言环境和工作生活场域的变化，语言也随之发生变化，普通话对农民工的作用变得越来越重要（王金山，2020）。在城市社会，农民工认识的外地人越多、越广泛，越可能使用普通话，而普通话水平越高，思维方式越可能改变，意味着家乡文化保持越可能受到削弱（付义荣，2010）。

组织融合意味着农民工在完成自己分内工作之外，额外完成不属于他的其他组织任务，表现出高度的组织承诺，获得较高的工作绩效。实现这一目标与组织文化密切相关（Ebrahimpour et al.，2011）。对农民工而言，组织文化主要指所就业企业的文化，是企业经营活动中形成的经营理念、经营目的、经营策略、价值观念、经营行为、社会责任、组织形象的总和，表现为物质、制度和精神三个层面。其中精神文化是企业文化的核心，包括行为规范、价值观念、群体意识、职工素质和优良传统等，这些内容是现代企业组织生存与发展的必备要素。同语言一样，文化也具有竞争性，对工作在企业场域的农民工而言，家乡文化无疑让位于企业文化。即使农民工处在工作或生活中，也可能被浓厚的城市现代文化氛围所同化。

在政治参与方面，农民工无论是代表企业利益，还是维护自身权益反映问题，都应遵循法律法规，家乡文化较少发挥作用。即使是非制度性政治参与，最终也要回归制度框架才能得以解决。在政治参与过程中，农民工更多的是遵循城市文化而不是家乡文化。基于以上分析，提出如下假设：

H12-2a 人力资本越多，农民工家乡文化保持越差；

H12-2b 社会资本越多，农民工家乡文化保持越差；

H12-2c 组织融合越好，农民工家乡文化保持越差；

H12-2d 政治参与越多，农民工家乡文化保持越差。

二 变量设置

1. 因变量

文化融合包括"打工地城市的方言掌握"和"家乡文化保持"两个方面。方言掌握是指会不会说打工城市方言，"会说＝1""能听懂＝2""听不懂＝3"，以"听不懂"为参照类。家乡文化保持量表包括四个题项：遵守家乡的风俗习惯（比如婚、丧、嫁、娶的风俗）对您来说是重要的；按照家乡习惯办事对您来说是很重要的；您的孩子应该学会说家乡话；保持家乡的生活方式（如饮食习惯）对您来说是重要的。答案选项是"非常不同意＝1"到"非常同意＝5"，在分析时把5个题项得分加总作为文化保持的最终得分，分值越高，农民工对家乡文化的认同度越高。

2. 自变量

自变量主要包括人力资本、社会资本、组织融合和政治参与。

人力资本包括打工年限、培训经历、健康状况和文化程度四个方面。打工年限是指农民工在城市打工时间的长短，为连续变量。培训经历由题项"在打工期间，您是否参加过培训"获得，为二分类变量："是＝1"

"否 = 2"，以"否"为参照类。健康状况分为三类："好 = 1""一般 = 2""差 = 3"，以"差"为参照类。文化程度分为三类："高中及以上 = 1""初中 = 2""小学及以下 = 3"，以"小学及以下"为参照类。

社会资本分为三个层次：关系社会资本、组织社会资本和制度社会资本。关系社会资本采用题项"您在找工作时主要向哪些人求助"来度量，答案选项为公职人员和非公职人员，"公职人员 = 1""非公职人员 = 2"，以"非公职人员"为参照类。组织社会资本采用题项"您是否参加政府、社区组织的座谈会等"来度量，为二分类变量，"是 = 1""否 = 2"，以"否"为参照类。制度社会资本采用两个题项来度量："是否参加正式组织"（包括"您是否参加过党团组织"和"您是否参加工会"两个题项）、"您亲戚中是否有政府人员"，均为二分类变量，"是 = 1""否 = 2"，以"否"为参照类。

组织融合包括组织公民行为、工作绩效和组织公平感，均为连续变量。三个变量得分越高，组织公民行为越好、工作绩效越好、组织公平感越强。变量说明详见第八章。

政治参与从制度和非制度两个方面来度量。制度性政治参与题项为"您外出打工是否参加过或想参加城市选举""您是否有过或想向政府部门、社区求助/投诉/反映问题"，为二分类变量，"是 = 1""否 = 2"，以"否"为参照类。非制度性政治参与题项为"您是否参加过罢工/集体抗议""当自身权益受到侵害时，您是否同意诉诸武力"，为二分类变量，"是 = 1""中立 = 2""否 = 3"，以"否"为参照类。

3. 控制变量

控制变量主要包括个体特征、工作特征和流动特征。个体特征包括年龄和婚姻状况。其中，年龄为连续变量。婚姻状况分为两类："在婚（包括初婚、再婚）= 1""不在婚（包括从未结过婚、离婚和丧偶）= 2"，以"不在婚"为参照类。

工作特征包括行业类型、日工作时间、月收入三类。工作行业是指农民工目前工作的所属行业，分为三类："制造/采矿业 = 1""建筑业 = 2""服务业 = 3"，以"服务业"为参照类。日工作时间和月收入均作为连续变量。

流动特征包括流动距离和流动模式。流动距离指的是农民工的户籍所在省份和目前打工省份的距离，操作化为两类："同省＝1""跨省＝2"，以"跨省"为参照类。流动模式分为内外分工、比翼齐飞和劳燕分飞，分别赋值为："内外分工＝1""比翼齐飞＝2""劳燕分飞＝3"，以"劳燕分飞"为参照类。

三 模型选择

因变量分为三分类和连续变量两种类型。"方言掌握"为定序三分类变量，采用 Ordinal 回归模型进行分析。"家乡文化保持"为连续变量，采用 OLS 回归模型进行分析。

第二节 方言掌握

一 方言掌握现状

农民工方言掌握总体现状及分性别情况见表 12-1。

表 12-1 农民工方言掌握现状及性别差异（N＝1144）

方言掌握	总体		男性		女性		LR 检验
	频数	百分比（%）	频数	百分比（%）	频数	百分比（%）	
会说	489	42.7	267	41.2	222	44.8	
能听懂	531	46.4	309	47.7	222	44.8	1.450
听不懂	124	10.8	72	11.1	52	10.5	

从表 12-1 看出，农民工对城市方言的了解情况较好，只有少数人（10.8%）无法进行相应的方言交流。男性与女性的方言差异总体不算大，会说方言的男性占 41.2%，而女性占 44.8%，女性略高于男性；能够听懂方言的男性占 47.7%，女性占 44.8%。男性略高于女性；而完全听不懂方言的男性占 11.1%，女性占 10.5%。总体而言，男性与女性在城市方言掌握方面没有显著差异。

二 方言掌握的影响因素

人力资本、社会资本、组织融合和政治参与对农民工方言掌握情况有不同程度的影响，表现出明显的性别差异。见表 12-2。

表 12-2 农民工方言掌握影响因素及性别差异

变量	男性	女性
人力资本		
打工年限	-0.050*（0.023）	-0.051（0.032）
培训经历（否）		
是	0.348（0.355）	0.274（0.437）
健康状况（差）		
好	-1.510*（0.681）	-0.163（0.782）
一般	-1.091（0.671）	0.767（0.829）
文化程度（小学及以下）		
高中及以上	-0.313（0.537）	-0.926（0.660）
初中	0.058（0.487）	-0.289（0.482）
关系社会资本		
找工作求助公职人员	0.056（0.340）	-0.419（0.454）
组织社会资本		
参加社区组织的座谈会	-0.297（0.611）	-0.600（0.690）
想参加社区组织	-0.022（0.466）	-0.846（0.547）
制度社会资本		
亲戚中有政府人员	-0.516（0.377）	-1.269**（0.462）
参加工会组织	-0.534（0.543）	-0.180（0.783）
参加党团组织	-0.720（0.652）	0.506（0.693）
组织融合		
组织公民行为	-0.044+（0.026）	0.022（0.036）
组织承诺	0.090+（0.050）	-0.006（0.060）
工作绩效	0.042（0.043）	-0.005（0.060）

续表

变量	男性	女性
政治参与		
参加选举	0.136（0.587）	1.904*（0.926）
反映问题	-0.019（0.588）	-0.269（0.648）
参加罢工抗议	0.719（0.594）	-1.201（0.984）
想参加罢工抗议	-0.094（0.347）	-0.258（0.445）
同意诉诸武力	0.551（0.477）	0.029（0.524）
中立解决	-0.460（0.380）	-0.524（0.540）
年龄	0.037（0.023）	-0.017（0.032）
婚姻状况（不在婚）		
在婚	-1.919*（0.788）	0.228（0.916）
流动距离（跨省）		
同省	0.032（0.020）	0.018（0.023）
行业类型（服务业）		
制造/采矿业	-0.296（0.383）	-0.349（0.451）
建筑业	0.592（0.425）	-0.553（0.860）
日工作时间	-0.159（0.101）	0.006（0.121）
月收入（log）	0.000（9.290E-5）	0.000（0.000）
流动模式（劳燕分飞）		
内外分工	-1.561*（0.630）	-1.216（0.771）
比翼齐飞	-1.801**（0.623）	-0.5190（0.651）
-2LL	331.093**	223.479
Nagelkerke R^2	0.246	0.272
样本量	648	496

注：1. $^+p<0.1$，$^*p<0.05$，$^{**}p<0.01$，$^{***}p<0.001$。2. 括号内数字为标准误。

　　表12-2显示，在人力资本中，打工年限对男性农民工方言掌握影响显著，表现为打工时间越长，男性农民工对所在城市的方言掌握越好，但是打工年限对女性农民工的方言掌握影响不显著。健康状况对男性农民工的方言掌握影响较为显著，健康状况好的男性农民工能够更好地掌握方言，而健康状况对女性农民工的方言掌握影响不显著。制度社会资本中，

亲戚中有政府人员对男性农民工的方言掌握影响不显著，对女性农民工的方言掌握影响较为显著，即亲戚中有政府人员的女性农民工能够更好地掌握方言。组织融合中，组织行为越好，越有利于男性农民工掌握城市方言；组织承诺越好，越不利于女性农民工掌握城市方言。政治参与中，参加过或者想要参加选举的女性农民工比没参加过或者不想参加选举的女性农民工的方言掌握更差。可能原因是，参加城市选举需要掌握普通话，会减少学习方言的时间和机会，方言掌握更差。

控制变量中，男性农民工婚姻状况对其城市方言掌握有显著影响，即在婚者会说城市方言的可能性更大。可能原因是，婚姻提升了男性农民工的责任感，使其融入城市的动力更强。但婚姻对女性农民工城市方言掌握没有显著影响。流动模式对男性农民工的影响较为显著，即与劳燕分飞流动模式相比，内外分工和比翼齐飞流动模式的男性农民工对打工所在城市的方言掌握得更好。内外分工流动模式的男性农民工有更多时间与市民交流，增强其对打工城市的方言掌握，而比翼齐飞流动模式，夫妻双方在同一个城市打工，可以互相促进其对打工城市方言的了解和学习。

第三节　家乡文化保持

一　家乡文化保持现状

农民工家乡文化保持总体现状及分性别状况见表 12-3。

表 12-3　农民工家乡文化保持现状及性别差异（$N = 1148$）

项目	总体		男性		女性		t 检验
	均值	标准差	均值	标准差	均值	标准差	
文化保持	14.408	2.776	14.475	2.734	14.319	2.830	0.944

从表 12-3 可知，农民工的文化保持平均值为 14.408，男性分值略高于总体均值，女性分值略低于总体均值，但这种差异在统计意义上是不显著的。

二 家乡文化保持的影响因素

人力资本、社会资本、组织融合和政治参与对农民工家乡文化保持具有不同程度的影响，表现出较明显的性别差异。具体情况见表 12-4。

表 12-4 农民工家乡文化保持影响因素及性别差异

变量	男性	女性
人力资本		
打工年限	0.003（0.024）	-0.028（0.033）
培训经历（否）		
是	-1.059***（0.311）	-0.725⁺（0.385）
健康状况（差）		
好	1.062（0.649）	1.201⁺（0.690）
一般	0.568（0.645）	1.505*（0.727）
文化程度（小学及以下）		
高中及以上	-0.931⁺（0.518）	0.563（0.597）
初中	-0.226（0.484）	0.546（0.538）
关系社会资本		
找工作求助公职人员	-0.372（0.309）	-0.286（0.358）
组织社会资本		
参加社区组织的座谈会	-1.463*（0.577）	0.459（0.658）
想参加社区组织	-1.506***（0.422）	-0.514（0.473）
制度社会资本		
亲戚中有政府人员	-0.292（0.337）	-1.010**（0.383）
参加工会组织	-0.543（0.518）	-0.728（0.580）
参加党团组织	0.453（0.428）	-0.034（0.453）
组织融合		
组织公民行为	0.067**（0.022）	0.046（0.031）
组织承诺	0.061（0.041）	0.038（0.050）
工作绩效	0.047（0.039）	0.055（0.046）

续表

变量	男性	女性
政治参与		
参加选举	1.886 *** (0.580)	0.186 (0.617)
反映问题	-0.277 (0.488)	-0.119 (0.535)
参加罢工抗议	0.374 (0.564)	-0.787 (0.829)
想参加罢工抗议	0.328 (0.326)	-0.445 (0.395)
同意诉诸武力	-0.921 * (0.398)	-0.497 (0.472)
中立解决	0.119 (0.358)	0.543 (0.452)
年龄	0.048 * (0.023)	0.087 ** (0.028)
婚姻状况（不在婚）		
在婚	0.403 (0.560)	0.062 (0.693)
流动距离（跨省）		
同省	0.014 (0.019)	0.000 (0.023)
行业类型（服务业）		
制造/采矿业	0.323 (0.341)	0.124 (0.395)
建筑业	0.391 (0.395)	-0.255 (0.749)
日工作时间	-0.011 (0.095)	0.086 (0.109)
月收入（log）	-9.192E-5 (0.000)	-4.469E-5 (0.000)
流动模式（劳燕分飞）		
内外分工	-0.097 (0.547)	0.520 (0.778)
比翼齐飞	-0.035 (0.554)	0.236 (0.641)
F 值	4.437 ***	2.887 ***
R^2	0.311	0.274
样本量	646	502

注：1. $^+p<0.1$，$^*p<0.05$，$^{**}p<0.01$，$^{***}p<0.001$。2. 括号内数字为标准误。

　　人力资本中，培训经历对农民工的家乡文化保持影响显著，有培训经历的农民工会减少其对家乡文化的认同，与女性农民工相比，男性农民工对家乡文化的认同更易受到培训经历的影响。健康状况对女性农民工的家乡文化保持影响显著，表现为健康状况越好，越促进其家乡文化保持，而健康状况对男性农民工的家乡文化保持没有显著影响。与小学及以下文化程度的男性农民工相比，文化程度为高中及以上的男性农民工家乡文化保持相对更差。这可能是因为，随着文化程度的提高，男性农民工接触的家乡文化越来越少，会减少其对家乡文化的认同。而文化程度对女性农民工的家乡文化保持没有显著影响。

组织社会资本中，参加社区组织的座谈会对男性农民工的家乡文化保持具有显著影响，即参加社区组织的座谈会会降低男性农民工对家乡文化的认同，而参加这种座谈会对女性农民工的家乡文化保持影响不显著；参加社区组织的意愿对男性农民工的家乡文化保持影响十分显著，即男性农民工家乡文化保持会随着参加社区组织意愿的增加而减少。这是因为男性农民工通过社区组织和社区组织座谈会逐渐融入组织，找到了组织归属感，获得了组织的认同，从而相应弱化了对家乡文化的认同。

制度社会资本中，亲戚中有政府人员对女性农民工的家乡文化保持有负向显著影响，即亲戚中有政府人员会降低女性农民工对家乡文化的认同，而亲戚中有政府人员对男性农民工的家乡文化保持影响不显著。组织融合中，组织公民行为对男性农民工的家乡文化保持影响显著，也就是良好的组织公民行为有助于促进男性农民工对家乡文化的认同，而对女性农民工的家乡文化保持没有显著影响。

政治参与只对男性农民工家乡文化保持有显著影响。具体表现在参加选举和同意诉诸武力。前者对男性农民工的家乡文化保持产生积极影响，即参加选举会促进男性农民工的家乡文化保持；后者则产生消极影响，即解决问题同意诉诸武力会降低男性农民工的家乡文化保持。之所以产生这种效果，是因为解决问题诉诸武力与乡土文化中淳朴、厚道的元素相悖，背离了家乡的风俗习惯和生活方式。

控制变量中，只有年龄对男性农民工和女性农民工的家乡文化保持影响均显著，年龄越大，农民工对家乡文化的认同度越高。因为年龄越大，农民工受到家乡文化的熏陶越深厚，更可能保持和传承家乡文化。

本章小结

本章主要研究了农民工文化融合现状及影响因素的性别差异。就现状而言，农民工在城市方言掌握与家乡文化保持两个方面均无显著性别差异，但影响机制却存在明显的性别差异。人力资本、社会资本、组织融合和政治参与在农民工文化融合（包括城市方言掌握和家乡文化保持）中发挥不同的作用。

1. 方言掌握

人力资本中，打工年限和健康状况对男性农民工的方言掌握影响显著，而且打工时间越长，健康状况越好，男性农民工对所在城市的方言掌握越好，但是二者对女性农民工的方言掌握影响均不显著。制度社会资本中，有政府人员亲戚对男性农民工的方言掌握影响不显著，但对女性农民工的方言掌握有积极影响。政治参与只对女性农民工方言掌握产生影响，与没有参加过或者不想参加选举的女性农民工相比，参加过或者想要参加选举的女性农民工方言掌握更差。

2. 家乡文化保持

人力资本中，培训经历弱化了农民工的家乡文化保持，与女性农民工相比，男性农民工家乡文化保持受培训经历的影响更深。健康状况对女性农民工的家乡文化保持有积极影响，却对男性农民工的家乡文化保持影响不显著。高中及以上文化程度的男性农民工比小学及以下文化程度的男性农民工家乡文化保持更差，而文化程度对女性农民工的家乡文化保持没有显著影响。组织社会资本中，参加社区组织的座谈会和想参加社区组织不利于男性农民工的家乡文化保持，而对女性农民工的家乡文化保持不产生影响。制度社会资本中，亲戚中有政府人员对女性农民工的家乡文化保持产生不利影响，但对男性农民工的家乡文化保持影响不显著。组织融合中，组织公民行为有利于促进男性农民工的家乡文化保持，而对女性农民工的家乡文化保持不产生影响。政治参与中，参加选举有利于促进男性农民工家乡文化保持；权益受损同意诉诸武力解决问题却弱化了男性农民工家乡文化保持，但二者均不对女性农民工产生显著影响。

第十三章

社会性别与农民工心理融合

　　心理融合是农民工城市融合的最高层次，只有实现了心理融合才达到真正意义的城市融合。本章主要从身份认同、城市归属感和社会距离三个方面分析人力资本、社会资本、组织融合和政治参与等因素对农民工心理融合的影响。

第一节　研究设计

一　研究假设

1. 人力资本与心理融合

　　人力资本与物力资本都可以用来投资并获取收益，但与有形的物力资本相比，人力资本是无形的，指的是人们所具备的健康、技能、经验和知识等（江涛，2008）。人力资本具有不可替代性和独特性（赵延东、风笑天，2000），人力资本积累得越多，越有利于自身的发展。人力资本在社会融合中的重要作用也一直受到学术界的重视。研究表明，人力资本中的健康状况、教育程度、劳动技能和经验对城市融合各维度均有显著影响（金崇芳，2011）。农民工刚进城参加工作主要依赖人力资本，就业后先赋因素（如文化程度）对提升其职业声望及收入有一定的限制，而后致因素（如职业技能培训）对其有显著促进作用。工作经历和职业技能的提高，有利于提高农民工的经济地位和整体素质。文化程度越高的农民工越能准确地把握劳动力市场信息，并得到比较稳定的职位和相对高的收入。除此之外，文化程度越高，心理适应能力越强，接受新事物能力也越强，因此有利于农民工接纳城市社会的价值观以及生活、生产方式（金崇芳，2011）。也有学者认为，受教育水平较低会影响农民工的社会交往心理和自我认同，从而影响心理融合，而受教育年限越长，农民工越可能取得流入地城市户籍并找到稳定的工作，由此受到的社会排斥也较少（李振刚、南方，2013）。健康状况良好的农民工不仅能省去大额的医疗费用，而且更有精力从事难度较大的工业，选择就业的机会更多，更易融入城市社会。拥有较高专业技能和丰富工作经验的农民工，更可能获得就业机会和较稳定的收入。丰富的人力资本有利于农民工融入城市社会，逐渐认同城市文化（金崇芳，2011）。综上所述，农民工打工年限越长、具有培训经历、健康状况越好、文化程度越高，他们越可能在心理上认同城市社会。基于以上分析，提出以下假设：

H13-1a 打工年限越长，农民工心理融合越好；

H13-1b 有过培训经历，农民工心理融合越好；

H13-1c 健康状况越好，农民工心理融合越好；

H13-1d 文化程度越高，农民工心理融合越好。

2. 社会资本与心理融合

个体或群体拥有社会资源是实现城市融合的先决条件。社会资源通常被定义为不同层面的社会资本。社会资本分为微观、中观和宏观三个层面，分别为关系型社会资本、组织型社会资本和制度型社会资本。关系型社会资本的整合有利于城市外来者获得就业信息与社会支持，也有利于促进其城市融合，但作用较小。这种资本一方面会使农民工尽快适应环境，另一方面会使农民工处于亚社会生态环境，传统观念和小农意识会阻碍其对城市社会的认同和融入（李爱芹，2010）。对于刚来城市务工的农民工来说，通过公职人员获得稳定的职位可能会在心理上感到满足。得到体制内关系的帮助，可以使农民工以更加积极的心态去融入城市。组织型社会资本需要个体以不同的形式进入组织，并在组织规范内行使职责，既可以产生职业认同、职业道德、形成组织文化，也有利于权益维护与政治参与（李爱芹，2010）。社会资本的强化效用可能是社会网络对心理融合的影响机制，群体成员之间的关系越密切，交往越频繁，越有利于成员对群体产生感情，进而使个体对整个群体产生归属感。农民工社会网络同质性越强，越不利于其对自己非农身份的认可，反而市民非亲属关系对农民工文化和心理融合有显著正影响（崔岩，2012），原因是农民工交际圈成员基本上是同乡或者工友，一个人不认同自己的非农身份，这种想法就可能在群体中传播和扩散，从而不利于农民工的心理融合。农民工与非亲属市民交往越频繁，以及受所从事的工作和所处的生活环境的影响，越会淡化自己的农民身份。因为其长时间生活在城市，逐渐会形成市民的生活习惯、认同城市文化和价值观，反而不认同自己的农民身份。农民工与市民的互动有利于建立城市认同感，拉近与市民的社会距离（悦中山等，2012a）。农民工参加社区组织可以与市民增进了解，消除偏见，相互接纳，更可能在心理上认同城市社会。多样化的社会关系网络、不断提升的经济地位、包容的文化环境对缩短农民工与市民的社会距离有积极作用。当农民工感受到自己的生活状况变好、经济地位在提高时，就愿意接受城市的价值观念，更可能与市民达成共识；而当他们感受到自己的经济地位低于市民时，则会强化这种差距，不认同自己的非农身份，更不可能以"新市民"自居。良好的社区关系可以消除农民工远离家乡的孤寂和恋家之情，增强农民工对城市的归属感。社区关系与农民工心理融合显著相关，社区融入程度越高，其社会资本越丰富，心理融合程度也越高。在农民工社会资本体系中，制度型社会资本层次最高，在避免群体极化或"富者越富、穷者越穷"（Sanderson，2013）中的作用更大。制度可以有效衔接或协调不同群体之间的利益关系，有利于实现外来群体的市民化。但不同制度之间，如户籍制度、教育制度、就业制度、社会保障制度和选举制度也需要协调才能发挥积极的合力作用，避免相互掣肘。不论农民工拥有哪种类型的社会资本，都会在农民工工资被克扣或其他合法权益受损而表达利益诉求时增加其话语权，并以组织形式出面与企业进行博弈，更容易促进问题的解决。基于以上分析，提出以下假设：

H13-2a 关系型社会资本越多，农民工心理融合越好；

H13-2b 组织型社会资本越多，农民工心理融合越好；

H13-2c 制度性社会资本越多，农民工心理融合越好。

3. 政治参与与心理融合

随着农民工发展意识的提高，他们已开始从打工赚钱的经济诉求向着争取并享有平等权利的政治诉求转变（刘建娥，2014a）。政治参与是公民表达政治意愿、实现政治权利的重要手段。公民政治参与，尤其是参与程度和参与的制度化，是衡量一个国家民主化程度和水平高低的重要标准（左珂、何绍辉，2011）。制度性政治参与通常具有合法性、规则性和有序性，主要表现在参加投票选举、城市社区政治活动和管理活动等方面（任义科等，2016a）。农民工通过参与选举，可以从心理上感受到与市民拥有同样的权利，减弱相对剥夺心理，有助于缩短与市民的距离，促进社会交往（悦中山等，2011）。农民工参加政治组织或者其他社团组织，有助于获取促进自身生存与发展的话语权（何晓红，2009）。

所谓非制度性政治参与是指公民采取不符合相关条例和程序的手段，以影响政治决策过程，进而表达自身利益诉求的行为（寇翔，2005）。非制度性政治参与往往非理性并具有破坏性（刘建娥，2014b）。当前我国农民工大量非制度性的政治参与影响着整个社会的稳定。之所以采取这些极端措施，是因为社会严重分化所产生的社会心理危机。由于缺乏体制保护，农民工主要依靠地缘关系形成的民间组织，甚至加入帮会组织采取非常规方式来维护自己的权益，更加难以融入城市社会，从而不利于实现心理融合。基于以上分析，提出假设：

H13-3a 制度性政治参与越多，农民工心理融合越好；
H13-3b 非制度性政治参与越多，农民工心理融合越差。

4. 组织融合与心理融合

企业组织融合同样影响着农民工的城市心理融合。组织融合指的是员工参与并认同组织经济、文化、心理的过程。组织融合是增强组织凝聚力、促进员工个人发展及提高组织绩效的重要途径之一。组织融合主要包括组织经济融合、组织文化融合以及组织心理融合。组织经济效益的实现主要依赖员工的工作绩效（罗正学、苗丹民，2005）。工作绩效代表了员工对实现组织目标的贡献程度、工作意愿和工作能力。有学者对 422 位农民工进行研究，探讨了心理资本以及希望、乐观和坚韧性与工作绩效的关系。结果表明，农民工的心理资本及希望、乐观和坚韧性，都与他们的工作绩效显著正相关（许颖，2013）。组织公民行为属于一种组织文化（陈国海，2009），是一种超出组织政策以及工作界定范围的、与工作相关的角色外行为。组织文化是组织的灵魂，以共同价值观统一思想、凝聚人心，促进组织愿景的实现。有研究表明，组织公民行为与组织心理契约正相关。组织心理融合则主要反映在组织承诺上。组织承诺描述了组织和员工间的关系，在某种程度上反映了员工的离职倾向，代表了员工对组织的认可程度、心理依附和忠诚度（仲理峰，2007）。如果个人与组织能够实现有效融合，就可以提高员工对组织的认同感，增强组织的凝聚力，使员工身心愉悦地投入工作，进而减少或避免工作倦怠现象的发生（宋晶、孟德芳，2011），从而有利于实现员工的心理融合。随着农民工权利意识的提高，组织公平越来越受到农民工的关注。无论在分配、程序、人际关系、信息中的哪个环节，缺乏公平都会对农民工产生消极影响。当前农民工作为企业组织的员工，生活在组织中、工作在组织中，在某种意义上说，农民工对组织公平的认同程度，决定着农民工心理融合的程度。基于以上分析，提出以下假设：

　　H13-4a 工作绩效越好，农民工心理融合越好；

　　H13-4b 组织公民行为越好，农民工心理融合越好；

　　H13-4c 组织承诺越好，农民工心理融合越好。

二　变量设置

1. 因变量

　　因变量是心理融合，通过身份认同、社会距离、城市归属感三个维度来度量。身份认同通过问卷中的题项"您认为自己还是不是农民"来得到：是＝1，不清楚＝2，不是＝3（参照类）。社会距离、城市归属感是连续变量，社会距离量表由五个题项组成，答案依次为"非常同意、同意、一般、不同意、非常不同意"，并依次赋值为1、2、3、4、5。判断社会距离的大小主要是看五个题项加总后的得分，分值越高，社会距离越大，心理融合越不好。该量表的 Cronbach α 信度系数为 0.891。城市归属感量表包括三个题项，答案是从"非常不同意"到"非常同意"，用三个题项加总后的得分来判断城市归属感，分值越高，城市归属感越强，该量表的 Cronbach α 信度系数为 0.912。

2. 自变量

自变量由四部分组成，分别是政治参与、组织融合、人力资本以及社会资本。

政治参与从制度和非制度两个层面来衡量，制度性政治参与题项为"您外出务工是否参加过或想参加城市选举""您是否有过或想向政府部门、社区求助/投诉/反映问题"（是 = 1；否，但有机会会参与 = 2；否，不会参与 = 3）。非制度性政治参与题项为"您是否参加过罢工/集体抗议""当自身权益受到侵害时，您是否同意诉诸武力"（是 = 1、中立 = 2、否 = 3）。

组织融合分别从组织经济融合、组织文化融合、组织心理融合三个维度测量。组织经济融合采用个人工作绩效量表来度量，组织文化融合采用组织公民行为量表测量，组织心理融合用组织承诺量表测量，均采用李克特 5 点量表衡量，从 1（非常不同意）到 5（非常同意），加总各量表题项的得分。分值越高，表明个人工作绩效越好、组织公民行为越好、组织承诺越高。各量表信效度分析详见第八章。

人力资本主要包括四个方面：打工年限、培训经历、健康状况以及文化程度。打工年限代表农民工在城市打工的时间长度，为连续变量；培训经历代表农民工所掌握的工作技能，为二分类变量，"有 = 1，无 = 2"，以"无"为参照类；健康状况为三分类变量，"好 = 1，一般 = 2，差 = 3"，以"差"为参照类；文化程度为三分类变量，"小学及以下 = 1，初中 = 2，高中及以上 = 3"，以"高中及以上"为参照类。

把社会资本看成个体从社会网络、社会组织以及身处的社会制度中所获取的资源，把社会资本分为三类：关系社会资本、组织社会资本和制度社会资本。关系社会资本通过问卷题项"您在找工作过程中主要向哪些人求助"获得，为二分类变量，"公职人员 = 1""非公职人员 = 2"，以"非公职人员"为参照类。组织社会资本通过"是否参加过政府、社区组织或村委会的座谈会或会议等"获得，分为："是=1""否，但今后若有机会参加=2""否，也不想参加=3"，以最后一类为参照类。制度社会资本通过"政治面貌"、"是否是工会成员"和"亲戚中是否有乡镇干部或其他国家公职人员"来得到，这三个变量均为二分类变量，"是=1""否=2"，以"否"为参照类。

3. 控制变量

控制变量为年龄、婚姻状况、行业类型、日工作时间、月收入、流动距离、流动模式。

三 模型选择

因变量包括连续变量和三分类变量两种变量。"社会距离"和"城市归属感"为连续变量，采用 OLS 回归模型进行分析。"身份认同"为无序三分类变量，采用多项 Logistic 回归模型进行分析。

第二节 身份认同

一 身份认同现状

农民工身份认同的总体现状及分性别状况见表 13-1。

表 13-1 农民工身份认同现状及性别差异（N=1147）

您是农民身份吗	总体		男性		女性		LR 检验
	频数	百分比（%）	频数	百分比（%）	频数	百分比（%）	
是	699	60.9	417	64.7	282	56.2	
不清楚	199	17.3	103	16.0	96	19.1	8.613*
不是	249	21.7	125	19.4	124	24.7	

注：* p<0.05。

表 13-1 数据显示，农民工多数认为自己是农民身份，占总人数的60.9%，不清楚自己是否为农民身份的农民工占总人数的17.3%，认为自己不是农民身份的仅占总人数的21.7%。农民工身份认同存在显著性别差异：

男性比女性更认为自己是农民工身份。总体来说，不论是男性农民工还是女性农民工，身份认同感均不太理想，半数以上的农民工仍认为自己是农民身份。

二　身份认同的影响因素

人力资本、社会资本（关系资本、组织资本和制度资本）、组织融合和政治参与对农民工身份认同均有不同程度的影响，回归结果见表 13-2。

表 13-2　农民工身份认同影响因素及性别差异

变量	男性		女性	
	是农民身份吗		是农民身份吗	
	是/不是	不清楚/不是	是/不是	不清楚/不是
人力资本				
打工年限	-0.009（0.039）	-0.044（0.051）	0.008（0.065）	0.013（0.084）
培训经历（无）				
有	-0.086（0.556）	-0.574（0.778）	-1.416*（0.716）	-0.724（1.042）
健康状况（差）				
好	-18.234***（1.247）	-18.209***（0.732）	0.811（1.463）	-3.016（2.106）
一般	-18.005***（1.135）	-18.448（0.000）	1.298（1.564）	-1.089（2.092）
文化程度（小学及以下）				
高中及以上	-1.160（0.881）	1.054（1.454）	0.255（1.213）	3.580+（1.881）
初中	0.080（0.817）	1.249（1.406）	0.109（0.867）	1.717（1.324）
关系社会资本				
找工作求助公职人员	-0.441（0.536）	-0.950（0.738）	-1.236（0.764）	-2.037+（1.115）
组织社会资本				
参加社区组织的座谈会	0.844（0.965）	1.938（1.395）	0.220（1.183）	-2.955（2.016）
想参加社区组织	0.667（0.704）	1.513（1.123）	-0.334（0.938）	-1.934（1.355）
制度社会资本				
亲戚中有政府人员	0.119（0.607）	0.183（0.781）	0.078（0.757）	0.638（1.052）
参加工会组织	-0.220（0.721）	0.490（0.947）	0.332（1.168）	1.519（1.674）
参加党团组织	-1.129（0.851）	0.713（1.115）	-0.381（1.100）	1.620（1.537）

续表

变量	男性		女性	
	是农民身份吗		是农民身份吗	
	是/不是	不清楚/不是	是/不是	不清楚/不是
组织融合				
组织公民行为	-0.028（0.040）	-0.051（0.054）	0.039（0.062）	-0.016（0.088）
工作绩效	-0.050（0.067）	0.027（0.093）	-0.289*（0.123）	-0.380*（0.171）
组织承诺	0.120（0.083）	-0.047（0.114）	0.018（0.099）	-0.307+（0.183）
政治参与				
参加选举	-0.703（0.815）	-1.763（1.221）	0.224（1.325）	-16.430（3243.671）
反映问题	-0.986（1.069）	-1.736（1.440）	-0.315（1.060）	1.487（1.564）
参加罢工抗议	—	—	—	—
想参加罢工抗议	—	—	—	—
同意诉诸武力	—	—	—	—
中立解决	—	—	—	—
年龄	0.034（0.035）	0.024（0.046）	0.085（0.061）	0.166+（0.089）
婚姻状况（不在婚）				
在婚	-0.711（1.324）	0.368（1.731）	1.615（1.566）	19.111（0.000）
流动距离（跨省）				
同省	0.044（0.032）	0.093*（0.043）	-0.006（0.036）	-0.087（0.066）
行业类型（服务业）				
制造/采矿业	-0.051（0.536）	-0.708+（0.802）	-0.812（0.740）	-2.087+（1.137）
建筑业	2.478*（1.213）	2.477（1.327）	-0.965（1.514）	-1.814（2.630）
日工作时间	-0.396*（0.172）	-0.292（0.222）	0.461+（0.244）	0.480（0.325）
月收入（log）	0.000（0.000）	0.000（0.000）	0.000（0.000）	0.000（0.000）
流动模式（劳燕分飞）				
内外分工	0.042（1.021）	1.109（1.514）	0.106（1.288）	1.072+（2.077）
比翼齐飞	-0.596（0.967）	0.520（1.490）	0.898（1.236）	3.526（1.880）
-2LL	240.823		143.919**	
Nagelkerke R^2	0.365		0.582	
样本量	645		502	

注：1. +$p<0.1$，*$p<0.05$，**$p<0.01$，***$p<0.001$。2. 括号内数字为标准误。

农民工身份认同的影响因素存在性别差异：男性主要体现在人力资本方面，女性则体现在人力资本和组织融合方面。

对男性而言，在人力资本方面，与健康状况差的农民工相比，健康状况好的农民工更认为自己是农民或不清楚是否为农民身份，健康状况一般的农民工也认为自己是农民。这说明，健康状况的好坏对农民工身份认知有着显著影响。

对女性而言，在人力资本方面，与没有参加过培训的农民工相比，有培训经历的农民工更认为自己是农民。这可能是因为参加过培训的女性农民工通过学习认识到了自身的不足和与市民的差距，认为自己还是农民身份。与小学及以下文化程度者相比，高中及以上文化程度的农民工更不认为自己是农民身份。在关系社会资本中，找工作向公职人员求助的农民工更不清楚自己是否为农民身份。在组织融合方面，工作绩效越好的女性农民工，越认为自己是农民或不清楚自己的身份。这可能是因为工作绩效好的农民工在心理上有更大的压力，没有太多社会资源帮助自己。因此，只有不断通过自己的努力才能保持住良好的绩效，这使其认为自己还是个孤立无援的外来务工者。组织承诺越好的农民工越不清楚自己的身份。

第三节　社会距离

一　社会距离现状

农民工与市民的社会距离总体现状及分性别状况见表 13-3。

表 13-3　农民工社会距离现状及性别差异（$N=1147$）

变量	总体		男性		女性		t 检验
	均值	标准差	均值	标准差	均值	标准差	
社会距离	11.6905	2.8237	11.8346	2.7824	11.5040	2.8682	1.969*

注：* $p<0.05$。

由表 13-3 数据可知，男性和女性农民工的社会距离表现出显著差异，男性比女性社会距离更长。

二 社会距离的影响因素

人力资本、社会资本（关系资本、组织资本和制度资本）、组织融合和政治参与对农民工社会距离均有不同程度的影响，且表现出较大的性别差异（见表 13-4）。

表 13-4　农民工社会距离影响因素及性别差异

变量	男性	女性
人力资本		
打工年限	0.026（0.026）	0.019（0.036）
培训经历（无）		
有	−0.240（0.339）	−1.001*（0.412）
健康状况（差）		
好	−1.307+（0.704）	−0.090（0.741）
一般	−0.398（0.699）	0.572（0.778）
文化程度（小学及以下）		
高中及以上	−1.014+（0.561）	0.176（0.642）
初中	−0.705（0.525）	−0.277（0.576）
关系社会资本		
找工作求助公职人员	−0.589+（0.336）	−0.724+（0.384）
组织社会资本		
参加社区组织的座谈会	−0.617（0.627）	−1.020（0.706）
想参加社区组织	−1.059*（0.458）	−0.982+（0.508）
制度社会资本		
亲戚中有政府人员	−1.372***（0.365）	−0.130（0.408）
参加工会组织	−0.149（0.562）	0.546（0.621）
参加党团组织	0.728（0.465）	0.197（0.483）
组织融合		
组织公民行为	0.018（0.024）	0.045（0.033）
工作绩效	−0.126**（0.043）	−0.212***（0.049）
组织承诺	−0.121**（0.044）	0.002（0.054）

续表

变量	男性	女性
政治参与		
参加选举	1.302*（0.629）	-0.220（0.660）
反映问题	-0.258（0.530）	0.384（0.574）
参加罢工抗议	-0.199（0.611）	1.927*（0.889）
想参加罢工抗议	0.166（0.354）	-0.108（0.422）
同意诉诸武力	0.143（0.434）	0.320（0.508）
中立解决	0.287（0.388）	1.040*（0.481）
年龄	-0.033（0.025）	0.011（0.030）
婚姻状况（不在婚）		
在婚	0.103（0.607）	-1.271+（0.743）
流动距离（跨省）		
同省	0.018（0.020）	-0.009（0.025）
行业类型（服务业）		
制造/采矿业	0.139（0.370）	-0.194（0.425）
建筑业	0.427（0.430）	0.369（0.801）
日工作时间	0.218*（0.103）	-0.010（0.117）
月收入（log）	-5.872E-5（0.000）	2.971E-6（0.000）
流动模式（劳燕分飞）		
内外分工	0.475（0.593）	0.564（0.834）
比翼齐飞	0.367（0.601）	1.279+（0.687）
F 值	3.531***	2.084**
R^2	0.265	0.214
样本量	645	502

注：1. $^+p<0.1$，$^*p<0.05$，$^{**}p<0.01$，$^{***}p<0.001$。2. 括号内数字为标准误。

表 13-4 数据显示，对男性而言，在人力资本方面，健康状况好、高中及以上文化程度的农民工社会距离更短。在社会资本方面，找工作向公职人员求助有利于缩短农民工与市民的社会距离。想参加社区组织活动的农民工，社会距离更短。这说明，社区组织活动在一定程度上对农民工的社会距离发挥着积极作用，农民工参加社区组织活动，可以有效缩短农民

工的社会距离。亲戚中有政府人员的男性农民工，社会距离更短。这说明，亲戚中有政府人员作为社会资源，在处理问题时，在一定程度上能帮助农民工解决问题，从而缩短了农民工的社会距离。在组织融合方面，工作绩效越好，社会距离越短。这是由于工作绩效越好的男性农民工越容易得到上级和同事的肯定，从而有效缩短了社会距离。组织承诺越好，农民工越具有包容性心态，更可能产生组织归属感，从而有利于减少社会距离。在政治参与方面，参加过选举的男性农民工，社会距离更长。这可能是因为，在参加选举的过程中，由于当前选举程序不够规范，农民工在参选的过程中常常作为陪衬出席，即使参加了选举活动，被选上的概率微乎其微，这在一定程度上拉大了农民工与城市之间的距离。

对女性而言，在人力资本方面，与没有参加过培训的农民工相比，有培训经历的农民工，社会距离更短。这是由于参加过培训的女性农民工具备更多的专业技能，在工作中更容易被赏识，从而有助于缩短其社会距离。在社会资本方面，找工作向公职人员求助和想参加社区组织，都有利于缩短农民工与市民的社会距离。在组织融合方面，工作绩效越好，社会距离越短。这是因为工作绩效更好的女性农民工更容易获得同事和上司的认可，从而更有利于缩短她们与市民之间的距离。在政治参与方面，参加罢工抗议的女性农民工，社会距离更长。中立解决问题的女性农民工社会距离更长。这些都说明非制度性的政治参与在一定程度上会延长女性农民工的社会距离。

第四节 城市归属感

一 城市归属感现状

农民工城市归属感的总体情况以及性别差异见表 13-5。

表 13-5 农民工城市归属感现状及性别差异 （N=1150）

变量	总体		男性		女性		t 检验
	均值	标准差	均值	标准差	均值	标准差	
城市归属感	8.697	2.560	8.533	2.569	8.910	2.537	-2.486*

注：* $p<0.05$。

数据显示，男性和女性农民工在城市归属感方面表现出显著性别差异，即与女性相比，男性城市归属感更差。

二　城市归属感的影响因素

人力资本、社会资本（关系资本、组织资本和制度资本）、组织融合和政治参与对农民工城市归属感的回归结果见表13-6。

表 13-6　农民工城市归属感影响因素及性别差异

变量	男性	女性
人力资本		
打工年限	-0.013（0.023）	-0.019（0.030）
培训经历（无）		
有	0.496⁺（0.298）	0.320（0.353）
健康状况（差）		
好	0.693***（0.622）	-0.549（0.634）
一般	-0.028（0.619）	-0.902（0.666）
文化程度（小学及以下）		
高中及以上	0.781（0.496）	0.259（0.548）
初中	0.229（0.464）	0.067（0.494）
关系社会资本		
找工作求助公职人员	0.006（0.296）	0.237（0.328）
组织社会资本		
参加社区组织的座谈会	0.987⁺（0.553）	0.248（0.604）
想参加社区组织	0.993*（0.404）	0.208（0.434）
制度社会资本		
亲戚中有政府人员	0.319（0.323）	0.200（0.350）
参加工会组织	-0.168（0.497）	-0.508（0.532）
参加党团组织	0.115（0.411）	0.568（0.414）
组织融合		
组织公民行为	-0.013（0.021）	-0.005（0.028）
工作绩效	0.051（0.037）	0.076⁺（0.042）
组织承诺	0.082*（0.039）	0.054（0.046）

续表

变量	男性	女性
政治参与		
参加选举	-1.445** (0.556)	0.080 (0.042)
反映问题	0.906+ (0.467)	-0.367 (0.492)
参加罢工抗议	0.139 (0.540)	0.072 (0.762)
想参加罢工抗议	0.077 (0.313)	0.371 (0.360)
同意诉诸武力	-1.383*** (0.382)	-0.621 (0.434)
中立解决	-1.152*** (0.344)	-0.930* (0.412)
年龄	0.013 (0.022)	0.030 (0.026)
婚姻状况（不在婚）		
在婚	-0.305 (0.537)	-0.214 (0.636)
流动距离（跨省）		
同省	-0.013 (0.018)	0.003 (0.021)
行业类型（服务业）		
制造/采矿业	-0.097 (0.327)	-0.473 (0.362)
建筑业	-0.235+ (0.379)	-0.677 (0.687)
日工作时间	-0.055 (0.091)	-0.137 (0.100)
月收入（log）	1.648E-6 (0.000)	0.000* (0.000)
流动模式（劳燕分飞）		
内外分工	-0.831 (0.524)	-0.745 (0.715)
比翼齐飞	0.047 (0.531)	-0.377 (0.589)
F 值	3.419***	1.830**
Nagelkerke R^2	0.258	0.192
样本量	648	502

注：1. $^+p<0.1$, $^*p<0.05$, $^{**}p<0.01$, $^{***}p<0.001$。2. 括号内数字为标准误。

对男性而言，在人力资本方面，培训经历有助于提升农民工的城市归属感。与健康状况差的农民工相比，健康状况越好的农民工，城市归属感越强。这说明，较好的身体素质可以增强农民工的城市归属感。身体素质越好的男性农民工在工作和生活中更容易发挥自身的价值，能创造更多经济收入来改变生计状况，从而表现出更强的城市归属感。在社会资本方面，参加社区组织的座谈会和想参加社区组织的男性农民工，城市归属感更强。这说明，参加社区组织座谈会和参加社区组织可以使男性农民工表达自己的意愿和诉求，从而增强其城市归属感。在组织融合方面，组织承诺越好，城市归属感越强。组织承诺越好，男性农民工对企业更可能产生依附性，有家的感觉，从而增强农民工城市归属感。在政治参与方面，与没有参加过选举的男性农民工相比，参加选举的男性农民工，城市归属感更弱。可能原因是，我国城市选举的过程和程序还不够规范，尽管法律赋予了农民工选举权和被选举权，但实际上农民工被选上的概率非常小，在心理上产生较大落差，从而降低了城市归属感。与解决问题不同意诉诸武力的男性农民工相比，同意诉诸武力的男性农民工，城市归属感更差。同意中立解决问题的男性农民工，城市归属感更差。非制度性的政治参与削弱男性农民工的城市归属感。对女性而言，在组织融合方面，工作绩效越高，城市归属感越强。在政治参与方面，与解决问题不同意诉诸武力的女性农民工相比，同意中立解决问题的女性农民工，城市归属感更差。

本章小结

本章主要研究了农民工心理融合的现状及影响机制的性别差异。就现状而言，农民工在身份认同、社会距离和城市归属感方面均表现出显著性别差异，影响机制也存在明显的性别差异。社会资本、人力资本、政治参与和组织融合发挥了不同的作用。

1. 身份认同

现状分析表明，不论是男性农民工还是女性农民工，半数以上认为自己是农民身份，且男性比女性更认同农民身份。影响因素分析结果表明，对于男性农民工，在人力资本方面，与健康状况差的农民工相比，健康状况好的农民工更认为自己是农民身份。对于女性农民工，在人力资本方面，与没有参加过培训者相比，有培训经历者更可能认为自己是农民身份。在组织融合方面，工作绩效越好，越认为自己是农民身份。

2. 社会距离

现状分析表明，女性农民工社会距离比男性更近，心理融合更好。影响因素分析结果表明，对于男性农民工，在社会资本方面，想参加社区组织活动的农民工，社会距离更近；亲戚中有政府人员，社会距离更近。在政治参与方面，参加过选举的男性农民工，社会距离更远。在组织融合方面，工作绩效越好的男性农民工，社会距离越近。组织承诺越好的男性农民工，社会距离越近。对于女性农民工，在人力资本方面，与没有参加过培训者相比，有培训经历者，社会距离更近。在组织融合方面，工作绩效越好的女性农民工，社会距离越近。在政治参与方面，非制度性的政治参与拉远了女性农民工的社会距离。

3. 城市归属感

现状分析表明，女性农民工城市归属感优于男性。影响因素分析结果表明，对男性农民工而言，在人力资本方面，良好的健康有助于提升城市归属感。社会资本中的组织资本，如参加社区座谈会和社区组织，有利于增强城市归属感。在组织融合方面，组织承诺越好，城市归属感越强。在政治参与方面，制度性政治参与有助于提升城市归属感，非制度性政治参与却弱化了城市归属感。而对女性农民工而言，组织融合中工作绩效越高，城市归属感越强。非制度性政治参与，如权益受损中立解决问题，对城市归属感产生负面影响。

第十四章

社会性别与农民工政策认知

本章主要从社会性别视角分析农民工相关政策。首先，分析农民工对政策认知情况，包括流出地农村政策和流入地城市农民工政策。其次，分析影响农民工政策认知的因素。最后，结合本章以前章节的实证研究，综合分析党的十八大以来相关政策以及农民工政策的未来走向。

第一节　农民工政策认知现状

1. 流出地政策认知

流出地政策主要包括惠农政策、新型农村养老保险、新型农村合作医疗保险、创业扶持政策等。在把握农民工对各种政策的总体了解情况之后，再进行性别差异比较，从而突出政策的性别视角。农民工对流出地政策认知情况统计结果见表14-1。

表 14-1　农民工对流出地政策认知现状及性别差异

认知状况	总体		男性		女性		LR 检验
	频数	百分比（%）	频数	百分比（%）	频数	百分比（%）	
了解惠农政策吗	（N=1148）						
没听说	248	21.6	128	19.8	120	24.0	
了解一点	831	72.4	475	73.3	356	71.2	4.718[+]
非常了解	69	6.0	45	6.9	24	4.8	

续表

认知状况	总体		男性		女性		LR 检验
	频数	百分比（%）	频数	百分比（%）	频数	百分比（%）	
认为惠农政策有帮助吗	（N = 900）						
没有	122	13.6	75	14.4	47	12.4	
有，帮助不大	621	69.0	352	67.7	269	70.8	1.132
有，帮助很大	157	17.4	93	17.9	64	16.8	
了解新型农村养老保险吗	（N = 1147）						
不了解	414	36.1	222	34.4	192	38.3	1.913
了解	733	63.9	424	65.6	309	61.7	
了解新型农村合作医疗保险吗	（N = 1148）						
不了解	231	20.1	128	19.8	103	20.6	0.105
了解	917	79.9	519	80.2	398	79.4	
了解创业扶持政策吗	（N = 1152）						
没听说过	482	41.8	269	41.4	213	42.4	
了解一点	628	54.5	356	54.8	272	54.2	0.257
非常了解	42	3.6	25	3.8	17	3.4	

注：$^+ p < 0.1$。

关于惠农政策，仅有 6.0% 的农民工非常了解，七成以上的人了解一点，压根儿没听过的农民工也占 21.6%。由此看出，农民工外出与惠农政策吸引力较弱有关。当问到惠农政策的效果时，13.6% 的农民工认为没有效果，多数农民工（69.0%）认为有帮助但帮助不大，惠农政策的真正受益者不足 20.0%。因此，在收入微薄且没有政策帮扶的情况下，多数农民工外出寻求更好的生计便在情理之中。关于创业扶持政策，没听说过的农民工比例高达 41.8%，了解该政策的人不足六成。关于"新农保"和"新农合"，不了解的农民工比例分别为 36.1% 和 20.1%。这些政策本身没有性别偏好，农民工的政策认知也没有表现出明显的性别差异。上述情况均表明农民工流出地政策实施效果还有完善和提升的空间。

2. 流入地政策认知

对于流入地政策，本书主要调查了劳动合同法、户籍政策对融入城市的影响、城市养老保险、医疗保险、工伤保险、失业保险、生育保险、办理暂住证程序、最低工资标准、企业劳动争议处理条例以及权益被侵犯时求助政府部门等。农民工对流入地政策认知情况见表14-2。

表14-2　农民工对流入地政策认知现状及性别差异

认知状况	总体		男性		女性		LR 检验
	频数	百分比（%）	频数	百分比（%）	频数	百分比（%）	
是否了解劳动合同法	（N=1110）						
没听说	110	9.9	55	8.8	55	11.3	
了解一点	963	86.8	546	87.6	417	85.6	1.960
非常了解	37	3.3	22	3.5	15	3.1	
户籍对您融入城市社会的影响有多大	（N=1140）						
没有影响	394	34.6	219	34.0	175	35.3	
不清楚	622	54.6	365	56.7	257	51.8	4.632+
影响很大	124	10.9	60	9.3	64	12.9	
城市养老保险	（N=1149）						
不了解	461	40.1	267	41.2	194	38.7	0.725
了解	688	59.9	381	58.8	307	61.3	
医疗保险	（N=1146）						
不了解	399	34.8	225	34.8	174	34.8	0.000
了解	747	65.2	421	65.2	326	65.2	
工伤保险	（N=1145）						
不了解	607	53.0	323	50.2	284	56.7	4.833*
了解	538	47.0	321	49.8	217	43.3	
失业保险	（N=1146）						
不了解	837	73.0	479	74.1	358	71.6	0.928
了解	309	27.0	167	25.9	142	28.4	

认知状况	总体		男性		女性		LR 检验
	频数	百分比（%）	频数	百分比（%）	频数	百分比（%）	
生育保险	（N=1145）						
不了解	883	77.1	508	78.6	375	75.2	1.933
了解	262	22.9	138	21.4	124	24.8	
是否了解办理暂住证手续的具体程序	（N=1148）						
不了解	310	27.0	154	23.8	156	31.1	
了解一些	777	67.7	452	69.9	325	64.9	9.626**
完全了解	61	5.3	41	6.3	20	4.0	
了解城市的最低工资标准吗	（N=1152）						
没听说过	334	29.0	185	28.5	149	29.7	
了解一点	729	63.3	415	63.8	314	62.5	0.223
完全了解	89	7.7	50	7.7	39	7.8	
了解企业劳动争议处理条例吗	（N=1150）						
没听说过	550	47.8	294	45.2	256	51.2	
了解一点	564	49.0	335	51.5	229	45.8	4.052
完全了解	36	3.1	21	3.2	15	3.0	
当权益受到侵犯时，是否知道如何向有关政府部门求助	（N=1151）						
不知道	146	12.7	79	12.2	67	13.4	
知道一些	974	84.6	552	84.9	422	84.2	0.642
完全知道	31	2.7	19	2.9	12	2.4	

注：$^+p<0.1$，$^*p<0.05$，$^{**}p<0.01$，$^{***}p<0.001$。

数据显示，90.0%以上农民工对劳动合同法是了解的。当谈到农村户籍对农民工融入城市是否有影响时，明确认为没有影响的农民工仅占34.6%，性别差异显著，女性认为户籍影响很大的比例（12.9%）明显高于男性

（9.3%）。关于社会保险，了解城市养老保险和医疗保险的比例较高，分别为 59.9% 和 65.2%。对工伤保险、失业保险和生育保险的了解人数较少，分别占 47.0%、27.0% 和 22.9%。对于办理城市暂住证手续的具体程序，了解的农民工占到 73.0%，且男性比女性更了解。没听说过最低工资标准和企业劳动争议处理条例的农民工比例分别高达 29.0% 和 47.8%。当权益受到侵犯时，不知道向有关政府部门求助的农民工也占 12.7%。

总体而言，农民工对流入地相关政策有一定的了解，但从中也暴露出一些问题。有些政策，如社会保险、最低工资标准和劳动争议处理条例等，不太了解的农民工占有相当的比例。这些情况间接表明，农民工在流入地城市的社会保障存在较大的改善空间。

3. 农民工获取政策信息渠道

表 14-3 给出了农民工获取政策信息渠道的统计结果。数据显示，在九种渠道中，通过电视/广播了解信息的比例最高（31.9%），第二是亲属或同乡（21.1%），第三是网络（12.5%），第四是同事或朋友（11.1%）。从其他渠道和企业获取信息的比例最低。而且表现出较显著的性别差异。由此看出，企业和社区在农民工政策宣传和服务方面还有待加强。

表 14-3　农民工了解"三农"政策渠道及其性别差异（$N=1148$）

了解渠道	总体		男性		女性		LR 检验
	频数	百分比（%）	频数	百分比（%）	频数	百分比（%）	
亲属或同乡	242	21.1	140	21.5	102	20.5	
同事或朋友	127	11.1	71	10.9	56	11.2	
政府	122	10.6	62	9.5	60	12.0	
社区	81	7.1	42	6.5	39	7.8	
企业	16	1.4	9	1.4	7	1.4	13.839[+]
电视/广播	366	31.9	212	32.6	154	30.9	
报纸	31	2.7	25	3.8	6	1.2	
网络	144	12.5	82	12.6	62	12.4	
其他	19	1.7	7	1.1	12	2.4	

注：[+]$p<0.1$。

4. 农民工政策需求

当问到农民工最希望所在务工城市政府提供的三项政策或服务是什么时，农民工回答结果见表14-4。从最高占比来看，农民工第一需求是希望城市政府提供的服务是保障性住房或廉租房，第二需求是提高最低工资水平，第三需求是加强权益保障。由此可以看出，农民工的迫切需求都是农民工在城市生存与发展的基本需求。三项需求均无表现出显著的性别差异。

表14-4　农民工最希望所在务工城市政府提供的政策和服务

政策需求内容	第一需求 (N = 1146)		第二需求 (N = 1146)		第三需求 (N = 1150)	
	频数	百分比（%）	频数	百分比（%）	频数	百分比（%）
改善社会保险	298	26.0	5	0.4	11	1.0
提供保障性住房或廉租房	483	42.1	112	9.8	9	0.8
提高最低工资水平	239	20.9	393	34.3	47	4.1
改善医疗条件	70	6.1	211	18.4	124	10.8
改善工作或生活环境	47	4.1	263	22.9	231	20.1
改善子女教育条件	5	0.4	84	7.3	206	17.9
提高职业技能	3	0.3	69	6.0	131	11.4
加强权益保障	1	0.1	9	0.8	387	33.7
其他	0	0.0	0	0.0	4	0.3

注：鉴于农民工三项需求均不存在显著的性别差异，在表中没有给出性别差异检验结果。

从工资被拖欠情况来看，整体情况较好，见表14-5。数据显示，经常被拖欠工资的农民工比例为5.6%。偶尔被拖欠的占48.2%，从不被拖欠占到46.1%。通过分性别样本比较发现，工资被拖欠情况存在显著差异。表现为男性农民工工资被拖欠的比例显著高于女性。

表14-5　农民工工资被拖欠情况及性别差异 (N = 1142)

打工期间，您的工资是否有被拖欠的情况	总体		男性		女性		LR 检验
	频数	百分比（%）	频数	百分比（%）	频数	百分比（%）	
经常被拖欠	64	5.6	41	6.4	23	4.6	
偶尔被拖欠	551	48.2	344	53.4	207	41.6	20.992 ***
从不被拖欠	527	46.1	259	40.2	268	53.8	

注：*** $p < 0.001$。

通过与相同行业、相同阶层的员工工资收入进行横向对比，发现农民工收入水平整体较好，间接说明外出打工是提高农民工收入的有效手段（见表 14-6）。从第五章可知农民工平均月收入水平为男性 3731.3 元、女性 2809.2 元。对于这种收入水平，农民工认为他们的收入高于其他同行业、同阶层员工工资的仅占 6.4%，多数人（67.2%）认为基本持平，26.4% 的农民工认为他们的工资较低。从性别工资来看，尽管农民工平均实际工资相差 922.1 元，但在横向对比时却没有表现出性别差异，原因很可能是他们主要进行同性别比较。

表 14-6　农民工工资收入横向对比情况及性别差异　（$N=1146$）

您目前的工资与同行业的同层次的工资水平相比怎样	总体		男性		女性		LR 检验
	频数	百分比（%）	频数	百分比（%）	频数	百分比（%）	
较低	302	26.4	162	25.1	140	27.9	
基本持平	771	67.2	437	67.8	334	66.7	2.266
较高	73	6.4	46	7.1	27	5.4	

农民工子女城市入学办理情况见表 14-7。在 261 个农民工样本中，子女入学办理很顺利的约占半数。也有近半数农民工子女在城市入学困难，其中 11.9% 的农民工子女在城市入学很困难。因此，子女入学是制约农民工在城市可持续发展的重要方面。分性别样本比例发现，农民工子女城市入学办理情况没有显著性别差异。

表 14-7　农民工子女城市入学办理情况及性别差异　（$N=261$）

在城市办理子女入学手续顺利吗	总体		男性		女性		LR 检验
	频数	百分比（%）	频数	百分比（%）	频数	百分比（%）	
很困难	31	11.9	19	12.8	12	10.7	
有些困难	102	39.1	53	35.6	49	43.8	1.807
很顺利	128	49.0	77	51.7	51	45.5	

从农民工子女就读学校寻找方式来看，同样没有表现出性别差异（见表 14-8）。总体而言，农民工自己为子女寻找就读学校的占 43.1%；熟人介

绍，比例为 23.8%；政府组织占比不到两成；通过中介组织的仅为 3.1%。从各种方式占比情况可以看出，政府组织对农民工子女就学关注度较低。

表 14-8　农民工子女就读学校寻找方式及性别差异（*N*=260）

您子女目前就读的 学校是怎么找到的	总体		男性		女性		LR 检验
	频数	百分比 （%）	频数	百分比 （%）	频数	百分比 （%）	
自己找的	112	43.1	62	41.6	50	45.0	
熟人介绍	62	23.8	34	22.8	28	25.2	
通过中介组织	8	3.1	6	4.0	2	1.8	4.712
政府组织	47	18.1	32	21.5	15	13.5	
其他	31	11.9	15	10.1	16	14.4	

第二节　农民工政策认知影响因素

为了揭示农民工对政策认知影响因素及其性别差异，本章对流出地和流入地政策认知（因变量）统一操作化为二分类变量，采用二元 Logistic 回归模型进行分析。

1. 流出地政策认知影响因素

与流出地政策认知现状相对应，流出地政策认知因变量分别为是否了解惠农政策、惠农政策是否有帮助、是否了解新型农村养老保险、是否了解"新农合"医保和是否了解创业扶持政策。自变量分别选取年龄、政治面貌、文化程度、婚姻、流出地（户籍地）、是否有村干部亲戚、是否有国家干部亲戚、是否参加党团组织。回归结果见表 14-9。

回归结果显示，农民工在是否了解惠农政策方面的影响因素没有明显性别差异，即男女农民工亲戚中有国家干部和参加党团组织都可能更了解惠农政策，其他变量均无显著影响。除此之外，在其他四个方面的政策认知影响因素有明显的性别差异：对于惠农政策是否有帮助，男性农民工仅受户籍地的影响，即与户籍地为西部的农民工相比，中部农民工更可能认为惠农政策有帮助，而女性农民工不受任何变量的影响。对于新型农村养老

表14-9 农民工对流出地政策认知影响因素回归结果 [Exp (B)]

变量	是否了解惠农政策 男性	是否了解惠农政策 女性	惠农政策是否有帮助 男性	惠农政策是否有帮助 女性	是否了解新型农村养老保险 男性	是否了解新型农村养老保险 女性	是否了解"新农合"医保 男性	是否了解"新农合"医保 女性	是否了解创业扶持政策 男性	是否了解创业扶持政策 女性
年龄	0.989	0.984	0.991	0.967	0.976*	0.979	0.978	0.987	1.036***	0.996
文化程度（小学-）										
初中	0.955	0.978	1.453	0.851	1.138	0.910	0.918	1.993	0.891	0.797
高中+	0.786	0.601	1.577	0.827	0.886	0.824	0.969	1.912	0.667	0.410**
婚姻（不在婚）										
在婚	0.661	0.952	0.717	0.759	0.626*	0.561*	0.680	0.462*	0.721	1.001
流出地（西部）										
中部	1.371	0.967	0.509*	0.709	0.503**	0.688	0.883	1.107	1.150	1.060
东部	1.481	1.373	0.616	1.536	1.207	1.159	1.250	1.659+	1.314	1.016
是否有村干部亲戚	1.293	0.788	0.783	0.924	0.660*	0.814	0.533*	0.631+	0.875	0.921
是否有国家干部亲戚	0.506*	0.528*	1.558	1.052	0.756	0.610*	1.059	1.229	0.969	0.808
是否参加党团组织	0.414*	0.418*	0.964	0.958	1.093	1.067	0.945	0.582+	0.770	0.441**
-2LL	606.895*	508.429**	407.300	286.612	756.904***	613.462***	606.373**	463.599**	830.463***	630.146**
样本量	631	487	506	371	629	487	630	487	633	488

注：1. 惠农政策变量设置为：是＝了解一点和非常了解，否＝没听说过。惠农政策是否有帮助变量设置为：是＝帮助不大和帮助很大，否＝没有。是否了解新型农村养老保险变量设置为：是＝了解，否＝不了解。是否了解"新农合"医保变量设置为：是＝了解，否＝不了解。是否了解创业扶持政策变量设置为：是＝了解一点和非常了解，否＝没听说。2. 五个模型因变量均统一为二分类变量，是＝1，否＝2。以"否"为参照类。3. $p<0.1$，*$p<0.05$，**$p<0.01$，***$p<0.001$。

保险，男性受年龄、婚姻、户籍地和是否有村干部亲戚的影响，即年龄越大、在婚、中部地区、有村干部亲戚都会更了解新型农村养老保险，而女性则受婚姻和是否有亲戚是国家干部的影响，在婚和有国家干部亲戚更了解新型农村养老保险政策。对于"新农合"医保，男女农民工共同点是，均受是否有村干部亲戚的影响，有村干部亲戚的农民工更了解"新农合"医保。除此之外，女性农民工还受婚姻、户籍地和参加党团组织的影响，即在婚和参加党团组织的女性农民工更了解"新农合"医保政策，户籍地为东部地区的女性农民工更不了解"新农合"医保政策。对于创业扶持政策，男性农民工受年龄的影响，年龄越大，越不了解创业扶持政策，而女性农民工受文化程度和参加党团组织的影响，高中及以上文化程度者和参加党团组织者更了解创业扶持政策。

2. 流入地政策认知影响因素

同样，与农民工流入地政策认知现状内容相对应，农民工对流入地政策认知的因变量分为 11 个方面，分别为是否了解劳动合同法、户籍制度是否影响城市融合、是否了解城市养老保险、是否了解城市医疗保险、是否了解工伤保险、是否了解失业保险、是否了解生育保险、是否了解办暂住证程序、是否了解城市最低工资标准、是否了解企业劳动争议处理条例、权益受损是否知道向政府求助等。自变量选取年龄、文化程度、婚姻、打工年限、培训经历、流出地、流入地、行业类型、职业阶层和社会资本等。回归结果见表 14-10。

表 14-10 结果显示，农民工对劳动合同法、户籍制度对城市融合的影响、城市养老保险、医疗保险、工伤保险和失业保险认知的影响因素均有不同程度的性别差异。对劳动合同法的了解程度，男性农民工受年龄、流出地、流入地的影响，即年龄越大、流出地在东部的农民工更不了解，流入地在东部的农民工更了解；女性只受参加党团组织的影响，参加党团组织更有利于了解劳动合同法。对于户籍制度是否影响城市融合，男性农民工认知的影响因素是婚姻、流出地、流入地、行业类型、关系社会资本和组织社会资本，而女性农民工主要受文化程度、关系社会资本、组织社会资本和制度社会资本的影响。对男性而言，在婚、流入地在东部、关系社会资本和组织社会资本都促使农民工认为户籍制度影响城市融合，而流出地在东

表 14-10　农民工对流入地政策认知影响因素回归结果 [Exp（B）]

变量	是否了解劳动合同法		户籍制度是否影响城市融合		是否了解城市养老保险		是否了解城市医疗保险		是否了解工伤保险		是否了解失业保险	
	男性	女性	男性	女性	男性	女性	男性	女性	男性	女性	男性	女性
年龄	1.038+	0.984	1.024	0.988	1.002	0.993	1.007	1.019	1.020	1.018	1.038*	0.990
文化程度（小学-）												
初中	0.559	1.001	0.993	1.368	1.021	0.885	0.912	1.422	0.901	1.088	0.907	0.927
高中+	0.445	0.503	0.914	2.177*	0.582+	0.580	0.635	1.092	0.697	0.904	0.580	0.629
婚姻（不在婚）												
在婚	1.153	1.696	0.647+	1.386	0.502**	0.573*	0.814	1.184	1.066	1.207	0.885	1.208
打工年限	0.975	1.031	0.994	1.000	1.003	1.011	1.006	1.008	0.992	0.988	0.990	1.007
培训经历（无）												
有	0.668	0.807	1.332	0.805	0.977	1.084	0.748	1.197	0.565**	0.718	0.677+	0.514**
流出地（西部）												
中部	1.548	2.192	1.337	1.591	0.856	0.759	0.699	0.593	0.629+	1.549	0.875	1.204
东部	2.387+	2.030	2.283**	1.645	0.882	0.937	1.140	1.168	0.977	2.093*	1.192	1.056
流入地（西部）												
中部	0.543	0.481	0.994	0.952	1.538	1.309	1.809+	1.417	1.371	0.828	1.262	1.438
东部	0.360*	0.463	0.477*	1.326	1.527	0.966	0.978	0.597	1.167	0.575+	1.127	1.117

续表

变量	是否了解劳动合同法		户籍制度是否影响城市融合		是否了解城市养老保险		是否了解城市医疗保险		是否了解工伤保险		是否了解失业保险	
	男性	女性	男性	女性	男性	女性	男性	女性	男性	女性	男性	女性
行业类型（服务业）												
制造/采矿业	0.713	0.872	1.846**	1.177	0.824	0.717	1.021	1.290	0.478**	0.656+	0.526**	0.693
建筑业	0.918	0.942	1.739*	0.620	1.533+	1.221	0.883	1.047	0.661+	0.555	1.113	1.319
职业阶层（非管理层）												
管理层	0.745	1.173	1.208	0.754	0.789	0.644+	0.733	0.567*	0.857	0.718	0.753	0.700
找工作求助公职人员	0.989	1.014	0.533**	0.665+	0.892	0.781	0.879	0.628*	1.079	0.750	0.844	0.720
参加社区组织座谈会	0.346	1.364	0.524*	1.832+	0.566+	0.817	0.652	0.646	0.820	0.902	0.745	0.663
亲戚中有政府人员	0.571	0.575	0.693+	2.048**	0.554**	0.717	0.546**	0.905	0.589*	0.881	0.645+	0.831
参加工会组织	—	0.813	—	0.206***	—	0.320	—	0.871	—	1.103	—	0.773
参加党团组织	0.953	0.320+	1.433	0.999	1.309	1.057	1.312	0.539*	1.389	0.692	0.984	0.455**
-2LL	314.611*	283.234	682.988***	542.362**	742.784***	570.552*	723.956*	535.414***	755.042***	586.975**	600.672***	492.462***
样本量	559	442	579	449	581	454	580	453	579	454	581	453

注：1. 是否了解劳动合同法变量设置为：是=了解一点和非常了解，否=没听说。户籍制度是否影响城市融合变量设置为：是=影响很大，否=没有影响和不清楚。是否了解城市养老保险变量设置为：是=了解，否=不了解。是否了解城市医疗保险变量设置为：是=了解，否=不了解。是否了解工伤保险变量设置为：是=了解，否=不了解。是否失业保险包括是=了解，否=不了解。2. 六个模型因变量均统一为二分类变量，是=1，否=2。3. $p < 0.1$，*$p < 0.05$，**$p < 0.01$，***$p < 0.001$。

续表

变量	是否了解生育保险		是否了解办暂住证程序		是否了解城市最低工资标准		是否了解企业劳动争议处理条例		权益受损是否知道向政府求助	
	男性	女性	男性	女性	男性	女性	男性	女性	男性	女性
年龄	1.030+	0.987	0.994	0.999	0.986	1.005	1.008	0.989	1.041*	1.022
文化程度（小学-）										
初中	0.894	0.715	0.331**	1.266	0.733	0.701	1.143	1.398	1.509	0.492+
高中	0.570	0.568	0.353**	1.105	0.479*	0.505+	0.702	1.032	0.760	0.449+
婚姻（不在婚）										
在婚	0.454**	0.737	0.980	1.210	1.089	0.877	0.827	1.685+	0.777	0.510+
打工年限	0.989	1.005	0.986	0.984	1.015	1.023	1.022	1.022	0.996	1.007
培训经历（无）										
有	1.034	0.789	0.431***	0.541**	0.368***	0.588*	0.615*	1.013	0.710	0.520*
流出地（西部）										
中部	0.583	0.540	1.760+	1.568	1.470	1.428	1.764*	2.012*	1.289	0.391*
东部	0.979	0.633	2.752**	1.684	1.398	1.239	1.296	1.691	1.883	0.467+
流入地（西部）										
中部	0.988	1.972	0.647	1.856	0.670	1.437	0.701	1.531	1.189	2.872+
东部	0.850	1.458	0.386**	0.809	1.259	1.326	1.181	1.146	0.485	2.296+

续表

变量	是否了解生育保险		是否了解办暂住证程序		是否了解城市最低工资标准		是否了解企业劳动争议处理条例		权益受损是否知道向政府求助	
	男性	女性	男性	女性	男性	女性	男性	女性	男性	女性
行业类型（服务业）										
制造/采矿业	0.537*	0.779	1.021	1.171	1.498+	1.491	0.893	1.083	1.008	0.836
建筑业	0.820	3.127+	1.616+	2.211+	1.235	2.071	0.828	0.968	0.961	1.066
职业阶层（非管理层）										
管理层	0.799	0.805	0.610*	0.987	0.940	1.237	0.733	0.702	1.035	1.354
找工作求助公职人员	0.783	0.583*	0.479***	0.681+	0.942	0.359***	0.582**	0.521**	0.798	0.841
参加社区组织座谈会	0.891	1.059	0.828	0.259***	1.069	0.301**	0.588+	0.496*	0.757	0.550
亲戚中有政府人员	0.821	0.946	0.763	0.997	1.462+	1.363	0.991	0.991	0.608	0.761
参加工会组织	—	0.883	—	0.819	—	0.314+	—	0.232**	—	0.600
参加党团组织	0.984	0.391**	1.224	0.976	0.696	0.775	0.486*	0.697	0.536	0.832
-2LL	555.194*	462.635**	685.033***	552.948***	649.516***	490.608***	736.525***	561.051***	401.188***	340.806+
样本量	581	452	580	454	583	454	583	453	583	453

注：1. 是否了解生育保险变量设置为：是＝了解，否＝不了解。是否了解城市最低工资标准变量设置为：是＝了解，否＝没听说过。权益受损是否知道向政府求助变量设置为：是＝知道一些和完全知道，否＝完全不知道。是否了解办暂住证程序变量设置为：是＝了解和完全了解，否＝不了解。是否了解企业劳动争议处理条例变量设置为：是＝一般大部分了解和完全了解，否＝了解很少和完全不了解；是＝了解一点和完全了解，否＝没听说过。五个模型因变量统一为二分类变量，是＝1，否＝0。2. 3. +p<0.1，*p<0.05，**p<0.01，***p<0.001。

部、从事制造/采矿业、建筑业的农民工则不认为户籍制度会影响城市融合。女性则表现为，高中文化程度、参加社区组织座谈会、亲戚中有政府人员的女性农民工则不认为户籍制度有影响。找工作向公职人员求助、参加工会组织的女性农民工认为户籍制度有影响。

对于养老保险、医疗保险、工伤保险、失业保险和生育保险政策认知的影响因素因农民工的性别而异。在养老保险方面，男性政策认知的影响因素主要是文化程度、婚姻和组织社会资本以及行业类型，即高中及以上文化程度、在婚、参加社区组织座谈会和亲戚中有政府人员的农民工更了解养老保险政策；而与服务业相比，建筑业的农民工更不了解养老保险政策。女性主要集中在婚姻和职业阶层，且在婚和处于管理层的农民工更了解养老保险。在医疗保险方面，男性集中在流入地和亲戚中有政府人员，中部地区农民工更不了解，亲戚中有政府人员则更了解；对女性农民工而言，管理层、找工作向公职人员求助和参加党团组织更了解医疗保险政策。对于工伤保险，受过培训、流出地在中部、从事建筑业和制造/采矿业、亲戚中有政府人员的男性农民工更了解该政策，而女性打工地在东部、从事制造/采矿业更了解该政策，流出地在东部者则更不了解该政策。对失业保险，有培训经历、从事制造/采矿业、亲戚中有政府人员的男性农民工更了解，年龄越大越不了解。而对于女性农民工，有培训经历和参加党团组织均有利于了解失业保险政策。在婚、从事制造/采矿业的男性农民工更了解生育政策，而找工作求助公职人员、参加党团组织的女性农民工更了解该政策，从事建筑业的女性农民工更不了解该政策。

对于办暂住证程序、最低工资标准、企业劳动争议处理条例、权益受损求助政府等政策方面的影响因素同样呈现明显的性别差异。对男性农民工而言，年龄越大，权益受损时越不知道向政府求助；文化程度越高，越了解办暂住证程序和最低工资标准；有培训经历者和求职向公职人员求助者更了解办暂住证程序、最低工资标准和企业劳动争议处理条例。对女性而言，文化程度高、在婚者当权益受损时更可能知道求助政府部门。有培训经历者了解办暂住证程序、最低工资标准和权益受损向政府求助。找工作向公职人员求助和参加社区组织座谈会更了解办暂住证程序、最低工资标准和企业劳动争议处理条例。

第三节　党的十八大以来农民工政策梳理

1. 农民工政策指导思想及政策框架

改革开放以来，农民工流动大致经历了五个阶段，即严禁流动（1979～1983年）、允许流动（1984～1987年）、控制流动（1988～1991年）、引导流动（1992～1998年）、放开并支持流动（1999年至今）（盛昕，2008）。我国的人口流动政策目标多元，国家已经从单纯的流动管理，逐步转向关注以农民工为主的流动人口的权益保障。2002年前后，我国流动人口政策的重点仍然是加强管理，特别是加强计划生育管理和社会治安综合治理。2003年后国家政策开始从解决农民工工资拖欠问题转向在各个领域全面解决农民工问题。2003年1月，国务院办公厅发出《关于做好农民进城务工就业管理和服务工作的通知》（国办发〔2003〕1号），提出解除对农民进城务工就业的不合理限制，切实解决拖欠和克扣农民工工资问题，改善农民工的生产生活条件，做好农民工的培训工作，多渠道安排农民工子女就学等。此后，以改善农民工工作条件、保障和维护其利益为目标的政策陆续出台。2004年12月，《关于进一步做好改善农民进城就业环境工作的通知》较系统地明确了农民工的平等就业、劳动保障和子女接受教育等方面的合法权益。2006年3月，《国务院关于解决农民工问题的若干意见》出台，该意见对农民工的待遇、教育等都做了明确系统的规定。相关部委据此出台了一系列的落实政策，系统解决农民工问题的政策体系开始形成。2007年，党的十七大报告明确提出，要积极推进和注重实现基本公共服务均等化，这也包括了流动人口的服务均等化问题。同年，中央社会治安综合治理委员会出台了《关于进一步加强流动人口服务和管理工作的意见》，提出"公平对待、搞好服务、合理引导、完善管理"的工作方针，明确要求逐步实行农民市民化制度，要求流入地、流出地的党委和政府，把以农民工为主的流动人口服务和管理工作纳入本地区国民经济和社会发展中长期规划和年度计划，在制定公共政策、建设公共设施等方面，统筹考虑长期在本地就业和居住的流动人口的公共服务的需求，逐步建立和完善覆盖流动人口的公共服务体系。

党的十八大以来，随着全面建成小康社会、新型城镇化目标的推进和国家治理体系治理能力现代化建设的加快，国家对农民工问题更加关注。国务院及相关部委出台相应文件进一步完善相关政策，促进流动人口公共服务体系的建立和完善。流动人口公共服务体系主要包括就业培训与服务政策、劳动保障政策、社会支持与社会融合、公共福利性政策、婚育政策、子女教育政策等。农民工政策体系框架见图14-1。通过国务院及相关部委通力合作，出台并指导实施农民工政策，实现农民工在城市"工作有活干、生活有保障、居住有房住、子女有学上、生病有保险、养老有后盾"，充分享受国家改革发展成果。

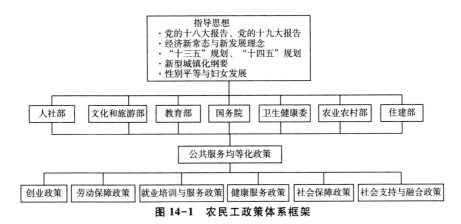

图14-1　农民工政策体系框架

2. 农民工就业培训和创业政策

农民工就业培训服务政策是我国农民工政策最早关注的领域，但农民工创业政策是在党的十八大之后才提出来的。国家对农民工的就业培训服务政策相对完备，但是创业政策目前还处在摸索时期，没有形成一致的体系，党的十八大以来关于农民工就业培训和创业方面主要的政策文件见表14-11。

表14-11　农民工就业培训和创业政策

创业政策	1. 《国务院农民工工作领导小组办公室关于印发国务院关于进一步做好为农民工服务工作的意见宣传提纲的通知》（国农工办发〔2014〕3号） 2. 《国务院关于进一步做好为农民工服务工作的意见》（国发〔2014〕40号） 3. 《国务院关于进一步做好新形势下就业创业工作的意见》（国发〔2015〕23号） 4. 《国务院办公厅关于支持农民工等人员返乡创业的意见》（国办发〔2015〕47号） 5. 《国务院办公厅关于推进农村一二三产业融合发展的指导意见》（国办发〔2015〕93号） 6. 国家发改委第十部门《关于结合新型城镇化开展支持农民工等人员返乡创业试点工作的通知》（发改就业〔2015〕2811号）

续表

创业政策	7.《人力资源社会保障部办公厅 农业部办公厅 国务院扶贫办行政人事司 共青团中央办公厅 全国妇联办公厅关于实施农民工等人员返乡创业培训五年行动计划（2016—2020 年）的通知》（人社厅发〔2016〕90 号） 8.《国务院办公厅关于支持返乡下乡人员创业创新促进农村一二三产业融合发展的意见》（国办发〔2016〕84 号） 9.《国务院办公厅关于建设第二批大众创业万众创新示范基地的实施意见》（国办发〔2017〕54 号） 10.《国务院关于强化实施创新驱动发展战略进一步推进大众创业万众创新深入发展的意见》（国发〔2017〕37 号） 11.《国务院关于推动创新创业高质量发展打造"双创"升级版的意见》（国发〔2018〕32 号） 12.《国务院关于促进乡村产业振兴的指导意见》（国发〔2019〕12 号） 13.《人力资源社会保障部 国家发展改革委等十五部门关于做好当前农民工就业创业工作的意见》（人社部发〔2020〕61 号） 14.《国务院关于印发"十四五"就业促进规划的通知》（国发〔2021〕14 号）
就业培训服务政策	1. 教育部等九部门《关于加快发展面向农村的职业教育的意见》（教职成〔2011〕13 号） 2. 住建部等五部门《关于深入推进建筑工地农民工业余学校工作的指导意见》（建人〔2012〕200 号） 3.《国务院农民工工作领导小组办公室关于印发国务院关于进一步做好为农民工服务工作的意见宣传提纲的通知》（国农工办发〔2014〕3 号） 4.《人力资源社会保障部关于印发〈农民工职业技能提升计划——"春潮行动"实施方案〉的通知》（人社部发〔2014〕26 号） 5.《国务院关于进一步做好为农民工服务工作的意见》（国发〔2014〕40 号） 6.《住房城乡建设部办公厅关于开展建筑业"千万农民工同上一堂课"安全培训活动的通知》（建办人函〔2008〕601 号） 7.《国务院关于进一步做好新形势下就业创业工作的意见》（国发〔2015〕23 号） 8.《教育部 中华全国总工会关于印发〈农民工学历与能力提升行动计划——"求学圆梦行动"实施方案〉的通知》（教职成函〔2016〕2 号） 9. 教育部等九部门《关于进一步推进社区教育发展的意见》（教职成〔2016〕4 号） 10.《人力资源社会保障部关于印发人力资源和社会保障事业发展"十三五"规划纲要的通知》（人社部发〔2016〕63 号） 11.《国务院关于推行终身职业技能培训制度的意见》（国发〔2018〕11 号） 12.《人力资源社会保障部关于印发〈新生代农民工职业技能提升计划（2019—2022 年）〉的通知》（人社部发〔2019〕5 号） 13.《人力资源社会保障部关于印发〈农民工稳就业职业技能培训计划〉的通知》（人社部函〔2020〕48 号）

资料来源：根据各媒体网站新闻报道整理。

（1）就业培训服务政策

在就业培训方面，教育部等九部门出台了《关于加快发展面向农村的职业教育的意见》（教职成〔2011〕13 号）、《关于深入推进建筑工地农民工业余学校工作的指导意见》（建人〔2012〕200 号）、《国务院农民工工作领导小组办公室关于印发国务院关于进一步做好为农民工服务工作的意见宣传提纲的通知》（国农工办发〔2014〕3 号）、《人力资源社会保障部关于印发〈农民工职业技能提升计划——"春潮行动"实施方案〉的通知》（人社部发〔2014〕26 号）、《住房城乡建设部办公厅关于开展建筑业"千万农民工同上一堂课"安全培训活动的通知》（湘办人函〔2014〕249 号）、《教育部 中华全国总工会关于印发〈农民工学历与能力提升行动计划——"求学圆梦行动"实施方案〉的通知》（教职成函〔2016〕2 号）、教育部等九部门《关于进一步推进社区教育发展的意见》（教职成〔2016〕4 号），实施农民工职业技能提升计划。近三年国务院、人社部与时俱进，又相继出台了《国务院关于推行终身职业技能培训制度的意见》（国发〔2018〕11 号）和《人力资源社会保障部关于印发〈新生代农民工职业技能提升计划（2019—2022 年）〉的通知》（人社部发〔2019〕5 号）、《人力资源社会保障部关于印发农民工稳就业职业技能培训计划的通知》（人社部函〔2020〕48 号），加大农民工职业培训工作力度，对农村转移就业劳动者开展就业技能培训，对农村未升学初、高中毕业生开展劳动预备制培训，对在岗农民工开展岗位技能提升培训，对具备中级以上职业技能的农民工开展高技能人才培训，将农民工纳入终身职业培训体系。国家将加强农民工职业培训工作的统筹管理，制订农民工培训综合计划，加大培训资金投入力度，合理确定培训补贴标准，落实职业技能鉴定补贴政策；改进培训补贴方式，重点开展订单式培训、定向培训、企业定岗培训，面向市场确定培训职业，形成培训机构平等竞争、农民工自主参加培训、政府购买服务的机制；鼓励企业组织农民工进行培训，符合相关规定的，对企业给予培训补贴。鼓励大中型企业联合技工院校、职业院校，建设一批农民工实训基地。

（2）创业政策

2014 年 9 月国务院出台了《关于进一步做好为农民工服务工作的意见》（国发〔2014〕40 号）以后，又相继出台了《国务院农民工工作领导小组办公室关于印发国务院关于进一步做好为农民工服务工作的意见宣传提纲的通知》(国农工办发〔2014〕3号)、《国务院关于进一步做好新形势下就业创业工作的意见》(国发〔2015〕23号)、《国务院办公厅关于支持农民工等人员返乡创业的意见》(国办发〔2015〕47号)、国家发改委等十部门《关于结合新型城镇化开展支持农民工等人员返乡创业试点工作的通知》(发改就业〔2015〕2811号)以及《人力资源社会保障部办公厅 农业部办公厅 国务院扶贫办行政人事司 共青团中央办公厅 全国妇联办公厅关于实施农民工等人员返乡创业培训五年行动计划(2016—2020年)的通知》(人社厅发〔2016〕90号),还有"大众创业万众创新"项目(双创)相关政策〔《国务院办公厅关于建设第二批大众创业万众创新示范基地的意见》(国办发〔2017〕54号)、《国务院关于强化实施创新驱动发展战略进一步推进大众创业万众创新深入发展的意见》(国发〔2017〕37号)、《国务院关于推动创新创业高质量发展打造"双创"升级版的意见》(国发〔2018〕32号)〕,《国务院关于促进乡村产业振兴的指导意见》(国发〔2019〕12号)和《国务院关于印发"十四五"就业促进规划的通知》(国发〔2021〕14号),进一步完善和落实促进农民工就业创业的政策。国家应引导农民工有序外出就业、鼓励农民工就地就近转移就业、扶持农民工返乡创业;实现就业信息全国联网,为农民工提供免费的就业信息服务;完善城乡均等的公共就业服务体系,有针对性地为农民工提供政策咨询、职业指导、职业介绍等公共就业服务;加强农民工输出地输入地劳务对接,输出地可在本地农民工相对集中的输入地设立服务工作站点并应给予支持;组织开展农民工就业服务"春风行动",加强农村劳动力转移就业工作示范县建设;大力发展服务业特别是家庭服务业和中小微企业,开发适合农民工的就业岗位,建设减免收费的农贸市场和餐饮摊位,满足市民生活需求和促进农民工就业;积极支持农产品产地初加工农业、休闲农业的发展,引导有市场、有效益的劳动密集型产业优先向中西部地区转移,吸纳从东部地区返乡和就近转移的农民工就业;将农民工纳入创业政策扶持范围,运用财政支持、创业投资引导和创业培训、政策性金融服务、小额担保贷款和贴息、生产经营场地和创业孵化基地等扶持政策,提高农民工创业技能。

3. 农民工健康服务政策

党的十八大之后,原国家卫生计生委根据国家的大政方针,开始逐步关注农民工的健康服务政策，决定开始实施"服务百姓健康行动"，并适时出台完善农民工的健康服务政策的调整方案。农民工健康服务政策文件见表14-12。

表 14-12　农民工健康服务政策

农民工健康服务政策	1. 《国家卫生计生委办公厅关于印发流动人口卫生和计划生育基本公共服务均等化试点工作方案的通知》（国卫办流管发〔2013〕35号） 2. 《国家卫生和计划生育委员会办公厅关于元旦春节期间组织开展流动人口卫生计生关怀关爱专项行动的通知》（国卫办流管函〔2013〕540号） 3. 《国家卫生计生委关于印发全民健康素养促进行动规划（2014—2020年）的通知》（国卫宣传发〔2014〕15号） 4. 《国务院关于进一步做好为农民工服务工作的意见》（国发〔2014〕40号） 5. 国家卫计委等五部门《关于做好流动人口基本公共卫生计生服务的指导意见》（国卫流管发〔2014〕82号） 6. 国家卫计委两部门《关于充分发挥计划生育协会在流动人口卫生计生服务工作中作用的指导意见》（国卫流管发〔2015〕66号） 7. 《国家卫生计生委办公厅关于印发流动人口健康教育和促进行动计划（2016—2020年）的通知》（国卫办流管发〔2016〕25号） 8. 《国家卫生计生委办公厅关于印发流动人口健康教育核心信息及释义的通知》（国卫办流管函〔2016〕631号） 9. 《国家卫生计生委关于印发"十三五"全国流动人口卫生计生服务管理规划的通知》（国卫流管发〔2017〕9号）

资料来源：根据各媒体网站新闻报道整理。

（1）农民工医疗卫生和计划生育服务

2014年，在《国家卫生计生委关于印发全民健康素养促进行动规划（2014—2020年）的通知》中，明确了加大农民工医疗卫生和计划生育服务工作力度。政策要求，继续实施国家免疫规划，保障农民工适龄随迁子女平等享受预防接种服务，加强农民工聚居地的疾病监测、疫情处置和突发公共卫生事件应对措施，做好农民工健康教育、妇幼健康和精神卫生工作，加大农民工艾滋病、结核病、血吸虫病等重大疾病防治工作力度，完善社区卫生计生服务网络，将农民工纳入服务范围，鼓励有条件的地方将符合条件的农民工及其随迁家属纳入当地医疗救助范围。

（2）农民工健康保护

政策要求，加强农民工安全生产和职业健康保护。强化高危行业和中小企业一线操作农民工安全生产和职业健康教育培训，将安全生产和职业健康相关知识纳入职业技能教育培训内容。严格执行特殊工种持证上岗制度、安全生产培训与企业安全生产许可证审核相结合制度，督促企业对有患职业病风险的农民工开展职业健康检查、建立监护档案，建立重点职业病监测哨点，完善职业病诊断、鉴定、治疗的法规、标准和机构，实施农民工职业病防治和帮扶行动，深入开展粉尘与高毒物品危害治理，保障符合条件的无法追溯用人单位及用人单位无法承担相应责任的农民工职业病患者享受相应的生活和医疗待遇。

4. 农民工劳动保障政策

劳动保障政策是我国农民工政策最早关注的领域，已经形成了包括工资保障和劳动管理的政策体系，通过建立政策体系和执法监督机制，维护和保障农民工合法权益。主要政策文件见表14-13。

表 14-13　农民工劳动保障政策

工资保障	1. 《国务院关于进一步做好为农民工服务工作的意见》（国发〔2014〕40号） 2. 《国务院办公厅关于全面治理拖欠农民工工资问题的意见》（国办发〔2016〕1号） 3. 《人力资源社会保障部　发展改革委　公安部　司法部　财政部　住房城乡建设部交通运输部　水利部　人民银行　国资委　工商总局　中华全国总工会关于开展农民工工资支付情况专项检查的通知》（人社部明电〔2016〕6号） 4. 《人力资源社会保障部关于印发〈拖欠农民工工资"黑名单"管理暂行办法〉的通知》（人社部规〔2017〕16号） 5. 《国务院办公厅关于印发保障农民工工资支付工作考核办法的通知》（国办发〔2017〕96号） 6. 《保障农民工工资支付条例》（国令第724号） 7. 人力资源社会保障部等十部门《关于印发〈工程建设领域农民工工资专用账户管理暂行办法〉的通知》（人社部发〔2021〕53号）
劳动管理	1. 《国务院关于进一步做好为农民工服务工作的意见》（国发〔2014〕40号） 2. 《国家卫生和计划生育委员会办公厅关于进一步做好流动人口便民维权工作的通知》（国卫办流管函〔2014〕194号）

资料来源：根据各媒体网站新闻报道整理。

（1）工资保障

《国务院办公厅关于全面治理拖欠农民工工资问题的意见》（国办发〔2016〕1号）对农民工工资报酬权益提供保障。之后，《人力资源社会保障部关于印发〈拖欠农民工工资"黑名单"管理暂行办法〉的通知》（人社部规〔2017〕16号）、《国务院办公厅关于印发保障农民工工资支付工作考核办法的通知》（国办发〔2017〕96号）、《保障农民工工资支付条例》（国令第724号）和人力资源和社会保障部等十部门《关于印发〈工程建设领域农民工工资专用账户管理暂行办法〉的通知》（人社部发〔2021〕53号）等相关政策的出台，进一步加大了农民工工资保障的力度。这些政策要求，在易发生欠薪的行业推行工资保证金制度，在有条件的市、县探索建立健全欠薪应急周转金制度，完善并落实工程总承包企业对所承包工程的农民工工资支付全面负责制度、劳动保障监察执法与刑事司法联动治理恶意欠薪制度、解决欠薪问题地方政府负总责制度，推广使用实名制工资支付银行卡，落实农民工与城镇职工同工同酬原则，在经济发展基础上合理调整最低工资标准，推动农民工参与工资集体协商，促进农民工工资水平合理增长。

（2）劳动管理

农民工的劳动管理主要是规范农民工的劳动用工管理制度，指导和督促用人单位与农民工依法签订并履行劳动合同，在务工流动性大、季节性强、时间短的农民工中推广简易劳动合同示范文本，对小微企业经营者开展劳动合同法培训。依法规范劳务派遣用工行为，清理建设领域违法发包分包行为，完善适应家政服务特点的劳动用工政策和劳动标准，整合劳动用工备案及就业失业登记、社会保险登记，实现对企业使用农民工的动态管理服务。

国家关于进一步做好流动人口便民维权工作，畅通农民工维权渠道，出台了相关政策文件，如《国家卫生和计划生育委员会办公厅关于进一步做好流动人口便民维权工作的通知》（国卫办流管函〔2014〕194号）。全面推进劳动保障监察网格化、管理网络化，加强用人单位用工守法诚信管理，完善劳动保障违法行为排查预警、快速处置机制，健全举报投诉制度，依法查处用人单位侵害农民工权益的违法行为。按照"鼓励和解、强化调解、依法仲裁、衔接诉讼"的要求，及时公正处理涉及农民工的劳动争议。畅通农民工劳动争议仲裁"绿色通道"，简化受理立案程序，提高仲裁效率。建立健全涉及农民工的集体劳动争议调处机制。大力加强劳动保障监察机构、劳动人事争议仲裁院和基层劳动争议调解组织建设，完善服务设施，增强维护农民工权益的能力。加强对农民工的法律援助和法律服务工作。健全基层法律援助和法律服务工作网络，加大法律援助工作力度，使符合条件的农民工及时便捷地获得法律援助。简化法律援助申请受理审查程序，完善异地协作机制，方便农民工异地申请获得法律援助。畅通法律服务热线，加大普法力度，不断提高农民工及用人单位的法治意识和法律素质，引导农民工合法理性维权。

5. 农民工社会保障政策

社会保障政策是指政府在某种社会价值理念指导下，为了达成一定的社会目标期望，制定的关于社会保险、社会救济、社会福利、社会优抚安置等方面的一系列方略、法令、办法、条例的总和，旨在对个人与群体生命周期内的生活风险进行干预，并提供社会安全支持。农民工社会保障政策主要指社会保险政策。党的十八大以来出台的农民工社会保障政策见表14-14。

表 14-14　农民工社会保障政策

社会保险	1. 《国务院关于进一步做好为农民工服务工作的意见》（国发〔2014〕40号） 2. 人社部等四部门《关于印发〈关于做好进城落户农民参加基本医疗保险和关系转移接续工作的办法〉的通知》（人社部发〔2015〕80号） 3. 国家卫计委等十部门《关于印发加强农民工尘肺病防治工作的意见的通知》（国卫疾控发〔2016〕2号） 4. 人社部等三部门《关于切实做好社会保险扶贫工作的意见》（人社部发〔2017〕59号）

资料来源：根据各媒体网站新闻报道整理。

目前，我国仍要扩大农民工参加城镇社会保险覆盖面。依法将与用人单位建立稳定劳动关系的农民工纳入城镇职工基本养老保险和基本医疗保险，完善灵活就业农民工参加基本养老保险、基本医疗保险相关政策，放开灵活就业农民工在就业地参加基本养老保险、基本医疗保险的户籍限制，完善社会保险关系转移接续政策。努力实现有就业单位的农民工全部参加工伤保险，着力解决未参保用人单位的农民工工伤保险待遇保障问题。推进职业伤害保障试点，探索用工单位购买商业保险、保险公司适当让利的机制，鼓励用工单位以商业保险方式为灵活就业和新就业形态农民工提供多层次保障。推动农民工与城镇职工平等参加失业保险、生育保险并享受平等待遇。对劳务派遣单位或用工单位侵害被派遣农民工社会保险权益的，依法追究连带责任。实施"全民参保登记计划"，推进农民工等群体依法全面持续参加社会保险。要整合各项社会保险经办管理资源，优化经办业务流程，增强对农民工的社会保险服务能力。

6. 农民工社会支持和社会融合政策

农民工社会支持和社会融合政策主要体现在户籍政策、城镇化政策和子女教育政策方面。党的十八大以来出台的主要政策见表 14-15。

表 14-15　农民工社会支持和社会融合政策

户籍管理	1.《国务院办公厅关于积极稳妥推进户籍管理制度改革的通知》（国办发〔2011〕9 号） 2.《国务院关于进一步推进户籍制度改革的意见》（国发〔2014〕25 号） 3.《国务院关于进一步做好为农民工服务工作的意见》（国发〔2014〕40 号） 4.《国务院办公厅关于印发推动 1 亿非户籍人口在城市落户方案的通知》（国办发〔2016〕72 号）
农民工市民化	1.《国家新型城镇化规划（2014—2020 年）》 2.《国务院农民工工作领导小组办公室关于印发国务院关于进一步做好为农民工服务工作的意见宣传提纲的通知》（国农工办发〔2014〕3 号） 3.《国务院关于进一步做好为农民工服务工作的意见》（国发〔2014〕40 号） 4. 中共中央组织部 人力资源社会保障部等五部门《关于进一步加强流动人员人事档案管理服务工作的通知》（人社部发〔2014〕90 号） 5.《住房城乡建设部关于落实国家新型城镇化规划完善工程建设标准体系的意见》（建标〔2014〕139 号） 6.《文化部、国务院农民工工作领导小组办公室、全国总工会关于进一步做好为农民工文化服务工作的意见》（文公共发〔2016〕2 号） 7.《国务院关于深入推进新型城镇化建设的若干意见》（国发〔2016〕8 号） 8.《国务院关于实施支持农业转移人口市民化若干财政政策的通知》（国发〔2016〕44 号） 9.《国务院关于印发"十四五"就业促进规划的通知》（国发〔2021〕14 号）
子女教育	1. 教育部等 5 部门《关于加强义务教育阶段农村留守儿童关爱和教育工作的意见》（教基一〔2013〕1 号） 2.《国务院关于进一步做好为农民工服务工作的意见》（国发〔2014〕40 号） 3.《国务院关于加强农村留守儿童关爱保护工作的意见》（国发〔2016〕13 号）

资料来源：根据各媒体网站新闻报道整理。

（1）户籍管理政策

2011 年，国家出台了《国务院办公厅关于积极稳妥推进户籍管理制度改革的通知》（国办发〔2011〕9 号）。接着，在 2014 年国家又出台了《国务院关于进一步推进户籍制度改革的意见》（国发〔2014〕25 号）、

《国务院关于进一步做好为农民工服务工作的意见》（国发〔2014〕40号）、《国务院办公厅关于印发推动1亿非户籍人口在城市落户方案的通知》（国办发〔2016〕72号）等政策，有序推进农民工在城镇落户，进一步推进户籍制度改革，实施差别化落户政策，促进有条件有意愿、在城镇有稳定就业和住所的农民工及其随迁家属在城镇有序落户并依法平等享受城镇公共服务。各城镇要根据国家户籍制度改革的部署，统筹考虑本地区综合承载能力和发展潜力，以就业年限、居住年限、城镇社会保险参保年限等为基准条件，制定具体落户标准。建立健全土地承包经营权流转市场，加强流转管理和服务。完善土地承包经营纠纷的调解仲裁体系和调处机制。深化农村集体产权制度改革，探索农村集体经济多种有效实现形式，保障农民工的集体经济组织成员权利。完善相关法律和政策，妥善处理好农民工及其随迁家属进城落户后的土地承包经营权、宅基地使用权、集体经济收益分配权问题。现阶段，不得以放弃土地承包经营权、宅基地使用权、集体经济收益分配权作为农民进城落户的条件。

（2）农民工市民化政策

2014年，《国家新型城镇化规划（2014—2020年）》逐步推动农民工平等享受城镇基本公共服务。深化基本公共服务供给制度改革，积极推进城镇基本公共服务由主要对本地户籍人口提供向对常住人口提供转变，努力实现城镇基本公共服务覆盖在城镇常住的农民工及其随迁家属，使其逐步平等享受市民权利。各地区、各有关部门要逐步按照常住人口配置基本公共服务资源，明确农民工及其随迁家属可以享受的基本公共服务项目，并不断提高综合承载能力，扩大项目范围。农民工及其随迁家属在流入地城镇未落户的，依法申领居住证，持居住证享受规定的基本公共服务。在农民工流入相对集中的城市，主要依托社区综合服务设施、劳动就业社会保障服务平台等现有资源，建立农民工综合服务平台，整合各部门公共服务资源，为农民工提供便捷、高效、优质的"一站式"综合服务。

在城镇一体化制度下，保障农民工依法享有民主政治权利。着重从农民工中发展党员，加强农民工中的党组织建设，健全城乡一体、流入地党组织为主、流出地党组织配合的农民工党员教育管理服务工作制度。积极推荐优秀农民工作为各级党代会、人大、政协的代表、委员，在评选劳动模范、先进工作者和报考公务员等方面与城镇职工同等对待。创造新办法、开辟新渠道，支持农民工在职工代表大会和社区居民委员会、村民委员会等组织中依法行使民主选举、民主决策、民主管理、民主监督的权利。

逐步改善农民工居住条件。统筹规划城镇常住人口规模和建设用地面积，将解决农民工住房问题纳入住房发展规划。支持增加中小户型普通商品住房供给，规范房屋租赁市场，积极支持符合条件的农民工购买或租赁商品住房，并按规定享受购房契税和印花税等优惠政策。完善住房保障制度，将符合条件的农民工纳入住房保障实施范围。加强城中村、棚户区环境整治和综合管理服务，使居住其中的农民工住宿条件得到改善。农民工集中的开发区、产业园区可以按照集约用地的原则，集中建设宿舍型或单元型小户型公共租赁住房，面向用人单位或农民工出租。允许农民工数量较多的企业在符合规划和规定标准的用地规模范围内，利用企业办公及生活服务设施用地建设农民工集体宿舍，督促和指导建设施工企业改善农民工住宿条件。逐步将在城镇稳定就业的农民工纳入住房公积金制度实施范围。

（3）子女教育政策

在《国务院关于进一步做好为农民工服务工作的意见》（国发〔2014〕40号）的文件中，保障农民工随迁子女平等接受教育的权利。流入地政府要将符合规定条件的农民工随迁子女教育纳入教育发展规划，合理规划学校布局，科学核定公办学校教师编制，加大公办学校教育经费投入力度，保障农民工随迁子女平等接受义务教育权利。公办义务教育学校要普遍对农民工随迁子女开放，与城镇户籍学生混合编班，统一管理，积极创造条件，着力满足农民工随迁子女接受普惠性学前教育的需求。对在公益性民办学校、普惠性民办幼儿园接受义务教育、学前教育的农民工随迁子女，采取政府购买服务等方式落实支持经费，指导和帮助学校、幼儿园提高教育质量。各地要完善和落实好符合条件的农民工随迁子女接受义务教育后在流入地参加中考、高考的政策。在农村，要建立健全留守儿童、留守妇女和留守老人关爱服务体系。实施"共享蓝天"关爱农村留守儿童行动，完善工作机制、整合资源、增加投入，依托中小学、村民委员会普遍建立关爱服务阵地，做到有场所、有图书、有文体器材、有志愿者服务。继续实施学前教育行动计划，加快发展农村学前教育，着力满足留守儿童入园需求。全面改善贫困地区薄弱学校基本办学条件，加快农村寄宿制学校建设，优先满足留守儿童寄宿需求，落实农村义务教育阶段家庭经济困难寄宿生生活补助政策。实施农村义务教育学生营养改善计划，开展心理关怀等活动，促进学校、家庭、社区有效衔接。

加快发展农村新成长劳动力职业教育。努力推动未升入普通高中、普通高等院校的农村应届初中、高中毕业生都能接受职业教育。全面落实中等职业教育农村学生免学费政策和家庭经济困难学生资助政策。各地要根据需要改扩建符合标准的主要面向农村招生的职业院校、技工院校，支持没有职业院校或技工院校的边远地区城市因地制宜建立主要面向农村招生的职业院校或技工院校。加强职业教育教师队伍建设，创新办学模式，提高教育质量。积极推进学历证书、职业资格证书双证书制度。

总体而言，农民工相关政策覆盖面广，包括了农民工工作、生活、社会保障、子女上学等各个方面。但是从整体上来看，政策文件的出台还较缺乏社会性别视角，如何针对女性农民工和女孩的弱势状况，促进农民工发展的性别平等，这可能是农民工相关政策未来需要完善的方向。

本章小结

本章主要分析农民工对流出地和流入地政策认知现状，以及影响农民工政策认知的因素及其性别差异，系统梳理了党的十八大以来农民工相关政策，并从社会性别角度指出政策未来走向。

政策认知现状表明，农民工对流出地政策了解较好，仅仅对创业扶持政策了解较少，反映了相关政策宣传和执行还有待改进的问题。由于政策的相对同质性，农民工对流出地政策认知没有表现出明显的性别差异。对于流入地城市政策，总体而言，多数农民工都有所了解，但从中也暴露出一些问题。有些政策，如社会保险、最低工资和劳动争议处理条例等，农民工了解较少。这些情况间接表明，农民工在流入地城市的社会保障存在较大的完善空间。结合农民工的政策需求可知，改善保障性住房、提高最低工资和完善社会保障是解决农民工可持续发展的重要突破口。

政策认知影响因素表明，农民工对劳动合同法、户籍制度对城市融合的影响、城市养老保险、医疗保险、工伤保险、失业保险、生育保险、办暂住证程序、最低工资标准、企业劳动争议处理条例、权益受损求助政府等政策方面认知的影响因素均有不同程度的性别差异，主要表现在年龄、文化程度、婚姻状况、流出流入地区域以及关系社会资本、组织社会资本和制度社会资本方面。针对不同政策认知，性别差异表现的变量也不相同。了解农民工政策认知影响因素的性别差异，可以针对性解决农民工群体面临的问题。

通过梳理党的十八大以来的农民工政策发现，在新的历史时期，政府为解决农民工问题出台了就业培训与创业政策、社会保障政策、健康服务政策、劳动保障政策以及针对农民工社会支持与社会融合的户籍管理政策、农民工市民化政策和子女教育政策等一系列政策。这些政策的出台，为农民工提高城市生活质量提供了制度保障。但是，也应该注意到，这些政策很少涉及社会性别视角。或者说，让性别平等意识落实在各项政策的实施之中，需要打通横向和纵向部门之间的政策壁垒，使得流出地和流入地政策有效衔接，更好地服务于农民工的可持续发展。

第十五章

结论、建议与展望

首先，本章总结了社会性别视角下农民工在政治参与、工作就业、婚姻家庭、代际支持、组织融合、城市融合等方面的实证研究结果。其次，在实证研究基础上，基于社会性别视角提出促进农民工可持续发展以及性别平等的政策建议。最后，对进一步研究做了展望。

第一节　主要结论

性别平等是社会经济发展的永恒主题。在中国经济长期保持中高速增长的过程中，农民工群体无疑做出了巨大的贡献。但经济发展以及行业的选择性、农民工较低的从业技能、区域发展的不平衡、体制机制的不完善都可能使农民工在城市生存与发展过程中呈现较大的性别差异。农民工问题是一个涉及政治、经济、社会、文化和心理诸多层面的系统问题，通过制度创新，引导政府、企业组织、社区组织、社会组织、农民工群体各方力量，共同促进农民工在城市社会可持续发展和性别平等，推动整个社会发展和全面进步。因此，本研究基于社会性别视角，整合生计资本理论和交易费用理论，并结合组织行为理论和社会融合理论，形成农民工可持续生计研究框架。在分析农民工社会性别现状成因的基础上，揭示了农民工在城市社会的交易费用、就业、婚姻、组织融合、政治参与以及城市融合的影响机制，结合农民工相关政策基于社会性别视角提出促进和改善农民工可持续发展的政策建议。本研究得出以下主要结论。

1. 农民工社会性别意识与行为

本研究分别从传统夫妻分工、有酬劳动、无酬劳动和生育决策四个方面以及从家务分工、家庭资源分配、家庭权力决策三个方面把农民工社会性别意识和社会性别行为测度指标确定为决策型、决策服务型和服务型三种类型。研究表明，男性农民工更偏重于决策型，女性农民工更倾向于服务型。农民工不同社会性别意识所表现的社会性别行为有显著差异，但社会性别意识与社会性别行为相关性较低。二者的影响因素有明显的不同。

（1）社会性别意识

在传统夫妻分工方面，文化融合好，如掌握城市方言，有利于男性农民工形成平等的社会性别意识；社会资本存量多，如休闲活动与农村熟人和市民都交往，以及心理融合差，如认为自己是农民身份，都有利于女性农民工形成平等的社会性别意识。而人力资本中文化程度高、金融资本中有存款、经济融合中处于管理层、心理融合中社会距离大，均不利于男性农民工形成平等的社会性别意识。人力资本中有培训经历、健康状况好，社会融合中留城发展，文化融合中能听懂城市方言、家乡文化保持少，心理融合中社会距离大，不利于女性农民工平等社会性别意识的形成。在有酬劳动方面，人力资本中文化程度高，心理融合中认为自己是农民身份、城市归属感强对男性农民工平等社会性别意识的形成有正向促进作用。只有心理融合中认为自己是农民身份有利于女性农民工形成平等的社会性别意识。社会资本、金融资本、经济融合、社会融合和文化融合均不利于两性农民工形成平等的社会性别意识。在无酬劳动方面，只有人力资本中文化程度高有利于促进男性农民工平等社会性别意识的形成。但金融资本中有贷款、城市融合中有城市房产、社会融合中对城市生活满意、文化融合中家乡文化保持好、心理融合中不清楚自己是否为农民身份的男性农民工更倾向于服务型社会性别意识。而社会资本中休闲活动跟市民在一起的女性农民工更倾向于决策型社会性别意识。在生育决策方面，生计资本和城市融合都不能直接促进男女两性形成决策服务型的平等社会性别意识。但是，社会资本存量多、心理融合差的男性农民工倾向于服务型社会性别意识，而经济融合中收入高的女性农民工更可能形成决策型社会性别意识。

（2）社会性别行为

在家庭活动承担方面，男性主要表现为决策型社会性别行为，女性农民工多呈现服务型社会性别行为。生计资本存量的增多和城市融合度的提高促使男性农民工形成服务型社会性别行为，即多承担家务。提升文化程度和健康状况有利于女性农民工形成决策型社会性别行为，即主要由丈夫做家务。在家庭资源分配方面，男女农民工均以决策服务型社会性别行为为主。社会资本、金融资本越多，经济融合和文化融合越好，越有利于男性农民工形成服务型社会性别行为；而金融资本越多，社会融合、文化融合越好，越有利于女性农民工形成决策型社会性别行为。在家庭权力决策方面，男性农民工以决策服务型为主，女性农民工以服务型为主。生计资本和城市融合中较少因素直接促进两性农民工形成平等社会性别行为，即决策服务型社会性别行为。但较多因素，如人力资本、社会融合因素，有利于促进男性农民工形成服务型社会性别行为，而较少因素，如文化融合因素有利于女性农民工形成决策型社会性别行为。

2. 社会性别与农民工城市交易费用

农民工城市交易费用主要包括求职交易费用和子女入学交易费用。城市交易费用的高低在某种程度上反映了农民工在城市生存的压力。基于社会性别视角，对政策认知和社会资本分析发现，正式制度和非正式制度并非必然降低农民工求职交易费用和子女入学交易费用。二者的影响因素呈现明显的性别差异。

（1）农民工求职交易费用

对男性农民工而言，政策认知因素的影响表现为：越了解劳动合同法，签订劳动合同用时越长，合同协商次数越多；一般了解当地最低工资标准，签订劳动合同用时越长；权益受侵犯知道向政府部门求助比不知道向政府部门求助找工作花费的资金更多；认为户籍对融入城市社会没有影响，签订劳动合同用时和协商次数更少。在社会资本因素中，男性农民工找工作向公职人员求助与向非公职人员求助相比，增加了找工作花费的时间、资金、签订劳动合同用时，但是会减少签订合同协商次数；维权向公职人员求助，增加找工作花费的时间和签订劳动合同用时；休闲活动跟公职人员一起增加找工作花费的时间。对女性农民工而言，在政策认知因素方面，不清楚户籍制度对融入城市影响减少农民工找工作花费资金和签订劳动合同用时，认为户籍对融入城市社会没有影响会减少合同协商次数。非常了解劳动合同法，找工作花费的资金更少，但是会增加签订劳动合同协商次数；一般了解劳动合同法，签订劳动合同用时更少。一般了解企业劳动争议处理条例更可能增加求职花费资金，签订合同协商次数也更多。非常了解最低工资标准，更可能增加签订合同协商次数。社会资本对女性农民工求职交易费用的影响是，找工作向公职人员求助，可能增加签订合同协商次数，心情不好向公职人员倾诉比向非公职人员倾诉更可能增加签订劳动合同用时。

（2）子女入学交易费用

在男性农民工中，政策认知因素的影响表现为，认为户籍对融入城市社会没有影响比认为影响很大会减少子女入学咨询学校次数，但是会增加子女入学送礼花费资金，子女入学向公职人员求助并不会显著减少农民工子女入学咨询次数和送礼花费资金。在女性农民工中，认为户籍制度对融入城市社会没有影响比认为影响很大显著降低农民工子女入学花费的资金，社会资本中向公职人员求助依然对子女入学交易费用没有影响。

3. 社会性别与农民工就业质量

人力资本、社会资本和求职交易费用是影响农民工客观就业质量和主观就业质量的重要因素，现状和影响因素分析发现，农民工主观就业质量和客观就业质量均存在明显的性别差异。

（1）客观就业质量

现状分析表明，农民工在购买保险和工资水平方面存在显著性别差异：男性购买保险的比例显著高于女性，工资水平也显著高于女性。影响因素分析结果表明，对男性农民工而言，在人力资本方面，文化程度高，更不可能签订劳动合同，更愿意购买保险，工作更可能稳定；有培训经历者更不可能购买保险；打工年限越长，越可能购买保险；工作越稳定；健康状况越好，获得的工资越高。在社会资本方面，男性农民工找工作向公职人员求助，其工作更不稳定；维权向公职人员求助者更可能签订劳动合同；休闲活动与公职人员一起工资水平更高。对女性农民工而言，人力资本中文化程度是初中者工资水平更高；打工年限越长，工作越稳定；有培训经历者更愿意签订劳动合同，更可能购买保险，工资水平更高，工作更不稳定。社会资本因素中，女性农民工找工作向公职人员求助者更不可能签订劳动合同；心情不好向公职人员倾诉者更不可能购买保险；休闲活动与公职人员一起工作更不稳定。交易费用因素中，签合同用时越长，女性农民工越可能签订劳动合同，但越不可能购买保险。

（2）主观就业质量

现状研究表明，农民工在离职倾向和工作满意度方面没有表现出显著的性别差异，但在影响因素方面有显著的不同。关于离职倾向，健康状况一般、有培训经历的女性农民工更可能离职。关于工作满意度，对男性而言，在人力资本方面，有培训经历不利于提高农民工工作满意度；在社会资本方面，心情不好向公职人员倾诉和休闲活动与公职人员一起的农民工工作满意度更低；而在交易费用方面，签合同用时多显著降低了农民工的工作满意度。对女性农民工而言，健康状况好的农民工离职意向更低，工作满意度更高。

4. 社会性别与农民工婚姻质量

婚姻质量包括客观婚姻质量和主观婚姻质量。夫妻相对资源、经济融合、社会融合和文化融合是影响农民工婚姻质量的重要因素。研究发现，农民工婚姻质量现状及影响因素存在较大的性别差异，具体表现如下。

（1）客观婚姻质量

对于男性农民工，夫妻健康状况相同的农民工在冲突程度方面更倾向于无暴力，且更不可能提出离婚；月收入越高，越倾向于出现肢体暴力，而流动前后夫妻关系更多为无变化，但更可能提出离婚；家乡文化保持好的农民工，流动前后夫妻关系更多为无变化，且更不可能正式提出离婚；与市民工作生活都有交往会更倾向于无暴力冲突，但更可能正式提出离婚。对于女性农民工，配偶文化程度更高，更可能正式提出离婚；家乡文化保持越好，流动前后夫妻关系越可能无变化；遇到大事听取父母意见，夫妻关系更可能由好变坏。

（2）主观婚姻质量

对于男性农民工，配偶文化程度更高，对婚姻更满意；夫妻健康状况相同，婚姻满意度更低；夫妻健康状况相同或配偶健康状况更好，更不可能产生离婚念头，且更可能认为家务分工公平。在工作生活方面与市民都有交往，更不可能产生离婚念头，但对婚姻更不满意。遇到大事听取父母意见，对婚姻更不满意。月收入越高，越可能认为家务分工公平。对于女性农民工，配偶文化程度更高，更可能产生离婚念头。家乡文化保持好，更不可能产生离婚念头，却更可能认为家务分工不公平。在工作或生活中与市民有交往，更可能产生离婚念头。相互矛盾的结果折射出农民工婚姻的复杂状态。

5. 社会性别与农民工代际支持

农民工代际支持包括向上赡养父母和向下抚养子女。父母和子女现状、孝道文化保持和夫妻相对资源是影响农民工代际支持的重要因素。现状和影响因素分析表明，农民工代际支持具有显著的性别差异。具体表现如下。

（1）向上代际支持

在经济支持方面，父母健在状况没有显著影响。在文化保持中，男性农民工对孝道理解程度越深，给父母提供的经济支持越多。在家庭投资借钱方面，男性农民工决定有利于对父母的经济支持。对于女性农民工，子女教育共同决定有利于对父母的经济支持。在情感支持方面，父母健在有利于女性农民工对父母的情感支持；父母抚养孙辈有利于男性农民工对父母的情感支持。无论是男性农民工还是女性农民工，听父母意见对父母的情感支持有积极影响。在家庭事务中，对于子女教育，夫妻共同决定有利于对父母的情感支持。女性农民工决定现金支配有利于对父母的情感支持，但其决定投资借钱却不利于对父母的情感支持。在生活照料方面，父母抚养孙辈使男性农民工对父母的生活照料更少；双亲健在的女性农民工更可能回家探望父母。就文化保持而言，女性农民工对孝道理解程度越深，对父母提供的生活照料越多。家庭决定中，在子女教育方面，女性农民工与丈夫共同决定有利于对父母的生活照料。

（2）向下代际支持

在经济支持方面，在农民工性别视角下，无论是男性还是女性，子女教育由自己或夫妻共同决定，对子女的经济支持更多。男性农民工对健康状况好的子女比健康状况差的子女的经济支持更少。在最后一孩性别视角下，无论是男孩还是女孩，子女教育决策权均有利于农民工的经济支持；最后一孩为男孩随迁，农民工给予更多的经济支持。在情感支持方面，在农民工性别视角下，相比妻子掌握教育决定权，男性农民工自己决定和夫妻共同决定更不利于对子女的情感支持。男女农民工对健康状况好的子女比健康状况差的子女情感支持更多，对随迁子女比不随迁子女情感支持更多。在最后一孩性别视角下，对于子女教育，与妻子教育决定相比，男性农民工决定更不利于对最后一孩为女孩的情感支持；无论最后一孩是男孩还是女孩，农民工对健康状况一般比健康程度差的子女的情感支持更少；对随迁子女比不随迁子女的情感支持更多。

6. 社会性别与农民工组织融合

农民工组织融合包括组织经济融合、组织文化融合和组织心理融合。人力资本和组织公平感是影响农民工组织融合的重要因素。研究结果表明，组织公平感对农民工组织融合的影响受到工作满意度的中介作用和家长式领导的调节作用。人力资本和组织公平感对组织融合的影响均存在不同程度的性别差异。

（1）组织经济融合

在组织公平感方面，程序公平感和信息公平感对男性和女性农民工工作绩效均有显著的正向影响；无论是男性还是女性农民工，工作满意度在程序公平感和工作绩效关系间起中介作用。对于女性农民工，仁慈、德行和威权领导正向调节工作满意和工作绩效间的关系。对于男性农民工，德行领导和威权领导分别正向和负向调节程序公平感和工作绩效、工作满意度和工作绩效间关系。无论是男性还是女性农民工，德行领导、威权领导对工作满意度在程序公平感和工作绩效关系中的中介效应具有显著的调节作用，而仁慈领导只对女性农民工工作满意度在程序公平感和工作绩效中的中介效应起调节作用。在人力资本中，文化程度为初中、高中及以上的男性农民工比小学及以下者拥有更低的工作绩效；有培训经历比没有培训经历对男女两性农民工工作绩效的影响都更强。

（2）组织文化融合

在组织公平感方面，信息公平感对两性农民工组织公民行为有显著的正向影响；分配公平感仅正向影响男性农民工组织公民行为；程序公平感仅正向影响女性农民工组织公民行为。男性农民工工作满意度在分配公平感和组织公民行为间起中介作用，女性农民工工作满意度在程序公平感和组织公民行为间起中介作用。德行领导正向调节男性农民工工作满意度与组织公民行为间的关系。男性农民工工作满意度在分配公平感和组织公民行为关系中具有中介作用，而德行领导调节这种中介作用。关于人力资本，健康状况好和一般的男性农民工比健康状况差者拥有更明显的组织公民行为；有培训经历与没有培训经历者相比，两性农民工组织公民行为均更明显。

（3）组织心理融合

在组织公平感方面，程序公平感、分配公平感、信息公平感仅正向影响男性农民工的组织承诺，而人际公平感仅正向影响女性农民工的组织承诺。男性农民工工作满意度在程序公平感和组织承诺、分配公平感和组织承诺关系间起中介作用；女性农民工工作满意度在人际公平感和组织承诺间起中介作用。德行领导、威权领导对男性农民工分配公平感和组织承诺、工作满意度和组织承诺间关系分别起正向、负向调节作用，仁慈领导对男性农民工程序公平感和组织承诺间关系起负向调节作用；而对于女性农民工，威权领导正向调节人际公平感和工作满意度间关系，德行领导正向调节工作满意度和组织承诺间关系。对于男性农民工，德行领导、威权领导正向、负向调节工作满意度在分配公平感和组织承诺关系中的中介效应以及工作满意度在程序公平感和组织承诺关系中的中介效应；而对于女性农民工，德行领导、威权领导显著调节工作满意度在人际公平感和组织承诺关系中的中介效应。关于人力资本，打工年限仅显著正向影响男性农民工组织承诺。

7. 社会性别与农民工政治参与

农民工制度性和非制度性政治参与现状及其影响因素均表现出性别差异，主要反映在社会资本和组织融合对农民工政治参与的影响。

（1）制度性政治参与

就现状而言，农民工参与选举的比例较高，无论是参加选举还是反映问题，均无显著的性别差异。影响因素性别差异表现为，在参加选举方面，对男性而言，社会资本的影响主要表现在组织社会资本和制度社会资本，而女性是否参与选举仅受到制度社会资本的影响。具体而言，与未参加社区组织座谈会的男性农民工相比，参加座谈会的男性农民工更可能参加选举。男女农民工参加工会组织者都更可能参加选举。在组织融合方面，组织公民行为越好，男性农民工越不可能参加选举，但对女性而言，组织公民行为没有显著影响。组织承诺和工作绩效没有显著影响农民工的选举行为。在反映问题方面，社会资本影响显著的仍然是组织社会资本和制度社会资本。无论男女，参加社会组织座谈会的农民工都可能反映问题。制度社会资本只影响女性，对男性农民工没有显著影响。具体表现为，与没有参加党团组织者相比，参加党团组织的女性农民工更不可能反映问题。在组织融合方面，组织经济融合（工作绩效）和组织文化融合（组织公民行为）对两性农民工反映问题都没有显著影响，而组织心理融合（组织承诺）仅对女性农民工反映问题有显著影响，即女性农民工组织承诺越高，越可能反映问题。

（2）非制度性政治参与

就现状而言，对于罢工或抗议，仅有极少部分农民工参加，绝大多数农民工没有参加，或不想参加。也有相当比例的农民工虽然没有参加过罢工抗议活动，但是他们表示有机会可能会参加。男性农民工比女性农民工更可能参加罢工或集体抗议。对于是否同意诉诸武力，有二成左右的农民工表示同意，性别差异不显著。就影响因素而言，具体表现为，在参与罢工或抗议方面，男性农民工表现在组织社会资本和制度社会资本上，而女性农民工影响因素仅仅表现在组织社会资本上。无论男女，组织社会资本的影响均为负向影响，即想参加社区组织座谈会的农民工，更可能参与罢工或抗议活动。男性农民工参加工会组织，也有提高参与罢工或抗议的可能性。在组织融合方面，组织文化融合（组织公民行为）对两性农民工影响显著，组织公民行为越好，农民工越不可能为了自身的利益而参加罢工或抗议。在是否同意诉诸武力方面，性别差异既表现在社会资本也表现在组织融合上。对男性农民工而言，社会资本对是否同意诉诸武力没有显著影响，但对女性农民工而言，关系社会资本和制度社会资本影响显著。具体表现在，通过公职人员找到工作的农民工比通过非公职人员找到工作的女性农民工更可能同意诉诸武力，而参加党团组织比没有参加的女性农民工更不可能同意诉诸武力。组织融合仅对男性农民工产生影响，即工作绩效越好，男性农民工越不可能同意诉诸武力。

8. 社会性别与农民工城市融合

农民工城市融合表现在经济融合、社会融合、文化融合和心理融合。各种融合现状性别差异明显，不同性别农民工的人力资本、社会资本、组织融合和政治参与城市融合产生的影响也有所不同。

（1）经济融合

经济融合包括收入满意度、职业阶层、房产拥有和亲子随迁四个方面。在人力资本中，打工年限越长，男性农民工收入满意度越低；有培训经历的女性农民工收入满意度更高；健康状况越好，女性农民工收入满意度越低；初中文化程度的男性农民工收入满意度更高。文化程度越高、打工年限越长，女性农民工越可能处于非管理层；有培训经历的男性农民工更可能处于非管理层；健康状况一般的女性农民工更可能处于管理层。打工年限越长，文化程度越高，两性农民工越不可能拥有房产；有培训经历不利于女性农民工拥有城市房产。初中、高中及以上文化程度不利于男性农民工亲子随迁，有利于女性农民工亲子随迁。打工年限越长，女性农民工越可能亲子随迁。在社会资本中，找工作向公职人员求助的两性农民工收入满意度更高，参加社区组织有利于提升男性农民工的收入满意度；亲戚中有政府人员的女性农民工收入满意度更低。参加社区组织的座谈会有利于女性农民工进入管理层。想参加社区组织的男性农民工更可能进入管理层。亲戚中有政府人员的男性和女性农民工更可能处于非管理层。参加工会组织的男性农民工更可能处于非管理层。找工作向公职人员求助的女性农民工更不可能拥有城市房产，亲戚中有政府人员不利于男性和女性农民工拥有城市房产。想参加社区组织的女性农民工更可能亲子随迁，亲戚中有政府人员的男性农民工更可能亲子随迁。在组织融合中，组织承诺越好，两性农民工收入满意度越高。组织承诺越好，越有利于女性农民工进入管理层。工作绩效越高，越不利于促进男性农民工拥有城市房产。组织承诺越好，越有利于女性农民工亲子随迁。在政治参与中，参与选举和向政府部门反映问题不利于提升女性农民工收入满意度；反映问题、同意诉诸武力解决问题有利于提升男性农民工收入满意度。权益受侵害同意诉诸武力的男性农民工更可能进入管理层。向政府反映问题和遇到问题同意中立解决的男性农民工更可能拥有城市房产。参加罢工抗议的女性农民工更可能亲子随迁，权益受侵害同意诉诸武力和中立解决问题的两性农民工更可能亲子随迁。

（2）社会融合

社会融合包括受歧视经历、交友意愿、生活满意度和未来发展意愿。关于受歧视经历，在人力资本中，男性农民工打工年限越久，越可能受到歧视。文化程度越高，两性农民工越不可能受到歧视。在社会资本中，参加社区组织的座谈会及亲戚中有政府人员的女性农民工更可能受歧视。在组织融合中，男性农民工工作绩效越高，越不可能受歧视，但组织公民行为越好，越可能受歧视。在政治参与中，参加选举的男性农民工更可能不受歧视。关于交友意愿，在人力资本中，有培训经历的男性和女性农民工更倾向于与市民交往。在社会资本中，找工作求助公职人员促使男性和女性农民工与市民交往。亲戚中有政府人员，农民工更倾向于与市民交往。在组织融合中，组织承诺越好，女性农民工越可能与市民交往。在政治参与中，参加选举使男性农民工更可能与市民交往，但想参加罢工抗议的女性农民工更倾向于与市民无交往。关于生活满意度，在人力资本中，女性农民工打工年限越长，其生活满意度越低。男性农民工有过培训经历，对城市生活更满意。在组织社会资本中，参加社区组织的座谈会和想参加社区组织会提升女性农民工的生活满意度。在制度社会资本中，亲戚中有政府人员和参加工会组织会提升男性农民工的生活满意度。在组织融合中，良好的组织承诺会提升男性农民工的生活满意度。在政治参与中，同意诉诸武力解决问题会降低女性农民工生活满意度。关于未来发展意愿，在人力资本中，健康状况好和一般的男性农民工，未来更可能返乡。初中文化程度的女性农民工未来更可能选择留城。在关系社会资本中，找工作求助公职人员的两性农民工更倾向于选择留在城市发展。在组织社会资本中，想参加社区组织促使女性农民工选择留在城市发展。在组织融合中，良好的组织公民行为促使女性农民工留在城市发展，组织承诺好却会使其返乡发展。在政治参与中，想参加罢工抗议的男女两性农民工更可能返乡发展。

（3）文化融合

农民工文化融合主要体现在城市当地方言掌握和家乡文化保持两个方面。关于方言掌握，人力资本中，男性农民工打工时间越长、健康状况越好，对所在城市方言掌握越好。在社会资本中，有政府人员亲戚对女性农民工掌握城市方言有促进作用。在政治参与中，参加过或想要参加选举者比没参加或者不想参加选举的女性农民工的方言掌握更差。关于家乡文化保持，在人力资本中，培训经历减少男性农民工对家乡文化的保持。健康状况越好，越有利于女性农民工对家乡文化的保持。与小学及以下文化程度的男性农民工相比，高中及以上文化程度的男性农民工的家乡文化保持更差。在社会资本中，参加社区组织座谈会不利于男性农民工的家乡文化的保持，在制度社会资本中，女性农民工亲戚中有政府人员会降低她们对家乡文化的保持。在组织融合中，男性农民工组织公民行为越好，越可能保持家乡文化。在政治参与中，参加选举会促进男性农民工保持家乡文化；解决问题同意诉诸武力阻碍男性农民工保持家乡文化。

（4）心理融合

农民工心理融合主要表现在身份认同、社会距离和城市归属感三个方面，且均表现出显著性别差异，不同性别农民工社会资本、人力资本、政治参与和组织融合对心理融合发挥不同的作用。在人力资本方面，健康状况好的男性农民工更可能认为自己是农民，但同时城市归属感也越强。对女性农民工而言，有培训经历者越可能认为自己是农民，但同时认为与市民的社会距离更近。这些发现体现了转型期农民工的矛盾心态。在社会资本方面，对于男性农民工，想参加社区组织活动、亲戚中有政府人员者，社会距离更近；想参加社区组织者，城市归属感更强。在政治参与方面，对男性农民工而言，参加过选举者，认为自己与市民社会距离更远，但城市归属感更强；同意诉诸武力解决问题者，城市归属感更弱。而对于女性农民工，参加过罢工抗议、不同意协商解决问题者，认为与市民社会距离更远。同时，不同意协商解决问题者，城市归属感更弱。在组织融合方面，工作绩效越好、组织承诺越好，男性农民工认为自己与市民社会距离越近。组织承诺越好，男性农民工城市归属感越强。对女性农民工而言，工作绩效越好，越认为自己是农民，且认为与市民社会距离越近，城市归属感越强。

9. 社会性别与农民工政策

从流出地的惠农政策、执行效果、农村养老保险、新农村合作医疗、创业扶持政策，以及流入地城市的劳动合同法、户籍制度影响、城市养老保险、医疗保险、工伤保险、失业保险、生育保险、办理暂住证、最低工资标准、企业劳动争议处理条例和权益受损时是否求助政府等方面考察农民工的政策认知情况。研究表明，农民工除了对创业扶持政策了解较少以外，对流出地政策整体认知较好，对流入地政策相对认知较差，尤其是对社会保险、最低工资标准和劳动争议处理条例等政策了解较少。由于农民工群体的同质性，他们对政策认知没有表现出较大的性别差异。从农民工的政策需求发现，保障性住房、最低工资标准和社会保障是他们的主要关注点。

政策认知影响因素表明，农民工对流出地和流入地政策认知影响因素均表现出明显的性别差异。对流出地政策认知的影响因素主要表现在年龄、文化程度、户籍地、亲戚中是否有村干部或政府人员，且对于不同的政策认知表现的性别差异也有所不同。对流入地政策认知的影响因素主要表现在年龄、文化程度、婚姻状况、流出地、流入地以及关系社会资本、组织社会资本和制度社会资本等方面。针对不同政策认知，性别差异表现的变量也不相同。了解农民工政策认知影响因素的性别差异，可以针对性解决农民工群体面临的问题。

党的十八大以来，政府为进一步解决农民工问题出台了就业培训与创业政策、社会保障政策、健康服务政策、劳动保障政策以及针对农民工社会支持与社会融合的城乡统一户籍政策、农民工市民化政策和子女教育政策等一系列政策。这些政策的出台，为农民工提高城市生活质量提供了制度保障。但是这些政策缺乏社会性别视角。为了实现农民工在城市发展中的性别平等，不仅要在各项政策文件中得到体现，更重要的是要落实在实施过程中，实现政府、企业、社区、社会组织和农民工群体通力合作，打通横向和纵向部门之间的政策壁垒，尤其是要调动企业组织的积极性，打通基层社区治理的"最后一公里"。

第二节 政策建议

中国社会经济进入新的发展时期，农民工的可持续发展问题涉及领域较广，包括政治、经济、社会、文化、心理各个层面，既关系宏观制度，也关系微观个体。在坚持全面建成小康社会的目标指引下，国家实施"创新、协调、绿色、开放、共享"的新发展理念，促进性别平等和妇女发展。新时期"人民日益增长的美好生活需要和不平衡不充分的发展之间的矛盾"在农民工的生存与发展中表现突出，性别差异明显。农民工问题是一个复杂的社会系统工程问题，是整体社会经济大系统中的一个子系统，农民工可持续发展问题也应该放在社会经济这个大系统中理解和把握。因此，本研究基于社会性别这条主线，探索政治、经济、社会、文化、心理等各种因素在农民工可持续发展中的互动规律，寻求有利于农民工更好发展的社会保护空间，完善农民工社会小生境（任义科，2015）。通过政府出台相关文件积极引导，企业组织和社区组织以及社会组织密切配合，加上农民工自身努力，提高城市社会对农民工群体的包容度，在城乡一体可持续发展的大格局中促进性别平等。

1. 公共政策中的社会性别理念

（1）树立性别平等发展理念

我国始终坚持男女平等的宪法原则，将男女平等作为促进国家社会发展的一项基本国策，不断完善法律法规，制定公共政策、发展规划，持续推进性别平等与妇女发展。但是，也要清醒地认识到，作为世界上人口最多的发展中大国，受经济社会发展水平和历史文化等因素影响，我国的妇女发展还面临诸多新情况、新问题。因此，要充分发挥宪法对推进性别平等的基础性作用。

（2）在公共政策中体现社会性别理念

社会性别理念，或性别平等理念不能只停留在原则上、口号上，要在具体公共政策中有所体现，成为制定公共政策的基本遵循和政策目标。坚持以《消除对妇女一切形式歧视公约》《中华人民共和国妇女权益保障法》《中国妇女发展纲要（2011—2020年）》为指导，在公共政策制定中落实社会性别理念。

营造尊重妇女和两性平等发展的社会环境。各级党政部门、妇联组织及其他社会组织通过宣传倡导、教育培训、座谈研讨等多种形式，全方位、多渠道宣传男女平等基本国策，提升全社会性别平等意识。各级党政领导带头宣讲国策、发表署名文章、做专题报告，表明促进性别平等的意愿并做出行动。制定促进两性和谐发展的文化和传媒政策，禁止性别歧视。加强对传媒的正面引导和管理，培训媒体从业者，增强性别平等意识。完善传媒监管机制，监督新闻媒体和广告经营者，禁止在媒体中出现贬抑、否定妇女独立人格的歧视现象。大力宣传妇女，尤其是处于社会底层的女性农民工，在经济社会发展中的积极贡献。

（3）在公共政策实施中践行社会性别理念

"公平对待，一视同仁；强化服务，完善管理；统筹规划，合理引导；因地制宜，分类指导；立足当前，着眼长远"是制定农民工相关政策的基本原则。本研究的政策建议是以此为指导思想和基本原则，以加强农民工权益保障、促进农民工社会融合和推动城乡社会经济全面协调可持续发展为基本政策目标。

《中国妇女发展纲要》已经明确各阶段妇女发展的总体目标、重点领域及策略措施，全国省（自治区、直辖市）、县级以上人民政府也分别制定本地区妇女发展规划，全国自上而下形成了促进妇女发展的规划体系。各级妇女工作委员会应分别建立目标管理责任制度，将主要目标分解到相关职能部门，并纳入相关专项规划加以落实；建立纲要评估机制，对纲要落实情况进行年度监测评估、中期督导评估和终期总结评估，确保女性农民工纳入纲要规划目标并分步骤实现其发展。

逐步完善性别统计制度。建立妇女发展综合统计制度，将其纳入国家和部门常规统计或调查，规范和完善妇女生存发展统计指标和分性别统计指标。逐步建立国家和省（自治区、直辖市）妇女状况监测体系，完善流动人口监测体系（包括女性农村流动人口，主要指女性农民工），制定统计监测指标体系，建立各地区各部门综合统计报表和定期报送审评制度。以《中华人民共和国社会保险法》和《中国妇女发展纲要（2011—2020年）》为依据，提高包括女性农民工在内的妇女社会保障水平，使她们平等享有社会保险、社会救济、社会福利和社会救助的权利。

2. 社会性别视角下的就业与劳动保障

（1）消除就业障碍，降低农民工求职交易费用

推动就业市场公平，允许和鼓励农民工参与公平职业竞争。杜绝两种形式的歧视：农民工歧视和性别歧视。鼓励企业在追求经济效益的同时，重视社会效益。对于目前存在的部分企业或部门设置求职障碍的歧视行为，应坚决予以清查和纠正。充分利用媒体多渠道发布用工信息，增加农民工市场化求职渠道，提高求职效率。完善市场和企业用工制度，提供多元化的就业信息，使农民工有更多的择业机会，减少对人情关系网络的依赖。

要充分考虑制度对企业约束而造成农民工求职交易费用高昂的可能性，尽可能为企业"松绑"。制度层面的政策认知对农民工求职交易费用的显著影响，政府制定政策时应该考虑到政策效果的各种潜在影响，在维护农民工这一弱势群体合法权益的同时，兼顾劳资双方合约约束的对等性，把降低企业成本，尤其是制度性交易成本与提高农民工收入和稳定就业的相关政策相对接，避免"民工荒"现象的发生。简政放权，清理不合理收费项目，为企业减负，"放""管""服"相结合，释放企业发展潜能。消除不同政策之间的罅隙和壁垒，把加快农民工市民化与促进中小企业健康发展相统一。强化大局意识，避免强调部门利益导致短视行为发生，在产业结构转型升级与经济结构调整中充分考虑农民工权益。跨体制社会资本对农民工求职交易费用有消极影响，说明当前社会分层和体制机制不利于农民工求职与就业。政府应着力加强市民的包容教育，促进农民工融入城市，提供丰富多彩的文化娱乐活动，加强农民工与市民，尤其是与公职人员的沟通与交流。

把返乡创业纳入农村振兴战略，是促进农民工就业的又一举措。针对不同性别农民工群体就业创业中面临的困难，应宣传和用好支持性政策措施。实施鼓励妇女就业创业的小额担保贷款财政贴息政策，扶持和带动千万妇女创业就业。大力发展家政服务、手工编织和电商等行业，为农村妇女就地、就近和转移就业提供服务。完善已建立的"妇女学校"，扩大规模，使更多农村妇女参加农业新技术、新品种培训，积极创建妇女专业合作组织，为乡村振兴培养后备力量。

（2）着力提升农民工生计资本，提高就业稳定性

在整体提高农民工人力资本（如加强农村基础教育、技校、职业技能培训和提升健康水平等）的同时，应该认识到不同性别农民工的个体差异，各有侧重（任义科等，2015）。充分发挥政府、企业与非政府组织的协同作用，实现人尽其才。解决好农民工求职等生计问题，完善制度和政策固然重要，但关键是要解决好不同利益主体的相互信任问题。当农民工就业出现问题和冲突时，政府工作人员和企业负责人能站在农民工角度、设身处地为农民工着想（任义科等，2016b）。同时应加强对农民工的组织忠诚度教育。不同主体换位思考，达成共识，相互信任，构建平等、包容的跨体制社会资本，促进农民工实现稳定就业。

针对农民工群体特征，扩大培训范围，合理设计培训项目种类与深度。农民工难以跨入城市现代部门，主要流向了传统部门。各种职业支持资源分配也主要指向城市传统部门，这些部门包括加工业、保洁业、建筑业与家政服务业等。因此，应加强与传统部门就业有关的职业培训，针对不同行业的性别选择性，强化不同性别农民工培训并创新培训机制，如企业、政府、农民工分摊费用保证农民工享受终身教育的权利。对于新生代农民工，较高的受教育程度使得他们有可能进入现代部门，应该提供针对性培训并提高标准。

（3）有效实施就业与劳动保障政策

劳动合同是现行农民工权益保障政策的基础和前提。然而，农民工就业渠道和领域的非正规性，以及农民工在就业领域的弱势地位，使得较大比例的农民工难以获取合同保障，也难以掌握有力的话语权，从而在很大程度上削弱了农民工权益保障政策的作用。因此，要使劳动合同制覆盖全部农民工群体，必须进一步加强农民工对自身劳动权益保障的认识，推动非政府组织维权和工会组织作用的发挥，保证和加强城市农民工信息统计和反馈渠道畅通，严格遵守《中华人民共和国劳动合同法》，维护农民工合法权益，严禁随意延长工作时间（任义科等，2015）。加大合同制实施的监督力度和惩罚力度。

现有的就业与劳动保障政策以单项政策为主，政策之间的相互联系和相互支持程度不高，使得单项政策的实施缺乏配套的制度和政策环境，从

而极大地制约了政策作用的发挥。因此，就业与劳动保障政策的完善最重要的方面就在于如何将现有的包括工资保障、劳动管理和就业培训与服务的各项政策纳入统一的就业与劳动保障政策。应对现有的相关政策进一步梳理和细化，以在全部就业领域中建立合同管理制度为基础和前提，配套实施工资保障、工伤保险、就业培训和其他服务，从而形成有机整体。加强相关保障政策，如工伤保险赔偿政策的可操作性，简化程序，从而降低权益保障门槛和时间、经济成本。逐步提高妇女参加养老保险、医疗保险、失业保险、工伤保险和生育保险的比例。

（4）加大政策宣传和执行力度，减少农民工集体维权

充分发挥社区组织和企业组织的双重作用，加大农民工相关政策的宣传力度。尤其是《中华人民共和国劳动合同法》对企业订立男女职工权益保护专项集体合同做出明确规定，为保障不同性别职工合法权益提供了法律依据。通过政策宣传使劳资双方都能依法行使自己的权利。对于违反劳动合同法的企业，完善多机构合作的农民工维权机制，为农民工提供法律服务。2013年司法部、2015年中央政法委等部门分别出台《关于进一步推进法律援助工作的意见》和《关于建立完善国家司法救助制度的意见（试行）》，为更多妇女获得法律援助和司法救助提供制度保障。利用这两部法规维护农民工权益。支持妇联及其他妇女组织开设妇女维权服务热线、成立维权服务机构等，积极为女性农民工提供法律帮助与服务。开通"12338"妇女维权服务热线，建立妇女维权站、维权岗等各类维权服务机构，畅通女性农民工维权渠道。

除此之外，鉴于农民工的弱势地位，建议出台鼓励政策，促进农民工维权机构快速、规范开展工作，是农民工社会支持的重要方面，对帮助政府解决农民工的实际问题发挥着越来越重要的作用。政府应扶助面向服务农民工的组织，加大其服务的覆盖空间和力度，最大限度地发挥其社会功能。维权目的是解决问题，而不是把问题升级或复杂化。因此，维权不能死扣法律字眼，而要充分考虑企业和农民工的现实状况，相机抉择。如笔者在深圳一家公司访谈时发现，该公司农民工文化程度较低，同乡或老乡关系较多，公司负责人非常担心农民工"抱团"。为了防止产生农民工维权群体性事件，该公司严格执行法定加班时间，这样农民工想多加班挣钱

的机会反而减少了。

(5) 强化企业文化建设，促进农民工组织融合

促进农民工组织融合有赖于企业组织公平感和人力资本。就人力资本而言，提升农民工人力资本的主要渠道是企业提供针对性的职业技能培训和良好舒心的工作环境。在组织公平感方面，企业应该尽可能做到分配公平、程序公平、人际公平和信息公平。只有营造公平的企业环境，才能真正提高农民工的工作绩效（包括任务绩效和周边绩效）、组织公民行为和组织承诺，实现农民工在企业的组织融合。企业组织为农民工提供发展平台。在促进农民工组织融合过程中，组织的作用不可或缺。一方面，企业组织应致力于提升农民工知识技能，增加人力资本存量。农民工是中小企业的重要组成部分，知识型农民工的缺乏成为提升组织绩效、改善农民工生存现状的"瓶颈"，应着力加以解决。组织可以为农民工提供专业化的技能培训，农民工取得相关技术资格证，通过"以一带一"的方式提升农民工业务技能。另一方面，为农民工营造公平的组织氛围。如组织应做到不欠薪、不用工歧视，施行公平的绩效考核机制，实现劳有所得，准许农民工参与组织决策的讨论，充分保障农民工对组织、工作的知情权和组织管理的参与权。

在农民工维权意识日益提高、利益抗争频发的现实情况下，企业更要注意加强企业文化建设，不仅要在程序公平和信息公平方面提升农民工的组织公平感，更要关注分配公平和人际公平。除此之外，要充分利用组织公平感影响组织融合（包括工作绩效、组织公民行为和组织承诺）的内在机制和路径，通过提升组织公平感来提高农民工工作满意度间接促进农民工组织融合。另一条重要路径是提升企业组织的家长式领导。在提倡民族复兴和文化自信的今天，完善反映中国文化特色的领导方式至关重要。在制度或路线确定之后，领导就是决定因素。为了激发农民工的工作热情，企业领导者要注重德行，既不能过分仁慈，处处"好人主义"，不讲原则，不遵守劳动力市场规律，也不能过分威权，行事极端，造成劳资双方对立，影响农民工和企业双方利益。企业领导者应该加强学习，提升领导技巧，合理发挥德行领导、仁慈领导和威权领导水平。将社会性别理念引入企业组织管理，注重两性农民工在企业组织中的特点差异，把企业文化的人文关怀渗入提高效益效率的柔性管理，实现农民工生存发展与企业发展的双赢。

3. 完善农民工居住生活条件

打破城乡二元结构，真正落实基本公共服务均等化，为农民工打造和谐人居环境。政府要转变观念，在制定城乡总体规划，特别是在制定住房发展规划时，要把农民工考虑进来。提供公共服务不仅要考虑市民，而且要考虑农民工。根据城市规模，分梯次调控农民工总量规模，使农民工生计能力与城市公共服务相匹配，避免大量农民工涌入一线城市，从而造成城市基础设施和公共服务压力。加大保障性住房的建设力度，特别是公共租赁住房的建设力度把农民工纳入住房保障人群范围。对于进城落户的农民工，要在住房保障制度上做到全覆盖。

改善农民工居住相对比较集中的居住区的基础环境，比如城乡接合部、旧住宅区等。既要改善这些居住区的基础设施条件，如水、电、气、道路以及环境卫生，也要改善公共服务，如教育、医疗等社会公共服务，使他们的居住环境、居住安全得到保障。对于城中村或者棚户区改造，也要考虑农民工的需求，结合他们的特点，配建一定比例的保障性住房。强化用工企业责任。给农民工提供安全、卫生的生活条件，特别是居住条件。在农民工比较集中的工业园区集中建设农民工公寓，或者是宿舍，允许有条件的企业在自用土地上建设一定比例的公共租赁住房。

4. 社会性别视角下的农民工婚姻关系

农民工受不稳定的工作生活环境以及社会不良风气的侵蚀，婚姻关系也产生不少乱象，如临时夫妻，留守妇女出轨等，严重威胁到农民工家庭和谐，破坏可持续发展的基础。因此，需要出台相应政策加以调节和引导。

发挥市场调节作用，健全人口流动机制，使农民工在进城和返乡之间自由选择。落实乡村振兴战略，鼓励引导农民工返乡创业，让有技术、懂管理的农民工返回农村解决乡村振兴中人才不足的问题。基层政府应在项目选择、厂房用地、资金支持、创业培训、减免税收等方面为返乡农民工提供优惠政策，减少行政审批程序，降低交易费用。完善土地流转制度，让有创新意识和掌握先进农业技术的农民工实现农业产业化经营，树立典型，发挥示范效应。这样既有利于解决目前农业女性化的困扰，提高土地利用效率，减少土地撂荒，也有利于农民工夫妻团圆。

加强伦理道德教育，关爱妇女身心健康。针对社会不良风气，通过各种形式开展文化下乡活动，尤其是强化伦理道德教育，使"万恶淫为首"的道德观念深入人心。切实发挥乡政府和妇联等组织职能，给予农村留守妇女更多的人性化关爱，组织形式多样的宣传活动，聘请心理专家对农村留守妇女的情感困扰进行心理疏导。对农村留守妇女进行性健康教育，让她们认识到婚外情泛滥对身体的严重危害，提高她们的性健康意识。宣传部门应树立模范夫妻的优秀典范，宣扬"互敬互爱、患难与共、忠贞不渝"的夫妻之道，摒弃"见异思迁""第三者插足"的道德恶习，实现家庭和谐，促进乡风文明（任义科、杨力荣，2014）。

营造和谐、平等的家庭环境。支持男女两性农民工平衡工作与家庭、夫妻共担家庭责任，共同决策家庭事务，完善妇女社会支持系统。在农民工群体中开展"五好文明家庭"和"寻找最美家庭"等家庭文化建设活动，宣传倡导文明家风。

5. 社会性别视角下的代际支持

随着城市化的不断推进，核心家庭越来越占据主导地位，农民工家庭养老面临严峻的挑战。在农村，由于生计所迫，儿子外出打工不管老人的恶性事件不断见诸报端。面对2亿多人的农民工群体，这种负面影响已不仅限于农民工家庭内部，其扩散效应可能会波及社会伦理道德及老人福利，进而危及社会和谐安定。因此，要在推进城镇化进程中兼顾老人的权益，鼓励就近城镇化或老人随迁；提倡"孝悌忠信，礼义廉耻"的传统文化和家庭伦理道德教育，营造"百善孝为先"的文化氛围，树立正确的夫妻平等观，夫妻共同推动和谐家庭建设（任义科、张韵，2016）。

在农民工赡养父母方面，加强孝道教育，同时加强夫妻之道教育，营造平等和谐的家风，消除"大男子主义"和"妻管严"这两种极端倾向，平等协商处理家庭事务，促进农民工对父母的经济支持、情感支持。尽管农民工外出不方便给予父母生活照料，但也应在节假日，或在返乡探亲时尽量关照父母的生活起居。农民工妻子外出打工客观上减少了婆媳矛盾，但主观上有可能造成婆媳关系的疏远，在推动性别平等的过程中，应防止出现片面追求夫妻平等，却冷落老人的现象。在经济社会条件许可情况下，农民工尽可能返乡或通过父母随迁的方式，最大限度对父母进行经济、情感支持和日常照料。

在抚养子女方面，普遍现象是农民工对子女的支持胜过对父母的支持。研究发现，农民工对子女的经济支持和情感支持存在性别差异，不仅表现在不同性别农民工子女支持的差异上，而且表现在对男孩和女孩的不同态度上。因此，在推动代际支持的性别平等过程中，应教育农民工消除性别偏好，无论是男性农民工还是女性农民工，也无论是男孩还是女孩，身体健康状况好还是不好，是留守还是随迁，在对子女的经济支持和情感支持方面都应一视同仁，平等对待，尽可能避免在孩子心灵深处造成阴影。尤其是对留守儿童应格外关注，虽然他们与爷爷奶奶生活在一起，不用面对复杂的社会环境，在一定程度上可以缓解心理障碍，但祖辈毕竟无法替代父母的角色。因此，城市社区或企业应组织农民工进行亲子教育，营造良好的社区文化和企业文化氛围，减少问题儿童。

6. 社会性别视角下的政治参与

从企业组织和城市社区两个支点发力规范农民工政治参与。加强城市基层社区治理和农民工党团组织工作，以及促进农民工组织融合，规范农民工组织行为，有效化解潜在群体性事件风险，促进农民工可持续发展。

农民工制度性政治参与比例较高，受到社会资本和组织融合的影响。无论是个人关系型社会资本，还是组织型社会资本，抑或是制度型社会资本，都要借助于政府或组织才可能发挥更大的效力。拥有"优质的"社会资本固然具有减少交易费用的好处，有利于制度性政治参与，但无形之中却可能增加维护关系的成本。从个人决策来看，当社会资本降低交易费用的好处大于维护关系的成本时，拥有社会资本的决策是最优的。但从整个农民工群体来看，基于个人决策所付出的成本却可能造成社会资源的巨大浪费。因此，要在平等培育农民工社会资本之外，增强组织融合，进而促进农民工制度性政治参与。

非制度性政治参与往往具有社会对抗性，只有极少数农民工参与，而且男性比女性更可能参与。因此，管理者应积极关注农民工社会资本的构成和企业组织文化建设，尤其是对于个别受到不公对待或喜欢挑剔的男性农民工，更应该重点关注，教育他们通过制度性政治参与表达诉求，而不采取罢工、抗议或诉诸武力等极端行为。女性农民工通常不会采取极端行为，但也应关注她们的合理诉求。总之，在管理中，要兼顾农民工性别特点，逐步消除非制度性政治参与，引导和规范农民工制度性政治参与。

7. 社会性别视角下的城市融合

实现农民工城市融合，必须清除影响农民工可持续发展的制度壁垒，逐步改革现行户籍制度以及与之相联系的其他隔离制度。降低农民工获取城市户口的门槛，是最终解决农民工城市融合的关键。在农民工自愿前提下，城市应多渠道接受那些有能力、有技术、合法务工纳税的农民工成为城市户籍人口，享受市民福利待遇。

在经济融合方面，加强农村基础教育和发展职业教育，着力提升男性农民工文化程度和女性农民工的职业培训。提供农民工与市民交流和参与企业管理的机会，培育农民工制度性社会资本和组织性社会资本。加强农民工在企业组织内融合。畅通利益表达机制，避免农民工在制度框架内无法达成目的，不得已以非制度性政治参与铤而走险。提升女性农民工的组织承诺和男性农民工的工作绩效，缩小农民工经济融合的性别差异。引导农民工，尤其是男性农民工，更多进行制度性政治参与，减少非制度性政治参与，提高收入满意度。赋予农民工更多的生存权和发展权，杜绝克扣、拖欠农民工工资或剥夺其合法劳动所得和侵犯农民工合法权益的行为。

在社会融合方面，营造良好的舆论环境。大众媒体及其他传播媒介应加强农民工正面形象报道，如农民工做出重要贡献授予荣誉称号，充分发挥"符号资本"的积极作用，营造农民工与市民平等交往的良好氛围，引导市民消除对农民工的偏见与歧视，提升农民工生活满意度。通过政策引导和企业组织管理，逐步形成农民工良好的组织公民行为。在城乡一体化发展背景下，尊重农民工的发展意愿，让他们在留城和返乡之间自由选择。

在文化融合方面，寻求多元文化共生共荣的可能性，使农民工在融入城市，接受城市文化的同时，保持家乡文化。关注不同地域、不同性别农民工文化融合的特点和差异。在城市社会管理或社区治理中，尊重农民工群体的特殊性和文化的多元性、互补性。各级政府官员，尤其是企业领导者，应廉洁奉公，以身作则，把仁爱之心传递到农民工群体并与之进行良性互动。消除部门利益壁垒，达成共识，齐抓共管，建立起应对农民工突发事件的快速反应机制。调动全社会成员的积极性，培育公民社会意识，优化社会政治生态。培育全社会平等、开放、包容的共通性社会资本，营造和谐共生的企业组织文化，消除性别歧视，增强农民工对市民和政府的信任，减少不理性的政治参与。

在心理融合方面，开放公共服务和公共基础设施，保障农民工基本权益，使不同性别农民工都能从心理上提高身份认同感、降低与市民的心理距离、提高城市归属感。鉴于农民工群体及性别特征，在管理与控制的力度和施行方法上应区别对待，但在基本权益，如人权保障、制度给付、费用征收等方面应与市民平等对待。将农村基本养老、医保制度和城市养老、医保制度有效衔接，降低制度性交易费用，进一步消除因身份差异而带给农民工的额外负担。积极改善农民工工作生活的周边环境，完善社会支持体系，扩大居住区的生活、文化、教育和卫生设施对农民工群体的开放程度，降低消费成本。全面消除城市社区、企业组织和基本公共服务的种种隔离和壁垒，促进农民工融入城市。

第三节　研究展望

农民工可持续发展是我国全面建成小康社会的重要目标之一，也是人口、社会、经济、文化、心理、政治等全面协调发展的缩影。面对转型期复杂多变的人口、社会、经济环境，基于社会性别视角促进农民工可持续发展的研究需要不断深入。在后续研究中，以下方面还有待进一步深化。

1. 理论研究

本研究以社会性别理论为主线，把生计资本理论和交易费用理论作为理论基础，将组织行为理论和社会融合理论纳入其中，服务于农民工可持续生计理论框架。把农民工在企业组织融合和城市社区融合方面有机整合，为研究其他弱势群体生存与发展提供新的思路和研究策略。交易费用理论通常在企业组织中进行研究，很少有研究关注农民工城市交易费用。本研究引入交易费用拓宽了农民工问题研究的理论视野，但是在交易费用的度量上还值得改进。生计资本中，社会资本是农民工在城市生存与发展的重要资本，本研究针对不同问题采用的是社会资本的不同分类。一种分类是把社会资本分为关系中有公职人员和关系中无公职人员旨在测度农民工社会资本是否跨越体制。另一种分类是把社会资本分为关系社会资本、组织社会资本和制度社会资本。两种测度不尽相同，尽管在研究特定问题时不同分类各有不同的作用。但是如何将二者统一也需要做进一步理论研究。农民工组织行为理论目前还不多见，仅有的农民工组织行为研究文献主要是针对非农民工群体的知识员工设计的。本研究采用成熟量表来度量农民工工作满意度、工作绩效、组织公民行为和组织承诺等，在一定程度上揭示了农民工在组织融合中的一些问题。但由于生存环境和面临问题的差异，这些测度在某种程度上缺乏适配性。如何将上述理论进一步提炼，使测度指标更加科学，是后续理论研究的重点。

2. 样本与数据

本研究数据涉及 30 个省，覆盖面较大，研究结论有一定的说服力。但是由于经费、人力以及可行性的局限，样本难以做到随机抽样，只能采用分层抽样与配额抽样相结合的抽样方式。后续研究将进一步完善抽样方法，在本研究的基础上，选取更加典型的省份，如转型跨越发展中的资源型省份，或中西部落后省份，结合典型省份特定的问题设计问卷，尤其是结合新型城镇化和乡村振兴的关键问题和瓶颈进行调查。关于网络数据，本研究同样由于各种局限性仅仅关注了个体中心网络的收集信息，而且作为社会资本的测度指标，区分了体制内和体制外社会资本，也区分了关系社会资本、组织社会资本和制度社会资本，在一定程度上揭示了农民工可持续发展的影响机制。除了个体中心网络之外，还有一类重要的社会网络，即整体网络，对于研究企业组织中农民工关系网络结构对组织融合和社会融合的影响具有较大价值，在本研究中没有涉及，是一个遗憾。但是本研究中，也尝试采用官方数据构建农民工流动城市间的整体网络数据，分析农民工的流动规律（任义科等，2017），取得了有价值的结果。未来的研究需要进一步调查农民工以及流入地市民群体整体网络数据，从关系网络结构角度比较研究农民工与市民之间社会关系的性别结构特点以及对农民工可持续发展的影响。

3. 机制研究

本研究在对社会性别指标概括简化的基础上，从政治、经济、社会、文化、心理等方面分析了农民工生存与发展的复杂机制过程，在一定程度上深化了农民工问题研究。但从机制研究本身而言，应借助中介效应和调节效应模型予以揭示。受问卷篇幅所限，只有农民工组织融合变量采用量表测量。因此，只有组织融合借助结构方程模型分析了中介效应和调节效应，其他内容都采用常规变量和常用线性或非线性模型进行分析，在分析的深入性方面还有些不足。后续研究应针对这些不足开发专门的量表和问卷，针对性地分析相应的影响机制。另外，应考虑各种背景条件，如地域、农民工代次等方面差异，在分析中突出这些特点。除此之外，为了考虑某项政策的效应，也应进行纵向多时点调查，或在分析中采用相应替代变量来显示政策变量的影响，或采用数理建模的方法实现这些目标。这些内容都是未来研究中应该加以重视和深入研究的。

4. 政策研究

本研究基于社会性别视角对农民工的相关政策内容、农民工对政策的认知、对流出地和流入地政策需求及评价，以及对党的十八大以来的政策进行了全面系统的总结和梳理，基于实证研究结论提出了完善农民工政策的建议。在后续研究中，应在社会性别理念下进一步细化公共政策，不仅要涵盖公共政策内容，如土地确权对农民工退出农村的影响（杨照东等，2019），也要研究公共政策出台的缘起、执行效果，不适宜政策的终止过程，全面揭示与农民工有关的公共政策的演变脉络及其发展历程。国家非常重视治理体系和治理能力现代化建设，农民工可持续发展研究应与国家政策指向相对接，针对不同经济发展区域、不同发展阶段、不同性别群体，深入探索政策评价指标体系，并对政策实施效果进行评估，包括企业组织和社区组织的政策落实情况。全面利用制度红利，促进农民工生计可持续发展。

参考文献

安海燕、张树锋，2015，《农民工社会资本对生活满意度影响研究》，《中国农业资源与区划》第 4 期。

白玉杰，2014，《社会转型期下的农民工权利保护——以一则工伤案例为例》，《青海社会科学》第 3 期。

边燕杰、王文彬，2012，《跨体制社会资本及其收入回报》，《中国社会科学》第 2 期。

边燕杰、张文宏、程诚，2012，《求职过程的社会网络模型：检验关系效应假设》，《社会》第 3 期。

边燕杰、张文宏，2001，《经济体制、社会网络与职业流动》，《中国社会科学》第 2 期。

布尔迪厄，1997，《文化资本与社会炼金术——布尔迪厄访谈录》，包亚明译，上海人民出版社。

蔡昉、都阳、王美艳，2003，《劳动力流动的政治经济学》，上海三联书店、上海人民出版社。

蔡昉，1997，《劳动力流动择业与自组织过程中的经济理性》，《中国社会科学》第 4 期。

蔡群、周虎城、孙卫平，2007，《走近农民工——江苏农民工就业、生活状况调查》，《江苏农村经济》第 9 期。

曹飞、田朝晖，2011，《社会资本与农民工的社会整合》，《求实》第 12 期。

曹飞，2011，《人力资本：农民工城市社会整合的根本》，《湖南农业大学学报》（社会科学版）第 12 期。

曹锐，2010，《流动女性的婚姻质量及其影响因素》，《西北人口》第5期。

常凯、邱婕，2011，《中国劳动关系转型与劳动法治重点——从劳动法实施三周年谈起》，《探索与争鸣》第10期。

陈彩霞，2000，《经济独立才是农村老年人晚年幸福的首要条件》，《人口研究》第4期。

陈成文、刘俊、罗竖元，2009，《社会资本与弱势群体子女教育——以城市失业人员和农民工为调查对象》，《贵州社会科学》第4期。

陈成文、王修晓，2004，《人力资本、社会资本对城市农民工就业的影响——来自长沙市的一项实证研究》，《学海》第6期。

陈丛兰，2006，《〈礼记〉中婚姻与孝的关系刍议》，《孝感学院学报》第4期。

陈飞强，2014，《农村留守妇女的婚姻稳定感及其影响因素——以湖南省为例》，《南方人口》第6期。

陈国海、唐裕文、姜梅若，2010，《企业教练技术对管理职能的影响初探》，《襄樊学院学报》第4期。

陈国海，2009，《组织行为学》，清华大学出版社。

陈劲松、张剑渝、张斌，2013，《社会资本对交易费用的作用：理论、机制和效果——基于机会主义行为治理视角的研究述评》，《经济学动态》第12期。

陈雷、李冰冰、沈长月等，2010，《农民工福利保障：制度缺陷与企业社会工作介入》，《农村经济》第3期。

陈丽、王晓华、屈智勇，2010，《流动儿童和留守儿童的生长发育与营养状况分析》，《中国特殊教育》第8期。

陈赛权，2000，《中国养老模式研究综述》，《人口学刊》第3期。

陈婷婷，2010，《夫妻权利与婚姻满意度关系研究——基于2006全国综合调查的数据分析》，《西北人口》第1期。

陈卫、郭琳、车士义，2010，《人力资本对流动人口就业收入的影响——北京微观数据的考察》，《学海》第1期。

陈伟涛，2021，《"和而不同"：家庭养老、居家养老、社区养老和机构养老概念比较研究》,《广西社会科学》第 9 期。

陈云川、雷轶,2014,《新生代农民工组织嵌入、职业嵌入与工作绩效研究》,《当代财经》第 11 期。

陈赵阳,2007,《当代青年农民工政治参与心理研究——对福州市区青年农民工的调查与分析》,《青年研究》第 4 期。

陈振明、李东云,2008,《政治参与概念辨析》,《东南学术》第 4 期。

程菲、郭菲、陈祉妍,2014,《我国已婚人群婚姻质量现况调查》,《中国心理卫生杂志》第 9 期。

程名望、史清华、许洁,2014,《流动性转移与永久性迁移:影响因素及比较——基于上海市 1446 份农民工样本的实证分析》,《外国经济与管理》第 7 期。

程荫、韩笑、胡越,2012,《农民工城市购房意愿及影响因素研究》,《调研世界》第 10 期。

池子华,2005,《论近代中国农民进城对城市社会的影响》,《江苏社会科学》第 3 期。

褚荣伟、肖志国、张晓冬,2012,《农民工城市融合概念及对城市感知关系的影响——基于上海农民工的调查研究》,《公共管理学报》第 1 期。

崔岩,2012,《流动人口心理层面的社会融入和身份认同问题研究》,《社会学研究》第 5 期。

Dail L. Fields,2004,《工作评价:组织诊断与研究实用量表》,阳志平等译,中国轻工业出版社。

戴瑾,2010,《对中国就业与社会保障关系的思考——兼谈国际金融危机背景下正确处理两者关系》,《广西经济管理干部学院学报》第 1 期。

党晨阳、王强,2013,《社会资本视角下的城镇农民工随迁子女教育公平问题的研究》,《价值工程》第 24 期。

邓秀华,2009,《长沙、广州两市农民工政治参与问卷调查分析》,《政治学研究》第 2 期。

狄金华、尤鑫、钟涨宝,2013,《家庭权力、代际交换与养老资源供给》,《青年研究》第 4 期。

杜鹰、白南生,1997,《走出乡村:中国农村劳动力流动的实证研究》,

经济科学出版社。

段文阁，2006，《老龄化背景下生育行为的文化传统探源》，《齐鲁学刊》第 6 期。

樊景立、郑伯壎，2000，《华人组织的家长式领导：一项文化观点的分析》，《本土心理学研究》第 13 期。

樊耘、张旭、颜静，2013，《基于理论演进角度的组织承诺研究综述》，《组织与战略管理》第 1 期。

范艳萍，2014，《组织公平——社会支持与农民工组织承诺研究》，《河海大学学报》（哲学社会科学版）第 1 期。

方艳，2015，《城镇化进程中农民工方言传播与身份认同研究》，《新闻大学》第 2 期。

费孝通，1983，《家庭结构变动中的老年赡养问题——再论中国家庭结构的变动》，《北京大学学报》（哲学社会科学版）第 3 期。

风笑天、肖洁，2014，《中国女性性别角色意识的城乡差异研究》，《人文杂志》第 11 期。

冯周卓、陈福喜，2008，《城市农民工弱势地位的成因及其对策分析——基于社会资本视角》，《东南学术》第 4 期。

弗朗西斯·福山，1998，《信任——社会道德与繁荣的创造》，李婉容译，远方出版社。

付文锋、彭亮、张金隆，2010，《企业管理者组织公平感对组织承诺的影响研究》，《图书情报工作》第 12 期。

付义荣，2015，《新生代农民工的语言使用与社会认同——兼与老一代农民工的比较分析》，《语言文字应用》第 2 期。

付义荣，2010，《也谈人口流动与普通话普及——以安徽无为县傅村进城农民工为例》，《语言文字应用》第 2 期。

淦未宇、刘伟、徐细雄，2015，《组织支持感对新生代农民工离职意愿的影响效应研究》，《管理学报》第 11 期。

高洪贵，2010，《青年农民工非制度化政治参与论析》，《中国青年研究》第 10 期。

高文书，2006，《进城农民工就业状况及收入影响因素分析》，《中国农村经济》第 1 期。

葛建华、苏雪梅，2010，《员工社会化、组织认同与组织公民行为——基于中国科技制造企业的实证研究》，《南开管理评论》第 1 期。

葛杨、林乐芬，2010，《交易费用与制度安排的正反馈分析》，《江苏社会科学》第 2 期。

龚斌磊、郭红东、唐颖，2010，《影响农民工务工收入的因素分析——基于浙江省杭州市部分农民工的调查》，《中国农村经济》第 9 期。

龚继红、钟涨宝、孙剑，2009，《教育背景对农村妇女家庭权力行为和家庭地位满意度的影响研究——以荆门市某村为样本的典型调查为例》，《浙江学刊》第 2 期。

勾学玲，2008，《社会交换理论视角下的离婚影响因素分析》，《黑龙江社会科学》第 1 期。

古德，1982，《家庭》，中国社会科学出版社。

桂华、余练，2010，《婚姻市场要价：理解农村婚姻交换现象的一个框架》，《青年研究》第 3 期。

郭光芝、曾益，2019，《父母随迁对流动子女居留意愿的影响——基于倾向得分匹配的反事实估计》，《调研世界》第 2 期。

郭红梅，2011，《对威廉姆森交易费用理论的研究综述——行为假设和交易性质方面》，《思想战线》第 S1 期。

郭辉，2009，《人力资本、社会资本与农民工社会流动》，《管理纵横》第 7 期。

郭江影、周密、张广胜，2016，《信息人力资本对农民工城市融合的影响：机理与实证——以辽宁省农民工为例》，《南方人口》第 2 期。

郭旭、叶普万，2009，《交易成本与农村劳动力转移相关性研究》，《理论学刊》第 3 期。

国家统计局，2021，《2020 年农民工监测调查报告》，http://www.stats.gov.cn/tjsj/zxfb/202104/t20210430_1816933.html。

韩翼、廖建桥、龙立荣，2007，《雇员工作绩效结构模型构建与实证研究》，《管理科学学报》第 5 期。

何建华，2000，《略论当代中国婚姻家庭伦理关系的新特点》，《宁夏党校学报》第 2 期。

何善军，1995，《农村家庭养老出现的新问题及其对策》，《人口与经济》第 3 期。

何晓红，2009，《村民自治背景下农民工政治参与的缺失与强化》，《政治学研究》第 1 期。

何艳玲，2003，《对外来女工群体的价值观分析——以珠江三角洲为例》，《青年研究》第 10 期。

侯风云，2004，《中国农村人力资本收益率研究》，《经济研究》第 12 期。

侯莉颖、陈彪云，2011，《个体差异，组织支持感与工作绩效》，《深圳大学学报》（人文社会科学版）第 2 期。

胡春梅、曹成刚、何华敏，2014，《青年农民工的生活质量与社会支持、组织公平感》，《心理卫生评估》第 5 期。

胡宏伟、高敏、王剑雄，2013，《老年人主观幸福感的影响因素与提升路径分析——基于对我国城乡老年人生活状况的调查》，《江苏大学学报》（社会科学版）第 4 期。

胡利利、成晶晶、石磊，2009，《中国企业员工工作满意度与组织公民行为关系实证研究》，《生产力研究》第 2 期。

胡荣，2013，《城市居民的社会资本与婚姻质量》，《山东社会科学》第 6 期。

胡政、罗维，2009，《论亨廷顿政治参与理论及其现实启示》，《理论学刊》第 5 期。

黄冬梅、赵太阳，2013，《跨文化研究视域下的进化与文化对行为的塑造——以隔代投资研究为例》，《吉林大学社会科学学报》第 6 期。

黄健荣、钟裕民，2015，《公共政策排斥论：政策认知的新探索》，《江苏行政学院学报》第 4 期。

黄晶，2004，《农民工人力资本、社会资本与城市化发展》，《经济问题探索》第 6 期。

黄匡时，2013，《社会保障"全覆盖"研究》，《西部论坛》第 6 期。

黄锟，2011，《城乡二元制度对农民工市民化影响的实证分析》，《中国人口·资源与环境》第 3 期。

黄玉顺，2021，《不辨古今，何以为家？——家庭形态变迁的儒学解释》，《福建师范大学学报》（哲学社会科学版）第 3 期。

黄侦、王承璐，2017，《农民工城市归属感与购房意愿关系的实证研究》，《经济经纬》第 2 期。

霍甜、李敏，2011，《员工工作满意度、工作行为与组织承诺关系述评》，《经济与管理》第 7 期。

贾茹、吴任钢，2012，《夫妻冲突应对方式的现状及其在依恋类型与婚姻质量间的中介作用分析》，《中国性科学》第 12 期。

贾晓静、张学仁，2008，《城市公办学校中农民工子女教育平等问题研究》，《现代中小学教育》第 10 期。

江涛，2008，《舒尔茨人力资本理论的核心思想及其启示》，《扬州大学学报》（人文社会科学版）第 6 期。

蒋乃华、卞智勇，2007，《社会资本对农村劳动力非农就业的影响——来自江苏的实证》，《管理世界》第 12 期。

金崇芳，2011，《农民工人力资本与城市融入的实证分析——以陕西籍农民工为例》，《资源科学》第 11 期。

金玉国，2006，《中国交易费用变动的动态机制和传导路径》，《财经研究》第 12 期。

寇翔，2005，《论中国农民非制度性政治参与的原因》，《云南行政学院学报》第 5 期。

雷万鹏，2013，《新生代农民工子女教育调查与思考》，《华中师范大学学报》（人文社会科学版）第 5 期。

黎红、杨黎源，2015，《农民工在市民化进程中的语言同化问题探析——基于浙江宁波的实证考察》，《探索》第 3 期。

李爱芹，2010，《社会资本与农民工的城市融入》，《广西社会科学》第 6 期。

李斌、李拓、朱业，2015，《公共服务均等化、民生财政支出与城市化——基于中国 286 个城市面板数据的动态空间计量检验》，《中国软科学》第 6 期。

李昌俊、刘泓、贾东立，2014，《留守与非留守妇女的婚姻质量调查》，《中国心理卫生杂志》第 4 期。

李超、李诗云、王雷，2015，《随迁与留守——新移民家庭代际关系分析》，《人口与经济》第 2 期。

李成华、靳小怡，2012，《夫妻相对资源和情感关系对农民工婚姻暴力的影响——基于性别视角的分析》，《社会》第 1 期。

李成华、张文才、靳小怡，2011，《金融危机背景下人力资本对返乡农民工发展意愿的影响分析》，《西安交通大学学报》（社会科学版）第 2 期。

李国珍、雷洪，2011，《互动论视角下的农民工生活满意度研究》，《南方人口》第 3 期。

李贵卿、玛格瑞特·瑞德，2014，《中国文化背景下工作-家庭氛围对工作-家庭冲突和满意感的影响研究》，《当代财经》第 9 期。

李怀，2007，《社会网视域下的农民工求职研究》，《广东社会科学》第 6 期。

李辉、刘凤军、汪蓉，2011，《企业培训研究新视角：培训前涉因素与培训效果关系研究——兼论工作满意度的中介效应》，《南开管理评论》第 4 期。

李静雅，2013，《夫妻权力的影响因素分析——以福建省妇女地位调查数据为例》，《妇女研究论丛》第 5 期。

李静雅，2012，《社会性别意识的构成及影响因素分析——以福建省厦门市的调查为例》，《人口与经济》第 3 期。

李俊霞，2016，《农民工城镇落户意愿调查研究——以四川为例》，《经济问题》第 7 期。

李可安，2015，《关于农民工子女教育问题的政策解读与反思》，《教育前沿》第 7 期。

李亮、杨雪燕，2008，《农村社会变迁中女性对家务分工的期望及其影响因素研究——基于安徽居巢农村地区的调查研究》，《西北人口》第 2 期。

李旻、赵连阁、谭洪波，2006，《农村地区家庭教育投资的影响因素分析——以河北省承德市为例》,《农业技术经济》第 5 期。

李培林、李炜,2007,《农民工在中国转型中的经济地位和社会态度》,《社会学研究》第 3 期。

李培林、田丰,2012,《中国农民工社会融入的代际比较》,《社会》第 5 期。

李培林,1996,《流动民工的社会网络和社会地位》,《社会学研究》第 4 期。

李强,1995,《关于城市农民工的情绪倾向及社会冲突问题》,《社会学研究》第 4 期。

李群、杨东涛、卢锐,2015,《组织公平对新生代农民工留职意向的影响——工作满意度的中介效应》,《华东经济管理》第 7 期。

李荣彬,2016,《生计资本视角下农民工社会融合的现状及其影响因素——基于 2014 年流动人口动态监测数据的实证研究》,《人口与发展》第 6 期。

李实,2001,《农村妇女的就业与收入——基于山西若干样本的实证分析》,《中国社会科学》第 3 期。

李树茁、费尔德曼、靳小怡,2003,《儿子与女儿——中国农村的婚姻形式和老年支持》,《人口研究》第 1 期。

李树茁、任义科、靳小怡等,2008,《中国农民工的社会融合及其影响因素研究——基于社会支持网络的分析》,《人口与经济》第 2 期。

李树茁、杨绪松、任义科等,2007,《农民工的社会网络与职业阶层和收入:来自深圳调查的发现》,《当代经济科学》第 1 期。

李双金,2010,《小额贷款与妇女发展及其政策启示》,《上海经济研究》第 7 期。

李卫东,2017,《农民工婚姻稳定性研究:基于代际、迁移和性别的视角》,《中国青年研究》第 7 期。

李卫东,2018,《人口流动背景下农民工婚姻稳定性的影响因素分析》,《人口与发展》第 6 期。

李文,2013,《中国农村居民经济地位的性别差异分析》,《中华女子学院学报》第 3 期。

李喜荣，2008，《农村留守妇女的婚姻稳定性探析——豫东 HC 村的个案研究》，《妇女研究论丛》第 6 期。

李喜荣，2014，《新生代农民工的婚姻稳定性研究——基于社会交换理论的视角》，《学理论》第 29 期。

李小杉、王琪、肖静等，2014，《"丧偶式"单亲家庭大学生与双亲健在大学生生活质量差异分析》，《中国卫生统计》第 4 期。

李晓云、刘元洪、彭柳林，2012，《立足于组织公民行为规范外员工行为管理——以德胜洋楼公司为例》，《中国人力资源开发》第 11 期。

李璇，2016，《家庭教育中父亲"角色缺失"现状及问题研究》，硕士学位论文，贵州大学。

李燕萍、涂乙冬，2012，《组织公民行为的价值取向研究》，《管理世界》第 5 期。

李晔、龙立荣，2003，《组织公平感研究对人力资源管理的启示》，《外国经济与管理》第 2 期。

李银河，1996，《北京市婚姻质量的调查分析》，《中国社会科学季刊》（香港）夏季卷。

李泽媛、郑军、张务伟，2021，《新生代农民工就业质量的区域差异》，《当代青年研究》第 6 期。

李振刚、南方，2013，《城市文化资本与新生代农民工心理融合》，《浙江社会科学》第 10 期。

栗治强、王毅杰，2014，《掣肘与鼓励：农民工随迁子女城市社会融合机制研究》，《华东理工大学学报》（社会科学版）第 2 期。

梁宏、任焰，2010，《流动，还是留守？——农民工子女流动与否的决定因素分析》，《人口研究》第 2 期。

梁巧转、杨林、狄桂芳，2006，《社会性别特征与领导风格性别差异实证研究》，《妇女研究论丛》第 3 期。

梁樱、侯斌、李霜双，2017，《生活压力、居住条件对农民工精神健康的影响》，《城市问题》第 9 期。

梁志民、饶盼、杨国强，2014，《农民工在务工地购房意愿的影响因素》，《西北农林科技大学学报》（社会科学版）第 4 期。

林南、俞弘强，2003，《社会网络与地位获得》，《马克思主义与现实》第 2 期。

林善浪、李龙新、林玉姝等，2012，《社会资本、劳动权益保障对农民工工作满意度的影响——基于福建农村的问卷调查》，《福建论坛》（人文社会科学版）第 11 期。

林伟，2011，《宿城村外出务工人员语言状况研究》，硕士学位论文，南京大学。

林竹，2011，《新生代农民工组织承诺管理——基于就业能力的视角》，《技术经济与管理研究》第 12 期。

刘爱玉、刘明利，2012，《城市融入、组织信任与农民工的社会信任》，《江苏行政学院学报》第 2 期。

刘爱玉、杨善华，2000，《社会变迁过程中的老年人家庭支持研究》，《北京大学学报》（哲学社会科学版）第 3 期。

刘传江、周玲，2004，《社会资本与农民工的城市融合》，《人口研究》第 5 期。

刘丹丹、戴雪红，2015，《西方性别气质发展研究综述》，《山西大同大学学报》（社会科学版）第 3 期。

刘庚长，1999，《我国农村家庭养老存在的基础与转变的条件》，《人口研究》第 5 期。

刘建娥，2014a，《从农村参与走向城市参与：农民工政治融入实证研究》，《人口与发展》第 1 期。

刘建娥，2014b，《企业农民工与社区农民工政治融入的问题及对策研究》，《云南大学学报》第 3 期。

刘建娥，2010，《乡—城移民（农民工）社会融入的实证研究——基于五大城市的调查》，《人口研究》第 4 期。

刘静、张锦华、沈亚芳，2017，《迁移特征与农村劳动力子女教育决策——基于全国流动人口动态监测数据的分析》，《复旦教育论坛》第 2 期。

刘璐宁，2013，《社会网络视角下农村劳动力非农转移的代际比较》，《农村经济》第 4 期。

刘平青、吴莹、王雪等，2011，《个人—组织匹配对农民工工作绩效的影响分析——以员工关系为中介变量》，《中国农村经济》第 6 期。

刘茜、杜海峰、靳小怡等，2013，《留下还是离开：政治社会资本对农民工留城意愿的影响研究》，《社会》第 4 期。

刘唐宇、罗丹，2014，《我国农民工就业歧视：现状、原因及政策建议》，《四川理工学院学报》（社会科学版）第 3 期。

刘婷，2012，《广州市外来农民工社会融合现状调查研究》，《安徽农业科学》第 5 期。

刘小平，2011，《员工组织承诺的形成过程：内部机制和外部影响——基于社会交换理论的实证研究》，《管理世界》第 11 期。

刘晓昀、Terry Sicular、辛贤，2003，《中国农村劳动力非农就业的性别差异》，《经济学》（季刊）第 4 期。

刘鑫财、李艳，2013，《流动因素对农村已婚妇女家庭地位的影响——基于"第三期中国妇女社会地位调查"陕西省数据的分析》，《妇女研究论丛》第 5 期。

刘雪梅、陈文磊，2018，《社会支持对新生代农民工组织承诺的影响机制》，《农业经济问题》第 12 期。

刘雪梅，2012，《新生代农民工工作家庭冲突对工作绩效的影响——基于组织支持感的调节作用》，《农业经济问题》第 7 期。

刘妍、李岳云，2007，《城市外来农村劳动力非正规就业的性别差异分析》，《中国农村经济》第 12 期。

刘玉照，2004，《"移民化"及其反动——在上海的农民工与台商"反移民化"倾向的比较分析》，《探索与争鸣》第 7 期。

龙国莲、罗忠勇、秦娇，2015，《农民工打工地方言的习得及其影响因素分析——基于珠三角地区农民工的调查》，《云南大学学报》（社会科学版）第 4 期。

龙立荣、毛盼盼、张勇等，2014，《组织支持感中介作用下的家长式领导对员工工作疏离感的影响》，《管理学报》第 8 期。

卢海阳、梁海兵、钱文荣，2015，《农民工的城市融入：现状与政策启示》，《农业经济问题》第 7 期。

卢海阳、钱文荣，2013，《农民工外出务工对婚姻关系的影响——基于浙江 904 个农民工的计量分析》，《西北人口》第 2 期。

卢纪华、陈丽莉、赵希男，2013，《组织支持感、组织承诺与知识型员工敬业度的关系研究》，《科学学与科学技术管理》第 1 期。

卢淑华、文国锋，1999，《婚姻质量的模型研究》，《妇女研究论丛》第 2 期。

卢现祥、李小平，2008，《制度转型、经济增长和交易费用》，《经济学家》第 3 期。

卢志刚、宋顺峰，2006，《农民工收入微观影响因素统计分析》，《现代财经》第 10 期。

卢志刚，2012，《科斯的交易费用理论分析》，《山西财经大学学报》第 3 期。

陆杰华、阮韵晨，2017，《婚姻匹配结构与主观幸福感的性别差异研究》，《中共福建省委党校学报》第 10 期。

鹿立，1997，《妇女经济地位与妇女人力资本关系的实证研究》，《人口研究》第 2 期。

栾文敬、路红红、童玉林等，2012，《社会资本、人力资本与新生代农民工社会融入的研究综述》，《江西农业大学学报》（社会科学版）第 2 期。

栾驭、任义科、轩娟，2012，《农民工心理授权与组织公民行为》，《管理现代化》第 4 期。

罗伯特·普特南，2001，《使民主运转起来——现代意大利的公民传统》，王列等译，江西人民出版社。

罗锋、黄丽，2011，《人力资本因素对新生代农民工非农收入水平的影响》，《中国农村观察》第 1 期。

罗凯，2009，《打工经历与职业转换和创业参与》，《世界经济》第 6 期。

罗竖元、李萍，2011，《社会资本对新生代农民工择业行为影响调研》，《广东行政学院学报》第 2 期。

罗忆源、柴定红，2004，《半流动家庭中留守妇女的家庭和婚姻状况探析》，《探索与争鸣》第 3 期。

罗正学、苗丹民，2005，《工作绩效预测研究述评》，《心理科学进展》第 6 期。

吕晓健、韩福国，2009，《社会转型中的非正式组织变迁——以义乌农民工组织为个案的研究》，《中共浙江省委党校学报》第 2 期。

吕晓俊、严文华，2009，《组织公平感对工作绩效的影响研究》，《上海行政学院学报》第 1 期。

吕晓兰、姚先国，2013，《农民工职业流动类型与收入效应的性别差异分析》，《经济学家》第 6 期。

马超、薛电芳、毛重琳，2014，《组织公平感对离职意图的影响》，《华南师范大学学报》第 1 期。

马宏，2016，《社会资本、民间借贷及农民工收入的关系研究——基于武汉市农民工实地调研数据的实证分析》，《经济问题》第 10 期。

马君、王雎、杨灿，2012，《差序格局下绩效评价公平与员工绩效关系研究》，《管理科学》第 4 期。

马西恒、童星，2008，《敦睦他者：城市新移民的社会融合之路——对上海市 Y 社区的个案考察》，《学海》第 2 期。

毛小平，2015，《购房能提高居民的幸福感吗?》，《兰州学刊》第 1 期。

梅锦萍，2010，《社会资本：现实功能和理论意涵》，《学术交流》第 12 期。

孟祥斐、徐延辉，2012，《高层次女性人才的性别意识及其影响因素研究——基于福建省的调查》，《妇女研究论丛》第 1 期。

米尔顿·M. 戈登，1997，《同化的性质》，载马戎主编《西方民族社会学的理论与方法》，天津人民出版社。

倪超军、李兴中、刘星宇，2019，《城市体验、社会融入与市民化意愿——基于新疆少数民族农民工的调查》，《世界农业》第 11 期。

聂伟、万莺莺，2018，《文化适应对少数民族农民工城镇落户意愿的影响——基于全国流动人口动态监测数据的分析》，《湖南农业大学学报》（社会科学版）第 1 期。

宁静，2015，《东北城镇青年夫妇婚姻质量影响因素调查研究》，《中国青年研究》第 7 期。

牛喜霞，2004，《社会资本及其本土化研究的几点思考》，《上海大学学报》（社会科学版）第 6 期。

潘泽泉、何倩，2017，《居住空间、社会交往和主观地位认知：农民工身份认同研究》，《湖南社会科学》第 1 期。

潘泽泉、杨莉瑰，2010，《社会政策认知、行动逻辑与生存策略——基于长沙市农民工的实证研究》，《学习与实践》第 4 期。

庞晓鹏、董晓媛，2014，《性别平等对经济增长的功能性影响》，《江汉论坛》第 5 期。

庞子渊，2013，《农民工就业质量及其社会与法律因素探析——基于珠三角的实证分析》，《社会科学研究》第 6 期。

彭国胜、陈成文，2009，《关于就业质量问题的研究综述——以青年农民工为例》，《中国青年研究》第 12 期。

彭国胜，2008，《青年农民工就业质量及影响因素研究——基于湖南省长沙市的实证调查》，《青年探索》第 2 期。

彭国胜，2009，《人力资本与青年农民工的就业质量——基于长沙市的实证调查》，《湖北社会科学》第 10 期。

彭正龙，2013，《国外组织公民行为的负面效应及人力资源管理干预对策》，《企业经济》第 7 期。

齐世泽，2014，《角色理论：一个亟待拓展的哲学空间》，《北京交通大学学报》（社会科学版）第 4 期。

钱芳、陈东有、周小刚，2013a，《农民工就业质量测算指标体系的构建》，《江西社会科学》第 9 期。

钱芳、周小刚、胡凯，2013b，《受教育年限与农民工就业质量的实证研究——基于一项江西地区的问卷调查》，《教育学术月刊》第 7 期。

钱龙、钱文荣，2015，《农民工离职意愿的影响因素及其代际差异》，《湖南农业大学学报》（社会科学版）第 3 期。

钱文荣、卢海阳，2012，《农民工人力资本与工资关系的性别差异及户籍地差异》，《中国农村经济》第 8 期。

钱雪飞，2009，《代差视角下第二代农民工城乡迁移个人风险成本的实证研究——基于 1012 位城乡迁移农民工的问卷调查》,《中国青年研究》第 6 期。

秦广强、陈志光,2012,《语言与流动人口的城市融入》,《山东师范大学学报》(人文社会科学版)第 6 期。

秦伟平、赵曙明,2014,《多重认同视角下的新生代农民工组织公平感与工作嵌入关系研究》,《管理学报》第 10 期。

秦昕、张翠莲、马力等,2011,《从农村到城市:农民工的城市融合影响模型》,《管理世界》第 10 期。

秦玉友、齐海鹏、齐倩楠,2007,《农民工子女教育问题与应对策略研究》,《教育科学》第 6 期。

任皓、温忠麟、陈启山等,2013,《工作团队领导心理资本对成员组织公民行为的影响机制:多层次模型》,《心理学报》第 1 期。

任义科、郭玮奇,2017,《社会融合对农民工社会性别意识的影响》,《中华女子学院学报》第 3 期。

任义科、宋连成、佘瑞芳等,2017,《属性和网络结构双重视角下农民工流动规律研究》,《地理科学进展》第 8 期。

任义科、王林、杜海峰,2015,《人力资本、社会资本对农民工就业质量的影响——基于性别视角的分析》,《经济经纬》第 2 期。

任义科、杨力荣,2014,《婚姻合约的脆弱性:留守妇女精神出轨和行为出轨》,《南方人口》第 3 期。

任义科、张彩、杜海峰,2016a,《社会资本、政治参与与农民工社会融合》,《甘肃行政学院学报》第 1 期。

任义科、张生太、杜巍,2011,《农民工生计脆弱性的制度分析及其政策建议》,《中国行政管理》第 2 期。

任义科、张韵,2016,《家庭决策、孝道与农民工家庭养老——基于夫妻视角的分析》,《山东女子学院学报》第 4 期。

任义科、赵谚慧、杜海峰,2016b,《政策认知、社会资本与农民工求职交易费用》,《西北农林科技大学学报》(社会科学版)第 4 期。

任义科,2015,《社会小生境的概念、特征及其结构演化》,《广东社会科学》第 3 期。

任远、陈春林，2010，《农民工收入的人力资本回报与加强对农民工的教育培训研究》，《复旦学报》第 6 期。

任远、陶力，2012，《本地化的社会资本与促进流动人口的社会融合》，《人口研究》第 5 期。

任远、邬民乐，2006，《城市流动人口的社会融合：文献述评》，《人口研究》第 3 期。

沈满洪、张兵兵，2013，《交易费用理论综述》，《浙江大学学报》（人文社会科学版）第 2 期。

沈艳，2013，《异地高考的公平性反思——基于社会资本的视角》，《教育求索》第 7 期。

沈渝，2010，《城市融入中的社会性别研究》，《统计与决策》第 16 期。

盛昕，2008，《改革开放 30 年中国农民工政策的演进与发展》，《学术交流》第 4 期。

石丹淅、赖德胜、李宏兵，2014，《新生代农民工就业质量及其影响因素研究》，《经济经纬》第 5 期。

石林、张金峰，2002，《夫妻收入差异与婚姻质量的调查研究》，《中华女子学院学报》第 3 期。

石人炳，2006，《青年人口迁出对农村婚姻的影响》，《人口学刊》第 1 期。

史清华、张改清，2003，《农户家庭决策模式与经济增长的关系——来自浙江 5 村的调查》，《农业现代化研究》第 2 期。

宋健，2001，《农村养老问题研究综述》，《人口研究》第 6 期。

宋锦、李实，2014，《农民工子女随迁决策的影响因素分析》，《中国农村经济》第 10 期。

宋晶、孟德芳，2011，《基于个人与组织融合视角的知识型员工工作倦怠干预》，《大连海事大学学报》（社会科学版）第 3 期。

宋林、亓同敏，2014，《我国农民工劳动合同签订率低的原因分析——基于劳动力市场分割和产业分割的分析框架》，《华东经济管理》第 12 期。

宋月萍、李龙，2012，《随迁子女学前教育与流动女性的就业实证研究》，《妇女研究论丛》第 6 期。

苏瑞，2013，《健全儿童医疗保障改善农民工子女健康状况》，《辽宁教育行政学院学报》第 6 期。

苏晓艳、苏俊、田海英，2021，《员工-组织价值观匹配的代际差异及其对挑战性组织公民行为的影响》，《管理工程学报》第 5 期。

孙鹃娟、张航空，2013，《中国老年人照顾孙子女的状况及影响因素分析》，《人口与经济》第 4 期。

孙利平、凌文辁，2010，《德行领导对员工行为的影响研究》，《理论探讨》第 4 期。

孙涛、黄少安，2010，《非正规制度影响下中国居民储蓄、消费和代际支持的实证研究——兼论儒家文化背景下养老制度安排的选择》，《经济研究》第 1 期。

孙文中，2015，《包容性发展：农民工随迁子女教育融入问题研究——基于武汉市的调查》，《广东社会科学》第 3 期。

孙秀林，2010，《城市移民的政治参与：一个社会网络的分析视角》，《社会》第 1 期。

孙中民，2007，《从非制度化到制度化——农民工政治参与模式的变迁》，《江西社会科学》第 4 期。

孙中伟、杨肖锋，2012，《脱嵌型雇佣关系与农民工离职意愿——基于长三角和珠三角的问卷调查》，《社会》第 3 期。

谭琳、李军峰，2002，《婚姻和就业对女性意味着什么？》，《妇女研究论丛》第 4 期。

谭银清、王钊、陈益芳，2015，《人力资本、社会资本对农民工职业阶层的影响研究》，《调研世界》第 9 期。

汤青，2015，《可持续生计的研究现状及未来重点趋向》，《地球科学进展》第 7 期。

唐灿、马春华、石金群，2009，《伦理与公平——浙东农村家庭代际关系的性别考察》，《社会学研究》第 6 期。

唐华容，2009，《树立当代社会性别意识、促进农村妇女参政》，《黑龙江史志》第 3 期。

唐永霞、罗卫国，2016，《贫困地区城乡夫妻权力模式对比研究——以甘肃省定西市 T 县为例》，《合肥工业大学学报》（社会科学版）第 2 期。

唐有财、符平，2015，《农民工的个体性与集体性抗争行为研究》，《中国人口科学》第 6 期。

田凯，1995，《关于农民工的城市适应性的调查分析与思考》，《社会科学研究》第 5 期。

汪超，2019，《可持续生计理论对农民工资产贫困的理解与公共政策启迪》，《理论月刊》第 6 期。

汪怀君，2005，《试析现代家庭伦理关系的嬗变》，《前沿》第 11 期。

汪丽，2010，《员工当责感、工作满意度与组织公民行为》，《商业经济与管理》第 12 期。

汪新艳、廖建桥，2007，《组织公平感对员工工作绩效的影响机制研究》，《江西社会科学》第 9 期。

汪新艳，2009，《中国员工组织公平感结构和现状的实证解析》，《人力资源管理》第 9 期。

汪勇，2008，《从自发走向自觉：农民工政治参与的嬗变》，《中国青年研究》第 7 期。

王帮俊、杨东涛，2014，《新生代农民工组织认同、工作嵌入及其对工作绩效影响的实证研究》，《软科学》第 1 期。

王春超，2005，《收入差异、流动性与地区就业集聚——基于农村劳动力转移的实证研究》，《中国农村观察》第 1 期。

王春光、Beja, J. P.，1999，《温州人在巴黎：一种独特的社会融入模式》，《中国社会科学》第 6 期。

王春光，2001，《新生代农村流动人口的社会认同与城乡融合的关系》，《社会学研究》第 1 期。

王存同、余姣，2013，《中国婚姻满意度水平及影响因素的实证分析》，《妇女研究论丛》第 1 期。

王大华、申继亮、佟雁等，2003，《老年人孝顺期待与亲子间的社会支持》，《心理科学》第 3 期。

王桂新、陈冠春、魏星，2010，《城市农民工市民化意愿影响因素察——以上海市为例》,《人口与发展》第 2 期。

王金山,2020,《新生代农民语言使用对自身经济生活改善及社会认同问题研究》,《农业技术经济》第 4 期。

王开庆、王毅杰,2012,《组织公平、社会支持与农民工心理授权研究》,《西北人口》第 6 期。

王丽萍、方然,2010,《参与还是不参与：中国公民政治参与的社会心理分析——基于一项调查的考察与分析》,《政治学研究》第 2 期。

王玲杰、叶文振,2008,《流动人口婚姻满意度实证分析》,《人口学刊》第 2 期。

王美萍、张文新,2007,《青少年期亲子冲突与亲子亲合的发展特征》,《心理科学》第 5 期。

王美艳,2005,《城市劳动力市场上的就业机会与工资差异——外来劳动力就业与报酬研究》,《中国社会科学》第 5 期。

王谦,2014,《关于流动人口社会融合指标研究的几点思考》,载杨菊华编《流动人口社会融合："双重户籍墙"情景下何以可为?》,《人口与发展》第 3 期。

王伟同、陈琳,2019,《隔代抚养与中老年人生活质量》,《经济学动态》第 10 期。

王亚章,2016,《人口老龄化对宏观经济的影响——基于隔代抚养机制的考察》,《人口与发展》第 3 期。

王毅杰、童星,2004,《流动农民社会支持网探析》,《社会科学研究》第 2 期。

王毅杰、童星,2003,《流动农民职业获得途径及其影响因素》,《江苏社会科学》第 5 期。

王宇中,2006,《婚姻的两维度多层次匹配理论的构建》,《南京师大学报》(社会科学版) 第 2 期。

王宇中,2009,《相貌、性格和品德因素在当代中国人择偶中的作用》,《中州学刊》第 3 期。

王跃生,2008,《中国家庭代际关系的理论分析》,《人口研究》第 4 期。

王政，2009，《社会性别研究在国内外的发展》，《中华女子学院山东分院学报》第 5 期。

王卓、李小雨、吴迪，2008，《中国农村民间金融的社会性别分析——以西部小额信贷组织为例》，《社会科学研究》第 2 期。

韦艳，2017，《"厚此薄彼"还是"同时兼顾"——农村已婚女性的代际支持研究》，《妇女研究论丛》第 3 期。

魏程琳、刘燕舞，2014，《从招郎到"两头住"：招赘婚姻变迁研究》，《南方人口》第 1 期。

魏铭言，2013，《民政部：农村留守老人近 5000 万》，http：//www.bjnews.com.cn/news/2013/09/20/284312.html。

温忠麟、侯杰泰、张雷，2005，《调节效应与中介效应的比较和应用》，《心理学报》第 2 期。

吴敏、刘若冰，2009，《基于社会交换的组织公平研究》，《西南民族大学学报》（人文社科版）第 12 期。

吴奇峰、苏群，2018，《企业职业发展支持与农民工的离职倾向》，《兰州学刊》第 4 期。

伍新春、郭素然、刘畅等，2012，《社会变迁中父亲职能的凸显：基于生态系统理论的分析》，《华南师范大学学报》（社会科学版）第 6 期。

夏传玲、麻风利，1995，《子女数对家庭养老功能的影响》，《人口研究》第 1 期。

夏福斌、林忠，2021，《组织公民行为与职场排斥关系研究——基于妒忌的"遮掩效应"》，《软科学》第 5 期。

夏历，2009，《城市农民工的语言资源和语言问题》，《云南师范大学学报》（哲学社会科学版）第 4 期。

肖静、陈维政，2014，《农民工工作价值观与组织承诺关系的实证研究——以供给—期望匹配度为调节变量》，《软科学》第 11 期。

肖庆华，2013，《农民工子女就学政策的演变、困境和趋势》，《学术论坛》第 12 期。

谢永飞、杨菊华，2016，《家庭资本与随迁子女教育机会：三个教育阶段的比较分析》，《教育与经济》第 3 期。

谢勇，2009，《基于就业主体视角的农民工就业质量的影响因素研究——以南京市为例》，《财贸研究》第 5 期。

谢正勤、钟甫宁，2006，《农村劳动力的流动性与人力资本和社会资源的关系研究——基于江苏农户调查数据的实证分析》，《农村经济问题》第 8 期。

熊景维、季俊含，2018，《农民工城市住房的流动性约束及其理性选择——来自武汉市 628 个家庭户样本的证据》，《经济体制改革》第 1 期。

徐安琪、叶文振，1998，《婚姻质量：度量指标及其影响因素》，《中国社会科学》第 1 期。

徐安琪，1998，《夫妻伙伴关系：中国城乡的异同及其原因》，《中国人口科学》第 4 期。

徐安琪，2004，《夫妻权力模式与女性家庭地位满意度研究》，《浙江学刊》第 2 期。

徐安琪，2001，《婚姻暴力：一般家庭的实证分析》，《上海社会科学院学术季刊》第 3 期。

徐安琪，1996，《青年夫妇家庭角色的性别差异》，《婚姻与家庭》第 2 期。

徐碧琳、李涛，2011，《基于网络联盟环境的工作满意度、组织承诺与网络组织效率的关系研究》，《南开管理评论》第 1 期。

徐海娇、杨哲，2017，《子女因素对青年农民工婚姻稳定性的影响——基于 2013 年全国流动人口卫生计生动态监测调查数据的实证研究》，《齐齐哈尔大学学报》（哲学社会科学版）第 7 期。

徐细雄、淦未宇，2011，《组织支持契合、心理授权与雇员组织承诺：一个新生代农民工雇佣关系管理的理论框架》，《管理世界》第 12 期。

徐志达，2011，《新生代农民工制度化政治参与的困境及对策》，《成都理工大学学报》（社会科学版）第 1 期。

许传新、陈国华、王杰，2011，《亲子关系："流动"与"留守"子女的比较》，《中国青年研究》第 7 期。

许传新、张登国，2010，《流动还是留守：家长的选择及其影响因素》，《中国青年研究》第 10 期。

许彦妮、顾琴轩、蒋琬，2014，《德行领导对员工创造力和工作绩效的影响：基于 LMX 理论的实证研究》，《管理评论》第 2 期。

许颖，2013，《工作压力、工作绩效与心理资本关系研究》，《郑州轻工业学院学报》第 5 期。

宣杰、胡春晓、梁晓燕，2009，《农村劳动力转移的交易成本分析》，《调研世界》第 12 期。

薛菁，2013，《进城务工对农民工婚姻生活影响研究》，《科学经济社会》第 3 期。

阎云翔，2006，《私人生活的变革——一个中国村庄里的爱情、家庭与亲密关系》，上海书店出版社。

杨爱民，2008，《交易费用理论的演变、困境及发展》，《云南社会科学》第 4 期。

杨春江、蔡迎春、侯红旭，2015，《心理授权与工作嵌入视角下的变革型领导对下属组织公民行为的影响研究》，《管理学报》第 2 期。

杨春江、李雯、逯野，2014，《农民工收入与工作时间对生活满意度的影响——城市融入与社会安全感的作用》，《农业技术经济》第 2 期。

杨聪敏，2014，《新生代农民工的"六个融合"与市民化发展》，《浙江社会科学》第 2 期。

杨慧，2005，《"男女平等"的不同认识及其成因剖析——从社会性别理论视角》，《安徽大学学报》（哲学社会科学版）第 5 期。

杨菊花，2014，《传续与策略：1990—2010 年中国家务分工的性别差异》，《学术研究》第 2 期。

杨菊华、王毅杰、王刘飞等，2014，《流动人口社会融合："双重户籍墙"情景下何以可为》，《人口与发展》第 3 期。

杨娟、李凌霄，2017，《子女留守对农民工收入与支出的影响》，《教育经济评论》第 2 期。

杨婷、靳小怡，2018，《家庭压力与婚姻满意度对农民工实施婚姻暴力的影响》，《人口学刊》第 1 期。

杨五洲、任迎伟、王毓婧，2014，《威权领导对员工工作投入的影响：员工情绪智力的调节作用》，《当代经济科学》第 4 期。

杨雪燕、李树茁，2006，《西方社会性别概念及其测量的回顾与评述》，《国外社会科学》第 4 期。

杨颖秀，2007，《农民工子女就学政策的十年演进及重大转变》，《东北师大学报》（哲学社会科学版）第 6 期。

杨政怡、杨进，2021，《社会资本与新生代农民工就业质量研究——基于人情资源和信息资源的视角》，《青年研究》第 2 期。

杨照东、任义科、杜海峰，2019，《确权、多种补偿与农民工退出农村意愿》，《中国农村观察》第 2 期。

姚先国、俞玲，2006，《农民工职业分层与人力资本约束》，《浙江大学学报》（人文社会科学版）第 5 期。

姚远，2007，《从运行环境的变化看农村家庭养老的发展》，《人口研究》第 10 期。

叶静怡、衣光春，2010，《农民工社会资本与经济地位之获得——基于北京市农民工样本的研究》，《学习与探索》第 1 期。

叶乃滋，1992，《谈在全社会树立"孝道"观念》，《社会科学》第 7 期。

叶苏、叶文振，2005，《人口流动与家务分工——以厦门市流动人口为例》，《中共福建省委党校学报》第 2 期。

叶文振、刘建华、杜鹃等，2003，《中国女性的社会地位及其影响因素》，《人口学刊》第 5 期。

叶文振、徐安琪，2000，《婚姻质量：西方学者的研究成果及其学术启示》，《人口研究》第 4 期。

易松国，1997，《影响城市婚姻质量的因素分析》，《人口研究》第 5 期。

于贵芳、温珂，2020，《公共政策视角下的组织行为研究理论综述》，《科学学研究》第 5 期。

于扬铭，2016，《农民工政治参与的困境与实现路径》，《海南大学学报》（人文社会科学版）第 1 期。

俞林伟、陈小英、林瑾，2014，《生存状况、生活满意度与农民工城市融入——基于杭州、宁波和温州 1097 个调查样本的实证分析》，《经济体制改革》第 6 期。

袁靖华，2015，《关系障碍：人际传播视角下的边缘身份融入——基于在浙新生代农民工的社会调查》，《新闻与传播研究》第 5 期。

袁小波，2011，《成年子女照料者角色经历的性别差异研究》，《人口与发展》第 5 期。

袁亚愚，1991，《中美城市现代的婚姻和家庭》，四川大学出版社。

袁悦、徐丽娟、何波，2016，《四川省农民工工作绩效的影响因素研究》，《中国管理科学》第 S1 期。

苑会娜，2009，《进城农民工的健康与收入——来自北京市农民工调查的证据》，《管理世界》第 5 期。

岳经纶、胡项连，2017，《转型中的社会保障治理：政策扩张对治理能力的挑战与应对》，《苏州大学学报》（哲学社会科学版）第 3 期。

悦中山、李树茁、费尔德曼，2012b，《农民工社会融合的概念建构与实证分析》，《当代经济分析》第 1 期。

悦中山、李树茁、费尔德曼等，2009，《徘徊在"三岔路口"：两代农民工发展意愿的比较研究》，《人口与经济》第 6 期。

悦中山、李树茁、靳小怡等，2011，《从"先赋"到"后致"：农民工的社会网络与社会融合》，《社会》第 6 期。

悦中山、李卫东、李艳，2012a，《农民工的社会融合与社会管理——政府、市场和社会三部门视角下的研究》，《公共管理学报》第 4 期。

曾江辉、陆佳萍，2015，《湖北省新生代农业转移人口市民化水平调查与分析》，《长江大学学报》（自然科学版）第 33 期。

张斌华，2016，《珠三角新生代农民工语言使用、态度及认同研究》，《语言文字应用》第 3 期。

张互桂，2008，《从家庭角色认知的变化看当今农村妇女地位的变迁》，《社会科学家》第 7 期。

张会平、曾洁雯，2010，《城市女性的相对收入水平及受教育程度差异对婚姻质量的影响》，《中国临床心理学杂志》第 5 期。

张会平、聂晶、曾洁雯，2012，《城市家庭管钱方式的特点及其对女性婚姻质量的影响》，《中国临床心理学杂志》第 2 期。

张会平，2013，《城市女性的相对收入与离婚风险：婚姻质量的调节作用》，《妇女研究论丛》第 3 期。

张莉琴、杜凤莲等，2012，《社会性别与经济发展：经验研究方法》，中国社会科学出版社。

张敏杰，1999，《改革开放以来浙江农村女性的家庭地位变动》，《浙江学刊》第 3 期。

张明倩，2006，《产业集聚与新企业进入的计数模型》，《统计与决策》第 3 期。

张萍、李春霖、郝申强等，2008，《城乡夫妻个体资源量对其婚姻质量及身心健康影响的对比》，《郑州大学学报》（医学版）第 6 期。

张启春、罗雯芳，2020，《农业转移人口子女随迁决策影响因素研究——基于 2016 年北部湾城市群农业转移人口动态监察数据的分析》，《湘潭大学学报》（哲学社会科学版）第 4 期。

张庆，2013，《农民工就业问题调查研究》，《经济纵横》第 6 期。

张琼，2013，《农民工工资性别差异的实证研究》，《广东社会科学》第 3 期。

张赛玉，2016，《性别回归：社会性别视野下的和谐家庭建设新探》，《湖南社会科学》第 1 期。

张四龙、李明生，2013，《组织道德气氛对组织公民行为的影响：组织认同的中介作用》，《组织行为与人力资源管理》第 11 期。

张维，2016，《留守儿童 902 万 8 部门"合力监护"问题父母将获刑》，http：//pf. rednet. cn/c/2016/11/10/4131487. htm。

张卫国，2008，《作为人力资本、公共产品和制度的语言：语言经济学的一个基本分析框架》，《经济研究》第 2 期。

张文宏、雷开春，2008，《城市新移民社会融合的结构、现状与影响因素分析》，《社会学研究》第 5 期。

张文宏、周思伽，2013，《迁移融合，还是本土融合——农民工社会融合的二重性分析》，《湖南师范大学社会科学学报》第 5 期。

张文娟、李树茁，2004，《劳动力外流对农村家庭养老的影响分析》，《中国软科学》第 8 期。

张五常，2002，《经济解释》，商务印书馆。

张五常，2014，《科斯与我的和而不同之处》，《社会科学战线》第 7 期。

张五常，2009，《中国的经济制度》，中信出版社。

张肖敏，2006，《农村流动人口就业问题初探》，《学海》第 2 期。

张旭、樊耘、黄敏萍等，2013，《基于自我决定理论的组织承诺形成机制模型构建：以自主需求成为主导需求为背景》，《南开管理评论》第 6 期。

张燕、解蕴慧、王泸，2015，《组织公平感与员工工作行为：心理安全感的中介作用》，《北京大学学报》第 1 期。

张杨、施培菊，2015，《城乡家庭背景对子女受教育机会影响的实证研究——以南京农业大学学生为样本》，《扬州大学学报》（高教研究版）第 1 期。

张烨霞、靳小怡、费尔德曼，2007，《中国城乡迁移对代际经济支持的影响——基于社会性别视角的研究》，《中国人口科学》第 3 期。

张意忠，2016，《城乡家庭资本差异对子女高等教育需求的影响》，《高等教育研究》第 8 期。

张盈华、杜跃平，2009，《社会保障与经济增长的最新研究综述》，《西安电子科技大学学报》（社会科学版）第 2 期。

张永丽、黄祖辉，2008，《中国农村劳动力流动研究述评》，《中国农村观察》第 1 期。

张勇，2003，《孟加拉小额信贷模式的最新发展》，《中国农村经济》第 6 期。

张友琴，2001，《老年人社会支持网的城乡比较研究——厦门市个案研究》，《社会学研究》第 4 期。

张云武，2012，《城市青年的社会资本与政治参与》，《中共浙江省委党校学报》第 4 期。

张再生、徐爱好，2014，《高层次人才社会性别平等认知影响因素及其传导机制分析——基于天津市的调查》，《妇女研究论丛》第 1 期。

章元、陆铭，2009，《社会网络是否有助于提高农民工的工资水平》，《管理世界》第 3 期。

赵定东、许洪波，2004，《"关系"的魅力与移民的"社会适应"：中哈移民的一个考察》，《市场与人口分析》第 4 期。

赵富才，2009，《农村留守儿童问题产生原因探析》，《郑州大学学报》（哲学社会科学版）第 5 期。

赵富才，2009，《农村留守儿童问题研究》，博士学位论文，中国海洋大学。

赵继伦、任曦玉，2014，《人口流动对农村女性社会性别观的影响》，《人口学刊》第 5 期。

赵排风，2012，《构建和谐社会进程中新生代农民工政治参与问题研究》，《河南大学学报》（社会科学版）第 3 期。

赵太阳，2012，《"隔代投资"语境下隔代关系的本土化实证研究》，硕士学位论文，吉林大学。

赵延东、风笑天，2000，《社会资本、人力资本与下岗职工的再就业》，《上海社会科学院学术季刊》第 2 期。

赵延东、王奋宇，2002，《城乡流动人口的经济地位获得及决定因素》，《中国人口科学》第 4 期。

赵艳红、李洋、张东洁，2010，《用社会性别意识审视中国的女性教育》，《河北大学学报》（哲学社会科学版）第 5 期。

赵阳、姚丽虹，2009，《论农民工寻工的社会资本运用》，《农村经济》第 8 期。

郑伯埙、周丽芳、樊景立，2000，《家长式量表：三元模式的建构与测量》，《本土心理学研究》第 14 期。

郑传贵，2004，《农民工政治参与的边缘性》，《理论前沿》第 5 期。

郑景丽、郭心毅，2016，《组织公平对员工组织公民行为影响的实证研究》，《北京理工大学学报》（社会科学版）第 1 期。

仲理峰，2007，《心理资本对员工的工作绩效、组织承诺及组织公民行为的影响》，《心理学报》第 2 期。

周大鸣，2000，《外来工与"二元社区"——珠江三角洲的考察》，《中山大学学报》第 2 期。

周建涛、廖建桥，2012，《为何中国员工偏好沉默——威权领导对员工建言的消极影响》，《商业经济与管理》第 11 期。

周敏、林闽钢，2004，《族裔资本与美国华人移民社区的转型》，《社会学研究》第 3 期。

周钦、袁燕、臧文斌，2015，《医疗保险对中国城市和农村家庭资产选择的影响研究》，《经济学》（季刊）第 2 期。

朱静辉，2013，《当代中国家庭代际伦理危机与价值重建》，《中州学刊》第 12 期。

朱力，2002，《论农民工阶层的城市适应》，《江海学刊》第 6 期。

朱明芬，2007，《农民工职业转移特征与影响因素探讨》，《中国农村经济》第 6 期。

朱斯琴，2016，《父母外出对农村留守儿童心理健康的影响——基于四省农户的实证研究》，《暨南学报》（哲学社会科学版）第 2 期。

庄渝霞，2007，《生育数量趋同行为研究的理论架构与实证分析》，《厦门大学学报》（哲学社会科学版）第 6 期。

宗文、李晏墅、陈涛，2010，《组织支持与组织公民行为的机理研究》，《中国工业经济》第 7 期。

邹海霞、黄翠瑶，2015，《科技主导社会性别分工的发展路向》，《学术论坛》第 9 期。

邹一南，2021，《购房、城市福利与农民工落户意愿》，《人口与经济》第 3 期。

祖嘉合，2001，《社会性别理论为女性研究展示新视角》，《河南师范大学学报》（哲学社会科学版）第 2 期。

左珂、何绍辉，2011，《论新生代农民工政治参与：现实困境与路径选择》，《中国青年研究》第 10 期。

英文文献

Adeyemo, D. A. 2012. "Emotional Intelligence and the Relationship between Job Satisfaction and Organizational Commitment of Employee in Public Parastatals in Oyo State, Nigeria." *Pakistan Journal of Social Sciences* 4 (2): 324-330.

Alba, R., and Nee, V. 1997. "Rethinking Assimilation Theory for a

New Era of Immigration. " *International Migration Review* 31 （4）: 826-874.

Allen, C. M., and Straus, M. A. 1980. "Resources, Power, and Husband-wife Violence. " *The Social Causes of Husband-wife Violence*, eds by M. A. Straus and G. Hotaling, Minneapolis: University of Minnesota Press.

Andersson, K., Hussenius, A., Gustafsson, C. 2009. "Gender Theory as a Tool for Analyzing Science Teaching. " *Teaching and Teacher Education* 25: 336-343.

Angelini, V., Casi, L., Corazzini, L. 2015. "Life Satisfaction of Immigrants: Does Cultural Assimilation Matter. " *Journal of Population Economics* 28 （3）: 817-844.

Anker, R., and Chernyshev, I. 2003. "Measuring Decent Work with Statistical Indicators. " *International Labor Review* 142 （2）: 147-177.

Arcury, T. A., Grzywacz, J. G., Edward, H. et al., 2012. "Social Integration and Diabetes Mangement among Rural Older Adults. " *Journal of Aging and Health* 24 （6）: 899-922.

Bandura, A. 1994. "Self-efficacy. " In V. S. Ramachaudran ed., *Encyclopedia of Human Behavior* 4: 71-81. New York: Academic Press.

Barro, R., and Sala Miartin, X. 1992. "Convergence. " *Journal of Political Economy* 100 （2）: 223-251.

Bebbington, A. 1999. "Capital and Capabilities: A Framework for Analyzing Peasant Visability, Rural Livelihoods and Poverty. " *World Development* 27 （12）: 2021-2044.

Becker, G. 1962. "Investment in Human Capital: A Theoretical Analysis. " *The Journal of Political Economy* 70: 9-49.

Bedi, A. S., and Marshall, J. H. 2002. "Primary School Attendance in Honduras. " *Journal of Development Economics* 69 （1）: 129-153.

Befort, N., and Hattrup, K. 2003. "Valuing Task and Contextual Performance: Experience, Job Roles, and Ratings of the Importance of Job Behaviors. " *Applied H. R. M. Research* 8 （1-2）: 17-32.

Berry, J. W. 1997. "Immigration, Acculturation, and Adaptation. " *Applied*

Psychology 46（1）：5-34.

Bitter, R. G. 1986. "Late Marriage and Marital Instability: The Effects of Heterogeneity and Inflexibility." *Journal of Marriage and the Family* 48 （3）: 631-640.

Blakely, G. L., Andrews, M. C., Moorman, R. H. 2005. "The Moderating Effects of Equity Sensitivity on the Relationship between Organization Justice and Orgnizational Citizenship Behaviors." *Journal of Business and Psychology* 20 （2）: 259-273.

Blau, F. D., and Kahn, L. M. 1996. "Wage Structure and Gender Earnings Differentials: An International Comparison." *Economica* 63 （250）: S29-S62.

Blumen, O., Fenster, T., Misgav, C. 2013. "The Body within: Home and Domesticity Gendered Diversity." *Hagar Studies in Culture, Poilcy and Identities* 11 （1）: 6-19.

Bonnet, F., and Figueiredo, J. B. 2003. "Standing G. A Family of Decent Work Indexes." *International Labor Review* 142 （2）: 213-238.

Borjas, G. 1987. "Self-selection and Earnings of Immigrants." *The American Economic Review* 77 （4）: 531-553.

Borman, W. C., and Motowidlo, S. J. 1997. "Task Performance and Contextual Performance: The Meaning for Personnel Selection Research." *Human Performance* 10 （2）: 99-109.

Bridges, S., Lawson, D. and Begum, S. 2011. "Labour Market Outcomes in Bangladesh: The Role of Poverty and Gender Norms." *The European Journal of Development Research* 23 （3）: 459-487.

Bussing, A. 1999. "Can Control at Work and Social Support Moderate Psychological Consequences of Job Insecurity? Results from a Quasi-experimental Study in the Steel Industry." *European Journal of Work and Organizational Psychology* 8 （2）: 219-243.

Chambers, R., Conway, G. 1992. "Sustainable Rural Livelihoods: Practical Concepes for the 21st Century. ", Brighton England: Institute of Development Studies, pp. 35-60.

Chatterjee, S., Zahirovic-Herbert, V. 2011. "Homeownership and Housing Equity: An Examination of Native-immigrant Differences in Housing Wealth." *International Atlantic Economic Society* 17: 211-223.

Chen, F. 2004. "The Division of Labor between Generations of Women in Rural China." *Social Science Research* 33: 557-580.

Chen, S. Y., Wu, W. C., Chang, C. S. et al., 2015. "Organizational Justice, Trust, and Identification and Their Effects on Organizational Commitment in Hospital Nursing Staff." *Health Services Research* 15: 2-17.

Chiswick, B. 1978. "The Effect of Americanization on the Earnings of Foreign-born Men." *Journal of Political Economy* 86 (8): 897-921.

Choi, Y., Chang, S. 2020. "The Effect of Social Entrepreneurs' Human Capital on and Firm Performance: The Moderating Role of Specific Human Capital." *Cogent Business & Management* 7: 1785779.

Coase, R. H. 1937. "The Nature of the Firm." *Economica* 4 (16): 386-405.

Coleman, D. H., and Straus, M. A. 1986. "Marital Power, Conflict, and Violence in a Nationally Representative Sample of American Couples." *Violence and victims* 1 (2): 141-156.

Coleman, J. S. 1988. "Social Capital in the Creation of Human Capital." *American Journal of Sociology* 94: S95-S120.

Colquitt, J. A. 2001. "On the Dimensionality of Organizational Justice: A Construct Validation of a Measure." *Journal of Applied Psychology* 86 (3): 386-400.

Cox, D., and Rank, M. R. 1992. "Inter-vivos Transfers and Intergenerational Exchange." *Reviewof Economics and Statistics* 2: 105-114.

Daniela, D., and Pasqua, S. 2003. "Employment Patterns of Husbands and Wives and Family Income Distribution in Italy (1997-98)." *Review of Income and Wealth* 49 (2): 221-245.

Davidsson, P., Honig, B. 2003. "The Role of Social and Human Capital among Nascent Entrepreneurs." *Journal of Business Venturing* 18 (3): 301-331.

de Araujo, M. S. G., and Lopes, P. 2014. "Virtuous Leadership, Organizational Commitment and Individual Performance." *Review of Applied Management Studies* 12 (1): 3-10.

Devine, T. J., and Kiefer, N. M. 1991. *Empirical Labor Economics: The Search Approach.* Oxford University Press.

Department for International Development. 2000. *Sustainable Livelihoods Guidance Sheets.* London: Department for International Development. pp. 68 - 125.

Doress-Worters, P. B. 1994. "Adding Elder Care to Women's Multiple Roles: A Critical Review of the Caregiver Stress and Multiple Roles Literature." *Sex Roles* 31 (9/10): 597-616.

Dundar, T., and Tabancali, E. 2012. "The Relationship between Organizational Justice Perceptions and Job Satisfaction Levels." *Procedia-Social and Behavioral Sciences* 46: 5777-5781.

Dustmann, C. 1994. "Speaking Fluency, Writing Fluency and Earnings of Migrants." *Journal of Population Economics* 7 (2): 133-156.

Ebrahimpour, H., Zahed, A., Khaleghkhah, A., Sepehri, M. B. 2011. "A Survey Relation between Organizational Culture and Organizational Citizenship Behavior." *Procedia-Social and Behavioral Sciences* 30: 1920-1925.

Edwards, J. R., and Lambert, L. S. 2007. "Methods for Integrating Moderation and Mediation: A General Analytical Framework Using Moderated Path Analysis." *Psychological methods* 12 (1): 1-22.

Erhel, C., and Davoine, L. 2008. "Employment Quality in Europe: A Comparative and Dynamic Approach." *Economie Et Statistique* 410: 47-69.

Evans, M. D. 1986. "Sources of Immigrants' Language Proficiency: Australian Results with Comparisons to the Federal Republic of Germany and the United States of America." *European Sociological Review* 2 (3): 226-236.

Farh, J. L., Earley, P. C., and Lin, S. C. 1997. "Impetus for Action: A Cultural Analysis of Justice and Organizational Citizenship Behavior in Chinese Society." *Administrative Science Quarterly* 42 (3): 421-444.

Feldman, D. 1981. "The Multiple Socialization of Organization Members." *The Academy of Management Review* 6 (2): 309-318.

Francois, P. 1998. "Gender Discrimination without Gender Difference: Theory and Poilcy Responses." *Journal of pubilc ecoomics* 68: 1-32.

Fredrick, S. 2007. "Workplace Issues and Placement: What is High Quality Employment?" *Work* 29 (4): 357-358.

Gibbons, J. L., Hamby, B. A., and Dennis, W. D. 1997. "Researching Gender-role Ideologies Internationally and Cross-culturally." *Psychology of Women Quarterly* 21 (1): 151-170.

Glenn, N. D., and McLanahan, S. 1982. "Children and Marital Happiness: A Further Specification of the Relationship." *Journal of Marriage and the Family* 44 (1): 63-72.

Gordon, M. M. 1964. *Assimilation in American Life: The Role of Race, Religion, and National Origins.* New York: Oxford University Press.

Granovetter, M. S. 1973. "The Strength of Weak Ties." *American Journal of Sociology* 78 (6): 1360-1380.

Granovetter, M. 1974. *Getting a Job: A Study of Contacts and Careers.* Cambridge: Harvard University Press.

Greenberg, J. 1993. "The Social Side of Fairness: Interpersonal and Informational Classes of Organizational Justicep." In R. Cropanzano ed., *Justice in the Workplace: Approaching Fairness in Human Resource Management.* Hillsdale, NJ: Lawrence Erlbaum.

Guiso, L., Sapienza, P., Zingales, L. 2009. "Cultural Blases in Economic Exchange." *The Quarterly Journal of Economics* 3: 1095-1131.

Guo, W., Xiao, H., Yang, X. 2012. "An Empirical Research on the Correlation between Human Capital and Career Success of Knowledge Workers in Enterprise." *Physics Procedia* 25: 715-725.

Haile, H. B., Bock, B., and Folmer, H. 2012. "Microfinance and Female Empowerment: Do Institutions Matter?" *Women's Studies International Forum* 35 (4): 256-265.

Hare, D. 1999. "Female's Economic Status in Rural China: Household Contributions to Male-Female Disparities in the Wage Labor Market." *World Development* 27 (6): 1011-1029.

Hayati, K., and Caniago, I. 2012. "Islamic Work Ethic: The Role of Intrinsic Motivation, Job Satisfaction, Organizational Commitment and Job Performance." *Procedia-Social and Behavioral Sciences* 65 (3): 1102-1106.

Hazen, K. 2002. "Identity and Language Variation in a Rural Community." *Language* 78 (2): 240-257.

Heath, R. 2012. "Women's Access to Labor Market Opportunities, Control of Household Resources, and Domestic Violence." World Bank Policy Research Working Paper No. 6149, Available at SSRN: https://ssrn.com/abstract=2120356.

Hirdes, J. P., and Strain, L. A. 1995. "The Balance of Exchange in Instrumental Support with Network Members outside the Household." *Journal of Gerontology* 50 (3): S134-142.

Hogg, M. A., and Terry, D. J. 2000. "Social Identity and Self-categorization Processes in Organizational Contexts." *Academy of Management Review* 25 (1): 121-140.

Hornung, C. A., McCullough, B. C., and Sugimoto, T. 1981. "Status Relationships in Marriage: Risk Factors in Spouse Abuse." *Journal of Marriage and the Family* 43 (3): 657-692.

Houseman, S. N. 1995. "Job Growth and the Quality of Jobs in the US Economy." Paper prepared for the 10th World Congress of the International Industrial Relations Association, Washington DC, May 31-June 4, pp. 32-56.

Ibeogu, P. H., and Ozturen, A. 2015. "Perception of Justice in Performance Appraisal and Effect on Satisfaction: Empirical Findings from Northern Cyprus Banks." *Procedia Economics and Finance* 23: 964-969.

Inter-American Development Bank. 2010. *Operational Policy on Gender Equality in Development Washington*, Inter-American Development Bank.

Kalkavan, S., and Katrinli, A. 2014. "The Effects of Managerial Coaching

Behaviors on the Employees' Perception of Job Satisfaction, Organisational Commitment, and Job Performance: Case Study on Insurance Industry in Turkey. " *Procedia-Social and Behavioral Sciences* 150: 1137-1147.

Kallen, H. 1924. *Culture and Democracy in the United States.* New York: Boni and Liveright.

Kammeyer-Mueller, J., Rubenstein, A. L., Long, D. M. et al., 2013. "A Meta-Analytic Structural Model of Dispositonal Affectivity and Emotional Labor. " *Personal Psychology* 66 (1): 47-90.

Kaukinen, C. 2004. "Status Compatibility, Physical Violence, and Emotional Abuse in Intimate Relationships. " *Journal of Marriage and Family* 66 (2): 452-471.

Kerbo, H. R. 1991. *Social Sanctification and Inequality, Class Conflict in Historical and Comparative Perspective.* Migrant-Hair, Inc.

Kerwin, S., Jordan, J. S., Turner, B. A. 2015. "Organizational Justice and Conflict: Do Perceptions of Fairness Influence Disagreement. " *Sport Mangement Review* 18: 384-395.

Kishor, S. 2000. "Empowerment of Women in Egypt and Links to the Survival and Health of their Infants. " In: H. Press and G. Sen eds. *Women's Empowerment and Demographic Processes: Moving Beyond Cairo.* Oxford, UK: Oxford University Press.

Korpi, M., Clark, W. A. 2015. "Internal Migration and Human Capital Theory: To What Extent is It Selective. " *Economics Letters* 136: 31-34.

Kuebler, M., Rugh, J. S. 2013. "New Evidence on Racial and Ethnic Disparities in Homeownership in the United States from 2001 to 2010. " *Social Science Research* 42: 1357-1374.

Kurland, H., and Hasson-Gilad, D. R. 2015. "Organizational Learning and Extra Effort: The Mediating Effect of Job Satisfaction. " *Teaching and Teacher Education* 49: 56-67.

Laegaard, S. 2010. "Immigration, Social Cohesion, and Naturalization. " *Ethnicities* 10 (4): 452-469.

Lambau, N. K. 2003. "The Employment Experiences of Canadian Refugees:

Measuring the Impact of Human and Social Capital on Quality of Employment. "
Canadian Review of Sociology/Revue Kanadienne De Sociologie 1 (40): 45-64.

Latif, E. 2010. "Recent Immigrants and the Use of Cervical Cancer Screening Test in Canada. " *Journal of Immigrant and Minority Health* 12 (1): 1-17.

Lee, K., and Allen, N. J. 2002. "Organizational Citizenship Behavior and Workplace Deviance: The Role of Affect and Cognition. " *Journal of Applied Psychology* 87 (1): 131-142.

Lee, L., and Park, A. 2010. "Parental Migration and Child Development in China. " (Gansu Survey of Children and Families Working Paper), Philadelphia: University of Pennsylvania, Penn Libraries, Population Studies Center.

Lewis, R. A., and Spanier, G. B. 1979. "Theorizing about the Quality and Stability of Marriage. " In W. Burr, R. Hill, F. I. Nye, & I. Reiss eds., *Contemporary Theories about the Family*. pp. 268-294. NY: Free Press.

Lin, N., Ensel, M., Vaughn, J. C. 1981. "Social Resources and Strength of Ties: Structural Factors in Occupational Status Attainment. " *American Social Review* 46 (4): 393-405.

Lloyd, C. B., and Blanc, A. K., 1996, "Children's Schooling in Sub-Saharan Africa: The Role of Fathers, Mothers, and Others. " *Population and development review* 22 (2): pp. 265-298.

Lohmar, B., Rozelle, S., and Zhao, C. B. 2001. "The Rise of Rural-to-rural Labor Markets in China. " *Asian Geographer* 20: 101-123.

Lu, S. F., Chen, S. X., Wang, P. G. 2019. "Language Barriers and Health Status of Elderly Migrants: Micro-evidence from China. " *China Economic Review* 54: 94-112.

MacPhail, F., and Dong, X. Y. 2007. "Women's Market Labor and Household Status in Rural China. " *Feminist Economics* 13 (3-4): 91-122.

Magdalena, S. M. 2014. "The Effects of Organizational Citizenship Behavior in the Academic Environment. " *Procedia-Social and Behavioral Sciences* 127: 738-742.

Mamman, A., Kamoche, K., Bakuwa, R. 2012. "Diversity, Organizational Commitment and Organizational Citizenship Behavior: An Organizing Framework. " *Human Resource Management Review* 22: 285-302.

Manurung, D., Suhartadi, A. R., and Saefudin, N. 2015. "The Influence of Organizational Commitment on Employee Fraud with Effectiveness of Internal Control and Organizational Justice as a Moderating Variable. " *Procedia-Social and Behavioral Sciences* 211: 1064-1072.

Massey, D. S. 1985. "Ethnic Residential Segregation: A Theoretical Synthesis and Empirical Review. " *Sociolgy and Social Research* 69 (3): 315-350.

Mayo, E. 1979. *The Human Problems of Industrial Civilization.* New York: Macmillan.

Meng, X., and Zhang, J. 2001. "The Two-tier Labor Market in Urban China: Occupational Segregation and Wage Differentials between Urban Residents and Rural Migrants in Shanghai. " *Journal of Comparative Economics* 29: 485-504.

Meng, X. 1995. "The Role of Education in Wage Determination in China's Rural Industrial Sector. " *Education Economics* 3 (3): 235-247.

Meyer, J. P., and Allen, N. J. 1997. *Commitment in the Workplace.* Sage Publications.

Meyer, J. P., Stanley, D. J., Herscovitch, L., Topolnytsky, L. 2002. "Affective, Continuance, and Normative Commitment to the Organization: A Meta-Analysis of Antecedents, Correlates, and Consequences. " *Journal of Vocational Behavior* 61 (1): 20-52.

Miyamoto, Y., Ryff, C. D. 2011. "Cultural Differences in the Dialectical and Nondialectical Emotional Styles and Their Implications for Health. " *Cognition and Emotion* 25 (1): 22-39.

Morrow, P. C. 1993. *The Theory and Measurement of Work Commitment.* Greenwich, CT: JAI Press.

Nadiri, H., and Tanova, C. 2010. "An Investigation of the Role of Justice in Turnover Intentions, Job Satisfaction, and Organizational Citizenship Behavior in Hospitality Industry. " *International Journal of Hospitality Management* 29

（1）：33-41.

Ng, S. H. 2007. "From Language Acculturation to Communication Acculturation Addressee Orientations and Communication Brokering in Conversations." *Journal of Language & Social Psychology* 26（1）：75-90.

Nojani, M. I., Arjmandnia, A. A., Afrooz, G. A., and Rajabi, M. 2012. "The Study on Relationship between Organizational Justice and Job Satisfaction in Teachers Working in General, Special and Gifted Education Systems." *Procedia-Social and Behavioral Sciences* 46（2）：2900-2905.

Orrenius, P. M. 1999. *Return Migration from Mexico: Theory and Evidence.* Los Angeles, CA: University of California.

Park, R. E., Burgess, E. W. 1921. *Introduction to the Science of Sociology.* Reprint. Chicago: The University of Chicago Press, 1969.

Pokhrel, S., Snow, R., Dong, H. et al., 2005. "Gender Role and Child Health Care Utilization in Nepal." *Health Policy* 74（1）：100-109.

Repetti, R. L. 1994. "Short-term and Long-term Processes Linking Job Stressors to Father-child Interaction." *Social Development* 3（1）：1-15.

Rosenzweig, M. R., and Schultz, T. P. 1982. "Market Opportunities, Genetic Endowments, and Intrafamily Resource Distribution: Child Survival in Rural India." *The American Economic Review* 72（4）：803-815.

Ruppanner, L. E. 2010. "Cross-national Reports of Housework: An Investigation of the Gender Empowerment Measure." *Social Science Research* 39（6）：963-975.

Sanderson, M. R. 2013. "Does Immigration Have a Matthew Effect? A cross-national Analysis of International Migration and International Income Inequality, 1960—2005." *Social Science Research* 42（3）：683-697.

Schultz, T. W. 1961. "Investment in Human Capital." *The American Economic Review* 51（1）：1-17.

Schultz, T. W. 1975. "The Value of the Ability to Deal with Disequilibria." *Journal of Economic Literature* 13：827-846.

Schultz, T. W. 1980. "Investment in Entrepreneurial Ability." *Scandinavian*

Journal of Economy 82 （4）：437-448.

Scoones，I. 1998. Sustainable Rural Livelihoods：A Framework for Analysis. https：//www. researchgate. net/publication/251873585.

Shu，X.，and Zhu，Y. 2012. "Uneven Transitions：Period and Cohort-related Changes in Gender Attitudes in China，1995—2007. " *Social Science Research* 41：1100-1115.

Song，Y.，and Jiggins，J. 2000. "Feminization of Agriculture and Related Issues：Two Cases Study in Marginal Rural Area in China. " paper presented at the European Conference on Agricultural and Rural Development in China （ECARDC VI），January 5 to 7，Leiden，Holland.

Sullivan，S.，Baruch，Y. 2009. "Advances in Career Theory and Research：A Critical Review and Agenda for Future Exploration. " *Journal Management* 35：1542-1571.

Thomas，D. 1994. "Like Father，Like Son；Like Mother，Like Daughter：Parental Resources and Child Height. " *Journal of Human Resources* 29 （4）：950-988.

Thornton，A.，Alwin，D. F.，and Camburn，D. 1983. "Causes and Consequences of Sex-role Attitudes and Attitude Change. " *American Sociological Review* 48 （2）：211-227.

Tilburg，V.，Gierveld，J. J.，Lecchini，L. et al.，1998. "Social Integration and Loneliness：A Comparative Study Among Older Adults in the Netherlands and Tuscany，Italy. " *Journal of Social and Personal Relationships* 15：740-754.

Tsai，J.，Rosenheck，R. A. 2012. "Conceptualiztion Social Interration among Formerly Homeless Adults with Severe Mental Illness. " *Journal of Community Psychology* 40 （4）：456-467.

Tziner，A.，and Sharoni，G. 2014. "Organizational Citizenship Behavior，Organizational Justice，Job Stress，and Work Family Conflict：Examination of Their Interrelationships with Respondents from a Non-Western Culture. " *Journal of Work and Organizational Psychology* 30：35-42.

United Nations. 2001. *Guidelines on Women's Empowerment for the UN Resident Coordinator System*, *Secretariat of the UN Inter-agency Task Force on the Implementation of the ICPD Program of Action*. New York: United Nations.

Wang, D., Cai, F., and Zhang G. 2010. "Factors Influencing Migrant Workers' Employment and Income: The Role of Education and Training." *Social Sciences in China* 31 (3): 123-145.

Wang, G. 2011. "The Study on Relationship between Employees'sense of Organizational Justice and Organizational Citizenship Behavior in Private Enterprises." *Energy Procedia* 5: 2030-2034.

Wang, Z., Huang, J., and Tan, B. 2013. "Managing Organizational Identity in the E-commerce Industry: An Ambidexterity Perspective." *Information & Management* 50 (8): 673-683.

Ward, C., Geeraert, N. 2016. "Advancing Acculturation Theory and Research: The Acculturation Process in Its Ecological Context." *Current Opinion in Psychology* 8: 98-104.

Ward, C., Kagitcibasi, C. 2010. "Introduction to 'Acculturation Theory, Research and Application: Working with and for Communities'." *International Journal of Intercultural Relations* 34: 97-100.

White, L. K. et al., 1986. "Children and Marital Happiness: Why the Negative Correlation?" *Journal of Family Issues* 7 (2): 131-147.

Williams, N. 2009. "Seniority, Experience, and Wages in the UK." *Labour Economics* 16: 272-283.

Williamson, O. E. 1985. *The Economic Institution Of Capitalim*. New York: Free Press.

Wong, Y. T., Ngo, H. Y., and Wong, C. S. 2006. "Perceived Organizational Justice, Trust and OCB: A Study of Chinese Workers in Joint Ventures and State-owned Enterprises." *Journal of World Business* 41 (4): 344-355.

Yanamandram, V. K., and White, L. 2012. "Why do Some Business Relationships Persist Despite Dissatisfaction? A Social Exchange Review." *Asia*

Pacific Management Review 17 （3）: 301-319.

Yucel, I., and Bektas, C. 2012. "Job Satisfaction, Organizational Commitment and Demographic Characteristics among Teachers in Turkey: Younger is Better?" *Procedia-Social and Behavioral Sciences* 46: 1598-1608.

Zhang, A. Y., Tsui, A. S., and Wang, D. X. 2011. "Leadership Behaviors and Group Creativity in Chinese Organizations: The Role of Group Processes." *The Leadership Quarterly* 22 （5）: 851-862.

Zhang, Y., Huai, M. Y., and Xie, Y. H. 2015. "Paternalistic Leadership and Employee Voice in China: A Dual Process Model." *The Leadership Quarterly* 26 （1）: 25-36.

农村流动人口发展状况调查问卷

问卷编码：□□□□

被访人姓名＿＿＿＿＿＿＿

访问时间　□□月□□日　　如果调查未完成，原因是：＿＿＿＿＿＿＿

调查员姓名：＿＿＿＿＿＿　审核员姓名：＿＿＿＿＿＿

问卷是否合格（在方格内打"√"）：　合格□　不合格□

亲爱的农民朋友：

您好！农村流动人口问题研究课题组正在做一项有关农村流动人口发展状况的社会调查，需要了解一下您的个人、家庭、工作、子女教育、生活满意度等方面的信息，供研究使用。本次调查收集到的信息将严格保密，谢谢您的支持与合作！

农村流动人口课题组

2013 年 12 月

一　基本情况

101. 您的性别：1. 男　2. 女　　　　　　　　　　　　　　　□

102. 您是什么时候出生的（农历）？　　　　　　　　□□□□年□□月

103. 您的受教育程度是：　　　　　　　　　　　　　　　　　□

1. 小学及以下　2. 初中　3. 高中（或中专、技校）　4. 大专

5. 本科及以上

104. 您目前的婚姻状况是（说明："初婚"指只结过一次婚，且目前尚存在婚姻关系）： □

    1. 从未结过婚（跳至 105）   2. 初婚（跳至 105）   3. 再婚

    4. 离婚 5. 丧偶（跳至 105）

    104.1 您离婚的时间   □□□□年□□月

105. 您的户籍所在地：_____省_____地（市）_____县（区）

106. 您现在的打工地点：_____省_____地（市）_____县（区）

107. 您第一次外出务工是什么时候？   □□□□年□□月

108. 您在外出务工期间，做过几份工作？   □□份

109. 您何时开始干目前这份工作？   □□□□年□□月

110. 您目前的职业是：   □

    1. 国家或社会管理人员 2. 经理人员 3. 私营企业主 4. 专业技术人员 5. 办事人员 6. 个体工商户 7. 商业服务业员工 8. 产业工人 9. 农业劳动者 10. 其他（请注明_____）

111. 您目前工作所属的行业：   □

    1. 制造业 2. 建筑业 3. 采矿业 4. 批发零售业 5. 住宿餐饮业 6. 其他

112. 您目前每周工作_____天，每天的工作时间是_____小时？

                                    □天□□小时

113. 您目前工作单位是否为您购买过保险？   □

    1. 无 2. 有（方框内打"√"）

    生育保险□ 失业保险□ 医疗保险□ 工伤保险□ 养老保险□

114. 您目前在老家购买的保险有哪些？（可多选）   □□

    1. 新型农村合作医疗保险 2. 新型农村养老保险

二 生计资本

（一）自然资本

201. 目前您家在家乡还有没有土地？□

    1. 有□□亩 2. 无，以前的土地已经转给他人或者已被征用

（跳问 205）　　3. 无，一直没有（跳问 205）

202. 当前您家是否还在种地？　　　　　　　　　　　□

　　　1. 否　2. 是，种一部分　3. 是，全部自家种

203. 您家有无地荒现象（没人种）？　　　　　　　　□

　　　1. 有　2. 无

204. 您家的土地有无租给他人耕种？　　　　　　　　□

　　　1. 有，收取租金（包括粮食、货币等）　2. 有，不收取租金

　　　3. 无

205. 您家有无养殖项目？　　　　　　　　　　　　　□

　　　1. 无　2. 有（方框内打"√"）　家禽□　家畜□　水产养殖□

（二）物质资本

206. 您家乡的房屋是什么结构？　　　　　　　　　　□

　　　1. 混凝土结构　2. 砖混结构　3. 砖（瓦）木结构　4. 土（木）

　　　泥结构　5. 石窑洞　6. 土窑洞　7. 其他（请注明＿＿＿＿＿＿）

207. 您家乡的住房有＿＿＿＿＿＿＿层，共计＿＿＿＿＿＿＿间（包括卧室、厨
房、配房、存放粮食等所有房间）？

208. 请选择在家乡您家拥有的设施和设备（有就在方框内打"√"）

拖拉机	农用三轮	机动四轮	化肥深施机	小型播种机	中型联合收割机	水泵	牛车	自行车	电动自行车
电动摩托车	摩托车	小轿车	电视机	冰箱/柜	空调	电脑	洗衣机	微波炉	电磁炉（煤气灶）

209. 目前，您在城市是否有房产？　　　　　　　　　□

　　　1. 没有　2. 有，有□□套，共□□□平方米

210. 您目前在打工城市的住房是： □

　　1. 自己买的房子　2. 租的房子　3. 借住在亲戚朋友家　4. 单位
宿舍　5. 自己搭的房子、简易棚　6. 雇主家　7. 其他（请注明
_____）

211. 您目前在打工城市的房子（或者住处）内的设施情况：

　　211.1 通电（没有 = 0，有 = 1） □

　　211.2 通自来水（没有 = 0，有 = 1） □

　　211.3 煤气/液化气（没有 = 0，有 = 1） □

　　211.4 厨房（没有 = 0，合用 = 1，独立 = 2）（包括室外合用） □

　　211.5 洗澡设施（没有 = 0，合用 = 1，独立 = 2）（包括室外合用）

　　□

　　211.6 厕所（没有 = 0，合用 = 1，独立 = 2）（包括室外合用） □

　　211.7 住房用途（居住兼工作或他用 = 0，纯居住 = 1） □

212. 您现在住的地方是： □

　　1. 周围是本地人的居住小区　2. 周围主要是外来人的居住区
（宿舍、工地）　3. 本地人与外地人的混住区　4. 其他_____

213. 您目前在打工城市的住房（或者住处的）的人均居住面积为

　　　　　　　　　　　　　　　　　　　　□□□平方米

214. 请选择您在打工城市住房（或者住处的）拥有的设施和设备
（有就在方框内打"√"）

自行车	摩托车/电动车	小轿车	电视机	冰箱/柜	空调	电脑	洗衣机	微波炉

（三）人力资本

215. 在打工期间，您是否参加过培训？ □

　　1. 是_____次　2. 否（跳至 218）

216. 您是否接受过有关创业方面的培训？ □

　　1. 是_____次　2. 否

217. 接受培训后您是否有以下变化：　　　编码：1. 是　2. 否

　　　217.1 工作效率和技能提高□　217.2 人际关系和沟通能力提高□

　　　217.3 工资水平提高□　217.4 职业阶层提高□

218. 从事目前这份工作，您获得过国家/省级职业标准的资格认证的最高级别是：　　　　　　　　　　　　　　　　　　　　□

　　　1. 没获得过资格认证　2. 初级（包括从业证书）　3. 中级

　　　4. 高级　5. 技师　6. 高级技师

219. 您觉得您目前健康状况如何？　　　　　　　　　　　　□

　　　1. 非常差　2. 较差　3. 一般　4. 较好　5. 非常好

220. 请在符合您情况的选项上打"√"

项目	5 非常同意	4 同意	3 不确定	2 不同意	1 非常不同意
1. 觉得头痛或是头部有压迫感					
2. 觉得心悸或心跳加快，担心自己可能得了心脏病					
3. 感到胸前不适或有压迫感					
4. 觉得手脚发抖或发麻					
5. 睡眠不好，经常失眠					
6. 觉得许多事情都是个负担					
7. 和家人或朋友相处得很好					
8. 对自己失去信心					
9. 觉得神经兮兮，紧张不安					
10. 感到未来充满希望					
11. 担心家人或朋友					
12. 觉得生活毫无希望					

以下两题无配偶者不答

221. 您配偶的受教育程度是：　　　　　　　　　　　　　　□

　　　1. 小学及以下　2. 初中　3. 高中（或中专/技校）　4. 大专

5. 本科及以上

222. 您配偶目前的健康状况如何？ □

　1. 非常差　2. 较差　3. 一般　4. 较好　5. 非常好

223. 目前您配偶的状态？ □

　1. 未外出　2. 外出打工，和您在同一城市　3. 外出打工，和您

不在同一城市

（四）金融资本

224. 近半年来，您打工的平均月收入是 □□□□□元

225.（未婚或配偶未打工者不答）近半年来，您配偶的打工平均月收

入是 □□□□□元

226. 去年您家在农村的总收入（包括农业收入和其他收入）是

□□□□□元，其中，农业收入□□□□□元

227. 目前，您家在银行或者农村信用社是否有存款？ □

　1. 有　2. 无（跳至 228 题）

　227.1 您家在银行或者农村信用社存款有多少？ □

　1. 一万元以下　2. 一万元至五万元　3. 五万元到十万元　4. 十

万元到二十万元　5. 二十万元以上

228. 近两年，您家是否从银行或者农村信用社贷过款？ □

　1. 是　2. 否

229. 近两年，您是否向他人借过钱（3000 元以上）？ □

　1. 是　2. 否

230. 您去年是否采取这些理财方式（如有购买在方框内打"√"）？

　1. 股票□　2. 基金□　3. 债券□　4. 彩票□

　230.1 去年购买彩票共花费金额为□□□□□元

（五）社会资本

231. 请选择符合您的选项

项目	农村的熟人 1. 有公职人员 2. 无公职人员	农村和城市的都有 1. 有公职人员 2. 无公职人员	市民 1. 有公职人员 2. 无公职人员
231.1 您在找工作过程中主要向哪些人求助?			
231.2 您在维权过程中主要向哪些人求助?			
231.3 您在借钱（数额较大）时会向谁求助?			
231.4 在子女入学过程中遇到困难会向谁求助?			
231.5 您在心情不好时会向哪些人倾诉?			
231.6 休闲活动中您会跟哪些人在一起?			

三　代际支持

301—310 题中所说的"父母"，未婚者答自己父母情况，已婚女性填配偶父母情况

301. 您父母是否健在？健康状况如何？　　　　　　　　□

（第一问答案填在本行方框中，第二问填在下行方框中）

1. 父母都健在（父亲□母亲□）　2. 只有父亲健在□　3. 只有母亲健在□　4. 父母都已去世（跳至 311）

编码：1. 不能自理　2. 基本自理　3. 可以做家务　4. 可以干农活或工作

302. 您父母现在的生活来源主要靠什么？　　　　　　　□

1. 子女　2. 父母自己的劳动收入　3. 集体和政府补贴

303. 去年一年，您为父母提供的经济帮助（含现金和实物）共

□□□□□□元

304. 目前您的父亲在哪里生活？（父亲未健在者不答）　□

1. 家乡　2. 在您的工作地并和您一起住　3. 外出打工，与您在不同的城市

305. 目前您的母亲在哪里生活？（母亲未健在者不答）　□

1. 家乡　2. 在您的工作地并和您一起住　3. 外出打工，与您在不同的城市

306. 去年一年，您回家探望父母的频率（父母都在身边的不答）　□

1. 没有回去　2. 一年1次　3. 半年1次　4. 三月1次　5. 一月1次　6. 一周1次

307. 去年一年，您与您父母通信（电话、网络等）联系频率（父母都在身边的不答）　□

1. 从不联系　2. 一年1次　3. 半年1次　4. 三月1次　5. 一月1次　6. 一周1次　7. 每天

308. 您父母养老的方式：　□

1. 父母能够自理　2. 子女居家照料　3. 养老机构照料　4. 其他_____

309. 您在家庭的重大事件（买房、婚姻、工作等）上能否听取父母的意见？　□

1. 不能　2. 不一定　3. 能

310. 您对一般事情的想法通常主要受谁的影响？　□

1. 父母或爷奶　2. 村里非直系长辈　3. 同辈人

311. 对"孝道"的理解，您认为最重要的是：　□

1. 让父母衣食无忧　2. 让父母精神快乐　3. 让父母愿望实现

4. 让父母智慧增长

312-315 题没有孩子者不答

312. 在过去一年里，您父母是否帮您照顾子女？　□

1. 是，照顾□个孩子　2. 否

313. 您有儿子□个，女儿□个。并根据每个子女的情况填写如下表格

子女	老大	老二	老三	老四	老五
313.1 性别　1. 男　2. 女					
313.2 年龄					
313.3 文化程度 1. 小学及以下　2. 初中　3. 高中（或中专、技校） 4. 大专　5. 本科及以上					
313.4 健康状况 1. 非常差　2. 较差　3. 一般　4. 较好　5. 非常好					
313.5 过去一年，您用于该子女的医疗费用有多少元？					
313.6 目前该子女状态 1. 未外出　2. 在您的工作地并和您一起住　3. 在您的 工作地但不和您一起住　4. 其他城市					
313.7 您或您配偶与子女交流的频率？ 1. 每天　2. 一周 1 次　3. 一月 1 次　4. 三月 1 次 5. 半年 1 次　6. 一年 1 次　7. 从不联系					
313.8 目前该子女状态 1. 上学　2. 工作（跳至 314）　3. 待业（跳至 314） 4. 未上学（跳至 314）					
313.9 您了解该子女的学习状况吗？ 1. 不了解　2. 一般　3. 了解					
313.10 过去一年，您用于该子女的教育费用有多少元？					
313.11 该子女是否参加过课外辅导班？　1. 是　2. 否					

314. 如果您负担不起孩子的上学费用，您是否会放弃对子女的学校教育？ □

　　1. 会　2. 不会

315. 您认为对农民工子女来说，上学是不是改变命运的唯一办法？ □

　　1. 是　2. 不是

四　组织行为（不在单位或企业工作者不答）

401. 近半年内，您是否有离开当前单位的打算？ □

　　1. 有　2. 不确定　3. 没有

402. 您对您的领导满意吗？ □

　　1. 非常不满意　2. 不满意　3. 一般　4. 满意　5. 非常满意

403. 请在符合您情况的选项上打"√"（组织公民行为）

项目	5 非常同意	4 同意	3 不确定	2 不同意	1 非常不同意
1. 愿意站出来维护组织的名誉					
2. 渴望告诉别人组织的好消息和澄清他们对组织的误会					
3. 提出改善组织运作的建议					
4. 积极参与组织会议					
5. 愿意帮助新同事适应工作环境					
6. 愿意帮助同事解决工作中的相关问题					
7. 愿意在需要的时候分担同事的工作任务					
8. 愿意协调和同事的关系并与之交流					
9. 即使在没人监督的情况下仍然遵守组织的制度和程序					
10. 认真对待自己的工作，很少犯错误					
11. 不介意（乐于）接受新的或富于挑战性的任务					
12. 努力学习以提高工作质量					
13. 经常早到并能立即投入工作					
14. 为追求个人影响力和利益不惜违反规章制度进而对组织中的人际关系造成不良影响					
15. 利用职位之便满足个人私欲					
16. 追求名利、听不进批评、极力为实现个人利益而奋斗					
17. 经常在上司或同事的背后说他们的坏话					
18. 在工作的时间里干自己的事					
19. 利用组织资源干自己的事					
20. 经常找借口请病假					

404. 请在符合您的情况的选项上打"√"（组织承诺）

项目	5 非常同意	4 同意	3 不确定	2 不同意	1 非常不同意
1. 我很自豪告诉人们我为之工作的组织是怎样的					
2. 我有时会因为一些利益的原因而有离开这个组织的想法					
3. 我不愿意仅仅为了帮组织的忙而卖力工作					
4. 即使这个组织的经济效益状况不好，我也不愿意换另外一份工作					
5. 我感到自己是这个组织的一部分					
6. 我希望我不仅是为自己而努力工作，同时也是为了组织					
7. 即使为另一个雇主工作能够获得更高的工资，我也没考虑过换工作					
8. 我不会推荐我的亲密朋友到我所在的组织工作					
9. 我会很高兴得知我自己的工作可以为组织效益带来贡献					

405. 请在符合您情况的选项上打"√"（工作满意度）

项目	5 非常同意	4 同意	3 不确定	2 不同意	1 非常不同意
1. 我对我所从事的工作（本身）很满意					
2. 我对管理我的人（我的上司）很满意					
3. 我对组织中与我共事的人（我的同事）很满意					
4. 我对自己的报酬很满意					

项目	5 非常同意	4 同意	3 不确定	2 不同意	1 非常不同意
5. 我对这个组织中的晋升机会很满意					
6. 整体而言，我对自己现在的工作状况很满意					

406. 请在符合您的情况的选项上打"√"（组织认同）

项目	5 完全不符合	4 比较不符合	3 一般	2 比较符合	1 完全符合
1. 当有人批评我所在的公司时，我感觉就像在批评自己一样。					
2 我非常在乎别人对我所在公司的评价。					
3. 我经常用"我们……而不是用他们……"来描述我所在公司的情况。					
4. 我认为，我所在的公司的成功就是我的成功。					
5. 当有人赞扬我所在的公司时，我感觉就像赞扬自己一样。					
6. 假如我所在的公司因某事被媒体批评，我会感觉很尴尬。					

407. 请在符合您的情况的选项上打"√"（组织公平感量表）

项目	5 完全不符合	4 比较不符合	3 一般	2 比较符合	1 完全符合
1. 当领导制定与我的工作有关的决策时，我可以发表自己的看法和感受					
2. 当领导制定与我的工作有关的决策时，我对决策结果有影响力					

项目	5 完全不符合	4 比较不符合	3 一般	2 比较符合	1 完全符合
3. 我可以对领导制定的工作决策提出质疑和申诉					
4. 领导制定工作决策所依据的信息是准确的					
5. 领导制定的工作决策符合伦理道德标准					
6. 在我们单位,制度的实施会保持连贯性					
7. 在我们单位,制度的实施不会因人而异					
8. 我的薪酬反映了我在工作中的努力程度					
9. 我的薪酬反映了我对单位的贡献					
10. 就我的工作量和责任而言,我所得的报酬是合理的					
11. 就我的工作表现而言,我所得到的报酬是合理的					
12. 单位领导能够有礼貌地对待我					
13. 领导能够考虑到我的尊严					
14. 单位领导尊重我					
15. 领导没有对我做出不恰当的评论					
16. 领导能够坦诚地与我进行沟通					
17. 领导详尽解释了与我的工作有关的决定					
18. 领导对工作决定的解释是合理的					
19. 对工作决定中的细节问题,领导能够及时与我交流					
20. 领导会根据个人的特定需求与员工进行交流					

408. 请在符合您的情况的选项上打 "√"（领导风格量表）

项目	5 非常同意	4 同意	3 不确定	2 不同意	1 非常不同意
1. 他关怀我私人的生活与起居					
2. 他平常会向我嘘寒问暖					
3. 我有急难时，他会及时向我伸出援手					
4. 对相处较久的部属，他会做无微不至的照顾					
5. 他对我的照顾会扩及我的家人					
6. 他为人正派，不会假公济私					
7. 他对待我们公正无私					
8. 他不会因个人的利益去拉关系、走后门					
9. 他是我做人做事的好榜样					
10. 他能够以身作则					
11. 他不把信息透露给我们知道					
12. 本部门大小事情都由他自己独立决定					
13. 开会时，都照他的意思作最后的决定					
14. 与他一起工作时，他带给我很大的压力					
15. 当任务无法达成时，他会斥责我们					

409. 请在符合您的情况的选项上打 "√"（个人工作绩效量表）

项目	5 非常同意	4 同意	3 不确定	2 不同意	1 非常不同意
1. 我完成的工作任务，总能符合上级要求					
2. 我完成的工作任务，总能达到预期目标					

项目	5 非常同意	4 同意	3 不确定	2 不同意	1 非常不同意
3. 我熟练掌握了工作所需的技能					
4. 对所承担的工作任务，我有充裕的专业知识					
5. 我总能按时完成分派给我的工作任务					
6. 我总是很认真地对待工作，并关注工作中的重要细节					
7. 我会全力维护部门或单位的利益和形象					
8. 我对所从事的工作能全心投入					
9. 我总能全力支持上级的决定					
10. 我经常主动去解决工作中的困难					
11. 我总是很乐意帮助同事					
12. 我严格遵守单位的各项规章制度					
13. 我能够与团队成员保持合作					
14. 我很乐意接受新的或富有挑战性的工作任务					

五　社会融合

501. 打工期间，您有没有被人瞧不起过？　　　　　　　　□

　　　1. 经常有　2. 偶尔有　3. 没有（跳至 503）

502. 打工期间，您主要受到过哪些人的歧视？　　　　　　□

　　　1. 城里人　2. 打工的外来群体　3. 其他_____

503. 您以后准备在哪里长期发展或者定居？　　　　　　　□

　　　1. 赚钱回家，继续务农　2. 学门手艺或技术，回去找个好工作

　　　3. 返乡创业　4. 在当前城市安家立业　5. 到其他城市安家立业

　　　6. 不打算回去，在这里干什么都行　7. 没考虑过，还没想法

　　　8. 其他_____

504. 您与城市居民的交往如何？ □

　　　1. 没有交往　　2. 有交往，但仅限于工作关系　　3. 有交往，但仅限于生活关系　　4. 工作生活都有交往

505. 您对目前的城市生活满意吗？ □

　　　1. 非常不满意　　2. 不满意　　3. 一般　　4. 满意　　5. 非常满意

506. 您会说目前打工城市的方言吗？ □

　　　1. 会说　　2. 能听懂，但不会说　　3. 听不懂

507. 请在符合您的情况的选项上打"√"（文化保持）

项目	非常不同意	不同意	一般	同意	非常同意
1. 遵守家乡的风俗习惯（比如婚、丧、嫁、娶的风俗）对您来说是重要的	1	2	3	4	5
2. 按照家乡习惯办事对您来说是重要的	1	2	3	4	5
3. 您的孩子应该学会说家乡话	1	2	3	4	5
4. 保持家乡的生活方式（如饮食习惯）对您来说是重要的	1	2	3	4	5

508. 您认为自己还是不是农民？ □

　　　1. 是　　2. 不清楚　　3. 不是

509. 您愿意把农村户籍转成城市户籍吗？ □

　　　1. 非常不愿意　　2. 不愿意　　3. 无所谓　　4. 愿意　　5. 非常愿意

510. 请在符合您的情况的选项上打"√"（城市归属感）

项目	完全不同意	不同意	一般	同意	完全同意
1. 我感觉我是属于城市的	1	2	3	4	5
2. 我觉得我是城市的成员	1	2	3	4	5
3. 我把自己看作城市的一部分	1	2	3	4	5

511. 请在符合您的情况的选项上打"√"（社会距离）

项目	非常同意	同意	一般	不同意	非常不同意
1. 您愿意与市民共同住在一个街区（社区）	1	2	3	4	5
2. 您愿意市民做您的同事	1	2	3	4	5
3. 您愿意市民做您的邻居	1	2	3	4	5
4. 您愿意市民做您的朋友	1	2	3	4	5
5. 您愿意市民做您（或您子女）的配偶	1	2	3	4	5

六　政治参与

601. 您的政治面貌是：　□
1. 群众（跳至603）　2. 团员　3. 中共党员　4. 民主党派

602. 您是否参加过党团组织的各种活动（如政治民主生活会等）？　□
1. 在打工城市参加过　2. 在家乡参加过　3. 以上两个地方都参加过　4. 没有参加过

603. 目前您所在打工城市单位或社区是否成立了维护农民工权益的组织？　□
1. 是　2. 否

604. 您是否是工会成员？　□
1. 是　2. 以前是，现在不是　3. 从来都不是（跳至606）

605. 您认为工会在维护农民工劳动权利方面是否发挥作用？　□
1. 没有发挥作用　2. 作用不大　3. 发挥积极作用

606. 您认为是否需要成立工会或协会等维护农民工权益的组织？　□
1. 不需要　2. 说不清　3. 需要

607. 您的亲戚是否有人担任村干部？　□
1. 是　2. 否

608. 您亲戚中是否有乡镇干部或其他国家公职人员？（不清楚的填否）　□
1. 是　2. 否

609. 您认为有必要参加城市的选举吗？　□
1. 不必要　2. 无所谓　3. 必要　4. 非常必要

610. 您外出务工后，是否参加过家乡的选举？　☐

　　　1. 是　2. 否

611. 您外出务工后，是否参加过打工城市的选举？　☐

　　　1. 是　2. 否

612. 如果可能，您是否愿意参加以下工作？

　　　编码：1. 不愿意　2. 无所谓　3. 愿意

　　　612.1 成为打工城市某级人大代表候选人　☐

　　　612.2 成为打工城市某社区居委会候选人　☐

　　　612.3 成为家乡某级人大代表候选人　☐

　　　612.4 成为家乡村委会候选人　☐

613. 您是否参加过以下活动？

　　　编码：1. 是　2. 否，但今后若有机会/需要会参与　3. 否，也不想/不会参与

　　　613.1 向政府部门、社区或村委会求助/投诉/反映问题　☐

　　　613.2 上访/集体签名请愿　☐

　　　613.3 参加政府、社区组织或村委会的座谈会或会议等　☐

　　　613.4 参加所在单位的职工大会/或参与到单位的民主决策、管理、监督等活动中　☐

　　　613.5 参加村民大会/或参与到村内事物的民主决策、管理、监督等活动中　☐

　　　613.6 罢工、集体抗议等　☐

　　　613.7 在网络或微博上发表观点　☐

614. 您是否同意以下表述？

　　　编码：1. 同意　2. 中立/无所谓/不知道　3. 不同意

　　　614.1 像我这样的人，无权评价政府。　☐

　　　614.2 政府官员不太在乎我这样的人有何想法。　☐

　　　614.3 将户口划分为农村户籍和非农村户籍对我而言很不公平。☐

　　　614.4 在同一个城市工作和居住的人就应该享有同样的权利、承担同样的义务。　☐

　　　614.5 政府的行为应该受到更多的质询和监督。　☐

614.6 当自己的权益受到侵害时，诉诸武力比求助政府或诉诸法律更有效。☐

七　社会性别

701. 您是否同意以下观点？

编码：1. 非常同意　2. 同意　3. 既不同意也不反对　4. 不同意
5. 非常不同意

701.1 男人在外面挣钱，女人在家里照顾家庭是天经地义的　☐
701.2 丈夫应该比妻子多挣钱　☐
701.3 如果妻子也在工作，丈夫和妻子应该共同承担家务活　☐

702. 假如您第一个孩子是女孩，您想怎么做？　☐
1. 停止生育　2. 再要一个，不管男女　3. 不管怎样，直到有一个儿子为止

703-711 题目前没有配偶者不答

703. 您对您婚姻的满意程度有多少？　☐
1. 非常不满意　2. 不满意　3. 一般　4. 满意　5. 非常满意

704. 近一年，您是否有过离婚的念头？　☐
1. 从来没有　2. 很少　3. 有时　4. 经常　5. 总是

705. 近一年，您或您的配偶是否正式提出过离婚的问题？　☐
1. 从来没有　2. 很少　3. 经常

706. 近一年，当您与配偶发生争吵或产生矛盾后，您有没有采用过下列行为？

编码：1. 有　2. 没有
706.1 讲道理☐　706.2 讽刺挖苦或辱骂☐
706.3 长时间不和对方说话☐　706.4 动手打人☐

707. 流动前后夫妻关系有什么变化？　☐
1. 由好变坏　2. 没有什么变化　3. 由坏变好

708. 您家里的家务活（如做饭、洗衣服、打扫卫生等）主要由谁做？　☐
1. 全部由妻子做　2. 大部分由妻子做　3. 夫妻各做一半　4. 大部分由丈夫做　5. 全部由丈夫做　6. 其他（请注明）_____

709. 您觉得您家里目前的家务分工公平吗？　□
　　1. 对我们都很公平　2. 对我不公平　3. 对我配偶不公平　4. 对我们都不公平

710. 与您配偶相比，家庭中的现金您能自由支配的程度　□
　　1. 全部　2. 大部分　3. 双方差不多　4. 大多是配偶　5. 配偶支配全部

711. 在您的家庭中，下面这些事情通常是谁决定
　　编码：1. 自己拿主意　2. 配偶拿主意　3. 夫妻共同商量　4. 老人拿主意
　　711.1 孩子教育□　711.2 买大件□
　　711.3 投资或贷款、借钱□　711.4 妇女外出打工□

八　交易费用

801. 您目前的工作是怎么找到的？　□
　　1. 自己找的　2. 熟人介绍　3. 通过中介组织　4. 政府组织
　　5. 其他（请注明＿＿＿＿＿＿）

802. 您找到目前这份工作有没有困难？　□
　　1. 有　2. 无

803. 您找到当前的工作花了□□天，花费资金□□□□元，其中人情关系费用有□□□□□元。

804. 打工期间，您每次变换工作是否都与单位签订书面劳动合同？　□
　　1. 是　2. 否，签订□次

805. 目前这份工作您是否签订书面劳动合同？　□
　　1. 是　2. 否（跳至808）

806. 从有签合同意向到正式签订合同用时□□天，共协商□□次。

807. 目前这份工作签订的合同期限为□□年。

808. 打工期间，您的工资是否有被拖欠的情况？　□
　　1. 经常拖欠　2. 偶尔拖欠　3. 从不拖欠

809. 您认为您目前的工资较同行业的同层次的工资水平相比？　□
　　1. 较低　2. 基本持平　3. 较高

810. 您是否有申请贷款或资助却没有成功的经历？　□

　　　1. 是　2. 否（跳问 812）

811. 您认为申请不到贷款或资助的原因是什么？　□

　　　1. 手续烦琐　2. 对方不信任自己　3. 无抵押品　4. 无担保人或

关系　5. 其他（请注明）＿＿＿＿＿＿

812. 您近半年的月平均通信费用（包括手机、固话）约多少元？

　　　　　　　　　　　　　　　　　　　　　　□□□□元

813-816 题没有孩子或孩子没在城市上学者不答

813. 您在城市办理子女入学手续顺利吗？　□

　　　1. 很困难　2. 有一些困难　3. 很顺利

814. 您子女目前就读的学校是怎么找到的？　□

　　　1. 自己找的　2. 熟人介绍　3. 通过中介组织　4. 政府组织

5. 其他（请注明＿＿＿＿＿＿）

815. 在子女入学前您是否了解过其他学校的情况？　□

　　　1. 是　2. 否

816. 您从确定学校到子女入学咨询学校的次数为□□次，送礼花了

□□□□□元。

九　政策认知

901. 您是否了解（或学过）劳动合同法？　□

　　　1. 从没听说过　2. 听说过，但没有学过　3. 学过，只了解主要

条例　4. 学过，并熟悉相关内容

902. 您了解惠农政策吗？　□

　　　1. 从来没听说过（跳至 904）　2. 了解一点　3. 非常了解

903. 您认为惠农政策对您有帮助吗？　□

　　　1. 没有　2. 有，帮助不大　3. 有，帮助很大

904. 您认为户籍对您融入城市社会的影响程度多大？　□

　　　1. 影响很大　2. 不清楚　3. 没有影响

905. 了解下面的保险吗？　编码：　1. 不了解　2. 了解

　　　905.1 新型农村养老保险□　905.2 新型农村合作医疗保险□

905.3 养老保险□   905.4 医疗保险□   905.5 工伤保险□

905.6 失业保险□   905.7 生育保险□

906. 您是否了解办理暂住证手续的具体程序？   □

1. 完全不了解 2. 了解很少 3. 一般 4. 大部分了解 5. 完全了解

907. 了解当地的最低工资标准吗？   □

1. 从来没听说过 2. 了解一点 3. 非常了解

908. 您对企业劳动争议处理条例了解吗？   □

1. 从来没听说过 2. 了解一点 3. 非常了解

909. 当权益受到侵犯时（如工资被拖欠等），您是否知道如何向有关
政府部门求助？   □

1. 完全不知道 2. 知道一些 3. 一般 4. 知道大部分 5. 完全知道

910. 您对创业扶持政策了解多少？   □

1. 从来没听说过 2. 了解一点 3. 非常了解

911. 您从何种渠道了解"三农"（包括农民工）的有关政策？   □

1. 亲属/同乡 2. 同事或其他朋友 3. 政府定点宣传或宣传单
4. 社区宣传/宣传栏/入户宣传 5. 所在企业提供 6. 电视/广播
7. 报纸 8. 网络 9. 其他（请注明_____）

912. 您现在最希望您所在务工城市政府提供的三项政策或服务是什么？

□□□

1. 改善社会保险 2. 提供保障住房或廉租房 3. 提高最低工资
水平 4. 改善医疗条件 5. 改善工作或生活环境 6. 改善子女
教育条件 7. 提高职业技能 8. 加强权益保障 9. 其他（请注
明_____）

图书在版编目（CIP）数据

社会性别与农民工可持续发展／任义科，杜海峰，
杜巍著. -- 北京：社会科学文献出版社，2022.8
（新型城镇化与可持续发展）
ISBN 978-7-5228-0401-9

Ⅰ.①社… Ⅱ.①任… ②杜… ③杜… Ⅲ.①性别差
异-研究-民工-可持续性发展-研究-中国 Ⅳ.
①D422.64

中国版本图书馆 CIP 数据核字（2022）第 118020 号

·新型城镇化与可持续发展·
社会性别与农民工可持续发展

著　　者／任义科　杜海峰　杜　巍

出 版 人／王利民
组稿编辑／周　丽
责任编辑／徐崇阳
文稿编辑／林含笑
责任印制／王京美

出　　版／社会科学文献出版社·城市和绿色发展分社（010）59367143
　　　　　地址：北京市北三环中路甲 29 号院华龙大厦　邮编：100029
　　　　　网址：www.ssap.com.cn
发　　行／社会科学文献出版社（010）59367028
印　　装／三河市东方印刷有限公司

规　　格／开　本：787mm × 1092mm　1/16
　　　　　印　张：31　字　数：491 千字
版　　次／2022 年 8 月第 1 版　2022 年 8 月第 1 次印刷
书　　号／ISBN 978-7-5228-0401-9
定　　价／198.00 元

读者服务电话：4008918866